MOLDEN
TASCHENBUCH
VERLAG

Das Buch

Der Ausbruch des Vulkans von Thera (Santorin) um 1500 v. Chr., eine Naturkatastrophe, deren Gewalt die Wirkungen der Eruption des Krakatau bei weitem übertroffen haben muß, brachte nicht nur einen Teil der Insel Thera selbst zum Versinken, sondern strahlte bis nach Kreta, aufs griechische Festland, nach Kleinasien, ja sogar nach Ägypten aus, wo Erdbeben, Flutwellen und Aschenregen ihre Spuren hinterließen. Auf der Insel Thera aber liegt unter der Vulkanasche ein Pompeji der Frühgeschichte, eine archäologische Sensation!

Dieser Bericht von den zwei wissenschaftlichen Expeditionen, die in den Jahren 1966 und 1967 aufbrachen, um nach Zeugnissen einer versunkenen mächtigen Kultur zu suchen, erbringt Beweise, daß Atlantis wirklich existiert hat und zur Zeit des minoischen Reiches kulturell hoch entwickelt war. Die aufgefundenen Zeugen antiker Kultur – Ruinen großangelegter Paläste, Tempel, Hafenanlagen sowie Kostbarkeiten des Kunsthandwerks – bestätigen es. Endlich ist es gelungen, einem uralten Welträtsel auf die Spur zu kommen.

Der Autor

James W. Mavor jr., Jahrgang 1923, ist Mitglied des ozeanographischen Forschungsinstituts in Woods Hole, Mass. (USA). Er ist einer der Konstrukteure des berühmten Unterseebootes „Alvin", das die vor Spaniens Küsten verschollene H-Bombe wiederfand. Im Zuge seiner ozeanographischen Forschungen kam er 1965 mit dem griechischen Seismologen Professor G. Galanopoulos in Kontakt, dessen Atlantistheorie in ihm das Interesse für dieses bis dahin noch ungelöste archäologische Rätsel erweckte.

James W. Mavor jr.

REISE NACH ATLANTIS

Wissenschaftler lösen das Rätsel einer Weltkatastrophe

Mit
8 Schwarzweiß-Abbildungen,
29 Zeichnungen und
18 Karten im Text

MTV · MOLDEN-TASCHENBUCH-VERLAG
WIEN–MÜNCHEN

1. Auflage

MTV · MOLDEN-TASCHENBUCH-VERLAG
EROICA Verlagsgesellschaft mbH., Wien–München
Lizenzausgabe mit freundlicher Genehmigung des
Verlages Fritz Molden, Wien–München–Zürich–Innsbruck
Titel der amerikanischen Originalausgabe:
VOYAGE TO ATLANTIS
Aus dem Amerikanischen übertragen von
JOHANNES EIDLITZ

Ungekürzte Ausgabe

Umschlagentwurf: Hans Schaumberger
Gesamtherstellung: Ebner, Ulm
MTV-Band 48, März 1977
ISBN 2-317-05048-7

Für
Mary Hartwell Mavor
Anne Huntington Mavor
Salley Hartwell Mavor
James Watt Mavor III

Inhalt

Die Legende von Atlantis beschäftigt seit mehr als 2000 Jahren das Denken der Menschen. Hunderte Bücher sind über dieses Thema geschrieben worden, es gibt ungezählte Deutungen des Berichts, den Platon über dieses geheimnisvolle Land überliefert hat. Ihnen allen ist die Annahme gemeinsam, daß Atlantis wirklich existiert hat. Nicht nur Historiker, auch Dichter, Schriftsteller, Geologen und Ozeanographen haben Spekulationen angestellt, wo dieser verschwundene Kontinent gewesen sein könnte. Immer haben Menschen daran geglaubt, daß er, ebenso wie Heinrich Schliemann Troja fand, eines Tages entdeckt werden würde.

Ich selbst bin davon überzeugt – und dieses Buch soll die Gründe dafür darlegen –, daß es Atlantis wirklich gegeben hat; jedoch nicht als Insel im Atlantischen Ozean und nicht in jenem kontinentalen Maßstab, wie es die Legende haben will. Auch nicht in der Nordsee, auf den Bahamas, in Ostindien, Südamerika, Spanien, im Indischen Ozean oder in anderen Teilen der Welt, wie manche vermuten. Das Inselreich lag meiner Meinung nach in einem Meer, das Platon sehr gut kannte: in der Ägäis, auf einer der Kykladeninseln. Die geographische Lage und die besonderen geologischen Umstände dürften dafür gesorgt haben, daß die Zerstörung von Atlantis, die tatsächlich erfolgt ist, jahrhundertelang – bis in die Zeit der klassischen griechischen Kultur – in der Erinnerung der Menschen blieb. Und Platon hat sie uns in seinem Bericht überliefert.

Die Homerische Beschreibung Trojas im Ilias-Epos – mit einem großen Palast aus geglättetem Stein und einer Bevölkerung von etwa 50.000 Menschen – gilt heute als glorifizierende und übertriebene Schilderung der sechsten oder siebenten Stadt am Hügel von Hissarlik, der auf der türkisch-kleinasiatischen Seite der Dardanellen, wenige Kilometer von der Küste entfernt, liegt. Homer berichtet von vielen Personen und Ereignissen, die es tatsächlich gab, die er aber, wie es eben die Art einer Sage ist, der Zeit und dem Raum nach eng zusammendrängt. Ich glaube nun, daß die Atlantislegende eine ähnliche Entwicklung durchgemacht hat wie die Sage von Troja. Je öfter man sie erzählte, desto umfangreicher wurde sie. Aber es gibt doch einen Unterschied: Das tatsächliche Ereignis, das die Sage von Atlantis zum Ausgang hat, war in seinen Wirkungen so katastrophal und so weitreichend, daß aus ihm eine Fülle von Mythen und Sagen entsprungen ist. Angesichts der Kommunikationsschwierigkeiten in jener frühen Zeit erhielten diese einzelnen Sagen in allen Kulturen, die von der Katastrophe betroffen waren, unabhängiges Leben.

Nun aber hat die moderne Wissenschaft unwiderlegbare Zeugnisse einer schweren geologischen Katastrophe gefunden, die der Überlieferung Platons vom schrecklichen Untergang von Atlantis sehr wohl entspricht. Diese Entdeckung hebt die Geschichte vom »untergegangenen Kontinent« aus dem Reich der Mythen und der Übertreibung empor und läßt die Einzelheiten völlig begreiflich erscheinen.

Die Quelle der Atlantissage, die der Welt so viele Rätsel aufgegeben hat, lieferte der griechische Philosoph Platon. Etwa um 360 v. Chr. schrieb er, schon ein alter Mann, die beiden Werke ›Timaios‹ und ›Kritias‹. In diesen beiden Arbeiten ist der Bericht vom Untergang der Insel Atlantis enthalten. Im ›Timaios‹ wird, allerdings nur kurz und allgemein, die Insel beschrieben. Der uns unvollständig überlieferte ›Kritias‹ hingegen enthält eine detailreiche Beschreibung des Landes, der Städte und der Gewohnheiten der Bevölkerung des verschollenen Inselreichs.

Laut Platon war diese »Geschichte, die, obwohl merkwürdig, doch sicherlich wahr ist«, zuerst dem großen athenischen Gesetzgeber Solon von den Priestern der Stadt Saïs mitgeteilt worden. Diese ägyptische Stadt hatte enge religiöse und kulturelle Bindungen mit Athen. Solon wieder erzählte die Geschichte einem Verwandten namens Dropides, der sie seinem Sohn, Kritias dem Älteren, weitergab. Dieser überlieferte sie seinem Enkel, ebenfalls einem Kritias, der zur Zeit Platons in Athen verschiedene politische Ämter innehatte. Eben dieser Kritias tritt in den beiden Platonischen Dialogen als Sprecher auf und berichtet von Atlantis. Obwohl die Kette der Überlieferung kompliziert scheint, dürfte der Bericht zu zwei verschiedenen Gelegenheiten schriftlich niedergelegt worden sein. Jedenfalls war in der Antike die Kunst der getreuen mündlichen Überlieferung hoch entwickelt. Sogar heute noch gibt es Griechen, die die ›Odyssee‹ und die ›Ilias‹ des Homer auswendig hersagen können.

Die Geschichte beginnt mit der Gründung Athens durch die Göttin Athene. Die Bürger Urathens werden als die schönste und edelste Menschenrasse gerühmt, die Stadt selbst als die Erste im Krieg, in jeder Hinsicht als die bestregierte aller Städte. Als

Solon mehr über diese edlen Urathener zu hören wünscht, erzählen ihm die Priester folgendes (Platon, ›Timaios‹, 3. Kap.):

»Viele große und wunderbare Taten sind von eurem Staate überliefert. Eine aber übertrifft alle übrigen an Größe und Bedeutung. Die Historie berichtet von einer gewaltigen Heeresmacht, die vom atlantischen Meer her übermütig gegen ganz Europa und Asien vorstieß und die von deiner Stadt überwältigt wurde. Damals war nämlich der Atlantische Ozean schiffbar; vor dem Eingang des Meeres, der, wie ihr sagt, Säulen des Herakles heißt, befand sich eine Insel, größer als Asien und Libyen zusammengenommen, von der den damals Reisenden der Zugang zu den übrigen Inseln, von diesen aber zu allen gegenüberliegenden, an jenem wahren Meere gelegenen Festland offenstand. Denn das Meer, das sich diesseits der Säulen des Herakles befindet, erscheint nur wie ein Hafen mit einer engen Einfahrt. Das andere aber ist das wirkliche Meer, und das es umgebende Land ist wahrhaftig ein grenzenloser Kontinent zu nennen. Auf dieser Insel Atlantis nun bestand eine große und wundervolle Macht von Königen, welcher die ganze Insel gehorchte sowie viele andere Inseln und Teile des Festlandes. Außerdem herrschten sie auch über Teile von Libyen innerhalb der Säulen des Herakles bis Ägypten und über Europa bis Tyrrhenien (Italien). Diese gewaltige Macht, zur Einheit verbunden, unternahm es einmal, mit einem Schlag euer Land und unseres und den gesamten Raum innerhalb der Säulen des Herakles zu unterwerfen.

Damals nun, o Solon, trat das Kriegsheer deiner Vaterstadt, dank seiner hervorragenden Mannhaftigkeit und seines Mutes vor allen Völkern hervor. Athen war durch seine Tapferkeit und seine Kriegskunst zunächst zum Führer der Hellenen geworden. Als aber die anderen von ihm abfielen und die Stadt gezwungen war, allein standzuhalten, mußte sie die äußersten Gefahren erdulden. Dennoch besiegte sie die Eindringlinge und errichtete Siegeszeichen. Athen schützte jene, die noch nicht unterworfen waren, vor der Sklaverei und befreite großmütig uns übrige, die wir innerhalb der Säulen des Herakles leben. Später aber traten furchtbare Erdbeben und Meeresfluten auf. An einem einzigen schlimmen Tag und in einer einzigen schlimmen Nacht versank eure Heeresmacht insgesamt und auf einmal unter die Erde. Und in gleicher Weise entschwand auch die

> Insel Atlantis durch Versinken in den Tiefen des Meeres. Deshalb ist das Meer in jener Gegend unbefahrbar und undurchforschbar geworden, weil der in geringer Tiefe befindliche Schlamm, den die untergehende Insel zurückließ, hinderlich wurde.«

Diese erregenden und bis heute rätselhaften Ereignisse beschließen den kurzen Bericht über Atlantis im ›Timaios‹. Aus Anspielungen an früherer Stelle im Dialog ist zu entnehmen, daß sich diese Ereignisse 9000 Jahre vor Solon (Solon: 638 bis 559 v. Chr.) abgespielt haben und daß sie 1000 Jahre später von den Priestern von Saïs aufgezeichnet worden sein sollen. Die Zeitangabe von 9000 Jahren wird im ›Kritias‹ später wiederholt. Dann wird die Atlantissage bis in jene Zeit zurückgeführt, als die Götter die Erde untereinander teilten. Die Stelle lautet folgendermaßen (Platon, ›Kritias‹, 7. Kapitel):

> »Poseidon aber, der als seinen Anteil die Insel Atlantis erhalten hatte, zeugte mit einer Sterblichen Kinder und siedelte sie in jenem Teil der Insel an, den ich beschreiben werde. Offen gegen das Meer, aber im Mittelpunkt der Insel befand sich eine Ebene, von der man sagte, sie sei die schönste aller Ebenen und sehr fruchtbar. Nahe dieser Ebene und ebenfalls in der Mitte der Insel, in einer Entfernung von etwa 50 Stadien, befand sich ein nicht allzu hoher Berg. In diesem Berg nun lebte einer der erdgeborenen Urmenschen jenes Landes, dessen Name Euenor war. Er besaß ein Weib namens Leukippe, mit der er eine einzige Tochter zeugte, die Kleito hieß. Das Mädchen war schon heiratsfähig geworden, als ihr Vater und ihre Mutter starben. Poseidon verliebte sich in sie und hielt mit ihr Beischlaf. Er machte den Hügel, den sie bewohnte, zu einem wohlbefestigten, indem er ihn ringsum durch größere und kleinere Gürtel, abwechselnd Wasser und Erde, abgrenzte, nämlich zwei von Erde und drei von Wasser, die er mitten aus der Insel gleichsam herausdrechselte, überallhin gleich weit voneinander entfernt, so daß der Hügel für Menschen unzugänglich war, da es damals noch ebensowenig Schiffe wie Schiffahrt gab. Er selbst verlieh, als ein Gott, ohne Schwierigkeit der in der Mitte liegenden Insel glückliches Gedeihen, indem er zwei Flüsse aus der Erde heraufführte. Eine dieser Quellen floß warm, die andere kalt. Der Erde jedoch ließ er Nahrungsmittel aller Art in Überfluß entsprießen. Ferner zeugte er fünf männliche

> Zwillingspaare, ließ sie aufziehen und verlieh, indem er die ganze Insel Atlantis in zehn Teile teilte, dem zuerst Geborenen des ältesten Paares den Wohnsitz seiner Mutter und den ihn rings umgebenden Anteil als den größten und vorzüglichsten. Diesen machte er zum König der übrigen, die anderen aber machte er zu Lehensfürsten und bestimmte jedem eine Herrschaft mit zahlreichen Menschen und einem weiten Gebiet. Allen gab er Namen, dem Ältesten aber, der der erste König war, verlieh er den Namen Atlas; nach diesem wurde die ganze Insel und auch das Meer ›Atlantisch‹ genannt.«

Weiters schildert Platon den gewaltigen Reichtum der Nachkommen des Atlas, die Macht ihres Staates und das Ausmaß ihrer Bodenschätze sowie der Einfuhren. Durch all dies wären sie reicher gewesen als irgendwelche Herrscher vorher oder nachher. In allen Einzelheiten beschreibt Platon, wie sie mit ihren Mitteln Paläste, Häfen und Werften erbauten (Platon, ›Kritias‹, 8. Kapitel):

> »Zuerst überbrückten sie die um den alten Hauptsitz (Metropolis) laufenden Meeresarme, um nach außen und nach der Königsburg hin einen Weg zu schaffen. Von allem Anfang an bauten sie diese Burg als Wohnsitz des Gottes und ihrer eigenen Ahnen. Generation um Generation suchte durch immer neue Ausschmückungen die Vorgänger an Prunk nach Kräften zu übertreffen. Schließlich war ihr Wohnsitz ein durch Umfang und Schönheit staunenerregender Bau geworden. Vom Meer aus führten sie einen 300 Fuß breiten, 100 Fuß tiefen und 50 Stadien langen Durchstich nach dem äußersten Gürtel, wodurch sie eine Einfahrt vom Meer her erzielten und sich einen Hafen schufen. Die Einfahrt war aber groß genug, daß selbst die mächtigsten Schiffe Eingang finden konnten.
>
> Auch durch die Erdgürtel, die zwischen jenen des Meeres liefen, führten sie, an den Brücken hin, Durchstiche, breit genug, um einem Dreiruderer die Durchfahrt von dem einen zu dem anderen zu gestatten. Sie überdachten diese Kanäle so, daß die Schiffe darunter Platz fanden, denn die Erdgürtelränder erhoben sich hoch genug über das Meer. Die Breite des größten Gürtels, mit dem das Meer durch Durchstich verbunden war, betrug drei Stadien, der nächste Erdgürtel war ebenso breit. Von den beiden folgenden

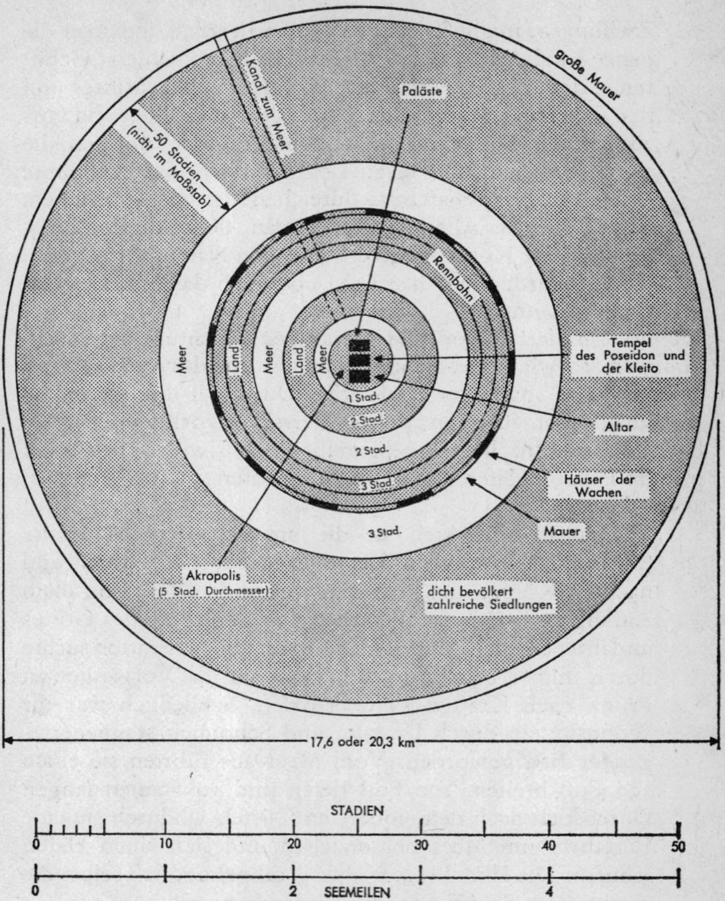

Die Metropolis von Atlantis, gezeichnet nach der Beschreibung Platons im ›Kritias‹.

Zonen hatte der Wassergürtel eine Breite von zwei Stadien und der Erdgürtel ebensoviel; der Wassergürtel, der die in der Mitte liegende selbst umlief, war ein Stadion breit. Die Insel, auf der sich die Königsburg erhob, maß fünf Stadien im Durchmesser. Diese Insel, die Erdgürtel und die hundert Fuß breite Brücke, umgaben die Bewohner von beiden Seiten mit einer steinernen Mauer und errichteten auf den Brücken bei den Durchgängen der See nach jeder Seite

Türme und Tore. Die Steine dazu – weiße, schwarze und rote – wurden unter der in der Mitte liegenden Insel und unter der Innen- und Außenseite der Gürtel gehauen. Auf diese Weise wurden beim Aushauen zugleich doppelte Behälter für die Schiffe ausgehöhlt, die vom Felsen selbst überdacht wurden. Zu den Bauten benutzte man farbengleiche Steine oder man fügte – um das Auge zu erfreuen und ein von Natur damit verbundenes Wohlgefallen zu erzeugen – das Mauerwerk aus verschiedenfarbigen Steinen zusammen. Den ganzen Umfang der den äußersten Gürtel umgebenden Mauer versahen sie mit einem Überzug von Kupfer, den Umfang des nächsten Mauergürtels überzogen sie mit Zinn, den dritten aber, der die Burg selbst umschloß, bedeckten sie mit Bergerz, das wie rotes Feuer leuchtete.«

Nun folgte eine Beschreibung der Paläste und Tempel: großartige Gebäude, vor allem der Tempel des Poseidon. Der Bericht fährt fort (Platon, ›Kritias‹, 9. Kapitel):

»Sie benutzten auch die kalt und warm strömenden Quellen, aus denen reichlich Wasser floß und die durch die Güte dieses Wassers wunderbar zum Gebrauch geeignet waren. Sie umgaben diese Quellen mit Gebäuden und pflanzten geeignete Bäume. Ferner erbauten sie Zisternen, manche unter freiem Himmel, andere wieder überdacht; letztere dienten ihnen im Winter als Baderäume. Es gab eigene Bäder für den König, abgesondert von denen des Volkes, und es gab auch eigene Bäder für Frauen sowie Schwemmen für Pferde und andere Tiere. Alle aber erhielten Einrichtung und Schmuck in angemessener Form. Vom abfließenden Wasser leiteten sie einen Teil nach dem Hain des Poseidon, wo alle Arten von Bäumen in wundervoller Größe und Schönheit wuchsen, je nach der Vorzüglichkeit des Bodens. Das übrige Wasser wurde mittels Wasserleitungen entlang der Brücken zu den äußeren Gürteln geführt. Dort wurden viele Tempel erbaut und vielen Göttern geweiht. Auf jeder der beiden Inseln gab es Gärten und Übungsplätze für Menschen, andere wieder für Pferde. Inmitten der größten Insel war eine Rennbahn abgegrenzt, deren Breite ein Stadion betrug und die – zum Wettrennen für Pferde bestimmt – die ganze Insel umkreiste.«

Nachdem Platon die Unterkünfte der Wachmannschaften und die Schiffswerften beschrieben hat, führt er weiter aus (Platon, ›Kritias‹, 9. Kapitel):

»Hatte man aber nach außen die Häfen, deren drei waren, überschritten, dann lief vom Meere aus eine Mauer rings herum, welche überall sowohl vom größten der Häfen als auch vom Gürtel aus fünfzig Stadien entfernt war. Sie verband das Ganze, ihre Enden trafen sich an der Einmündung jenes Kanals, der zum Meere führte. In diesem Gebiet standen viele Wohngebäude, die Hafeneinfahrt und der größte Hafen selbst waren mit Schiffen und Kaufleuten aus aller Welt überfüllt, die – in großer Anzahl anwesend – am Tage und bei Nacht Lärm und Getümmel aller Art verursachten.«

Im folgenden Kapitel (10.) heißt es weiter:

»So ward also so ziemlich das erzählt, was einst dem Solon über die Stadt und die Umgebung des ursprünglichen Wohnsitzes berichtet worden war. Aber es steht noch aus, Natur und Art der Einrichtung des übrigen Landes zu beschreiben. Die ganze Gegend war, dem Bericht nach, vom Meere aus sehr hoch und steil. Dagegen war das die Stadt umgebende Land flach und eben, umrandet von Bergen, die zum Meer abfielen. Die Ebene hatte eine langgezogene Gestalt, in der einen Richtung 3000 Stadien, vom Meere landeinwärts aber 2000 Stadien. Dieser Teil der Insel blickte nach Süden und war gegen den Nordwind geschützt. Die umgebenden Berge wurden ihrer Menge, Höhe und Anmut wegen, die alles, was noch besteht, übertraf, gerühmt. Dort befanden sich viele wohlhabende Ortschaften sowie Flüsse, Seen, Wiesen, die ausreichend alles wilde Getier und alles zahme Vieh mit Futter versorgten. Es gab ferner Wälder verschiedener Art, die für alle Vorhaben ausreichend Holz lieferten.

Diese Ebene hatte sich nun von Natur und durch die Bemühungen einer langen Reihe von Königen durch die Zeiten folgendermaßen gestaltet: Sie bildete ein größtenteils rechtwinkeliges und längliches Viereck; was aber daran fehlte, war durch einen ringsherum aufgeworfenen Graben ausgeglichen. Obgleich aber das, was von seiner Tiefe, Länge und Breite erzählt wird, für ein Menschenwerk, mit anderen mühevollen Schöpfungen verglichen, unglaublich klingt, muß dennoch berichtet werden, was wir gehört haben: Der Graben war nämlich bis zu einer Tiefe von hundert Fuß aufgeworfen. Seine Breite betrug überall ein Stadion, und da er um die ganze Ebene herumgeführt war, seine Länge 10.000 Stadien. Indem derselbe aber, die Ebene umschließend, die von den Bergen herabströmenden Flüsse in sich aufnahm und von beiden Seiten der Stadt sich näherte, so ward ihm da der Ausfluß in das Meer eröffnet. Von seinem landeinwärts gelegenen Teil wurden wieder gerade, an die hundert Fuß breite Durchstiche durch die Ebene nach dem dem Meere zu liegenden Graben geführt, deren einer von dem anderen hundert Stadien entfernt war. Auf diesem Wege brachten sie zu Schiffe das Bauholz aus den Bergen nach der Stadt und andere Erzeugnisse der Jahreszeiten, indem sie Durchfahrten von einem Durchstich zum anderen in schräger Richtung sowie nach der Stadt zu eröffneten. Zwei Ernten brachte ihnen jährlich der Boden, den im Winter der Regen des Zeus befruchtete, während im Sommer die Bewässerung von den Kanälen her kam.«

Platon berichtet nun von der Bevölkerung, den Truppen mit ihren 10.000 Streitwagen und 1200 Schiffen, den Gesetzen von Atlantis und der Regierung. Gegen Ende des erhaltenen Teiles des Dialogs heißt es, daß die Tugenden der Atlanter so lange in ihnen mächtig blieben, als der von dem Gotte herrührende Bestandteil ihres Wesens überwog. Als dieser aber (Platon, ›Kritias‹, 12. Kapitel):

»dahinschwand und allzuoft und allzusehr mit sterblichen Gebrechen vermischt und verdünnt worden war und so das menschliche Gepräge die Oberhand gewann, da vermochten sie schon nicht mehr ihr Glück zu ertragen, sondern entarteten, indem sie die schönste ihrer wertvollen Gaben verloren und erschienen dem, der dies zu durchschauen vermochte, in schmachvoller Gestalt. Wer aber kein Auge besaß, um des Lebens wahres Glück zu erkennen, dem erschienen die Atlanter zur selben Zeit als ruhmreich und gesegnet, wo sie schon von Mißgunst erfüllt waren und ihre Macht zum Schaden anderer ausübten.

Aber Zeus, der nach Gesetzen waltende Gott der Götter, erkannte, solches zu durchschauen vermögend, daß ein wackeres Geschlecht nun beklagenswerten Sinnes sei. Und in der Absicht, sie dafür büßen zu lassen, damit sie, zur Besonnenheit gebracht, verständiger würden, versammelte er die Götter insgesamt, an dem unter ihnen vor allem in Ehren gehaltenen Wohnsitz, welcher im Mittelpunkt des Weltganzen sich erhebt und alles des Entstehens Teilhaftige zu überschauen vermag, und sprach zu ihnen: . . .«

Hier bricht der uns überlieferte Text des ›Kritias‹ ab. Wir können nur aus dem ›Timaios‹ schließen, daß nun der Rat der Götter das Strafgericht über Atlantis beschließt, worauf der Untergang »in einer schlimmen Nacht und einem schlimmen Tage« erfolgt.

Dieser Bericht Platons ist die einzige Schilderung, die wir über Atlantis besitzen. Wieweit er als glaubwürdig und historisch betrachtet werden kann, soll in diesem Buch dargelegt werden: Ich habe nahezu drei Jahre damit zugebracht, es zu schreiben, Jahre, die erfüllt waren mit eingehenden Nachforschungen und zwei wissenschaftlichen Expeditionen in die Ägäis. Diese Forschungsunternehmen waren begleitet von einem reichlichen Maß an politischen Intrigen, mancher persönlichen Gefahr und einer internationalen Auseinandersetzung, die Schlagzeilen machte. Aber sie hatten auch erhebende und dramatische Entdeckungen zum Ergebnis, von denen hier berichtet werden soll.

In Ergänzung zu den Berichten über diese Entdeckungen soll der Leser auch in eine neue Art der Geschichtsbetrachtung eingeführt werden. Die Theorie, die mich dazu brachte, nach Atlantis zu suchen – und es zu finden –, wirft ein völlig neues Licht auf die Interpretation mythischer und sagenhafter Berichte. Denn die vielleicht überraschendste Entdeckung, die ich gemacht habe, war nicht jene von Atlantis selbst, sondern vielmehr die Erkenntnis, daß Atlantis jahrhundertelang offen dalag, sichtbar für jedermann: hätte man nur gewußt, wonach man sich umzusehen hatte.

Erster Teil

Griechenland vollständig zu kennen ist unmöglich; aber es ist völlig natürlich, sich in Griechenland zu verlieben. Jede Facette dieses Landes enthüllt neue, unerwartete Aspekte unseres eigenen Wesens. In keinem anderen Land sind so verschiedene Elemente zu kultureller Einheit gefügt. Und nirgends sind die Schöpfungen des Menschen so großartig. Ein Land kahler Berge, durch jahrtausendelange Nutzung und durch die Zeit selbst verbraucht –, so bietet es sich als erster Eindruck dem heutigen Reisenden dar. Eingekapselt in die Kabine eines modernen Flugzeugs, rast er über die dunkle Ägäis hin, stößt herab aus einem wolkenlosen Himmel auf einen Flugplatz, um dort entlassen und hineingestoßen zu werden in ein Meer von Gesichtern, Orten, Bewegung und handfestem Realismus, die alle zusammen Griechenland sind. In der Hitze eines Sommernachmittags jedoch sind die Menschen still, manche schläfrig, manche niedergeschlagen. Ich kam an einem Samstag, am 22. Juli 1965, zum erstenmal nach Athen. Meine Frau Mary und unsere drei Kinder begleiteten mich. Die unerträgliche Hitze und das blendende Weiß aller Dinge um uns war wie ein Schock. Ein beunruhigender Anfang für ein Abenteuer, bei dem es auch auf körperliche Aktivität ankam. Dennoch aber hatten wir das Gefühl, dieses Land schon seit langem gekannt zu haben, und wir fühlten uns auch tatsächlich bald wie zu Hause.

An jenem Abend, als Athen wieder zum Leben erwachte, trafen wir mit unseren Freunden, Dr. Christos Stergis, mit dem wir durch Griechenland reisen wollten, und seiner Familie, zusammen. Stergis, ein Raumfahrtwissenschaftler, der für die U. S. Air Force arbeitet, machte uns mit einem griechischen Kollegen bekannt, mit Professor Michael Anastasiades, einem Physiker am Astrophysikalischen Observatorium der Athener Universität. Es war unvermeidlich, daß sich das Gespräch bald um den Weltraum drehte. Nun ist aber mein eigenes Fachgebiet Ozeanographie und ozeanographische Technik; da wir auf einer Restaurantterrasse saßen und von dort den Saronischen Golf überblickten, wandte sich meine Aufmerksamkeit bald vom Weltraum ab und dem Schauplatz dort unten zu. Lichter der Fischerboote blitzten am Horizont auf; mit den am Bug befestigten Gaslampen sollte reichere Beute angelockt werden. Ich überlegte, wie hart das Leben eines Ägäisfischers sein moch-

Euboea
Theben
Helike
Korinth
Mykenae
Athen
Pylos
Kyklad
Kap Malea
Kap
Tainaron
Kythera
Antikythera
Kreta
vulkanischer Ursprung
Kilometer
0
75

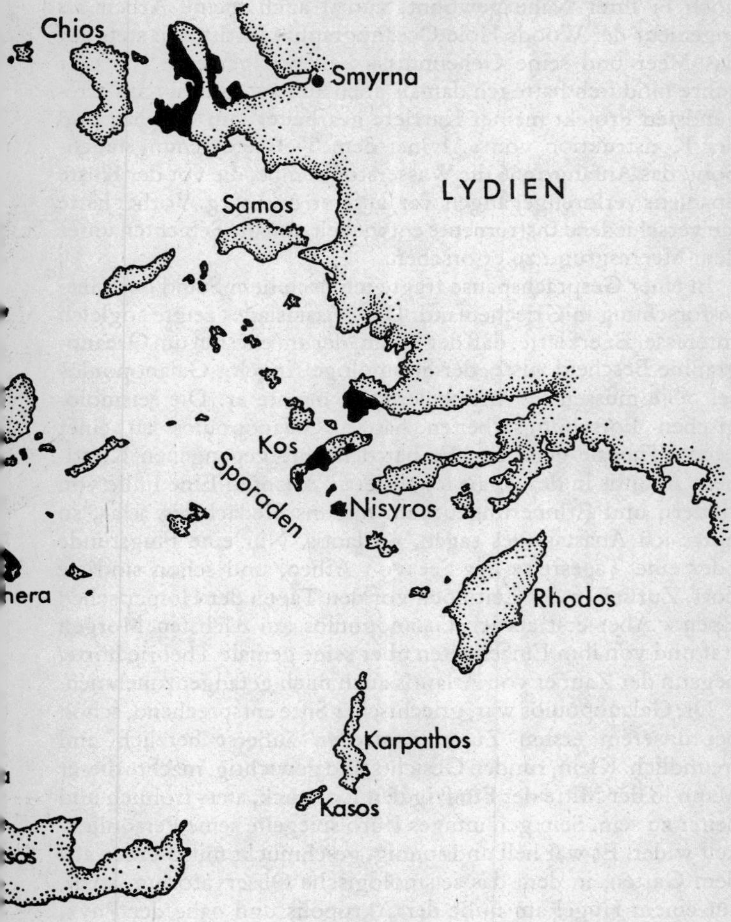

Die Ägäis. Schwarz hervorgehoben die Inseln vulkanischen Ursprungs.

te. Das Meer und die Menschen, die an seinen Ufern leben, haben mich stets fasziniert. Ich selbst habe immer an der Küste oder doch in ihrer Nähe gewohnt, zumal auch meine Arbeit als Ingenieur der Woods Hole Oceanographic Institution stets auf das Meer und seine Geheimnisse bezogen gewesen ist. Vier Jahre hindurch hatte ich damals eben äußerst intensiv am erregendsten Projekt meiner Karriere gearbeitet: am Entwurf und der Konstruktion von »Alvin«, dem Tiefseeforschungstauchboot, das Anfang 1966 die Wasserstoffbombe, die vor der Küste Spaniens verlorengegangen war, auffand und barg. Vorher hatte ich verschiedene Instrumente entwickelt, um die Schichten unter dem Meeresgrund zu erforschen.

In einer Gesprächspause fragte ich nach dem Stand der Meeresforschung in Griechenland. Dr. Anastasiades zeigte sogleich Interesse. Er erklärte, daß der Mann, der am ehesten um Ozeanographie Bescheid wisse, der Seismologe Angelos Galanopoulos sei. »Sie müssen ihn kennenlernen«, meinte er. Die seismologischen Forschungsarbeiten hätten Galanopoulos zu einer neuen Theorie geführt: »Er hat den untergegangenen Kontinent Atlantis in der Ägäis lokalisiert.« Atlantis! Eine Fülle von Bildern und Erinnerungen kam mir ins Gedächtnis. »Ja«, so hörte ich Anastasiades sagen, »Atlantis. Nur eine Flugstunde oder eine Tagesreise zur See von Athen, und schon sind sie dort. Zurück in der Zeit noch vor den Tagen der Homerischen Epen.« Aber erst als ich Galanopoulos am nächsten Morgen traf und von ihm Einzelheiten über seine geniale Theorie hörte, begann der Zauber von Atlantis auch mich gefangenzunehmen.

Dr. Galanopoulos war, griechischer Sitte entsprechend, schon bei unserem ersten Zusammentreffen äußerst herzlich und freundlich. Klein, runden Gesichts und gewichtig, machte dieser Mann in der Mitte der Fünfzig den Eindruck, stets fröhlich und heiter zu sein. Sein geräumiges Büro spiegelte seine Persönlichkeit wider. Es war hell und sonnig, geschmückt mit Blumen aus dem Garten, in dem das seismologische Observatorium steht, auf einem Hügel am Fuße der Akropolis und nahe der Pnyx, dem alten Versammlungsplatz der Athener.

Galanopoulos erkundigte sich nach meinen jüngsten Erlebnissen und Erfahrungen auf dem Gebiete der Ozeanographie. Ich berichtete ihm von der Entwicklung der »Alvin« und von meiner Hoffnung, das U-Boot in das östliche Mittelmeer bringen zu können. Wir diskutierten darüber, daß viele Ozeanographen dieses tiefe und salzige Meer als einen »Modellozean«

betrachten. Es hat en miniature viele charakteristische Eigenschaften der großen Ozeane, weite, starke, aufsteigende und absinkende Strömungen und viele Zeugnisse der evolutionären Veränderungen in der Tier- und Pflanzenwelt. Der Seismologe Galanopoulos interessierte sich natürlich für den Vulkanismus im Mittelmeer – die Erdbeben und die seismischen Flutwellen – am meisten.

Er hatte historische und zeitgenössische Angaben solcher geologischer Ereignisse gesammelt. Diese Arbeit dürfte ihn auf das Thema Atlantis gebracht haben, von dem ich ihn nur allzu gerne erzählen hören wollte. Um ihn dazu zu bringen, erwähnte ich, daß das Ägäische Meer als der geheimnisvolle Ursprung einer kreisenden Strömung zwischen Schwarzem Meer und dem eigentlichen Mittelmeer betrachtet wird. Galanopoulos lächelte: »Gerade der rechte Ort für Atlantis, dieser archetypische Ozean, meinen Sie nicht auch?«

Meine Chance war gekommen. Ich fragte ihn geradeheraus nach seiner Theorie über die verschwundene Insel. Er strahlte über sein ganzes rundes Gesicht, und während der nächsten zwei Stunden sprachen wir von nichts anderem: Galanopoulos identifiziert Atlantis mit der minoischen Kultur, also der Kultur der Bewohner von Kreta und der Ägäis im zweiten Jahrtausend v. Chr. Seit der große englische Archäologe Sir Arthur Evans auf Kreta den Palast von Knossos nahe von Heraklion ausgegraben und teilweise rekonstruiert hat, hat man die Minoer als eines der Völker der antiken Welt erkannt. Aber obwohl es manche Parallelen zu den Beschreibungen Platons gibt, so haben vor Galanopoulos doch nur ein paar heute fast vergessene Theoretiker diese Verwandtschaft vermerkt, und auch das nur höchst oberflächlich.

Man pflegt die Minoer ausschließlich mit Kreta zu identifizieren; Galanopoulos aber betonte, daß sich das Inselreich über die ganze Ägäis erstreckt und auch die Inselgruppe der Kykladen sowie Teile des griechischen Festlandes eingeschlossen habe. Eine der Kykladeninseln, nämlich Thera, auch bekannt unter dem Namen Santorin, wäre nach Meinung von Dr. Galanopoulos für die Minoer ebenso bedeutend gewesen wie das rund hundert Kilometer südlich liegende Kreta. Dieses Thera, eine vulkanische Insel mit einer langen Geschichte von Eruptionen – die jüngste ereignete sich erst 1950 –, hält er für den Überrest des untergegangenen Atlantis.

Als Seismologe wußte Galanopoulos sehr wohl, daß der Vulkan von Thera die Geologen seit langem interessiert hat. Berichte über Ausbrüche sind in den Schriften der klassischen griechischen Historiker zu finden. Einer davon kann auf das Jahr 197 v. Chr. datiert werden, weitere haben sich seit jener Zeit relativ häufig ereignet, und zwar ungefähr alle fünfzig Jahre, in unserem Jahrhundert sogar weit öfter. Die beiden gewaltigsten Ausbrüche aber fanden statt, lange bevor es irgendwelche griechische Historiker gab, die davon hätten berichten können: der erste vor etwa 25.000 Jahren, der zweite zwischen 1500 und 1400 v. Chr.

Galanopoulos interpretiert den Bericht Platons als Beschreibung zweier Inseln, wobei die größere der von Platon »Königsgut« genannte Bereich gewesen sei, die kleinere die »Metropolis«, Hauptstadt und religiöses Zentrum. Er glaubt, die Beschreibung Platons lasse sich derart deuten, daß Thera der Mittelpunkt des minoischen Lebens und Kreta eine Art von Pflanzkolonie gewesen sei. Dies widerspricht allerdings den bisherigen archäologischen Funden und auch den historischen Tatsachen, soweit wir sie kennen: Nach diesen wäre Thera ein minoischer Außenposten gewesen, freilich von religiöser, wirtschaftlicher und militärischer Bedeutung. Kreta hingegen mit seinen berühmten Palästen war das politische und kulturelle Zentrum; dort soll natürlich auch die Hauptmasse der Bevölkerung gelebt haben. Galanopoulos hat für diese Umkehrung eine Erklärung. Er meint, daß Platon, der an die tausend Jahre nach den Ereignissen lebte, weit eher in Berührung mit Erinnerungen an die katastrophale Explosion auf Thera gekommen sei als mit Erinnerungen an die tatsächliche geographische Lage des minoischen Reiches. Man muß vor allem bedenken, daß Platon keinerlei historische Kenntnisse der minoischen Kultur besaß.

Galanopoulos betont, daß Platons Beschreibung der »Metropolis« eindeutig auf eine kleine vulkanische Insel hinweise, auf der sich seit Tausenden von Jahren keine größeren Eruptionen ereignet hätten. Aus der Beschreibung der Umrisse und des Planes der Metropolis sei es offenkundig, daß diese Insel eben Thera gewesen sei, den Geologen bekannt als Stronghyli oder Runde Insel, und zwar noch in dem unbeschädigten Zustand vor der Eruption.

Im Mittelpunkt der Theorie des Dr. Galanopoulos und seiner Deutung des Untergangs von Atlantis steht die gewaltige Katastrophe, die diese Kultur innerhalb von vierundzwanzig Stunden zerstört hat. Die Meinung, daß eine solche Katastrophe unmöglich sei, ist verantwortlich dafür, daß Atlantis jahrhundertelang als Sage, nicht aber als Tatsache betrachtet wurde. Tatsächlich jedoch war, laut Galanopoulos, die von Platon beschriebene Katastrophe mit der Eruption oder einer Serie von Eruptionen des Vulkans auf der Insel Thera im 15. Jahrhundert v. Chr. identisch. Diese Ausbrüche wurden begleitet von einem massiven Einbruch des hoch gelegenen Mittelteils der Insel, etwa sechzehn bis achtzehn Kilometer im Durchmesser, und zwar so, daß sich ein vierhundert Meter tiefer Trog (Caldera) bildete, den nun das Meer ausfüllt. Galanopoulos meint ferner, daß dieser Teil der Insel, der ins Meer eingebrochen ist, dicht besiedelt war. An den Hängen Thera-Atlantis' hätten weiße Marmorpaläste und Tempel im Glanz der ägäischen Sommersonne geleuchtet.

Die Akropolis ist, so glaubt er, auf einem kleinen Hügel auf dem zentralen Vulkankegel entstanden, der der größte unter mehreren Satellitenkegeln gewesen sei. Vielleicht könnten noch Spuren der Häfen oder des Kanals, die Platon beschreibt, in den Tiefen des Einbruchskraters von Thera gefunden werden. Welch ein Gegenstand für Untersuchungen durch »Alvin«, fiel mir ein. Jedes Beweisstück, ob nun durch das U-Boot oder mit anderen Hilfsmitteln entdeckt, würde die Theorie von Dr. Galanopoulos entscheidend untermauern. Am wichtigsten schien ihm die Suche nach den Überresten des von Platon beschriebenen kreisförmigen Hafenbeckens. Untersuchungen des Untergrundes könnten geologische Formationen zum Vorschein bringen, die dem Hafen der »Metropolis« entsprechen. Ferner würden Unterwasseruntersuchungen des Einbruchskraters die Mächtigkeit der Eruption von Thera beweisen, ebenso auch ihre Auswirkungen auf das ganze östliche Mittelmeergebiet. Natürlich war er äußerst interessiert daran, daß eine archäologische Expedition Ausgrabungen auf der Insel selbst vornahm, denn die Entdeckung größerer minoischer Ruinen würde seiner Theorie weitere Unterstützung geben.

Von der Metropolis wandte er seine Aufmerksamkeit nun dem Königsgut und dessen äußerer Form zu. Galanopoulos meint, daß es genau die Eigenschaften der Neogenformation in Mittelkreta habe: die große Messaraebene ist ihr südlicher Teil. Im Norden dieses Raumes stehen heute noch Überreste der eleganten minoischen Paläste von Knossos und Mallia, im Süden jene von Phaistos und Hagia Triada. Die von Platon beschriebene Ebene lag »an der Seeküste gegen die Mitte der ganzen

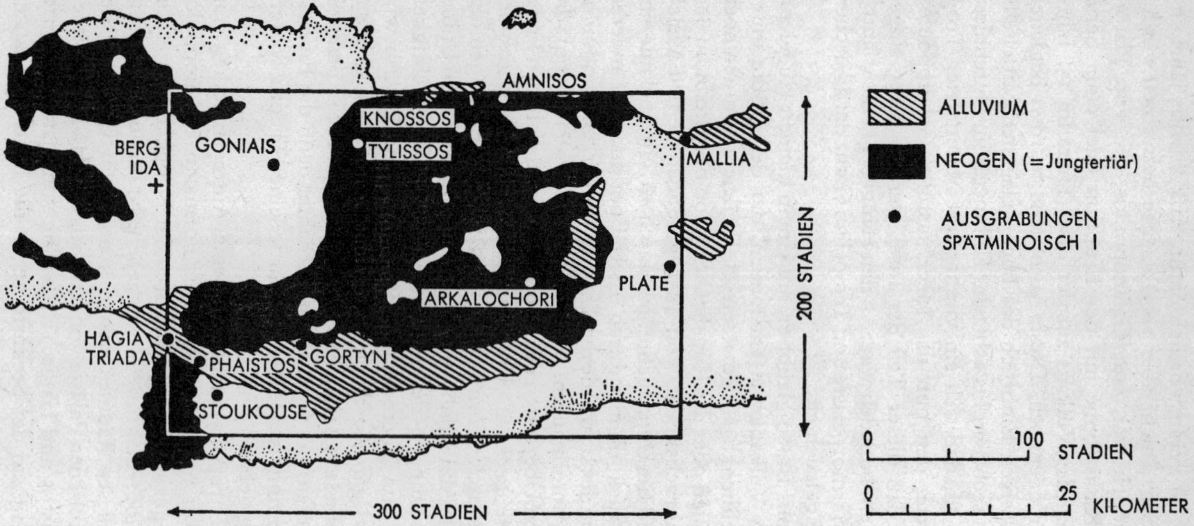

Geologische Karte von Zentralkreta. Hier wurde die Fläche des atlantischen »Königsgutes« nach Platon eingezeichnet (Geologische Angaben nach Galanopoulos, 1960).

Insel«. Sie soll schöner und fruchtbarer als andere Ebenen gewesen sein. Bei ihrer Beschreibung gibt Platon Einzelheiten und Maße an. Diese Zahlen führten Galanopoulos zum genialsten Teil seiner Theorie.

»Dieses Gebiet«, sagt Platon, »war sehr flach und langgestreckt, nach der einen Seite 3000 Stadien lang, landeinwärts aber, in der Mitte, 2000 Stadien breit.« Das ergibt ungefähr 544 und 368 Kilometer. Das griechische Stadion entspricht der Länge einer Rennbahn, also 600 griechischen Fuß. Mit griechischen Fuß maß man auch im minoischen Kreta. Umgerechnet auf unser metrisches System entspricht er einer Länge von zirka einunddreißig Zentimeter.

Die Fläche der im ›Kritias‹ beschriebenen Ebene entspricht aber keineswegs der Messaraebene auf Kreta, ja sie ist sogar viel größer als ganz Griechenland. Um diese Diskrepanz zu erklären, fand Galanopoulos eine überraschend originelle Lösung. Er berichtete mir, er habe versucht, Atlantis in den Rahmen der einigermaßen feststehenden minoischen Geschichte einzufügen. Dabei habe er herausgefunden, daß alle Zahlenbezüge im Tausenderbereich völlig unwahrscheinlich wirken. Angaben unter diesem Bereich schienen ihm dagegen durchaus einleuchtend. So stellte er etwa fest, daß zwar die Durchmesser der Metropolis und von Thera übereinstimmten, das heißt, ungefähr 17,5 Kilometer betrugen. Die Maße des Königsgutes dagegen schienen ihm um einen Multiplikator von zehn zu groß zu sein. Hier dürfte eine gewisse Konsequenz herrschen. Galanopoulos meint, daß sich dieser Irrtum im Laufe der tausend Jahre – in denen die Legende immer mehr ausgeschmückt und erweitert wiedergegeben wurde, bevor Platon sie niederschrieb – eingenistet habe.

Die Kultur von Atlantis, meint Galanopoulos, müsse der Bronzezeit zugeordnet werden. In Europa und im Nahen Osten wird diese zwischen 3000 und 1000 v. Chr. angesetzt. Nun aber datiert Platon die Zerstörung von Atlantis 9000 Jahre vor Solon. Das entspräche jedoch der neolithischen Zeit, was völlig auszuschließen ist. Der Irrtum muß also in den Jahreszahlen liegen. Nehmen wir an, daß nicht nur in den Entfernungen, sondern auch in den Zeitangaben ein Irrtum um das Zehnfache vorliegt, so würde der Zeitpunkt der Zerstörung nur 900 Jahre vor Solon liegen. 900 plus 590 ist gleich 1490. Das Jahr 1490 v. Chr. aber liegt genau in jener Periode, in der die Vulkanausbrüche auf Thera begonnen haben. Darauf verweisen auch die besten Schätzungen des Datums der Elementarkatastrophe.

Kann ein Irrtum wie dieser – um das Zehnfache – wirklich vorgekommen sein? Ein Einzelfall macht diese These nicht beweiskräftig. Man müßte nachweisen, daß im Bericht Platons überall der gleiche Irrtum auftritt. Galanopoulos versicherte mir schon in Athen, daß dem tatsächlich so sei. Nach meiner Heimkehr prüfte ich diese Behauptung nach und wies ihre Richtigkeit nach. Im Platonischen Bericht wird zum Beispiel von einem Wassergürtel oder Graben gesprochen, der die Ebene des Königsgutes in einer Länge von 10.000 Stadien umgibt, das sind rund 1750 Kilometer. Setzt man an die Stelle der atlantischen Königsgüter aber Zentralkreta, das heißt jenes Gebiet, das offenbar das zentrale Siedlungsgebiet der Minoer war und wo sich rund achtzig Prozent aller bedeutenden minoischen Bauwerke befinden, so kommt man auf eine Fläche, deren Umfang etwa 180 Kilometer beträgt. Das entspricht etwa 1000 Stadien, also einem Zehntel der Zahlenangaben bei Platon.

Es wird ferner berichtet, daß das Königsgut in 60.000 Landlose aufgeteilt gewesen sei. Jeder dieser Bezirke habe eine Fläche von zehn mal zehn Stadien (3,35 Quadratkilometer) umfaßt. An der Spitze dieser Bezirke sei jeweils ein Feldhauptmann gestanden, dem auch die Bewohner der umliegenden Landstriche und Berge unterstellt gewesen wären. Jeder Feldhauptmann habe den sechsten Teil eines Streitwagens, zwei berittene Krieger, zwei Pferde, einen leicht gerüsteten Krieger und einen Pferdelenker stellen müssen, außerdem zwei Leichtgerüstete, zwei Bogenschützen, zwei Schleuderer, drei Scheinwerfer und drei Speerschleuderer. Ferner vier Seesoldaten zur Bemannung der insgesamt 1200 Schiffe. Die Gesamtzahl der Streitwagen gibt Platon mit 10.000 an. Wäre die Zahl von 60.000 Landlosen richtig, müßte dieser gewaltige Militärapparat nicht weniger als 1,2 Millionen Mann umfaßt haben. Aber weder das minoische Kreta noch jeder andere Staat oder Staatenbund jener Zeit verfügte über diese Truppenstärke. Kreta hatte im 16. und 15. Jahrhundert v. Chr. vielleicht eine Bevölkerung von 500.000 bis 800.000 Menschen (1961 besaß Kreta 483.280 Einwohner), aber manche Gelehrte vertreten die Meinung, es seien zur Zeit der minoischen Kultur eine Million gewesen. Auch hier scheint sich also der Irrtum um das Zehnfache zu wiederholen, und zwar bei allen Zahlen über tausend. Galanopoulos meint, daß die reduzierten Angaben – 6000 Landbezirke, 120 Schiffe, 120.000 Mann und 1000 Streitwagen – realistischer und wahrscheinlicher sein dürften. Diesen Irrtum erklärt der Wissenschaftler folgendermaßen: Bei der Übersetzung der ägyptischen Schriften durch Solon dürfte dieser offenbar das Symbol für »hundert« mit jenem für »tausend« verwechselt haben. Zu ähnlichen Verwirrungen kommt es auch heute beim Begriff der amerikanischen »Billion« und der »Billion« in der übrigen Welt: Die Amerikaner verstehen unter einer Billion 1000 Millionen, die übrige Welt nennt dies eine Milliarde, während unter Billion von ihr eine Million Millionen verstanden wird.

Der Irrtum wurde mit der atlantischen Legende bis zu Platon weitergegeben. Platon selbst erklärt, daß es zwei schriftliche Versionen gegeben habe: die eine in den Hieroglyphen der ägyptischen Priester, die andere – von Solon – in griechischen Lettern (Platon, ›Kritias‹, 6. Kapitel):

> »Damit es Euch nicht wunder nehme, wenn Barbaren hellenische Namen führen, sollt Ihr den Grund davon vernehmen. Da nämlich Solon die Absicht hatte, diese Erzählung bei seinen Dichtungen zu benutzen, forschte er genau der Bedeutung der Eigennamen nach und fand, daß jene Ägypter, die sie zuerst aufzeichneten, dieselben in ihre Sprache übertragen hatten; dann nahm er selbst den Sinn jedes Eigennamens wieder vor und schrieb sie, indem er sie in unsere Sprache zurückführte, nieder.«

So gab es also eine schriftliche griechische Version zumindest eines Teiles der Atlantisgeschichte, die Platon gesehen haben mag. Den Kritias jedenfalls läßt Platon erzählen, er habe diese Schriften von seinem Großvater geerbt und sie noch als Knabe eifrig studiert. Möglich ist auch, daß Solon die erwähnten Dichtungen verfaßt hat und Platon vielleicht diese gekannt hat. Heute sind diese Aufzeichnungen – wenn es sie überhaupt je gegeben hat – verloren. Wenn wir aber bereit sind, Solons Behauptung zu glauben, daß die Könige von Atlantis ursprünglich griechische Namen trugen, so sollte dadurch doch eine in der Nähe Griechenlands liegende Lokalisierung angezeigt werden. Galanopoulos meint nun, der Irrtum sei entstanden, als Solon von den Ägyptern die Geschichte erfahren habe. Sie soll in den Heiligen Schriften aufgezeichnet gewesen sein, die in Hieroglyphen entweder auf Stein oder auf Papyrus geschrieben waren. Vergleicht man jedoch das Zeichen für 100 in der Hieroglyphen- bzw. hieratischen Schrift mit dem für 1000, so erkennt man, daß eine Verwechslung kaum möglich ist. Der Irrtum lag also gewiß nicht bei den Ägyptern. Lag er vielleicht bei Solon? Auch in der attischen Schrift sind die Zahlenzeichen für 100 und für 1000 kaum zu verwechseln. Ist also der Irrtum schon entstanden, bevor die Ägypter ihren Bericht niederschrieben? Möglicherweise haben sie die Atlantisgeschichte von einem Flüchtling aus Kreta gehört. War dieser ein gebildeter Mann, so müßte er die minoische Schrift jener Zeit beherrscht haben, also entweder die Linear A oder die Linear B. Die minoischen Zeichen für 1000 und 10.000, vielleicht auch für 100, könnte man tatsächlich verwechseln! Natürlich wissen wir nicht, welche Wege die Geschichte von Atlantis ging, bis sie den Ägyptern überliefert wurde. Vielleicht hatte sie auch den Umweg über die benachbarten asiatischen Länder genommen.

Zur Zeit Solons schrieb man die griechischen Zahlenzeichen vielfach ungenau; sie konnten daher leicht miteinander verwechselt werden. Wie der Irrtum wirklich entstanden ist, können wir dennoch nicht nachweisen. Nach intensiver Auseinandersetzung mit diesem Problemkreis häufen sich aber die Indizien, daß ein solcher Irrtum tatsächlich geschehen ist. Galanopoulos meint nun weiter, daß Platon, irregeführt durch die Zahlenangaben, Atlantis in den Atlantischen Ozean (also jenseits der Säulen des Herakles) versetzte, weil eine Insel von solchen Ausmaßen sonst nirgends hingepaßt hätte. Platon wußte ja nichts von dem Vulkanausbruch auf Thera; und von der vorgeschichtlichen Zeit wußte er nur, was die griechischen Mythen überlieferten. Der Katastrophenaspekt der Geschichte fesselte ihn vor allem. Galanopoulos behauptet, es sei klar, daß in den ägyptischen Schriften die Säulen des Herakles nicht erwähnt wurden und daß Atlantis sich – für die Ägypter – in der Ägäis befand. Er verweist dabei auf den ›Timaios‹, in dem die Priester sagen (3. Kapitel):

> »Dieses Meer . . . erscheint nur wie ein Hafen mit einer engen Einfahrt. Das andere aber ist das wirkliche Meer, und das es umgebende Land ist wahrhaftig ein grenzenloser Kontinent zu nennen.«

Er fügt hinzu, daß die meisten Taten des Herakles auf dem Peloponnes vollbracht wurden und keinerlei Verbindung mit Gibraltar hätten. Er glaubt auch, daß die Säulen des Herakles in Wirklichkeit das Kap Malea und das Kap Tainaron (Matapan) auf dem Peloponnes wären, und keineswegs Gibraltar. Die Erwähnung der »Säulen« durch Platon dürfte eine Wiederholung einer falschen Auslegung sein, die schon durch Solon entstanden war. Denn an einer anderen Stelle sagen die ägyptischen Priester bei Platon: ». . . denn vor dem Eingang des Meeres, der – wie

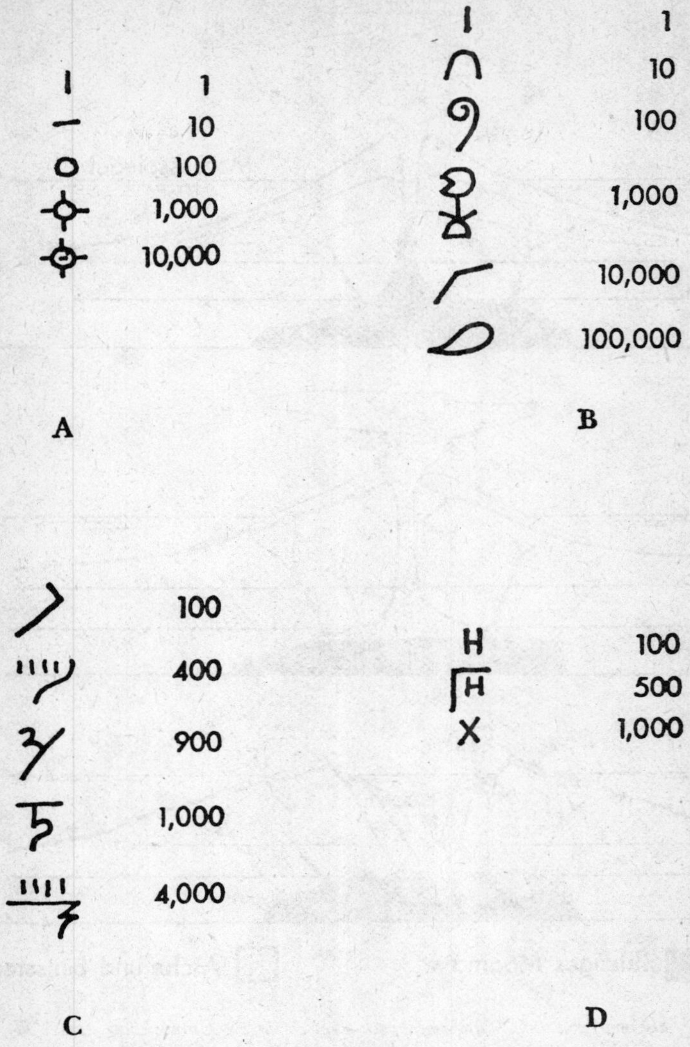

A Kretische Linearschrift (100 v. Chr.)
B Ägyptische Hieroglyphen (3000 v. Chr. bis 500 n. Chr.)
C Ägyptische hieratische Schrift
D Griechische attische Schrift

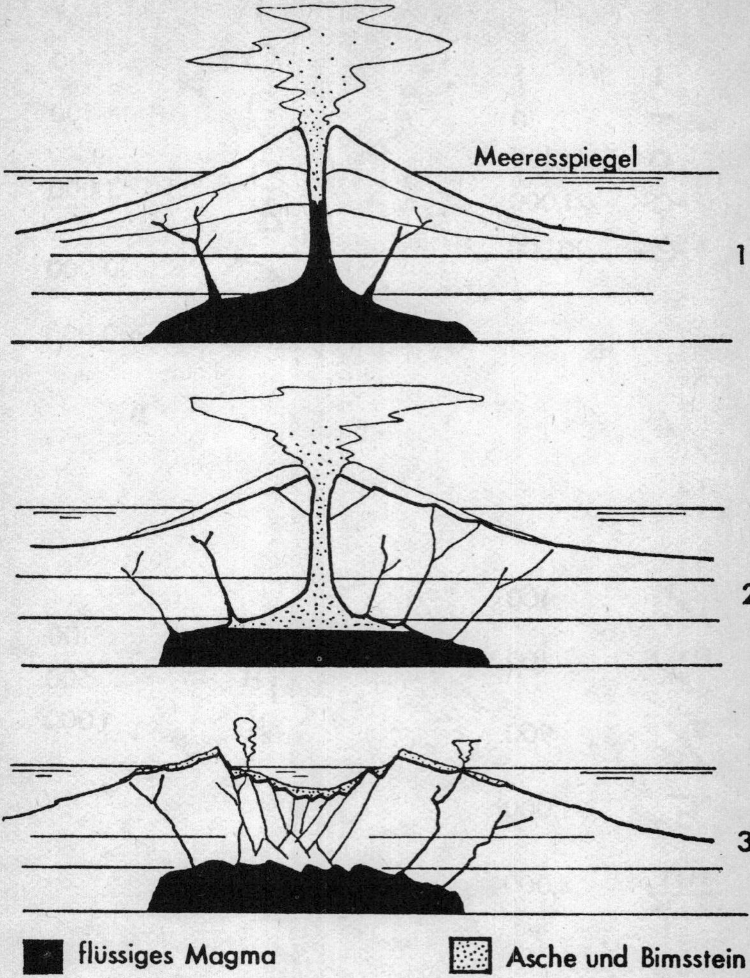

Vulkanausbruch und Zusammenbruch, typisch für die Entwicklung eines Vulkankegels auf Thera.

1. *Ausbruch*
2. *Ausbruch und teilweise Entleerung der unter dem Kegel liegenden Magmakammer*
3. *Zusammenbruch des Vulkankegels, dem nun die Stütze fehlt, in die leere Magmakammer. Es entsteht ein großer wassergefüllter Kessel (Caldera)*

ihr sagt – die Säulen des Herakles heißt, befand sich eine Insel« ... Dies könnte bedeuten, daß die »Säulen« erst durch Solon in die Geschichte eingeführt wurden und keineswegs im ursprünglichen Bericht enthalten waren.

Galanopoulos aber ging nun zu einer wissenschaftlich fundierteren Beweisführung für seine These von der Identität Thera-Atlantis' über: In der Ägäis und auch sonstwo sind nur kleine Landstücke plötzlich verschwunden, zum Beispiel die Stadt Helike im Golf von Korinth während des Erdbebens von 373 v. Chr. Das Verschwinden einer Landfläche von Tausenden Quadratkilometer ist zwar geologisch möglich, vollzieht sich aber nur so langsam, daß innerhalb einer Generation kaum eine Veränderung festzustellen wäre. Auch das Ansteigen der Ozeane infolge des Schmelzens des Polareises geht ja langsam vor sich; es beträgt knapp einen Meter innerhalb von tausend Jahren. Veränderungen wie diese gibt es in allen Weltteilen, aber sie verursachen keinen bemerkbaren Schaden und bleiben infolge ihrer Langsamkeit von der Allgemeinheit unbeobachtet.

Gegen die These, wonach Atlantis sich im Atlantischen Ozean befunden habe, sprechen alle ozeanographischen Daten. Der Unterwasserhöhenzug in der Mitte des Atlantik, aus dem die Azoren aufragen, ist häufig mit Atlantis in Zusammenhang gebracht worden. Doch bei der radiologischen Untersuchung des Meeresgrundes auf sein Alter wurden keinerlei Beweise dafür gefunden, daß dort innerhalb der letzten 72.000 Jahre irgendwo Inseln versunken wären. Die Dicke der festen Erdrinde ist unter den Kontinenten größer als unter den Ozeanen. In der Nähe der Azoren wurde festgestellt, daß die Erdrinde dort wesentlich dünner ist als auf dem Kontinent. Ein »Atlantischer Kontinent« wäre also in diesem Gebiet nahezu unmöglich.

Die Katastrophe von Thera war – da sich die Insel im Zentrum der antiken Welt befand – ein Ereignis, das nur mit einem Atomkrieg von heute vergleichbar wäre. Hunderttausende Menschen mögen ums Leben gekommen, Städte, Häfen und Ortschaften auf vielen Inseln und auch auf dem Festland Griechenlands und Kleinasiens von der Flutwelle weggespült oder von orkanartigen Regengüssen, ausgelöst durch die Vulkanasche, ertränkt worden sein. Was an Bauten übrigblieb, stürzte unter der Wucht von Flutwellen ein und wurde zu Schotter zermalmt; Schiffe strandeten oder wurden mehrere Kilometer weit landeinwärts geschleudert; Städte im Hochland, zumindest jene in relativer Nähe von Thera, wurden von Erdbeben erschüttert und zerstört. Während dieser Zeit verdunkelte vulkanische Asche den Himmel, verwandelte den Tag in Nacht und löste furchtbare Gewitter aus. Das Meer aber war erfüllt von Schlamm.

Eine derartige Katastrophe muß in der Erinnerung der Völker des gesamten östlichen Mittelmeerraumes Eindruck hinterlassen

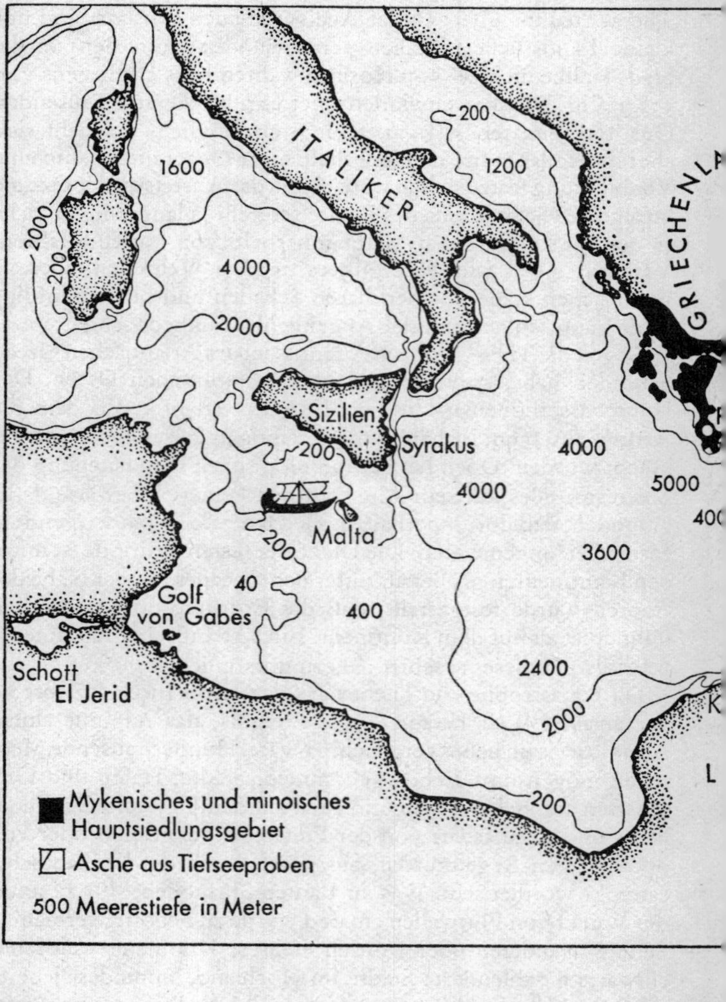

haben. Die Atlantissage ist nur eine aus einer ganzen Familie verwandter Mythen. Auch die griechische Legende von der Deukalion-Flut mag ihren Ursprung in der Eruption und dem Zusammenbruch von Thera haben. Nun ist aber die Flut des Deukalion nur das griechische Gegenstück zur biblischen Sint-

Das Mittelmeer von Tunesien bis zur Levante.

fluterzählung, und diese wieder steht in Verbindung zum sumerischen Gilgamesch-Epos, in dem das Urbild des Noah, Utnapischtim, von der Flut berichtet. Galanopoulos bringt auch andere Mythen und Legenden – zum Beispiel den biblischen Bericht vom Auszug der Juden aus Ägypten – in Verbindung mit der Katastrophe von Thera.

Dies sind nur die groben Umrisse der von Galanopoulos vertretenen Theorie. Damals, bei jener Zusammenkunft in Athen, führte er mir noch eine Fülle beachtenswerter Details vor Augen. So soll, laut Platon, Atlas, der erste König von Atlantis, einen Bruder namens Eumelos gehabt haben, der jenen Teil des Inselreiches regierte, der den Säulen des Herakles am nächsten lag. War aber diese Meerenge in Wirklichkeit nicht Gibraltar, sondern die südöstliche Spitze des Peloponnes, dann wäre Melos die nächstgelegene minoische Insel, und diese also das Herrschaftsgebiet des Königs Eumelos gewesen. Melos ist geologisch Thera ähnlich, ist also ebenfalls ein eingestürzter Vulkan, doch es gibt keinen Bericht über Ausbrüche. Auf Thera findet sich ein Steinblock, der die archaisch-griechische Inschrift »Eumelos« trägt. Vielleicht, vermutet Galanopoulos, ist das der Name eines Neusiedlers aus der Zeit bald nach der Eruption, und vielleicht war er ein Nachkomme jenes Königs. Im übrigen tragen im alten Griechenland sehr häufig sagenhafte Könige oder Heroen – die vielfach auch als mythische Staats- oder Stadtgründer verehrt wurden – mit Städten oder auch Gegenden korrespondierende Namen (z. B. Pelops – Peloponnesos). Dabei ist es gleichgültig, ob diese Heroen reale Personen waren oder ob man sie nachträglich erfand, um den Ursprung der Stadt zu personifizieren. Wenn es eine solche Beziehung zwischen Eumelos und der Insel Melos gab, so wäre dies ein Indiz für die Lokalisierung von Atlantis im östlichen Mittelmeer.

Im Verlauf unseres Gespräches, das in seinem Arbeitszimmer am Fuße der Akropolis stattfand, blickte Galanopoulos aus dem Fenster und zitierte, was Platon über das alte Athen aus der Zeit des Krieges mit Atlantis berichtet hat (Platon, ›Kritias‹, 5. Kapitel):

> »Vor allem sah der Hügel der Akropolis ganz anders aus als heute. Denn in einer einzigen Nacht hatte ein gewaltiger Regen das Erdreich fortgeschwemmt und den nackten Felsen bloßgelegt. Zur gleichen Zeit ereigneten sich Erdbeben, und dann kam es zu jener außergewöhnlichen Flut, die die dritte vor der großen Überschwemmungskatastro-

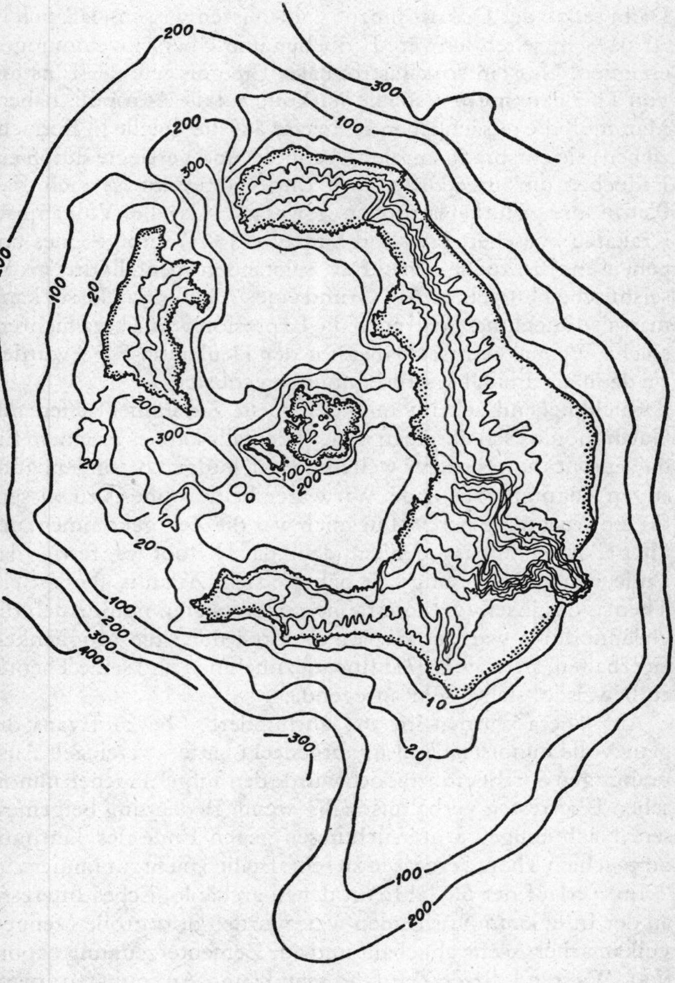

Karte von Thera mit Höhen- und Tiefenlinien (nach Reck, 1936).

phe des Deukalion war . . . Auf der Akropolis befand sich vorher eine ergiebige Quelle, die durch das Erdbeben verschüttet wurde. Davon sind nur ein paar kleine Quellen übriggeblieben, die in der Nachbarschaft fließen.«

Dann setzte der Doktor hinzu: »Sie müssen wissen, daß sich in Attika sehr selten schwere Erdbeben und Überschwemmungen ereignen. Nur ein so katastrophales Ereignis wie der Einsturz von Thera konnte eine solche Wirkung auf die Akropolis haben. Man muß die tatsächlichen Hinweise auf die Quelle in Betracht ziehen: sie entsprang auf der Akropolis und versiegte durch ein Erdbeben um ungefähr 1500 v. Chr. Interessant ist auch, daß Platon drei Flutkatastrophen erwähnt. Als die Vulkaninsel Krakatau zwischen Java und Sumatra (1883) infolge eines ungeheuren Ausbruches einstürzte, entstanden ebenfalls drei große seismische Flutwellen. Auf Grund eines Analogieschlusses kann man also annehmen, daß auch die Explosion von Thera mehrere solche Wellen verursacht hat. In der Deukalion-Sage wurden sie dann als drei Überschwemmungen stilisiert.«

Rückblickend scheint mir, daß mein Zusammentreffen mit Galanopoulos schicksalhaft war. Jedenfalls kam es zu einem für die Entwicklung unserer weiteren Beziehungen besonders günstigen Zeitpunkt zustande. Wir waren beide, ohne es zu wissen, für ein Abenteuer bereit. Für mich war die Zeit gekommen, um über »Alvin« hinauszudenken, denn das U-Boot war fertig; das Ende seiner Erprobungszeit näherte sich. Atlantis aber ist ein Thema, das jeden Ozeanographen interessieren muß. Auch für Galanopoulos war der Gedanke, durch mich die Möglichkeit zu erhalten, an einer Expedition teilzunehmen und seine Theorie zu beweisen, sicher sehr anregend.

Auf Thera wurden im 19. Jahrhundert – bevor Evans die glanzvolle minoische Kultur aufgedeckt hatte – vereinzelt Ausgrabungen durchgeführt, doch wurde den aufgefundenen minoischen Überresten verhältnismäßig wenig Bedeutung beigemessen. Nach einigen Untersuchungen gegen Ende des Jahrhunderts schien Thera vergessen zu sein; freilich nicht für immer . . .

Im Verlauf der 66 Jahre, in denen archäologisches Interesse an der Insel kaum vorhanden war, wurden dort große Mengen vulkanischer Asche abgebaut und zur Zementerzeugung exportiert. Während dieser Zeit fand man häufig Antiquitäten; manche kamen in das kleine Museum der Insel, andere verschwanden in Privatsammlungen. 1956 entdeckte man im Verlauf des Abbaus der Asche ganz zufällig ein minoisches Haus. Bei dieser

Gelegenheit erhielt Dr. Galanopoulos ein Stück Holz eines Baumes, der in vulkanischen Bimsstein eingebettet gewesen war. Er ließ es nach der Radiokarbonmethode (C_{14}) untersuchen: Sie ergab ein Alter von etwa 3500 Jahren. Das bedeutet, daß die aufgefundenen minoischen Ruinen in die Glanzzeit der minoischen Kultur gehörten.

War eine Rekonstruktion der Insel Thera möglich, so wie sie vor dem Zusammenbruch ausgesehen hatte? Konnten moderne ozeanographische Methoden dabei helfen? Ich war sogleich felsenfest davon überzeugt. Sehr enthusiastisch versprach ich Dr. Galanopoulos, daß ich die für solche Untersuchungen notwendigen Wissenschaftler und die erforderliche Ausrüstung nach Thera bringen würde. Vielleicht regte mich auch die Vorstellung an, daß ein solches Projekt geradezu naturgegeben für »Alvin« war. Mir war klar, daß die Theorie des Dr. Galanopoulos ebenso durch archäologische Untersuchungen der Insel wie durch eine Unterwassererforschung des Einbruchskessels bewiesen werden müsse. Vor allem ging es mir aber um Beweise für die Identität von Atlantis mit Thera.

Die Platonischen Berichte im ›Timaios‹ und im ›Kritias‹ sind die einzigen antiken Darstellungen der Antlantiskatastrophe. In neuerer Zeit sind Dutzende Bücher über dieses Thema erschienen. Den meisten ist eines gemeinsam: es fehlt ihnen eine überzeugende Erklärung für die plötzliche katastrophale Zerstörung. Zwar gibt es darüber eine Fülle von Theorien, die von einem Abweichen von Himmelskörpern aus ihrer normalen Bahn bis zu Meteoritenschauern und Kometen reichen. Solche »kosmische« Katastrophen mögen sich ereignet haben; weder der Zeit noch dem Ort nach aber gibt es eine glaubwürdige Verbindung mit der Zerstörung von Atlantis. Die Erklärung für den Untergang des Inselreiches setzt den Nachweis voraus, daß eine solche Katastrophe sich auch tatsächlich ereignet hat. Dieser Nachweis ist für den Ausbruch des Vulkans von Thera erbracht.

Vulkanausbrüche, Einstürze, Erdbeben, Überschwemmungen, gewaltige Regengüsse: Naturkatastrophen wie diese hat es seit Menschengedenken immer wieder gegeben. Unsere Erde ist aber auch durch langsamer wirkende Kräfte verändert worden, etwa durch die Eiszeiten, durch Klimaveränderungen, durch Sinken oder Steigen des Meeresspiegels und durch allmähliche Bewegungen der Erdkruste. Durch plötzliche Katastrophen sind Städte zerstört und dicht bevölkerte Gegenden schwer betroffen worden. Allmähliche Veränderungen haben Landstriche unbewohnbar gemacht und Völkerwanderungen ausgelöst. Die Atlantiskatastrophe wurde immer wieder durch eine Auswirkung von Naturkräften zu erklären versucht.

Im November 1775 wurde Lissabon durch ein Seebeben in Küstennähe zerstört. Über 60.000 Menschen wurden dabei getötet. 1902 brach auf der westindischen Insel Martinique der Vulkan Mont Pelée aus; dabei waren 30.000 Menschenleben zu beklagen. Das sind nur zwei der bekanntesten derartigen Ereignisse.

Die langsameren Veränderungen haben zwar ebenso verheerende, aber weniger dramatische Zerstörungen ausgelöst. Mit der Gletscherbewegung in der letzten Eiszeit wanderten auch die Menschen: sie zogen ihren gewohnten Umweltbedingungen nach (Tier- und Pflanzenwelt, Klima). Andere paßten sich wieder den neuen Verhältnissen an. Weite Teile der Sahara waren zum Beispiel vor vielen tausend Jahren blühendes Land. Als die

Wüste immer weiter vordrang, wichen die Menschen offenbar um das Jahr 2000 v. Chr. nach dem Süden und nach dem Osten, der Küste zu, aus. Ägypten hatte damals wieder einen kulturellen Höhepunkt erreicht. Wahrscheinlich waren Klimaverschiebungen auch die Ursache für Wanderungen der Völker im Mittelmeerraum kurz nach dem Vulkanausbruch auf Thera. Bisher gab es für diese Wanderungen keine befriedigenden Erklärungen. Die Veränderungen der Umwelt des Menschen führten dann zu Legendenbildungen: Mythe wurde mit Mythe verschmolzen, die Atlantismär wurde mit Berichten von Ereignissen aus anderen, weit entfernten Gegenden verschmolzen. Man fabelte daher auch von goldenen Tempeln, die später in der Geschichte Platons wieder auftauchten.

Von den vielen Theorien, die Atlantis weitab von der Ägäis lokalisieren, ist die von Paul Borchardt (1927) vielleicht am vernünftigsten. Wie Galanopoulos erkannte auch er, daß Platon zwei verschiedene Gebiete beschreibt. Die kleine Atlantisinsel, der Sitz der Könige, wird von Atlantis im weiteren Sinn unterschieden. Sie befand sich, meint Borchardt, einige Kilometer landeinwärts vom Golf von Gabès in Tunesien. Dieses Gebiet, heute teils Festland, teils Schotts, liegt unter dem Meeresspiegel und war, nach Meinung der Geologen, in früherer Zeit eine Meeresbucht, die mit dem Mittelmeer in Verbindung stand. Die Hauptinsel von Atlantis identifiziert Borchardt mit der nordafrikanischen Küste, die damals durch das Meer vom Kontinent getrennt war. Nach Borchardts Meinung ist diese Bucht das »Atlantische« Meer. Sie war ja auch, nach Platon, durch einen schmalen Eingang mit dem Mittelmeer verbunden. Der Untergang von Atlantis wäre durch ein Erdbeben verursacht worden.

Borchardt glaubt auch, Ähnlichkeiten zwischen den Namen der ersten zehn Könige von Atlantis und den noch bestehenden Stammesnamen der Berber von Tunesien zu erkennen. Das Vorhandensein eines Systems von Bewässerungskanälen, wie es Platon beschreibt, wäre wahrscheinlich. Auch andere Einzelheiten des Platonischen Berichtes könnten im Bereich des Möglichen liegen. Obwohl es nur sehr wenige Hinweise gibt, ist es durchaus denkbar, daß die Völker im Raum von Tunesien durch das Vordringen der Sahara oder auch durch Erdbeben gezwungen waren, nach dem Osten zu wandern, und die Geschichte von Atlantis, wie sie in Ägypten aufgezeichnet wurde, beeinflußt haben. Manche Einzelheiten mögen in jene Geschichte eingeblendet worden sein, die ursprünglich nur die Minoer und die Katastrophe von Thera betraf.

Weit weniger plausibel ist eine Theorie, die in jüngster Zeit von Dr. Jürgen Spanuth, einem protestantischen Pastor und Amateurarchäologen, aufgestellt worden ist. Spanuth behauptet, das versunkene Atlantis befinde sich auf dem Boden der Nordsee, nahe von Helgoland, etwa 80 Kilometer vor der deutschen Küste. Seiner Meinung nach ist die Insel in der Bronzezeit rasch untergegangen. Die Meeresforschung hat aber nachgewiesen, daß die Nordsee gerade in der Bronzezeit eine Periode besonders ruhiger Entwicklung durchlief; es konnte kein Hinweis auf das Versinken einer Landmasse gefunden werden. Außerdem hat die Auswertung von Aufnahmen verschiedener Steinplatten, von denen Spanuth behauptete, es handle sich um von Menschen bearbeitete Blöcke, bei der Untersuchung durch Geologen ergeben, daß man es mit natürlichen Formationen zu tun hatte.

Ich bemühe mich nun keineswegs darum, zu beweisen, daß die Theorien Dr. Spanuths oder jemandes anderen über verschwundene Kulturen falsch sind; ich befasse mich nur mit ihrem Anspruch, es habe sich um das Platonische Atlantis gehandelt.

Die Altertumswissenschaft ist in eine Periode der Umwälzungen eingetreten; es bedarf neuer Forschungen von neuen Aspekten her. Tatsächlich finden wir immer mehr Hinweise darauf, daß vorgeschichtliche Völker viel weiter gewandert sind, als irgend jemand bisher erwartet hatte. So wurde Großbritannien und wahrscheinlich auch Norddeutschland im zweiten Jahrtausend v. Chr. besucht. Ich bin auch bereit zu glauben, daß Europäer den Nordatlantik durchkreuzten und Nord- und Südamerika erreichten, und zwar noch vor Christi Geburt. Cyrus Gordon von der Brandeis-Universität hat in jüngster Zeit überzeugende Beweise dafür gefunden, daß eine phönikische Expedition im 6. Jahrhundert v. Chr. Afrika umschiffen sollte, durch Stürme vom Kurs abkam, den Atlantik überquerte und an der Küste Brasiliens landete.

Eine weitere, höchst unwahrscheinliche Behauptung ist jene des italienischen Archäologen Constantino Cattoi, der glaubt, die an der Felsküste von Ansedonia, etwa 110 Kilometer nördlich von Rom, gefundenen Felsskulpturen als atlantisch identifizieren zu können. Er behauptet, daß die großen, aus dem Fels gehauenen Löwen eine Stadt bewachten, die heute unter dem Meeresspiegel liegt.

Einen weiteren Beweis für die Existenz von Atlantis hat man

im Marquesasgraben südwestlich von Peru zu finden geglaubt, als man auf dem Meeresboden gewaltige, angeblich von Menschenhand gefertigte Säulen photographierte. Tatsächlich dürfte es sich jedoch um Lavaflüsse handeln, wie man sie auch in der Fingalshöhle auf der schottischen Insel Staffa (Hebriden) findet; dort sind es große, sechseckige Säulen. Es wäre nicht das erstemal, daß natürliche Bildungen für Artefakte gehalten werden. Auch der selbstmörderische Zug der Lemminge ins Meer ist zum Beispiel von Lewis Spence als ein Beweis für die Existenz von Atlantis im Atlantischen Ozean angeführt worden. Er behauptet auch, ein weiterer Beweis seien die Vogelzüge, die alljährlich sich inmitten des Atlantik sammeln, dort in vergeblicher Suche nach Land kreisen, bis sie erschöpft ins Meer fallen. Damit eine solche Theorie irgendeinen Wert hat, müßte sie durch ozeanographische Untersuchungen untermauert werden. Jedenfalls kann man auf diese Weise vielleicht einstige Inseln finden, die von Lemmingen und Vögeln besiedelt waren, nicht aber von Atlantern.

Gibt es bei diesen Thesen immerhin einige Spuren wissenschaftlicher Bemühung, so kommen andere Atlantistheorien nur aus dem Bereich der Phantasie und der Mystik. Charles Brasseur de Bourbourg, ein merkwürdiger französischer Gelehrter, hat unter dem Eindruck der phantasiereichen Übersetzung von Maja-Schriften im 16. Jahrhundert durch Diego de Landa einen Bericht über eine Vulkankatastrophe verfaßt, in deren Verlauf ein Land, das Brasseur Mu nannte, zerstört worden sein soll.

Bald danach erfand Le Plongeon eine romantische Geschichte über die Königin von Mu. Mu wurde mit Atlantis – einer großen Insel im Atlantischen Ozean – gleichgesetzt. Nach dem Untergang der Insel flüchtet die Königin nach Ägypten, wo sie als Göttin Isis die ägyptische Zivilisation begründet. Zur gleichen Zeit begeben sich andere Bewohner von Mu nach Yukatan und werden zu Begründern der Maja-Kultur.

Weitergesponnen hat diese Geschichte Ignatius Donnelly, der 1882 ein Buch über Atlantis schrieb, das auch heute noch in Neuauflagen herauskommt. Ihm zufolge bestand auf einer Insel im Atlantischen Ozean eine großartige, vorsintflutliche Kultur. Viele Legenden und manche historische Berichte verwendete Donnelly geschickt, um seine Theorie wahrscheinlicher zu machen.

Im Jahr 1912 behauptete Paul Schliemann, ein Enkel des Troja-Entdeckers Heinrich Schliemann, daß sich in Troja – unter den Funden seines Großvaters – auch eine Bronzevase mit der Inschrift »Vom König Kronos von Atlantis« befunden habe. Diese Vase soll zusammen mit andern Funden aus Troja nach Leningrad gebracht worden sein. Sie ist jedoch niemals aufgetaucht.

Auf der Grundlage dieser und ähnlicher Theorien entstand eine Art okkulter Religion. Es wurden derart phantastische Geschichten rund um Atlantis gesponnen, daß viele ernste Wissenschaftler sich scheuten, in irgendeiner Weise mit Atlantis in Zusammenhang gebracht zu werden. So ist zum Beispiel eine primitive, aber recht große Steinskulptur, genannt Nan Matol (auf Temuen, einer Karolineninsel im Pazifischen Ozean), Mittelpunkt des Lemuria-Kults geworden. In den sechziger Jahren des vorigen Jahrhunderts haben Geologen und Biologen die Theorie aufgestellt, daß zwischen Indien und Südafrika einst eine Landverbindung bestanden haben müsse. Der englische Zoologe Philip Sclater prägte den Namen Lemuria nach den Lemuren, primitiven Halbaffen auf Madagaskar; diese Insel bildete einen Teil der Landbrücke, die auch die Seychellen umfaßt haben soll.

Die Idee wurde von Elena Blavatsky übernommen, der Gründerin der Theosophen-Sekte. Atlantis spielte, ebenso wie Lemuria, in ihrer Lehre eine besondere Rolle. Bis zu ihrem Tod im Jahre 1891 konnte sie mit solchen Ideen eine florierende Organisation aufrechterhalten. Später zerstritten sich ihre Anhänger – die heute noch sehr angesehene Anthroposophische Gesellschaft nahm dort ihren Anfang.

In jüngerer Zeit hat der amerikanische Mystiker Edgar Cayce – dessen Schriften soeben in den USA mit großem Erfolg veröffentlicht werden – gemeint, Atlantis wäre im westlichen Atlantik gelegen, die Kultur des Inselreiches sei weit fortgeschrittener gewesen als die unseres Jahrhunderts. Er prophezeite, daß Poseidia – so nannte er die größte Insel des atlantischen Reiches – im Jahre 1968 oder 1969 wieder emporsteigen werde. Vielleicht war diese Prophezeiung nur im übertragenen Sinn gemeint; mag sein, daß er sagen wollte, man werde die Insel in unserer Zeit identifizieren: Hoffen wir es wenigstens.

In diesem Zusammenhang möchte ich hier von einer Überlegung des Dr. Galanopoulos berichten: Im östlichen Mittelmeer sind Erdbeben und Überschwemmungen stets ausgesprochen lokale Ereignisse gewesen. So mag in jeder Bucht, in der es zu einer Überflutung kam, ein eigener »Flutmythos« entstanden sein, der unabhängig von ähnlichen Mythen war. Sehr wohl kann es sich solcherart mit »Flutmythen« in der übrigen Welt verhalten haben. Keineswegs muß jede Legende von einer versunkenen Insel eine Variation des Atlantisthemas sein. In der Ägäis sind durch Erdbeben niemals Zerstörungen in einer größeren Entfernung als 400 Kilometer vom Epizentrum des Bebens entstanden, im allgemeinen ist der Radius der Schadenszone noch viel kleiner. Ein so gewaltiges Ereignis aber wie der Ausbruch des Theravulkans, dessen katastrophale Auswirkungen sowohl Kreta als auch das griechische Festland trafen, mußte Anlaß zur Entstehung ein und derselben Legende geben. Die gleichzeitige Vernichtung der Athener und der Atlanter konnte auf einen gemeinsamen Ausgangspunkt zurückgeführt werden, nämlich auf die Eruption von Thera.

Platons ›Timaios‹ ist ein Versuch, eine vernunftmäßige Deutung der Natur und die religiösen Darstellungen der Griechen zur Zeit Platons auf einen Nenner zu bringen. Platons Schriften gehören auch zu den wenigen Werken der Antike, die als zeitgenössische schriftliche Dokumente noch im Mittelalter existierten. Daher können wir einigermaßen darauf vertrauen, daß das, was wir heute lesen, auch tatsächlich von Platon so geschrieben wurde.

Nehmen wir die Atlantisgeschichte als Realität, so werden wir uns daran erinnern, daß als ihr Ursprung Ägypten genannt wird und der Bericht Platon durch andere überliefert wurde. Es gibt keinen zwingenden Grund für die Annahme, Platon habe die Geschichte erfunden. Doch gibt es gute Gründe für das Gegenteil. Gerade darüber haben Gelehrte seit langem heftig diskutiert. So bestreitet der amerikanische Wissenschaftler W. A. Heidel nachdrücklich die Realität von Atlantis. Er behauptet, Platon habe – ebenso wie andere Persönlichkeiten des vierten Jahrhunderts v. Chr. in ihren literarischen Werken – die ägyptischen Priester nicht etwa deshalb in dieser Geschichte auftreten lassen, weil sie im damaligen Griechenland besonders hoch geschätzt worden seien – das Gegenteil war der Fall –, sondern weil er eine Satire beabsichtigte. Im ›Timaios‹ läßt Platon unter anderem Priester von Saïs behaupten, Athen sei um tausend Jahre älter als Ägypten; religiöse und staatliche Einrichtungen stammten aus dem alten Athen. Heidel meint nun, daß Platon sich hier über den griechischen Traditionalismus lustig mache und daß auch an anderen Stellen dieselbe ironische Haltung zu bemerken sei.

Jedoch hat ein sehr berühmter Vorgänger Platons, nämlich Herodot (485 bis 425 v. Chr.), die Meinung vertreten, daß viele griechische Einrichtungen aus Ägypten stammten. Das aber zeigt eine Haltung gegenüber Ägypten, die jener von Heidel für Platon angenommenen durchaus widerspricht. Man hat Herodot einmal den »Vater der Lügen« und einmal den »Vater der Geschichte« genannt. Heute jedoch sind die Gelehrten einig, daß die »Geschichten« Herodots eine sehr eingehende und verläßliche Untersuchung der Ereignisse seiner Zeit und der vorhergehenden Jahrhunderte sind. Auch seine persönlichen Beobachtungen haben sich in vielen Fällen als immer wieder zutreffend erwiesen. Ob nun Platon die Atlantisgeschichte erfunden hat oder ob er ihm Überliefertes berichtet, werden wir auf Grund seiner Schriften nie genau klären können. Aber es ist zumindest wahrscheinlich, daß sie auf Tatsachen gegründet sind, und zwar weil die Griechen ausgesprochene Realisten waren, und anderseits Legenden dieser Art ihre Wurzeln meist in echten Ereignissen haben.

Galanopoulos ist übrigens nicht der erste Gelehrte, der Thera, Kreta und die minoische Kultur mit dem versunkenen Atlantis gleichsetzt. Der erste war vielmehr der französische Geologe Ferdinand Fouqué. Seine Ausgrabungen zeigten, daß Thera irgendwann in der Bronzezeit, zwischen 3000 und 1000 v. Chr., der Schauplatz gewaltiger vulkanischer Aktivität gewesen ist, in deren Folge der Mittelteil der Insel im Meer versank. Die Eruptionen, wie Fouqué sie beschrieb, waren ohne Zweifel so gewaltig, daß die gesamte Inselregion von dichten Wolken aus Asche und Schwefelgasen verhüllt war. Fouqué war auf Thera aufmerksam geworden, als der Abbau von Bimsstein, den man zur Zementherstellung beim Bau des Suezkanals verwendete, Spuren jener Besiedlung zutage brachte, die auf der Insel vor den großen Ausbrüchen bestanden hatte. Man fand Häuser, die eingestürzt waren, als der Mittelteil der Insel versank. Dieses Ereignis wurde erst durch die Untersuchungen dieses Wissenschaftlers bestätigt. Allerdings hatte vor ihm noch ein anderer Franzose, Abbé Pègues, Spekulationen darüber angestellt, daß die heutige Gestalt Theras vielleicht das Ergebnis eines vulkanischen Einbruchs sei. Aber erst Fouqué hat diese Meinung systematisch untermauert.

Dem Franzosen Auguste Nicaise kommt die Ehre zu, den bronzezeitlichen Vulkanausbruch auf Thera mit dem sagenhaften Atlantis in Verbindung gebracht zu haben. 1885, zwei

Jahre nach dem großen Ausbruch und dem Einsturz der Insel Krakatau in der Sundastraße, hielt Nicaise einen Vortrag über diese These. Wir wissen heute, daß der Ausbruch auf Thera in seiner Art sehr ähnlich jenem des Krakatau war, in seiner Wirkung jedoch fünfmal größer. Nicaise meinte, das nur 110 Kilometer von Thera entfernte Kreta könnte Atlantis gewesen sein. Einige Jahrzehnte lang behielt diese Spekulation eine gewisse Bedeutung. So erschien etwa am 19. Jänner 1909 in der Londoner ›Times‹ ein Artikel, der diese Meinung vertrat. Dreißig Jahre später gab der britische Archäologe J. K. Frost zu, der Autor jenes Artikels gewesen zu sein. Er sei überzeugt, schrieb er, daß die minoische Kultur Kretas und jene von Atlantis identisch gewesen seien.

Eine verblüffende Einsicht in den Ablauf der Dinge zeigte Reverend James Baikie in seinem 1910 erschienenen Buch ›The Sea Kings of Crete‹. Er vertritt die Meinung, die Erinnerung an die plötzliche Zerstörung der kretischen Zivilisation, die identisch mit jener von Atlantis war, sei tatsächlich von den ägyptischen Priestern bewahrt worden und auf diese Weise bis zu Platon gelangt. Er schreibt: »Ohne Zweifel war für die Ägypter der späten 18. Dynastie das plötzliche Aufhören des Handels mit Kreta und des minoischen Einflusses durch die Eroberung von Knossos so merkwürdig und geheimnisvoll, als ob Kreta tatsächlich vom Meer verschlungen worden wäre. Die Insel gewann ihre verlorene Vormachtstellung nie mehr wieder und sank nach und nach zu jener unbedeutenden Rolle ab, die in der klassischen Periode für sie charakteristisch ist . . .«

Baikie führte weitere Gründe für seine Meinung an, daß Atlantis in der Ägäis gelegen wäre: »Die einzige Schwierigkeit für eine solche Identifizierung ist die Behauptung, daß das untergegangene Atlantis jenseits der Säulen des Herakles lag. Aber ohne Zweifel ist diese Behauptung dadurch entstanden, daß Solon mißverstand, was ihm sein ägyptischer Informator erzählte. Vielleicht aber auch durch das Bemühen des saïtischen Priesters, die alte Überlieferung an das größere geographische Wissen seiner Zeit anzupassen. Die alte ägyptische Lehre von der Entstehung der Welt besagt, der Himmel werde von vier Säulen getragen, von ganz bestimmten Bergen also. Wahrscheinlich verlegte die ursprüngliche Geschichte die untergegangene Insel jenseits dieser Säulen, um metaphorisch anzudeuten, daß sie sich in einer sehr großen Entfernung befand, was sie für die Reisenden jener Zeit auch tatsächlich war. Aber zur Zeit Solons waren die Grenzen der Schiffahrt bereits weiter gesetzt als vorher. Phönikische Händler waren im Westen zumindest bis nach Spanien gelangt. Die Flotte des Pharaos Necho hatte Afrika umschifft; und daher lagen die Inseln im äußersten Westen, der den Ägyptern der 18. Dynastie – die als erste die Katastrophe des minoischen Reiches schriftlich festhielten – noch Kreta bedeutete, nun aber jenseits der Meerenge von Gibraltar angenommen wurde, um dem weiteren geographischen Horizont der Menschen zur Zeit Solons und Nechos zu entsprechen.«

Im Jahre 1939 veröffentlichte Dr. Spyridon Marinatos, der unsere Forschungsgruppe bei den Ausgrabungen auf Thera im Jahre 1967 leiten sollte, seine Theorie, wonach der Ausbruch und der Einsturz von Thera die Zerstörung aller an den kretischen Küsten gelegenen minoischen Paläste und Städte um das Jahr 1500 v. Chr. verursacht haben soll. Professor Marinatos schrieb im Jahre 1950: »Die Ägypter hatten ohne Zweifel vom Versinken einer Insel, nämlich Thera, gehört. Jedoch war ihnen diese kleine und unbedeutende Insel unbekannt; daher über-

Spätminoische Tintenfischvase. Museum von Heraklion.

Trankopferkrug aus einem Grab von Katsaba (Kreta), etwa 1500 v. Chr.

trugen sie das Ereignis auf das benachbarte Kreta, eine Insel, die auf das Furchtbarste betroffen gewesen war und mit der sie plötzlich die Verbindung verloren hatten. Die Kunde von dem Verlust von Zehntausenden Menschen wurde in der Legende zum Untergang einer Armee standardisiert. Angesichts des Mangels an Zusammenhang und Logik, der Mythen charakterisiert, hat offenbar nicht einmal Platon die Ungereimtheit bemerkt, die darin lag, daß zur gleichen Zeit Atlantis im Atlantik und die Armee der Athener in Athen versanken.«

Die geniale Theorie, die Galanopoulos 1960 entwickelte, war also teilweise die Konsolidierung und Ausweitung von Ideen, die schon Jahre zurücklagen. Andere Schriftsteller haben ähnliche, wenn auch vorsichtigere Meinungen geäußert, darunter hoch angesehene Archäologen.

So schrieb 1939 J. D. S. Pendlebury, früher Kurator der British School von Athen in Knossos, in seinem Buch ›The Archeology of Crete‹ folgendes über die Minoer: »Es scheint, daß ein wohlgeordneter Staat mit einer stark zentralisierten Bürokratie bestand, der von der königlichen Stadt Knossos aus regiert wurde, wo sich – alle griechischen Legenden stimmen hier überein – die Residenz des Minos befand, des Herrschers über Kreta und viele überseeische Besitzungen. Wie tief der Eindruck war, den dieses Reich hinterließ, ist faszinierend von J. K. Frost dargestellt worden, der die außerordentliche Ähnlichkeit zwischen dem von Platon im ›Kritias‹ beschriebenen Atlantis und dem minoischen Kreta hervorhebt. Noch interessanter ist die Meinung von Leaf, wonach die in der ›Odyssee‹ beschriebene Insel der Phäaken nichts anderes sei als ein Bild des minoischen Reiches, aber transponiert in ein Feenland. Miß Lorimer wieder hat gezeigt, daß viele frühe Elemente in den Homerischen Epen eine Widerspiegelung der goldenen Tage der spätminoischen Perioden I und II sind.«

Im Jahre 1962 schrieb R. W. Hutchinson, Dozent für klassische Archäologie an der Universität in Cambridge, in seinem Buch ›Prehistoric Crete‹: »Es ist die Ansicht geäußert worden, daß Platons Bericht über Atlantis, dieser Insel mit ihrer wunderbaren Kultur, ihrem Poseidon-Kult, und auf der großes Gewicht auf gute Straßen und eine gute Wasserversorgung gelegt wurde, ein aus der Volkssage herrührender Hinweis auf die verschwundene Inselkultur Kretas sein könnte. Ferner soll die Bezugnahme auf Solon, der seine Informationen in Ägypten erhalten habe, ein Hinweis auf ein Wissen um das minoische Kreta, das in ägyptischen Berichten fortlebte, gewesen sein. Es ist jedoch klar, daß Platon Atlantis nicht mit Kreta identifizierte. Sollte er wirklich Volksmärchen, die sich auf das minoische Kreta bezogen, benutzt haben, so war er sich jedenfalls irgendwelcher Beziehungen zwischen beiden nicht bewußt.«

Es ist seit langem bekannt, daß zwischen 1450 und 1400 v. Chr. die minoischen Siedlungen auf Kreta gleichzeitig durch eine Katastrophe großen Ausmaßes zerstört worden sind. Die Archäologen waren der Meinung, daß diese Katastrophe durch eine Invasion, einen Aufstand oder ein Erdbeben verursacht worden ist. Arthur Evans vertrat stets die Meinung, die Katastrophe sei das Ergebnis von Elementarereignissen gewesen.

Im Jahre 1939 wirkte die Theorie von Dr. Marinatos, wonach der Vulkanausbruch und der Einsturz von Thera die Ursache der allgemeinen Zerstörungen auf Kreta gewesen sei, noch so sensationell, daß die meisten Gelehrten sie ignorierten. Im Laufe der Jahre beschäftigte man sich mit ihr immer mehr. Marinatos zweifelt nicht am Zerstörungspotential des Vulkans von Thera, das unvergleichlich größer war als die Zerstörungskraft irgendeines anderen Erdbebens. In seiner 1939 veröffentlichten Arbeit schrieb er: »Ein normales Erdbeben ist zur Erklärung einer solchen Katastrophe völlig unzureichend. Bei all den vielen Erdbeben, die uns bekannt sind, hat es niemals eine so umfassende Zerstörung in ein und demselben Augenblick gegeben.«

Professor Galanopoulos bestätigt die Richtigkeit dieser Auffassung. Nirgends in der Welt gibt es eine solche Fülle von Angaben über Erdbeben wie in Griechenland: allein in den vergangenen 200 Jahren sind über 2000 schwere Erdbeben (d. h. jeweils mehr als $4^3/_4$ der Richterskala) verzeichnet worden. Die seismische Aktivität konzentriert sich vor allem auf die große geologische Faltungszone, die an die westlichen und südlichen Küsten Griechenlands angrenzt. Die südliche Hochaktivitätszone wird von einem Rechteck umschrieben, dessen Winkel die Inseln Kreta, Rhodos, Nisyros und Thera bilden. Wir kennen daher die Auswirkungen von Erdbeben in diesem Gebiet sehr gut. Von den verschiedenen geologischen Schichten auf Kreta, die im großen und ganzen Ablagerungen sind, ist das in der Inselmitte in jüngster geologischer Zeit gebildete Becken – wo sich die Paläste von Knossos, von Phaistos und Hagia Triada befinden –, am häufigsten von Beben heimgesucht, die aber in ihrer Wirkung immer nur lokal sind. In der Zeit zwischen 1450 und 1400 v. Chr. war ganz Ostkreta während einiger Dekaden von solchen Beben betroffen. Was Asche und Wellen nicht zerstörten, besorgten vor- und nachher die Erdbeben.

Der Ausbruch und Einsturz von Thera ist die größte Naturkatastrophe, die sich in geschichtlicher Zeit ereignet hat. Dort, wo heute Thera liegt, befand sich einst ein Kalksteingebirge, dessen drei Gipfel aus hellem Marmor über die Meeresoberfläche emporragten. Die höchste Bergspitze lag 600 Meter über dem Meer; es ist dies der gegenwärtige Berg Hagias Elias; die beiden anderen werden Monolithos und Platinamos genannt. Sie sind unter der Meeresoberfläche durch einen Höhenzug mit der 24 Kilometer östlich liegenden Insel Anaphi verbunden. Vor vielen Zehntausenden, jedoch wahrscheinlich vor weniger als einer Million Jahre entstand im Ägäisraum ein Riß in der Erdrinde, der sich von Südwesten nach Nordosten zog. Dort bildeten sich vom Meeresboden aus Unterwasservulkane. In der Nachbarschaft von Thera dürften im Verlauf der Jahrtausende etwa ein Dutzend Vulkane ausgebrochen sein. Das Ergebnis war, daß das Wasser kochte und die Fische starben. Heute haben sich die Fische ihrer schwefelhaltigen Umgebung angepaßt und besitzen keine Körperfarbe. Die Vulkane wuchsen allmählich empor, bis sie über die Meeresoberfläche aufragten und die kreisförmige Insel Thera bildeten. Im Zustand vor dem Ausbruch nennt man sie Stronghyli oder Rundinsel, ein Name, der ihr von den modernen Geologen gegeben wurde, um sie von ihren späteren Überresten zu unterscheiden. Im Südwesten entstand die vulkanische Insel von Kristina und im Nordosten die Insel Anihydros. Auf Stronghyli bildeten sich beträchtliche Bergzüge.

Vor etwa 25.000 Jahren wurde – nach einer gewaltigen Eruption – das ganze östliche Mittelmeer mit vulkanischen Ablagerungen bedeckt. Nach einem letzten großen Ausbruch stürzte der Zentralteil von Stronghyli in das Meer: zurück blieb eine ringförmige Insel. Wir wissen nicht, wie diese Insel im einzelnen aussah. Im Laufe einiger Jahrtausende wuchsen die Vulkane wieder an, und ein guter Teil des eingestürzten Zentrums wurde abermals ausgefüllt. Nach einiger Zeit erlosch die vulkanische Tätigkeit nahezu. Die Lavaströme verwitterten, und es entstand eine fruchtbare braune, rote und schwarze Erde. Im zweiten Jahrtausend dürfte es mehr Regen als jene spärlichen 45 Zentimeter pro Jahr von heute gegeben haben. Der Humus hielt das Regenwasser besser fest als die gegenwärtige Oberfläche aus trockener poröser Vulkanasche. Wahrscheinlich wurden aber auch damals Zisternen benützt, um Frischwasser zu sammeln

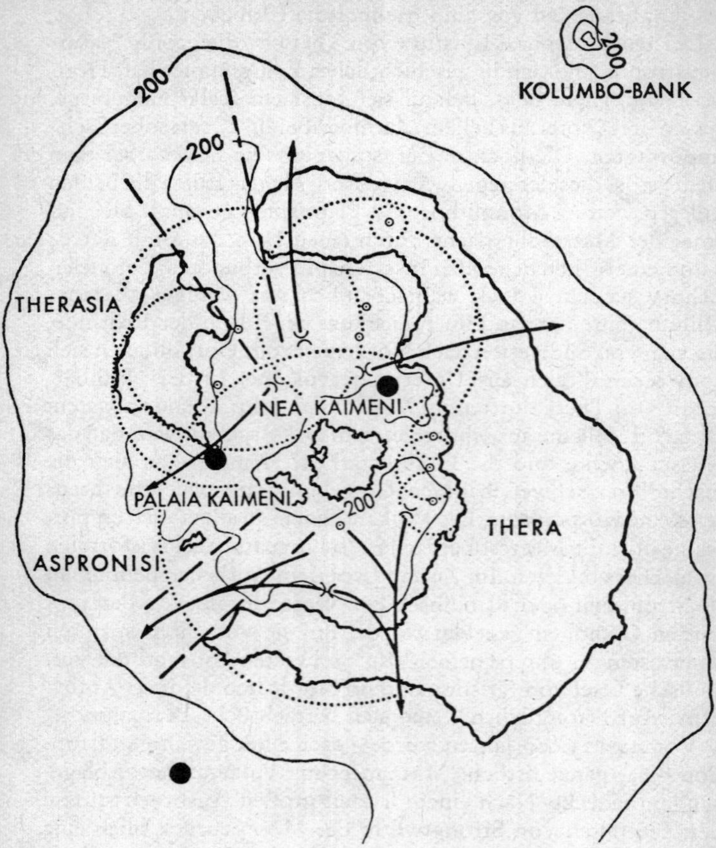

unterseeische Vulkanzentren (Chain, 1966)
vulkanische Zentren vor der Entstehung des Einbruchkessels (Reck)
Entwässerungswege vor dem Einbruch (nach Reck)
Durchbruch zum Meer
Hauptwasserscheide vor dem Einbruch (nach Reck)
Rekonstruktion des Bereiches des heftigen Aschenregens (Reck)

Die Lage der Vulkankamine, der Wasserscheiden und der Wasserabflüsse vor dem großen Ausbruch auf Thera vor 1500 v. Chr. (nach Reck, 1936).

und zu bewahren; denn nur auf den Kalksteingipfeln gab es natürliche Quellen. Allmählich entwickelte sich eine prähistorische Kultur auf der Insel.

Die Geburt von Thera, sowohl geologisch als auch als Stätte menschlicher Besiedlung, ist uns, obgleich man das bisher übersehen hat, in der Argonautensage überliefert: Jason näherte sich auf seiner Heimfahrt von der Suche nach dem Goldenen Vlies, von Karpathos herkommend, der Insel Kreta. Als die »Argo« versuchte, in den ostkretischen Hafen Dikte einzufahren, schleuderte der bronzene Riese Thalos Felsen nach dem Schiff. Die Zauberin Medea mußte ihre magischen Kräfte einsetzen, um den Riesen zu besiegen. Dann konnte die Mannschaft zwei Nächte an Land verbringen, bevor sie Segel setzte und nordwärts zum Festland fuhr.

»Die nächste Nacht«, so schreibt Apollonius, »brach über sie herein, als sie sich weit draußen im kretischen Meer befanden. Sie fürchteten sich, denn sie waren in jene Art Nacht geraten, die die Leute das Leichentuch des Verhängnisses nennen. Kein Stern, kein Mondlicht durchbrach die Finsternis des Grabes. Schwarzes Chaos hatte sich auf sie vom Himmel herabgesenkt. Oder war diese Dunkelheit aus dem tiefsten Abgrund emporgestiegen? Sie wußten es nicht zu sagen, ob sie durch den Hades trieben oder noch auf dem Wasser. Alles, was sie tun konnten, war, ihren Kurs auf die See hinaus zu nehmen, ohne irgend zu wissen, wohin er sie führen werde.« Doch dann rief Jason Phoibos Apollo an, der seine Schwester Leto mit Bogen und Pfeil entsandte, um Licht in die Dunkelheit zu schießen. »Der Pfeilschuß schleuderte blendendes Licht in das Dunkel rundum.« Eine Insel wurde gesichtet, und sie landeten. Diese Insel nannten sie Anaphe (Offenbarung), weil Apollo sie ihnen offenbart hatte.

Apollonius berichtet dann, wie Euphemos, einem Mitglied der Mannschaft der »Argo«, in einem Traum befohlen wird, den Erdklumpen, den ihm Triton in Libyen gegeben hatte, in der Nähe von Anaphe in die See zu werfen. Im Traum wurde der Klumpen zu einer Jungfrau, mit der Euphemos Beischlaf hielt, sie dann aber ins Meer warf; später erschien sie wiederum, um seine Nachkommen willkommen zu heißen. Der Traum wurde Jason berichtet, der sich daraufhin an einen Orakelspruch Apollos erinnerte und nun prophezeite, daß aus dem Erdklumpen eine neue Insel emporwachsen werde. Euphemos warf den Erdklumpen in die Tiefe, und es entstand daraus eine

Insel, die Kalliste genannt wurde. Die Nachkommen des Euphemos lebten zuerst auf Lemnos, später in Sparta, siedelten sich dann auf Kalliste an, geführt von Theras, der die Insel nach sich selbst Thera nannte. Dies geschah, lange nachdem die Tage des Euphemos vorüber waren.

Die Schilderung der grabesdunklen Nacht erinnert an die Möglichkeit, daß die Argonauten vielleicht Zeugen eines Ausbruches auf Thera gewesen sein könnten: dafür sprechen der schwarze Himmel, der von den Aschenwolken hergerührt haben mag, die Blitze und die vulkanischen Bomben, die auf Kreta herabregneten. Vielleicht sahen sie die Insel noch vor dem Einsturz, als sie wirklich »Kalliste« war, das heißt: die Schönste von allen.

Heute wächst aus dem Meer im Krater von Thera eine Insel empor, Nea Kaimeni. Die Geologen haben gute Gründe zur Annahme, daß auch vor der großen Eruption solche kleine Inseln entstanden sind. Möglicherweise haben die Argonauten ein ähnliches »Wachsen« mitangesehen.

Etwa um das Jahr 1500 v. Chr., als Thera schon ein minoischer Außenposten war, wurde es das Opfer einer sich über lange Zeit hinziehenden Katastrophe. Eruptionen, die jahrzehntelang andauerten, aber in zwei Hauptphasen erfolgten, bedeckten die Insel nach und nach, zunächst mit einer gleichmäßigen, etwa drei bis viereinhalb Meter dicken Schicht aus Bimsstein. In der zweiten Phase fiel feine staubförmige Asche. Sie bildete eine verschieden dicke Schichte, die an manchen Stellen bis zu 50 Meter hoch liegt. Wir wissen nicht, ob die Bevölkerung die Insel sogleich verließ, um dem Lebendig-begraben-Werden zu entgehen. Aber zumindest ein Mensch entkam nicht rechtzeitig. Im Verlauf der kurzen Ausgrabung von 1867 war in der Asche das Skelett eines Mannes gefunden worden.

Als 1883 der Krakatau im Malaiischen Archipel ausbrach, war das furchtbare Getöse mehr als 3000 Kilometer weit zu hören. Selbst in einer Entfernung von 240 Kilometer zerbarsten Fenster und zerrissen Wände. Während der letzten und heftigsten Ascheneruption herrschte 24 Stunden lang in einem Umkreis von etwa 320 Kilometer stockfinstere Nacht. Damals blieb die Insel völlig unsichtbar. Nur Blitzbündel, die als Begleiterscheinungen des Vulkanausbruches und der Erdbeben aufleuchteten, durchschnitten die Finsternis. Mehr als 1500 Kilometer weit wurde Asche in den Indischen Ozean hinausgetragen.

Diese größte Naturkatastrophe der jüngsten Zeit hatte jedoch nur etwa ein Fünftel der Zerstörungskraft des Vulkanausbruchs von Thera. Was nun die Wirkungen auf Kreta, das »Königsgut« von Atlantis, betrifft, so müssen wir daran denken, daß die Ausbrüche auf Thera wahrscheinlich schon um 1500 v. Chr. begannen, daß aber wahrscheinlich erst dreißig Jahre später jener furchtbare Aschenregen eintrat, der den Tag in Nacht verwandelte. Diese langsame Steigerung der vulkanischen Aktivität mag die Kreter möglicherweise nur wenig gestört haben. Der letzte Ausbruch hat sie aber sicherlich über alle Maßen entsetzt. Allein der Schlamm- und Aschenregen muß viele Menschen, aber auch ihr Vieh getötet und ihre Ernte zerstört haben. Die Asche des Vulkans muß Land und Meer in gewaltigem Umkreis bedeckt haben, Aschenregen muß im ganzen Nahen Osten, in Ägypten und selbst im Sudan, in Arabien und der Türkei vom Himmel gefallen sein. Dr. Galanopoulos hat ozeanographische Daten vorgelegt, die einen durchaus gültigen Beweis für seine Theorien bedeuten. Das schwedische Forschungsschiff »Albatros« entnahm 1948 dem Meeresboden in einem weiten Bereich des östlichen Mittelmeers Proben, ebenso hat dies die »Vema« vom Lamont Geological Observatory der Columbia University in den Jahren 1956 bis 1958 getan. Sieben der »Albatros«- und vierzehn der »Vema«-Proben zeigten zwischen kleinen Muscheln abgelagerte Vulkanasche, die eine unter dem Namen Globigerina-Foraminifera-Schlamm bekannte Schicht bildeten. Aus

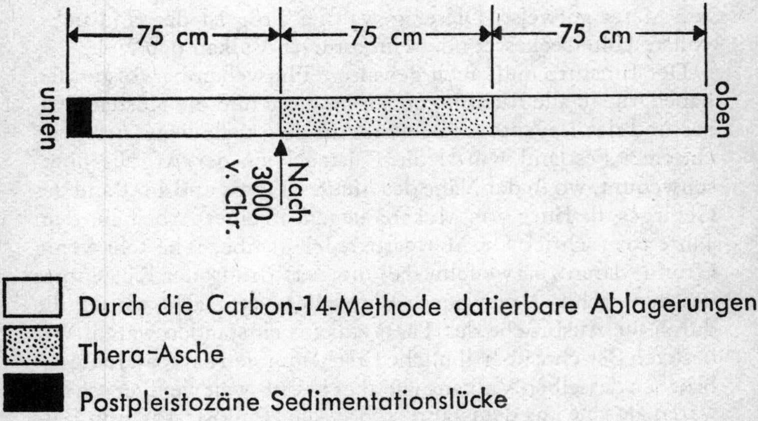

Eine typische Probe aus dem Meeresgrund der Ägäis. Auf Grund ihrer Beschaffenheit kann der Ausbruch von Thera zeitlich eingeordnet werden.

der Kenntnis der evolutionären Veränderungen dieser kleinen, Foraminiferen genannten Tiere und deren Aufeinanderfolge ebenso wie auf Grund der Datierung durch die Radiokarbonmethode war es möglich, festzustellen, wann die Asche abgelagert worden war. Durch Messung ihrer optischen Eigenschaften – es handelt sich im Grunde um eine Art fein pulverisiertes Glas – ließ sich feststellen, daß sie vom Vulkan von Thera stammt.

Die dickste Aschenschichte, nämlich 2,10 Meter, wies eine Probe auf, die etwa 160 Kilometer südöstlich von Thera dem Meeresboden entnommen worden war. Näher war bis dahin kein Forschungsschiff der Insel gekommen. Die Ergebnisse der Untersuchungen waren jedenfalls sensationell. Manche Proben zeigten zwei verschiedene Aschenschichten, eine, die vor weniger als 5000 Jahren entstanden, und eine andere, die mindestens 25.000 Jahre alt war. Nun lagen eindeutige Beweise dafür vor, daß von den Vulkanexplosionen auf Thera das ganze östliche Mittelmeer in Mitleidenschaft gezogen worden war.

Zwischen 1450 und 1400 v. Chr. stürzte der größere Teil der Insel in jene Kavernen ein, die durch die Eruption vieler Kubikkilometer Asche und Bimsstein entstanden waren. Was von der Insel übrigblieb, waren jene drei »Trümmerstücke«, die wir heute kennen: Thera, Therasia und Aspronisi; sie sind konzentrisch um eine zentrale Bucht angeordnet, die eine Fläche von etwa 83 Quadratkilometer umfaßt und eine maximale Tiefe von 400 Meter aufweist. Dieser gewaltige Trog ist der eindrucksvollste Unterseekessel oder eingestürzte Vulkan der Welt.

Der Einsturz muß auch gewaltige Flutwellen hervorgerufen haben, die in alle Richtungen ausstrahlten und die Küsten Afrikas und der Levante erreichten. Auf dem nahe liegenden griechischen Festland wurde die Küstenebene der Argolis überschwemmt, wo in der Nähe des Meeres Tiryns und am Rand des Gebirges die Burg von Mykenä liegen. In einer Arbeit aus dem Jahre 1939 schrieb Dr. Marinatos: »Ich glaube, es besteht wenig Grund, daran zu zweifeln, daß die Zerstörung der Küstenorte des minoischen Kreta durch Flutwellen verursacht wurde, die durch die Ausbrüche des Theravulkans entstanden waren. Wir besitzen Berichte über ähnliche Erscheinungen bei späteren Ausbrüchen desselben Vulkans, die aber jeweils weit weniger schwer waren als jene aus dem Jahr 1500 v. Chr. Philostratos zum Beispiel berichtet, daß während des Ausbruchs vom Jahre 60 n. Chr., als sich in der Mitte der Bucht eine neue Insel bildete, die See von der Südküste Kretas etwa eineinhalb Kilometer zurückwich ... Bei dem Ausbruch vom Jahre 1650 stürzten die Wogen auf Thera selbst drei Kilometer landeinwärts und schwemmten alte Mauern, Kapellen, Grundmauern und alles weg.«

Der minoische Hafen von Amnisos – auf Grund der archäologischen Funde weiß man, daß er zwischen 1500 und 1400 v. Chr. durch eine Naturkatastrophe zerstört worden ist – an der Nordküste Kretas, unweit von Knossos, liegt fast genau südlich von Thera, wird aber durch die kleine Insel Dia vor dem Nordwind geschützt. Infolgedessen ist gerade dort die Brandung weniger stark. Marinatos grub bei Amnisos die königliche »Villa der Fresken« aus, in der wundervolle Wandgemälde gefunden wurden. Eines davon – es zeigt einen sehr gepflegten Garten – ist von Marinatos 1956 als Symbol eines Königtums zweier Inseln gedeutet worden, und zwar einer großen und einer kleinen, die das minoische Meerreich beherrschten. Später kam Galanopoulos zu der Überzeugung, daß das auf dem Fresko symbolisierte Königreich Atlantis sei; die Darstellung der großen Insel hielt er für Kreta oder das Königsgut, die der kleineren für Thera, die Metropolis von Atlantis.

Marinatos vermerkt auch, daß im Verlauf der Zerstörung die Mauern und Ecksteine der Villa von Amnisos in einer für ein Erdbeben höchst ungewöhnlichen Weise umgestürzt sind. Die massiven Steinblöcke der Westmauer waren nach außen gefallen, einige der Südmauer fehlten. Daraus schließt er, daß dies nur durch die Einwirkung großer Wogen geschehen sein könnte, die das Gebäude zerstört und beim Rückfluten die Blöcke mitgeschwemmt hätten. Ferner hat er auch Spuren eines großen Brandes in dem hauptsächlich aus Holz gebauten Gebäude entdeckt. Diese Feuersbrunst bildet ebenfalls eine sehr bemerkenswerte Parallele zwischen dem Ausbruch von Thera und dem des Krakatau. Geologisch gesehen ist der – wenn auch kleinere – Krakatau dem Vulkan auf Thera sehr ähnlich. Die Insel selbst war unbewohnt. Die gewaltigen Zerstörungen wurden vor allem durch seismische Meereswogen verursacht, die dem Einsturz der Vulkanhauptmasse nach der Eruption folgten. In holländischen und britischen Berichten über die Eruption des Krakatau heißt es, der Aschenregen habe den Tag in Nacht verwandelt; die Bewohner der Städte an den umliegenden Küsten hätten Lampen anzünden müssen. Jede der drei Flutwellen war 15 Meter hoch und anfänglich 130 Kilometer lang. Und jede von ihnen löste in den niedrig liegenden Ortschaften

Griechenlands ägäische Küste rund um den Golf von Saron. Eingezeichnet ist die 100-Meter-Höhenlinie, bis zu der die Flutberge der Thera-Eruption dringen konnten.

Katastrophen aus, zerstörte Gebäude und entfachte Feuersbrünste, weil Lampen und Herde umgeworfen wurden. Schiffe wurden tief ins Landesinnere geschleudert, 36.000 Menschen kamen um. Jahrelang nach dieser Katastrophe konnte man besonders wirkungsvolle Sonnenuntergänge beobachten. Der Grund dafür war das Vorhandensein feinster Staubpartikeln in der Stratosphäre.

Nun weist Dr. Marinatos darauf hin, daß Thera nur hundert Kilometer von Kreta entfernt liegt. Daher haben die Bewohner Kretas im Jahre 1500 v. Chr. sicherlich ähnlich Schreckliches erlebt wie die Bevölkerung von Java und Sumatra im Jahre 1883. Er glaubt jedoch, daß nur die Siedlungen an der Nordküste Kretas durch die Fluten zerstört worden seien, außer Amnisos etwa Nirou Khani, Mallia und Gurnia. In Nirou Khani fand man große Zeremonial-Doppeläxte, in Gurnia Werkstätten von Tischlern und Kupferschmieden noch fast unbeschädigt auf.

Die einzige Warnung vor den heranrollenden Fluten waren die durch den Einsturz des Zentralteils von Thera verursachten Sturmstöße, die sich innerhalb weniger Minuten bis Kreta ausbreiteten und zu Mauersprüngen an Gebäuden führten, ja vielleicht sogar Menschen zu Boden warfen. Dann folgten seismische Flutberge, die über das Meer dahinrasten und schließlich dreißig Minuten nach ihrem Entstehen bei Thera auf die kretischen Küsten stürzten. Eine vorsichtige Schätzung setzt die Höhe dieser Flutberge mit etwa hundert Meter an. Sowohl an den Küsten von Kreta als auch an jenen Griechenlands und der Türkei muß das Land bis zu dieser Höhe betroffen worden sein. Auf der Insel Anaphi in der Nähe von Thera finden sich sogar in einer Höhe von 225 Meter angeschwemmte Bimssteine.

Sicherlich drang die Flut in die von den Ufern der Ägäis ausstrahlenden Küstentäler. Verbindet man auf einer Karte dieser Landschaft alle Punkte mit einer Seehöhe von etwa 100 Meter, so zieht sich diese Linie 160 Kilometer in die Stromtäler des Yamanlar und des Büyük Menderes in der Türkei landeinwärts. In der Argolis verläuft diese Höhenlinie bis zur Burg von Mykenä, dem Sitz jener Festlandmacht, die bald die Inseln der Ägäis unterwerfen sollte, in der Messaraebene auf Kreta etwa 15 Kilometer landeinwärts. Der Palast von Knossos liegt zwar etwa fünf Kilometer von der Küste entfernt, verhältnismäßig hoch am Berghang und am Rand eines tiefen Tales (das »Chaos«), aber die Fluten hätten den Fuß des Hügels erreichen und die dort stehenden Bauernhäuser überschwemmen können.

Im Jahre 1883 lag in der Sundaenge ein Schiff, nicht allzu weit entfernt vom Krakatau, als die vulkanische Insel in das Meer stürzte. Das Schiff hob und senkte sich mit den drei großen Flutwellen, doch die Mannschaft bemerkte dies kaum, da sich die Fluten auf dem offenen Meer nur allmählich auswirkten. Die Insel wurde innerhalb von zwölf Stunden zerstört, und zwar in zwei Hauptphasen; in wesentlich kürzerer Zeit also, als der Untergang von Atlantis gedauert haben soll, der sich über einen ganzen Tag und eine ganze Nacht hinzog. Ohne Zweifel ist auch Thera, ebenso wie der Krakatau, nach und nach eingestürzt, wodurch mehrere gewaltige seismische Flutwellen erzeugt wurden. Da der Zusammenbruch von Thera fünfmal stärkere Wirkung hatte als jener des Krakatau, können wir uns das Ausmaß der Katastrophe vorstellen.

Dr. Galanopoulos meint, daß die Mythe von der Flut des Deukalion eine in der Volkssage bewahrte Erinnerung an die

Flutwellen ist, die die Küsten des Mittelmeeres nach der Eruption von Thera heimsuchten. Ein Ereignis von solchen Ausmaßen und mit solch katastrophalen Folgen könne nicht vollkommen in Vergessenheit geraten und wäre daher noch nach vielen Generationen überliefert worden. In dieser Sage heißt es, Zeus sei über die bösen Taten der Söhne des Lykaon erzürnt gewesen. Als er sie als armer Wanderer verkleidet aufsuchte, setzten sie ihm Speisen vor, in denen die Innereien von Schafen, Ziegen und ihres eigenen Bruders Nyktimos gemischt waren. Zeus aber ließ sich nicht täuschen, warf den Tisch, auf dem ihm angerichtet worden war, um und kehrte auf den Olymp zurück. Zwar hatte er sogleich die Söhne des Lykaon in Wölfe verwandelt und den geschlachteten Bruder zum Leben wiedererweckt, aber der Göttervater hielt nun die gesamte Menschheit, die solche Sprößlinge hervorbrachte, des Unterganges wert. So beschloß er, die Menschheit durch eine gewaltige Flut zu verderben. Doch der Titan Prometheus warnte seinen Sohn Deukalion vor der nahenden Gefahr. Dieser baute nun eine Arche und bestieg sie mit seiner Frau Pyrrha. Ein furchtbarer Südsturm brach los, »der Regen fiel, und die Flüsse brausten hinab zum Meer, das mit erstaunlicher Geschwindigkeit anschwoll und jede Stadt an der Küste und in der Ebene hinwegschwemmte. Schließlich war die ganze Welt, mit Ausnahme einiger Berggipfel, überschwemmt. Alle Sterblichen schienen zugrunde gegangen zu sein – mit Ausnahme von Deukalion und Pyrrha. Die Arche trieb neun Tage umher, bis schließlich die Wasser zurückgingen.« Deukalion sandte eine Taube aus, die auch Land fand. Dort ging er selbst von Bord. Der Ort, wo er landete, war der Parnaß, oder, wie andere sagen, der Ätna, der Athos oder der Berg Othrys in Thessalien. Das Paar opferte dem Vater Zeus, dem Beschützer der Flüchtlinge, und stieg dann zum Heiligtum der Themis am Ufer des Flusses Kephissos hinab, um dort zu beten. Da erschien ihnen Themis und befahl: »Verhüllt eure Häupter und werft die Knochen eurer Mutter hinter euch.« Deukalion und Pyrrha erkannten, daß mit der »Mutter« die »Mutter Erde« gemeint war; sie hoben Steine vom Boden auf und warfen sie über ihre Schultern. Wo diese Steine niederfielen, verwandelten sie sich in Männer und Frauen.

Diese Sage von der Flut des Deukalion geht wahrscheinlich auf ein wirkliches Ereignis zurück, nämlich auf eine gewaltige Überschwemmung, die durch tektonische Ursachen großen Ausmaßes verursacht wurde. Diese Katastrophe ist einigermaßen sicher datierbar: die Deukalionische Flut wird auf Grund verschiedener Hinweise zwischen 1529 und 1382 v. Chr. angesetzt. Daß diese Zeitspanne mit jener korrespondiert, in der der große Ausbruch des Vulkans von Thera stattgefunden hat, verleiht der Annahme, daß zwischen der Flut des Deukalion und der Eruption von Thera ein ursächlicher Zusammenhang besteht, eine gewisse Glaubwürdigkeit.

Der Einbruchskessel von Thera hat eine Fläche von 83 Quadratkilometer und ist 400 Meter tief. Sein Volumen ist fünfmal so groß wie jenes des Krakatau-Kessels. Der ungarische Gelehrte P. Hedervary hat auf Grund des Volumens der eingestürzten Landmassen geschätzt, daß die während des Ausbruchs freigewordene Energie jene des Krakatau viereinhalbmal über-

Die ägäische Küste des kleinasiatischen Festlandes (Türkei). Sie zeigt deutlich, wie weit – entlang der Flußtäler – die 100-Meter-Höhenlinie und damit auch der Überschwemmungsbereich landeinwärts reicht.

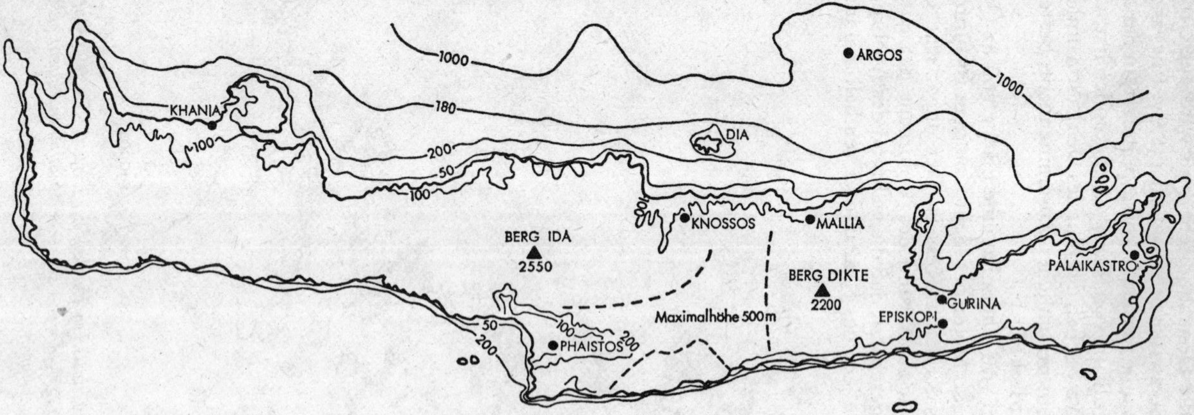

Kreta. Die Höhenangaben zu Land zeigen deutlich jene Gebiete, die weniger als 100 Meter über dem Meeresspiegel liegen und daher einer Überschwemmung ausgesetzt waren.

troffen habe. Nun wurde aber die Gesamtmenge der Energie, die sich während des Krakatau-Ausbruchs entwickelte, auf das 450fache der Explosion einer Wasserstoffbombe geschätzt. Die Energie der seismischen Wellen, die von Thera ausgingen, dürfte etwa viermal so groß gewesen sein als jene, die dem schweren Erdbeben in Chile im Mai 1960 folgten und die noch an der Küste von Japan spürbar waren.

Man bezeichnet solche Flutberge, die auf Grund von Seebeben oder Vulkanausbrüchen entstehen, auch mit dem japanischen Wort »Tsunami«. Einem Erdbeben, dessen Epizentrum die ägäische Insel Amorgos im Jahre 1956 war, folgte ein Tsunami, der sich bis an die Küste von Palästina auswirkte. Dieses Beben hatte übrigens auch schwere Schäden auf der Insel Thera zur Folge. Antike Berichte wissen von einem gewaltigen Erdbeben im östlichen Mittelmeer im Jahre 365 n. Chr., in dessen Folge eine Flutwelle an der peloponnesischen Küste ein Schiff drei Kilometer landeinwärts warf. Die Schiffe im Hafen von Alexandrien wurden über Häuser hinweg auf die Küstenstraßen geschwemmt.

Auf der russischen Halbinsel Kamtschatka bei Kap Lopatka erreichte eine Flutwelle im Jahre 1737 eine Höhe von 66 Meter. 1936 hatte ein Erdrutsch im norwegischen See Loen eine Flutwelle von 72 Meter Höhe ausgelöst, und im Jahre 1958 verursachte ein Erdbeben in der Lituya Bay (Alaska) eine Flutwelle mit einer Höhe von 360 Meter. Wäre Kreta von einem solchen Tsunami getroffen worden, so wären die Wogen zumindest in Mittelkreta und, sicherlich bei Gurnia, quer über die ganze Insel gerast. Und doch waren alle eben genannten Katastrophen weit weniger schrecklich als der Ausbruch von Thera. Er muß eine allgemeine Überflutung sämtlicher östlicher Mittelmeerküsten verursacht haben, das heißt eine Überschwemmung der ganzen, den Völkern der Antike bekannten Welt.

Die Berichte über die Deukalion-Flut, die Sintflut der Bibel, die sumerische Flutsage im Gilgamesch-Epos und andere in ähnlichen Überlieferungen sind einander erstaunlich ähnlich. Natürlich gibt es die These, daß sie alle denselben Ursprung hätten und von den Sumerern, den Babyloniern, den Juden und den Griechen weitergegeben worden seien, die jeweils den Mythos bei sich selbst lokalisierten. Wahrscheinlicher jedoch ist, daß es sich bei diesen Fluterzählungen um echte Erinnerungen der einzelnen Völker handelt; dabei muß es sich nicht um ein und dasselbe Ereignis gehandelt haben. So ist etwa die sumerische Flutsage des Utnapischtim archäologisch in Ur und anderen Städten des südlichen Mesopotamien nachweisbar und kann mit dem Beginn des 3. Jahrtausends v. Chr. datiert werden; sie ereignete sich also mindestens tausend Jahre vor der Katastrophe von Thera.

In den biblischen Texten finden sich übrigens, abgesehen vom Sintflutbericht, auch andere merkwürdige Hinweise; etwa eine Stelle bei Jeremias (47, 2, 4): »Siehe, es kommen Wasser herauf von Mitternacht, die eine Flut machen werden, und beides Land und was darinnen ist, beide Städte und die so darinnen wohnen, wegreißen werden, daß die Leute werden schreien und alle Einwohner im Lande werden heulen.« Und weiter heißt es bei Jeremias (47, 4): »Vor dem Tage, so da kommt zu zerstören alle Philister ... denn der Herr wird die Philister, die das Übrige sind aus der Insel Kaphtor, vernichten.« Manche Gelehrte nehmen an, daß Kaphtor der semitische Name für Kreta war. Die Philister hätten entweder eine minoische Kolonie gebildet, die sich nach dem Untergang ihres Reiches selbständig erhalten hatte, oder aber, sie seien minoische Flüchtlinge gewesen, die einer Naturkatastrophe oder mykenischen Eroberern entkommen waren. Vielleicht ließe sich sogar spekulieren, daß diese Stelle bei Jeremias – der freilich auch an anderen Stellen den näheren und weiteren Nachbarn Israels die erstaunlichsten und schrecklichsten Schicksale prophezeite – so zu deuten ist, daß die Philister ihre Heimat Kreta – vielleicht sogar Thera – verlassen hätten, als die Eruptionen des Vulkans einsetzten und – etwa eine Generation später – die vom endgültigen Einsturz von Thera verursachte Flutkatastrophe schon an der Palästinaküste erlebten. Ferner läßt sich denken, daß die Minoer in den letzten Jahrzehnten der Existenz ihres Reiches auf Kreta wiederholt Opfer schwerer Erdbeben und kleiner bis mittelschwerer Fluten wurden. Dies und die Schlußkatastrophe mögen die Ursache gewesen sein, daß das minoische Reich trotz seiner Macht und Größe den mykenischen Angreifern zum Opfer fiel. Kreta ist in den späteren Jahrhunderten, wie aus Funden hervorgeht, eine mykenische Kolonie gewesen; danach wurde es von dorischen Griechen besiedelt.

Vom Schicksal der Minoer weiß man nur wenig, obgleich es bei Homer und anderen Dichtern und Schriftstellern Hinweise auf Urkreta (Eteokreter) gibt, die im östlichen Teil der Insel noch bis in historische Zeit ein Eigenleben geführt und ihre eigene Sprache bewahrt hatten. Da die Minoer ein seefahrendes

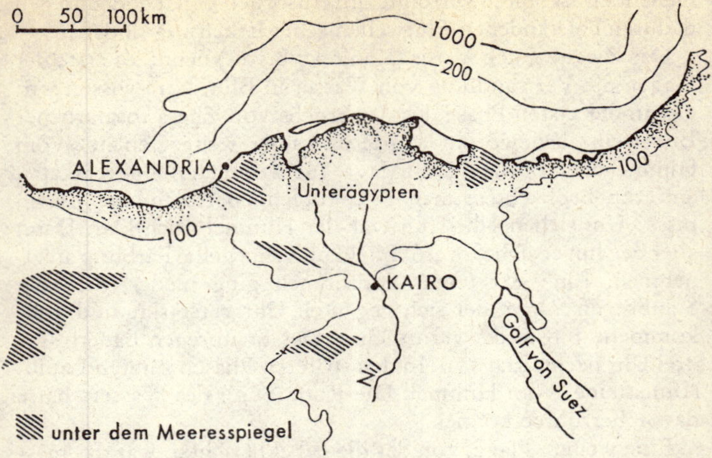

Die Mittelmeerküste vor dem Nildelta. Die 100-Meter-Höhenlinie zeigt Gebiete möglicher Überschwemmungen durch die Thera-Flutberge.

Volk waren, ist die Annahme naheliegend, daß sich manche der Unterwerfung durch die griechischen Eroberer entzogen hatten und an der Palästinaküste ein neues Staatsgebilde gründeten, das zumindest einige Jahrhunderte lang mächtig war und eine gewisse Kulturstufe besaß, sich zeitweise sogar das Volk Israel unterworfen hatte und ohne Zweifel lange dessen gefährlichster Feind war. Jedenfalls besitzen wir keine anderen Hinweise auf die Herkunft der Philister als jene aus der Bibel. Diese aber deuten darauf hin, daß es sich um »Emigranten« aus Kreta handelte.

Da wir hier die Bibel in Zusammenhang mit Kreta und den Minoern gebracht haben, soll auch berichtet werden, welche Thesen Professor Galanopoulos in Übereinstimmung mit anderen Gelehrten über die »ägyptischen Plagen« aufgestellt hat. In der Bibel wird berichtet, wie Moses versucht, das jüdische Volk aus der Knechtschaft der Ägypter zu befreien. Als der Pharao die Juden nicht ziehen lassen will, verhängt Gott über Ägypten jene Heimsuchungen, die als die ägyptischen Plagen bekannt geworden sind. Galanopoulos sieht in diesen Plagen Auswirkungen des Ausbruchs auf Thera. Er glaubt, daß sogar der in der Bibel berichtete Untergang des ägyptischen Heeres, das die fliehenden Israeliten verfolgte, im Ausbruch von Thera und den dadurch entstandenen Flutwellen seine Erklärung findet.

Das Zweite Buch Mosis (Kapitel 7 bis 12) nennt als erste der Plagen die Verwandlung von Wasser in Blut. Nun wissen wir, daß in der ersten Phase des Ausbruchs von Thera rosafarbener Bimsstein ausgeworfen wurde und über weite Gebiete »vom Himmel« fiel. In Batavia auf Java, 160 Kilometer vom Krakatau entfernt, beobachtete man 1883 folgenden Ablauf der Ereignisse: Um sieben Uhr früh war der Himmel noch klar. Dann aber begann er sich zu verdunkeln und eine gelbe Färbung anzunehmen. Eine Art feiner Sprühregen ging nieder, dem ein Staubregen folgte, der sich gegen elf Uhr verstärkte und vollkommene Finsternis verursachte. Der Staubregen dauerte bis drei Uhr nachmittags an. In den späteren Phasen sürzten Lapilli (Bimssteine) vom Himmel. Die Rotfärbung des Wassers hätte davon herrühren können.

Eine weitere Plage, von der die Bibel berichtet, war das massenhafte Auftreten von Fröschen. Die Frösche kamen wahrscheinlich aus dem Wasser, um am Ufer zu sterben.

So wurde auch beim Ausbruch des Vulkans von Tambora in Indonesien im Jahre 1815 ein Aschenregen beobachtet, der eine 20 Zentimeter hohe Schicht auf dem Boden hinterließ, die alle Pflanzen bedeckte. Erst der Regen befreite Bäume, Büsche und Gewächse davon. Dennoch war dabei ein Großteil der Weideflächen vernichtet worden, und einen Monat nach dem Ausbruch war das Vieh aus Futtermangel zugrunde gegangen. Die wenig hygienischen Zustände der Zeit konnten zum Ausbruch schwerer Epidemien führen. Beulenpest und Blattern mögen aufgetreten sein, Läuse und Flöhe die Menschen geplagt haben. Heuschreckenschwärme zerstörten in der Folge die letzten Reste der Ernte.

Zu den im Zweiten Buch Mosis aufgezählten Plagen gehört auch jene des Hagels und der Gewitter. Wir wissen, daß der Ausbruch des Krakatau von unerhört starken Blitzerscheinungen begleitet war. Da aber der Schlammregen, der bald Decke und Masten der Schiffe überzog, phosphoreszierte, wurde der Eindruck erweckt, als stünden diese in Flammen. Das ging so weit, daß viele der Mannschaften versuchten, das vermeintliche Feuer zu löschen. In der Bibel aber heißt es: »Das Feuer schoß am Boden hin.«

Ferner berichtet die Bibel von einer totalen Finsternis. In einem Umkreis von 160 Kilometer um den Krakatau herrschte als Folge des Aschenregens fast den ganzen Tag über völlige Dunkelheit.

Was die Plage der Tötung der Erstgeborenen anlangt, so ließe sich dies etwa auf die großen Zerstörungen – vor allem der Ernte – zurückführen. Die Behauptung, wonach die Israeliten ausgespart blieben, könnte bedeuten, daß eine Epidemie ausgebrochen war, von der die Israeliten nicht betroffen waren, weil sie sich zu diesem Zeitpunkt von den Ägyptern bereits abgesondert hatten und in einer geschlossenen Gesellschaft im Lande Gosen lebten, einem ägyptischen Gau im Osten des Nildeltas. Natürlich fällt in diesem Zusammenhang auch auf, daß bei den Israeliten, den Kanaanitern und den Phönikern (offenbar also bei den semitischen Völkern) der Erstgeburt besonderer Wert beigemessen wurde. Häufig wurde sie ja auch den Göttern als Opfer dargebracht. Manche Religionswissenschaftler meinen, die bei den Semiten übliche Beschneidung sei ein Ersatz dieses Opfers.

Einige Schwierigkeiten bereitet freilich die Datierung des Auszugs der Juden aus Ägypten und ein Vergleich mit der Katastrophe von Thera. Bisher hatte man vielfach angenommen, der Auszug sei etwa zur Zeit Ramses' II. am Ende des 13. Jahrhunderts v. Chr. erfolgt. Nach anderen Auffassungen soll der Exodus unter Thutmosis III. oder unter Amenhotep III. stattgefunden haben. Thutmosis regierte von 1490 bis 1436 v. Chr. Nur dieser Zeitabschnitt würde mit der Explosion von Thera

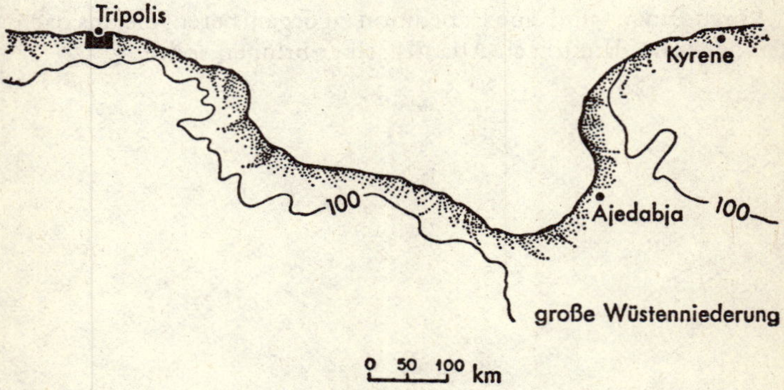

Die Mittelmeerküste Nordafrikas von Tripolis bis Kyrene. Die 100-Meter-Höhenlinie deutet das mögliche Vordringen der Fluten nach der Eruption von Thera an.

korrespondieren; Thutmosis aber war einer der mächtigsten und erfolgreichsten Herrscher Ägyptens. Er unterwarf Palästina, Syrien und das Gebiet bis an den Euphrat. Es ist unwahrscheinlich, daß zu seiner Zeit die Juden aus Ägypten flüchten oder sich in Palästina hätten ansiedeln können. Alle diese Daten sind in den Tabellen im Anhang dieses Buches einander gegenübergestellt.

Schließlich sei hier noch ein weiteres merkwürdiges Zitat aus der Bibel angeführt. Im neunten Kapitel des Propheten Amos heißt es: »Denn der Herr Zebaoth ist ein solcher, wenn er ein Land anrühret, so zerschmelzet es, daß alle Einwohner trauern müssen; daß es soll ganz über sie herlaufen wie ein Wasser und überschwemmet werden mit dem Fluß in Ägypten.« Und wenige Zeilen später heißt es: »Habe ich nicht Israel aus Ägyptenland geführt und die Philister aus Kaphtor, und die Syrer aus Kyr?« Könnte dies nicht eine Anspielung auf die Katastrophe und auf eine gleichzeitige Emigration der drei Völker als Folge des Ausbruchs von Thera sein?

So reizvoll diese Spekulationen auch sein mögen, klare Beweise können sie nicht liefern. Man würde immer wieder einwenden, die Dinge seien nur bildhaft gemeint, oder aber, es handle sich um andere Zusammenhänge. Wie dem auch sei, es gibt weitere Zeugnisse, um die Theorie von der Identität von Thera-Kreta mit Atlantis zu untermauern, die offen vor aller Augen daliegen. Man muß nur hingehen und sie ansehen. Ich konnte es kaum erwarten, aus den Theorien in die Tatsachen vorzudringen und eine Expedition zu organisieren, die uns nach Thera und damit nach Atlantis selber bringen sollte.

Zweiter Teil

Nach den USA zurückgekehrt, beschäftigte ich mich eingehend und unter allen Aspekten mit dem Atlantis- und Therathema: Ein Artikel, den ich damals darüber schrieb, erweckte zu meiner großen Überraschung nicht nur das Interesse meiner Fachkollegen, sondern auch das des großen Publikums; er wurde in nicht weniger als vierzig Sprachen übersetzt. Am Jahresende 1965 hatte ich eine Arbeit erhalten, die die Wissenschaftler Ninkowitch und Heezen vom Lamont Geological Observatory unter dem Titel ›Santorini Tephra‹ (»Tephra«, von Tephrit: Lavagestein, basaltähnlich) verfaßt hatten. Es zeigte sich, daß die Autoren historische und geologische Forschungen angestellt hatten und zu Überlegungen gekommen waren, die jenen meiner eigenen, von Dr. Galanopoulos angeregten Arbeiten weitgehend entsprachen. In diesem Aufsatz fanden sich zusätzlich geologische Einzelheiten; viele Schlußfolgerungen glichen den meinen; die Autoren verhielten sich aber dem Atlantisthema gegenüber sehr reserviert.

Am 3. Januar 1966 hielt ich in Woods Hole vor meinen Kollegen einen Vortrag. Ursprünglich wollte ich nur über die geologischen Fragen und den Vulkanismus von Thera sprechen. Dann aber entschloß ich mich doch, unter dem Eindruck der Arbeit ›Santorini Tephra‹, die Theorie des Dr. Galanopoulos darzulegen. Mich vor Wissenschaftlern in solcher Weise für die Atlantisthese einzusetzen bedeutete natürlich für meinen eigenen wissenschaftlichen Ruf ein Risiko. Ich wußte, daß ich von bestimmten Kreisen Spott ernten würde. Aber ich hoffte doch, bei anderen Kollegen so viel Enthusiasmus zu erwecken, daß sie bereit wären, mein Projekt einer ozeanographischen Untersuchung von Thera wirklich zu unterstützen und auf diese Weise meine Position zu stärken und zu rechtfertigen. Zwar gab es in der meinem Vortrag folgenden Diskussion auch Widerspruch, aber auch genug Begeisterung, um mich in meiner Zielsetzung zu bestärken. Ich hoffte, im Sommer 1966 eine ozeanographische Expedition nach Thera bringen zu können, um festzustellen, welche Umrisse und Formen die Insel vor dem großen Ausbruch gehabt hatte und ob diese der Beschreibung Platons von Atlantis entsprachen. Dazu bedurfte es eines großen Forschungsschiffes und sehr wirkungsvoller seismischer Geräte, die ja bis zu tausend Meter in den Meeresboden »hineinhorchen«

mußten. Ferner war es notwendig, die Spuren von unterseeischem Vulkanismus festzustellen, um herauszufinden, wo sich früher vulkanische Gipfel befunden hatten. Es bedurfte auch eines seetüchtigen Magnetometers, das das örtliche Magnetfeld der Erdkruste bestimmen sollte. Denn aus dem Erdinnern stammende Lava ist stärker magnetisch als die Rindengesteine, die sie durchdrungen hat.

Ich wollte auch versuchen, mehr über die Bevölkerung zu erfahren, die auf der Insel vor 1500 v. Chr. gelebt hatte. Wenn Thera wirklich die Metropolis von Atlantis war, so mußte es dicht bevölkert gewesen sein und Paläste und Siedlungen besessen haben.

Die im Jahr 1867 von dem französischen Geologen Fouqué auf Thera ausgegrabenen Mauerreste waren von Archäologen als Bauernhäuser gedeutet worden, die zu einem bescheidenen minoischen Außenposten gehört hatten. Ich war von der Bescheidenheit dieser Siedlung nicht sehr überzeugt. Damals waren zwei goldene Ringe gefunden worden, ferner ein wundervolles unversehrtes Fresko und Keramik von hoher Qualität. Ich wollte nun diese Ausgrabungen von Fouqué wiederfinden, vor allem aber jenes Haus mit dem Blumenfresko, das seit vielen Jahren in Vergessenheit geraten war, ja dessen Lage man nicht einmal mehr kannte. Ich wollte auf dem Land und in den seichten Küstengewässern nach minoischen Ruinen suchen: Auf der Karte der Royal Navy vom Jahre 1848 (Captain Graves), der Grundlage aller späteren Navigationskarten, sind fünf Stellen eingezeichnet, wo unter Wasser Ruinen zu finden waren. Für mich stellte sich die Frage, ob es sich um minoische Fragmente handelte und ob es möglich sein werde, dort auszugraben. Galanopoulos hatte mir von zwei umfangreichen Strukturen unter Wasser an der Südostküste berichtet, die man für alte Molen oder Steinwellenbrecher hielt. Es konnten dies sowohl die Überreste eines minoischen oder eines späteren Hafens sein, aber auch ganz natürliche Steinbildungen. Archäologisch war die Insel im Grunde jungfräuliches Land.

Die Vorbereitungen für die Expedition nach Thera begannen im Februar 1966. Ich hoffte, daß eines der großen Forschungsschiffe der Woods Hole Institution für die Forschungsarbeiten eingesetzt werden würde. Um so glücklicher war ich, als der Geophysiker Edward F. K. Zarudzki, der gerade eine Kreuzfahrt des 2000-Tonnen-Forschungsschiffes »Chain« in das östliche Mittelmeer vorbereitete, sich für die Idee zu interessieren begann. Zarudzki, von Freunden und Kollegen Rudy genannt, interessierte sich vor allem für den Vulkanismus im Mittelmeer. Während eines Italienaufenthaltes hatte er an der Entwicklung eines optischen Instruments mitgewirkt, mit dem man Gräber untersuchen kann, ohne graben zu müssen. Ferner bemühte ich mich, Dr. Harald Edgerton, Professor für Elektrotechnik an der MIT, meiner eigenen Alma mater, zur Teilnahme zu überreden.

Edgerton, der durch seine Erfahrungen auf dem Gebiet der Optik und der Unterwasserschallmessung sehr bekannt geworden ist, war ebenfalls auf archäologischem Gebiet kein Neuling. Er hatte ein höchst raffiniertes Sonarinstrument entwickelt, das, für archäologische Forschungen bestimmt, als Prototyp schon bald erfolgreich zur Auffindung alter Wracks und von Gebäuden unter dem Meeresgrund verwendet worden war. Er selber nannte die Apparatur bescheiden »mud pinger« (Schlammklopfer). Ein solches Instrument muß klein, leicht transportierbar

Eine Rekonstruktion der Insel Thera vor dem großen Einbruch im 15. Jahrhundert v. Chr.

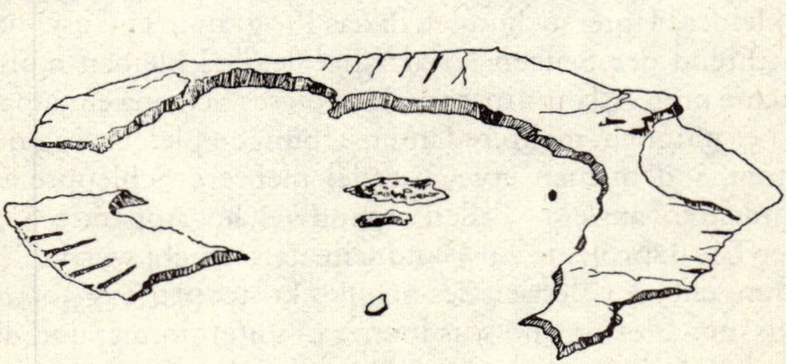

Schematische Darstellung der Insel Thera heute. (Der Durchmesser der Insel ist nun um etwa 20 Prozent kleiner als vor der Katastrophe.)

und batteriebetrieben sein, um es an Orten einsetzen zu können, die weit von der Zivilisation entfernt sind und wo es weder die üblichen Energiequellen noch Reparaturwerkstätten gibt. Edgertons Apparat hatte alle diese Eigenschaften. Gelang es mir, Zarudzki und Edgerton zur Reise nach Thera zu überreden, Geld aufzutreiben und die Versorgungs- wie Terminprobleme zu regeln, so war alles in bester Ordnung.

Eine ozeanographische Kreuzfahrt von den USA in das Mittelmeer und darüber hinaus muß mindestens ein Jahr im voraus geplant und festgelegt werden. Das Forschungsschiff »Chain« sollte sechs Monate auf See zubringen, in dieser Zeit durch die Straße von Gibraltar in das Mittelmeer einfahren und dort einen Zickzackkurs zwischen der europäischen und der afrikanischen Küste in Richtung Osten einschlagen. Dann sollte »Chain« durch die Ägäis und den Bosporus in das Schwarze Meer einfahren, wieder zurück durch die Ägäis nach Süden kreuzen, vorbei an Zypern und der Levanteküste zum Suezkanal. Dann sollte sie das Rote Meer und schließlich Aden an der Südspitze Arabiens besuchen.

So sah der Fahrplan für die Hinreise aus. Die »Chain« hatte vor allem geophysikalische Aufgaben zu lösen: Ablagerungen und Gesteinsformationen der Erdrinde unter dem Meeresboden sollten studiert werden. Aber dies war nur das Skelett der Forschungsplanung. Je mehr das Jahr und die Geldaufbringung fortschritten, um so mehr wissenschaftliche Projekte wurden hinzugefügt. Der Betrieb des Schiffes während der Zeit von sechs Monaten kostete mehr als 500.000 Dollar, die hauptsächlich von der U. S. Navy und der National Science Foundation beigestellt wurden. Durch die großen Forschungsaufträge wird für gewöhnlich das Gesamtunternehmen finanziert. Man pflegt viele kleinere Untersuchungen in das Programm einzuschließen, das während der ganzen Kreuzfahrt flexibel bleiben muß. Ich versuchte nun, Atlantis irgendwie in dieses Schema einzupassen. Oft ist es möglich, mehrere Untersuchungen gleichzeitig durchzuführen, indem man etwa parallel mehrere Schleppseile mit Instrumenten auslegt. Fallen irgendwelche Apparate aus, so müssen Ersatzprojekte zur Hand sein, damit nicht wertvolle Zeit verlorengeht: der Betrieb des Schiffes kostet pro Tag 3000 Dollar, wo immer es ist und was immer es unternimmt; und das an jedem der 365 Tage des Jahres. Die »Chain« ist ein schwimmendes ozeanographisches Laboratorium, aber auch sehr kostspielig.

Je näher die Zeit der Kreuzfahrt kommt, um so intensiver wird der Kampf um die Arbeitszeit des Schiffes, weil jeder der interessierten Wissenschaftler sich bemüht, jenen, die den Daumen auf den Geldbeutel halten, auseinanderzusetzen, warum für seine eigenen Unternehmen ein Maximum an Zeit und Geld notwendig ist. Rudy-Zarudzki und ich wollten ursprünglich eine Woche für das Unternehmen Thera haben, um in einem weiten Gebiet rund um die Insel Proben des Tiefseebodens entnehmen zu können. Es schien, daß unter einem weiteren geophysikalischen Aspekt mehr Interesse an Bodenproben aus dem Mittelmeer südlich von Kreta bestand als aus der Ägäis. Daher mußten wir uns mit weniger Zeit zufriedengeben.

Der Geophysiker, der die geologischen Phänomene in großem Maßstab und in Zeiträumen von vielen Millionen Jahren betrachtet, sieht im Ausbruch von Thera nur eine Anomalie der Erdrinde, die – geologisch gesehen – ein Ereignis der jüngsten Zeit ist. Das wissenschaftliche Konzept steht in starkem Kontrast zu einer Betrachtungsweise, die vom menschlichen Interesse ausgeht. Dieser Gedanke kam mir immer wieder, als ich die Lösung des Rätsels von Atlantis in Angriff nahm. Aber ich hatte den Ehrgeiz, beide Blickpunkte im Auge zu behalten und vielleicht irgendwie zu vermählen.

Zu Ende des Frühlings wurde die Reise ins Schwarze Meer gestrichen, weil nun gewisse geheimnisvolle »heiße Punkte« – Stellen im Meer mit verhältnismäßig hoher Wassertemperatur – im Roten Meer Interesse erweckten. Glücklicherweise waren aber die tektonischen Besonderheiten in der Ägäis so außerordentlich, daß eine Untersuchung dieser großen westöstlichen Faltung mit modernen akustischen und magnetischen Tiefseeinstrumenten für Wissenschaftler vieler Sparten von größtem Interesse war. Daher blieb eine Untersuchung der Ägäis im Programm. Ohne es eigentlich zu wollen, kam uns dabei Dr. Galanopoulos zu Hilfe. Ein deutscher Wissenschaftler namens Pfannenstiel hatte behauptet, daß südwestlich des Peloponnes, im tiefsten Teil des Mittelmeeres, 5000 Meter unter dem Meeresspiegel, sich zwei Unterwasservulkane befänden. Galanopoulos berichtete mir, daß seine Aufzeichnungen über Erdbeben keinerlei Aktivität in jenem Raume zeigten und er daher an die Existenz jener Vulkane nicht glaube. Zarudzki zeigte sich an dieser Information sehr interessiert und konnte den Kurs der »Chain« so festlegen, daß sie eben jenes Gebiet durchkreuzen würde. Später zeigte die Untersuchung, daß Galanopoulos recht hatte.

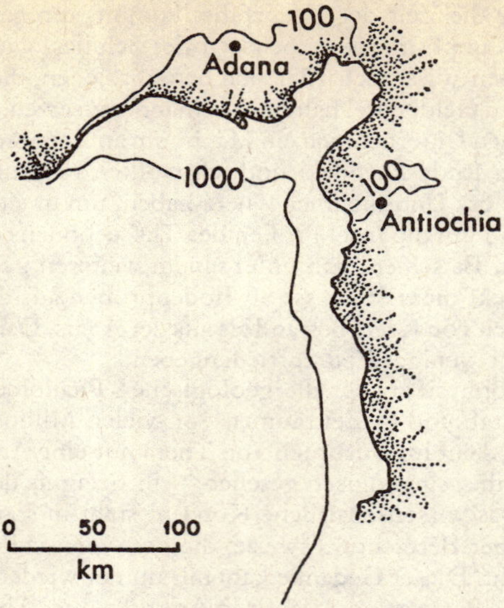

Die nordsyrische und südosttürkische Mittelmeerküste. Eingezeichnet die 100-Meter-Höhenlinie. Auch dieses Gebiet könnte nach dem Einsturz des Vulkans von Thera überflutet worden sein.

Nach der Untersuchung der tiefsten Stelle des Mittelmeeres konnte die »Chain« in den Golf von Korinth einlaufen, die Landenge durchqueren und im Piräus, dem Hafen von Athen, Anker werfen. Dort wollten wir an Bord gehen. Damit war auch ein Aufenthalt bei Thera wenigstens für eine kurze Zeit praktisch gesichert. Nun standen wir vor dem Problem, ob die »Chain« in die Bucht von Thera einlaufen und innerhalb dieses gewaltigen Kessels mit ihrer Fülle von elektronischen Schleppgeräten und Fühlern auch manövrieren können werde. Der Sender und die Hydrophone zur Aufnahme der reflektierten Schallsignale waren die stärksten der Welt, bedurften aber einer Wassertiefe von mindestens 20 Meter und eines etwa 150 Meter langen Schlepptaus. Das Magnetometer, das an einem 250 Meter langen Kabel nachgezogen wird, macht das Manövrieren in engen Gewässern außerordentlich schwierig. Schließlich kamen wir zu dem Ergebnis, daß die »Chain« in die Bucht einfahren, aber in der zur Verfügung stehenden Zeit nur ein beschränkter Raum durchforscht werden könne. Überdies rechneten wir mit Schwierigkeiten bei einer Annäherung an die Küste. Offenbar war ein kleineres Schiff mit entsprechend weniger umfangreichen Geräten nötig, um in der Nähe der inneren Klippen und an den Untiefen vor den offenen Küsten des äußeren Ufers der Insel zu arbeiten.

Wir hatten gehofft, daß die »Chain« uns eine ihrer Barkassen mit einer kleinen Mannschaft zurücklassen und uns zwei Wochen später auf der Rückfahrt wieder aufnehmen würde. Es erwies sich jedoch als unmöglich, die komplizierte Programmeinteilung des Schiffes so zu ändern, daß es nach Thera hätte zurückfahren können. Schließlich blieb nichts anderes übrig, als meine Forschungsgruppe mit den Geräten in Thera an Land zu bringen. Dort wollten wir nun für uns selbst sorgen. Auch Dr. Edgerton war mit Vergnügen bereit, an diesem Unternehmen teilzunehmen. Sein eigenes Programm im August sah Untersuchungen am See Tiberias und an der Mittelmeerküste Palästinas vor. Wir vereinbarten also, daß Edgerton und sein Mitarbeiter Dr. Wolfson mit uns am 24. August in Athen zusammentreffen würden. Gemeinsam wollten wir dort an Bord der »Chain« gehen. Das Schiff stach von Woods Hole am 10. Juli in See und würde Athen am 21. August anlaufen. Edgerton sollte mit uns nach Thera fahren und sich dort vierzehn Tage lang aufhalten.

Es gelang mir, noch einen weiteren bedeutenden Wissenschaftler für unsere Reise nach Atlantis zu gewinnen: Dr. Hartley Hoskins, jetzt Professor für Geologie an der Universität in Chicago. Er war darauf aus, den Edgerton-Sonarapparat auszuprobieren. Ihn sollten wir am 21. August in Athen treffen.

In diesen Tagen erhielt ich den Brief eines gewissen Edward Loring, eines Amerikaners, der auf Thera lebte. Er schrieb, daß er nun schon den dritten Sommer dort wohne und sich für die Geschichte und Archäologie der Insel außerordentlich interessiere. Mein Artikel über die Atlantistheorie habe ihn auf uns aufmerksam gemacht. Er bot uns seine Hilfe auf der Insel selbst an, was uns natürlich sehr angenehm war. Ich wandte mich auch an den bekannten griechischen Archäologen Dr. Marinatos und bat ihn, an unserem Unternehmen auf Thera teilzunehmen. Mein Brief erreichte ihn jedoch erst im Herbst jenes Jahres, da er sich eben auf einer Vortragsreise in Australien befand.

Mit war bewußt, daß es nicht einfach war, von den griechischen Behörden die Erlaubnis zu einer archäologischen Expedition zu erhalten. Die Erfahrungen, die die Griechen seit den Tagen Lord Elgins gemacht haben, berechtigten sie zu Mißtrauen.

Aber wir beabsichtigten ja vor allem, ozeanographische Untersuchungen anzustellen, und wollten keineswegs Antiquitäten ausgraben, sondern höchstens ihr Vorhandensein durch Instrumente oder auch durch direkte Besichtigung feststellen. Ich hatte gehofft, daß es angesichts der Teilnahme von Dr. Galanopoulos an der Expedition keiner besonderen Bewilligung der griechischen Regierung bedürfen werde, abgesehen von der Erlaubnis für die »Chain«, in griechischen Territorialgewässern zu forschen. Als ich jedoch einen Brief von Galanopoulos erhielt, in dem er anfragte, ob ich von den archäologischen Behörden die notwendige Genehmigung eingeholt hätte, wurde mir bewußt, daß ich eine wichtige Formalität vernachlässigt hatte, da offenbar zwischen der Welt der Archäologen und der übrigen Wissenschaft keine besonders gute Verbindung bestand.

Ich wandte mich nun an Dr. Henry S. Robinson, den Direktor der amerikanischen Hochschule für klassische Studien in Athen. Er antwortete mir, daß seiner Meinung nach mein Programm eindeutig archäologischer Art sei. Der Generaldirektor des griechischen Archäologischen Dienstes habe sich jedoch bereit erklärt, mir und dem Forschungsschiff »Chain« eine Vollmacht auszustellen, freilich unter der Voraussetzung, daß wir keinerlei antike Funde ausgruben oder berührten, und ferner, daß während unserer Arbeiten auf Thera ein Beobachter der amerikanischen Hochschule anwesend wäre. Wir durften keine Tauchgeräte verwenden, es sei denn, um verlorengegangene Unterwassergeräte zurückzuholen oder dem Boden geologische Proben zu entnehmen. Zunächst schienen mir diese Bedingungen außerordentlich hart; später begriff ich, daß in Wirklichkeit Dr. Robinson und Generaldirektor Kontis außerordentlich hilfsbereit gewesen waren, als sie Leuten, denen der Nachweis archäologischer Bildung fehlte, gestatteten, ungehindert an einer vielversprechenden Fundstätte zu arbeiten.

Von Loring kam indessen die Nachricht, daß das einzige Boot, das groß genug für unsere Zwecke war, ein etwa 12 Meter langes Fischerboot (griechisch: kaiki), gegenwärtig auf dem Trockenen liege und eine neue Maschine brauche. Loring hatte aber den Besitzer davon überzeugt, daß unser Unternehmen, obgleich es nur zwei Wochen dauern sollte, für die Wirtschaft und das Prestige der Insel unerhört wichtig sei. Der Bootsbesitzer installierte daher einen alten englischen Dieselmotor, strich das Boot frisch, brachte es zeitgerecht zu Wasser und fuhr der »Chain« entgegen, sobald sie in den Kessel segelte. Außerdem habe er, Loring, noch eine 7 Meter lange Barke (griechisch: varka) gemietet, die dem führenden Fischer von Kamari gehöre. Der Fischer heiße Manolis Kafourous – Kafourous bedeutet nicht mehr und nicht weniger als Pirat – und wäre auch wirklich der kühnste Seemann auf Thera. Loring bestand darauf, uns in seinem Haus unterzubringen, wo alles für uns Notwendige bereit sei, selbst wenn acht oder neun Personen kämen. Ich hatte keinen Grund, einem geschenkten Gaul ins Maul zu schauen. Doch verpflichtete ich mich, die Kosten des Aufenthaltes auf Thera selbst zu tragen, da ich keine anderen Geldquellen erschließen konnte. Später teilte sich glücklicherweise Harold Edgerton mit mir in die Kosten des Bootes und der Behausung, während die Lebenskosten von allen gemeinsam getragen wurden.

Der 10. Juli kam, und mit ihm die Abfahrt der »Chain«. Aber Atlantis lag für mich noch in relativ weiter Ferne. Damit man meine Pläne für die nun zu einer echten wissenschaftlichen Expedition gewordene Fahrt nach Thera ernst nahm, war ich genötigt gewesen, in meinen Briefen und Gesprächen meine Begeisterung für die Atlantistheorie zu unterdrücken und nur von geologischen Untersuchungen zu sprechen. Denn Atlantis war nach Meinung der meisten Leute nur eine Angelegenheit von Mystikern, Romantikern und Pseudowissenschaftlern.

In Rom traf ich mit dem Ehepaar Harriet und Lee Pomerance zusammen, die auf dem Weg nach Kreta waren. Sie beabsichtigten, mit dem bekannten griechischen Archäologen Dr. Nicholas Platon nach Kato Zakros zu gehen. Dort, an der Ostküste Kretas, war 1962 ein großer minoischer Palast entdeckt worden. Das Ehepaar Pomerance hatte seither einen Teil der Ausgrabungskosten getragen und allsommerlich an der Ausgrabungsstätte gearbeitet. Der unweit der Meeresküste gelegene Komplex von Kato Zakros wurde in derselben Periode wie die anderen Palaststädte Kretas zerstört, nämlich zwischen 1450 und 1400 v. Chr. Dort – so hoffte ich – müßte es leicht sein, festzustellen, ob seismische Flutwellen Schäden angerichtet hatten, ob Erdbeben und Feuer Ursache der Zerstörungen und ob Spuren des Aschenfalls und des Bimssteinregens zu finden wären.

Mit den Pomerances kamen wir auch auf das Klima und auf die Handelsbeziehungen des minoischen Reiches zu sprechen. Ein weiteres Gesprächsthema waren die Kykladeninseln, die Kreta mit dem griechischen Festland verbinden. Mir fiel die starke Diskrepanz zwischen der Beschreibung, die Platon von Atlantis gibt, und dem bioklimatischen Zustand der heutigen Kykladen auf. Im ›Kritias‹ spricht Platon davon, daß es eine überaus üppige Vegetation gegeben habe, vor allem an Getreide und Früchten. Der starke Nachdruck aber, der im ›Kritias‹ auf die Versorgung mit frischem Wasser gelegt wird, läßt darauf schließen, daß es davon nicht allzuviel gab. Dieser sonderbare Widerspruch zwischen Fruchtbarkeit und Trockenheit besteht auch heute auf Thera. Ich glaube, daß das Klima der Ägäis im Altertum nicht viel anders war, als es heute ist. In der Häufigkeit und der Menge der Regenfälle mag es infolge Veränderungen der Luftströmungen Variationen geben, aber der Temperaturdurchschnitt dürfte ziemlich gleich geblieben sein. Thera, das in minoischen Zeiten noch unversehrt war, mit dem für eine vulkanische Insel typischen fruchtbaren Boden, war in dieser Form nach den Ausbrüchen vor 25.000 Jahren entstanden. Es besaß offenbar eine sehr reiche Vegetation. Vielleicht war die Insel innerhalb der minoischen Wirtschaft ein nicht unbedeutender Agrarproduzent und daher dicht besiedelt.

Auch die Insel Melos ist vulkanischen Ursprungs. Da auf Thera unter der dicken Aschendecke eine gut erhaltene Erdschichte aus minoischer Zeit vorhanden ist – das Produkt jahrtausendelanger Erosion –, könnte wohl auf Melos das gleiche der Fall sein. Beide Inseln mochten weitaus fruchtbarer als ihre Nachbarinseln gewesen sein. Kreta dagegen empfängt heute ebenso wie im Altertum genügend Regen, um reichliche Ernten hervorzubringen.

Der Grund, daß Thera auch heute eine fruchtbare Insel ist, liegt in der hohen Aschendecke, wie sie sonst unter den ägäischen Inseln nur noch Nisyros aufweist; zweifellos war aber die Fruchtbarkeit in der minoischen Periode weit höher. Wie aber kam auf Thera eine reichliche Vegetation zustande – angesichts des geringen Regenfalls? Die Antwort auf diese Fragen wollte ich auf der Insel selbst finden.

Am 21. August ging ich an Bord der »Chain«. Außer einem Wachhabenden fand ich keinen Menschen vor. Auf dem Weg zu der Kabine des Chefwissenschaftlers blieb ich vor dem schwarzen Brett stehen, auf dem das Programm für den dreitägigen Athenaufenthalt angeschlagen war. Noch nie bis dahin war einem unserer Schiffe ein so großartiger Empfang bereitet worden: Buchstäblich alle wissenschaftlichen und archäologischen Institutionen der Stadt veranstalteten für unsere Wissenschaftler Empfänge und Besprechungen. Dazu hatte gewiß auch beigetragen, daß die Weltpresse unserer Expedition sehr viel Publizität gegeben hatte. Wir hatten jedoch nicht erwartet, auch so viel fachliches Interesse zu erwecken. Mit Verblüffung sah ich folgenden Anschlag: »Empfang, gegeben von Professor Galanopoulos für die Wissenschaftler der ›Chain‹, 21. August, 19 Uhr.« Beinahe hätte ich also das wichtigste Ereignis versäumt; es war inzwischen schon 19 Uhr vorbei. Ich beeilte mich nun, zu Galanopoulos zu kommen, der unweit des Syntagma-Platzes wohnt. Dort angekommen, begrüßten mich nicht nur der Wissenschaftler und seine reizende Gattin sehr herzlich,

ich feierte auch Wiedersehen mit meinen Kollegen vom Woods Hole Institute.

Für den nächsten Morgen war eine Konferenz an Bord der »Chain« angesetzt, zu der Vertreter aller archäologischen Institute und Schulen von Athen eingeladen worden waren. Der kleine Bibliotheksraum unseres Schiffes faßte kaum die in großer Zahl gekommenen Wissenschaftler. Galanopoulos und ich konnten unsere Theorien nur kurz darstellen: die Forschungsarbeiten sollten ja eben erst beginnen. Natürlich gab es eine Menge Skeptiker. Zwar wollte keiner der Wissenschaftler Atlantis an irgendeinem anderen Ort der Welt lokalisieren, viele aber meinten, bei der Erzählung Platons handle es sich um ein Produkt der Phantasie. Diese Konferenz und viele spätere Veranstaltungen haben sicher dazu beigetragen, die Aufmerksamkeit der wissenschaftlichen Welt auf Thera zu lenken und ein weltweites Interesse an den Ausgrabungen dort wie auch an der Erforschung der Konsequenzen des Ausbruchs des Vulkans für die minoische Kultur zu erwecken. Auch bei den folgenden Empfängen an Bord der »Chain« und in Athen sowie bei verschiedenen Besichtigungen archäologischer Fundstellen stellten wir fest, daß dieses Unternehmen großes Interesse hervorrief. Das starke Presseecho mochte dazu beigetragen haben, daß die weitverbreitete Meinung entstanden war, die Hauptaufgabe unserer Expedition sei die Erforschung von Thera und dessen Identifizierung mit Atlantis.

Sehr interessant für uns war der Besuch in Korinth, wo bei der Suche nach dem antiken Hafen von Kenchreai eben jene Apparaturen ausprobiert wurden, die wir auf Thera benützen wollten. Die Landenge von Korinth ist übrigens der Schauplatz einer zum Kreis des Theseus-Mythos gehörenden Sage, die auch Euripides in seinem 428 v. Chr. geschriebenen Drama ›Hippolytos‹ wiedergibt. Der Theseus-Sagenkreis ist einer der wenigen direkten Hinweise auf die minoische Kultur und auf den Konflikt zwischen dem minoischen Reich und den mykenischen Griechen.

Theseus, der Sohn des Königs von Athen, ist, der Sage nach, Minos, dem König von Kreta, tributpflichtig. Jedes neunte Jahr mußte Athen sieben Jünglinge und sieben Mädchen nach Kreta senden, wo sie im Labyrinth dem Minotauros, einem stierköpfigen Ungeheuer, zum Opfer fielen. Theseus fährt als eines dieser Opfer nach Kreta und erschlägt dort, mit Hilfe von Ariadne, einer Tochter des Königs Minos, den Minotauros. Mit den geretteten athenischen Knaben und Mädchen kehrt er in die Heimat zurück. Aus seiner Bindung mit der Amazonenkönigin entspringt ein Sohn, Hippolytos. Später heiratet Theseus jedoch Phädra – eine Schwester der von Theseus verlassenen Ariadne –, mit der er zwei weitere Söhne hat. Phädra aber verliebt sich in den gleichaltrigen Stiefsohn Hippolytos, und da dieser nichts von ihr wissen will, verklagt sie ihn fälschlich, ihr Gewalt angetan zu haben. Hippolytos flüchtet in einem Viergespann vor dem Zorn des Vaters. Theseus bittet nun Poseidon, Hippolytos durch ein Ungeheuer töten zu lassen. Das Gebet wird erhört; auf dem Isthmus von Korinth steigt ein Ungeheuer aus dem Wasser, das die Pferde des Viergespanns scheuen läßt; der Wagen von Hippolytos stürzt um, er selbst wird von den Pferden zu Tode geschleift.

Euripides hat nun in seiner Tragödie nicht ein Ungeheuer aus dem Meer steigen lassen, sondern eine gewaltige Woge, der ein riesiger wilder Stier entspringt. Der Stier ist ein dem Poseidon heiliges Tier. Es liegt nahe, Stier und Woge überhaupt zu identifizieren: Hippolytos könnte also das Opfer einer Flutwelle geworden sein, die, vom Ausbruch des Vulkans auf Thera verursacht, in den Saronischen Golf eindrang und vielleicht den ganzen Isthmus überschwemmte. Die Landenge ist an ihrer engsten Stelle nicht mehr als etwa 5,4 Kilometer breit und an jener Stelle, wo im vorigen Jahrhundert der in der Antike vergeblich versuchte Durchstich des Kanals vollendet worden ist, etwa 70 Meter hoch. Der Stier spielt auch in der minoischen Mythe und der minoischen Kunst eine besondere Rolle. Von der Datierung her bestehen keine Schwierigkeiten: Die Theseus-Sage wird etwa in mykenischer Zeit lokalisiert, also im 14. oder 15. Jahrhundert v. Chr.

Hier fanden wir ebenfalls einen sehr interessanten Hinweis auf sagenhafte Erinnerungen an gewaltige Flutwellen. Damit erhob sich für uns die Frage, wie mächtig die von der Explosion auf Thera ausgelösten Flutwellen gewesen sein mochten. Bedauerlicherweise gibt es nur wenige verläßliche Informationen über ähnliche Naturkatastrophen, vor allem über den Ausbruch auf Thera. Flutwellen entstehen durch Vulkanausbrüche, durch Absturz von Landmassen ins Meer, aber auch durch Faltungen des Meeresbodens und tektonische Einbrüche. Es hat zweifellos viele solche Ereignisse gegeben, in den vergangenen fünfzig Jahren jedoch relativ wenige, deren Auswirkungen genau erforschbar gewesen wären. Sie ereignen sich meist ohne vorherige

Anzeichen; selbst mit den empfindlichsten Instrumenten ist es unmöglich, sie vorauszusagen und dafür zu sorgen, daß genaue Daten gesammelt werden.

Eine annähernd vergleichbare Katastrophe ereignete sich am 10. Juli 1958 in der Lituyabucht in Alaska, wo es zum größten bisher verläßlich gemessenen Felssturz kam. Die Bucht hat die Form eines T, wobei der Querbalken des T von hohen Bergen und Gletschern umgeben ist. Die durch den Felssturz entwikkelte Energie entsprach $2{,}3 \times 10^{14}$ Meterkilogramm. Als die Felsmassen ins Meer stürzten, entstand eine so gewaltige Flutwoge, daß das Wasser an der gegenüberliegenden Seite der Bucht bis zu einer Höhe von 400 Meter aufstieg. Die Gewalt der Flutwelle geht aus den Zerstörungen an der Küste und auf den Berghängen hervor. Dann bewegte sich die Woge aus der Bucht hinaus auf die offene See. Am Ufer waren 15 Meter hohe Bäume wie Zündhölzer geknickt worden. Der Seismologe Dr. Müller berechnete im Jahre 1960, daß die Bewegungsenergie etwa zwei Prozent jener Menge betragen hatte, die durch den Felssturz ins Meer frei geworden war. Diese Berechnung ist auch noch bei anderen Untersuchungen über ähnliche Vorgänge bestätigt worden. Damit besitzen wir ein Mittel, um die Mächtigkeit der Flutwelle von Thera zu bestimmen. In der Lituyabucht jedenfalls waren Bäume noch in einer Seehöhe von 230 Meter geknickt worden.

Laut Galanopoulos war die Mächtigkeit des Einsturzes von Thera zweitausendmal so groß wie jene des Felssturzes in der Lituyabucht. Auf dieser Basis ließe sich errechnen, daß drei aufeinanderfolgende Flutwellen von Thera ihren Ausgang nahmen, deren jede 230 Meter hoch und 130 Kilometer lang war. Als die Flutberge die Küste von Kreta erreichten, müßten sie noch eine Höhe von 60 Meter besessen haben. Es ist leicht vorstellbar, daß diese Fluten alles Lebende hinwegfegten und viele Kilometer landeinwärts stürmten, ja Hunderte Meter an den Berghängen emporschlugen, bevor sich ihre gewaltigen Energien erschöpft hatten.

Wie rasch konnten nun diese Massen mit einem Volumen von vielen Kubikkilometern, die aus dem Zentrum Theras herausgerissen wurden, ins Meer gestürzt sein? Dafür gibt es moderne Parallelen, zum Beispiel die Erdrutsche in den Fjorden Norwegens. Die dafür vorliegenden relativ genauen Meßergebnisse sind bei Vorgängen auf dem Meeresboden nicht erhältlich. So ereignete sich im Jahre 1934 im Ta-Fjord ein großer Landrutsch an einer Stelle, an der der Fjord nur knapp einen Kilometer breit und 200 Meter tief ist. Ungefähr eine Million Kubikmeter Fels stürzten ins Meer, wobei die obere Grenze des Abbruches etwa 690 Meter über dem Meeresspiegel lag. Die entstandene Flutwelle hatte eine Höhe von 30 bis 60 Meter, in der Entfernung von einigen Kilometern hatte sie noch eine Höhe von etwa 10 Meter. Der Felssturz erreichte eine Geschwindigkeit von etwa 100 Meter pro Sekunde. Die gewaltige Felsmasse stürzte aus der Höhe von 690 Meter innerhalb etwa 15 Sekunden ins Meer. Wir können annehmen, daß auf Thera im Verlauf von etwa 24 Stunden riesige Landmassen in das Meer einstürzten.

Der Mittelteil der Insel Thera stürzte ein, aber die äußere Küste blieb relativ ruhig. Landsenkungen fanden an bestimmten Stellen statt und überschritten wahrscheinlich nicht 15 Meter. Es gibt Berichte, wonach man im seichten Wasser Ruinen von Gebäuden gesichtet hat, und zwar an Stellen, wo die See-

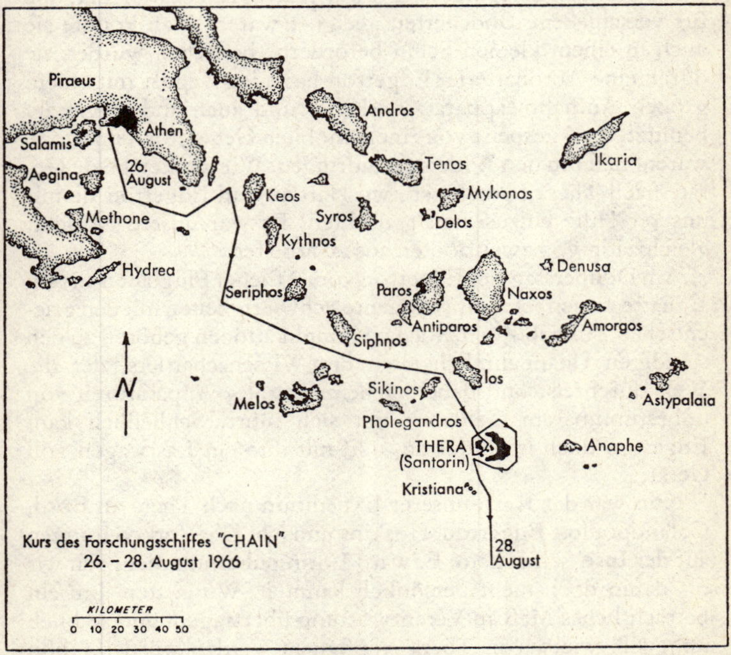

Die Kykladeninseln. Eingezeichnet die Fahrtroute des Forschungsschiffes »Chain« vom 26. bis 28. August 1966.

tiefe mehr als 30 Meter beträgt. Die dicke Aschenschichte, die überall den Boden bedeckte, ist offenbar durch das Wasser weggespült worden, so daß nun die Ruinen entweder frei liegen oder aber nur mit einer dünnen Schicht überdeckt sind. Zumindest hofften wir dies. Platon schrieb im ›Kritias‹ über die Außenteile der Metropolis: »Hatte man aber nach außen die Häfen, deren drei waren, überschritten, dann lief vom Meer aus eine Mauer ringsherum, welche allerwärts vom größten Hafen und Gürtel 50 Stadien entfernt war... Diesen ganzen Raum nahmen zahlreiche dichtgereihte Wohnhäuser ein.« Ich hoffte, daß Edgertons akustisches Gerät es uns möglich machen würde, einige dieser dicht aneinandergereihten Gebäude zu finden.

Am Donnerstag, dem 24. August, sollte Harold Edgerton mit seinen elektronischen Apparaten aus Israel nach Athen fliegen. Hartley Hoskins, der schon während des Sommers an verschiedenen Fundstellen in Europa gearbeitet hatte, brachte einen Aufnahmeapparat und zwei Schallprojektoren mit, die für verschiedene Bodenarten geeignet waren. Man konnte sie auch in einem kleinen Schiff befördern; betrieben wurden sie durch eine Autobatterie. Edgerton hatte im August mit einem großen Aufnahmeapparat gearbeitet und auch andere Geräte benützt, die – gespeist von einem mobilen Generator – imstande waren, tiefer in den Boden einzudringen. Wir wollten beide Geräte nach Thera mitnehmen, wo Hartley und Edgerton sie mit unserer Hilfe einzusetzen gedachten. Es war unsere Absicht, gleichzeitig von zwei Booten aus zu arbeiten.

Am Donnerstag rief Edgerton vom Athener Flughafen aus an. Er hatte wegen seiner Instrumente Schwierigkeiten mit den griechischen Zollbehörden. Solche Komplikationen gehören zu den ständigen Unannehmlichkeiten des Wissenschaftlers, der die Welt durchreist und dabei »geheimnisvolle« Apparaturen von unbestimmbarem Geldwert mit sich führt. Schließlich kam Edgerton doch in Piräus an, und mit ihm ein Lastwagen voll Geräte.

Nun war der Kern unserer Expedition nach Thera an Bord, Galanopoulos, Edgerton, Hoskins und ich. Die Vorbereitungen auf der Insel selbst hatte Edward Loring übernommen, den wir bis dahin noch nicht persönlich kannten. Wir hatten ihm ein beträchtliches Maß an Verantwortung übertragen, und so blieb ungewiß, wie wir in Thera empfangen werden würden. John Pike, der Kapitän der »Chain«, und ich hatten jeder Kopien eines Briefes der amerikanischen Botschaft, in dem den Behörden der

Insel versichert wurde, daß wir von einem halben Dutzend griechischer Regierungsstellen Bewilligungen für unser Unternehmen erhalten hatten. Trotzdem war es ungewiß, ob uns dieses in englischer Sprache verfaßte Schreiben im 240 Kilometer von Athen entfernten Thera noch irgendwie nützlich sein würde. Unterdessen kam Euangelos Aneirousis, der Abgeordnete der Inseln, zu denen Thera gehört, an Bord der »Chain« und zeigte großes Interesse an unserer Arbeit. Da er aber nicht Englisch sprach und keiner von den Wissenschaftlern an Bord die griechische Sprache beherrschte, war es – selbst mit Hilfe eines Dolmetschers – schwierig, ihm die Art unserer Arbeit zu erklären. Jedoch versicherte er uns, daß wir auf der Insel gastfreundlich empfangen werden würden. Im weiteren erwies sich seine Hilfe, um die örtlichen amtlichen Stellen zu beruhigen, geradezu als unersetzlich. Die Bewilligung der griechischen archäologischen Behörden sollten uns ein paar Tage später Jane und Bill Biers bringen, Archäologen der amerikanischen Schule für klassische Studien in Athen, die eigens deshalb ihre Flitterwochen unterbrachen. Bill Biers war als Beobachter bestellt worden.

Im Verlauf des Donnerstags erschienen noch zwei junge Engländer an Bord. Es waren Studenten der Universität Cambridge, die während des Sommers an der afrikanischen Küste getaucht hatten, um antike Hafenanlagen zu besichtigen. Nun wollten sie mit uns kommen, um ihre Erfahrung in der Arbeit an Unterwasserfundstätten anzubieten. Es war uns zwar untersagt, mit Tauchgeräten nach antiken Gebäuden und Gegenständen zu suchen, aber von normalen Tauchern war nicht die Rede gewesen. So kamen David Davidson und Robert Yorke ebenfalls mit uns.

Am nächsten Morgen lichtete die »Chain« um 9.30 Uhr die Anker. Die See war ruhig, über dem Wasser lag ein zarter Dunst. So blieb es während der ganzen Fahrt nach Thera. Das Schiff ist als ozeanographisches Laboratorium, was die Zahl und die Leistungsfähigkeit seiner Instrumente betrifft, fast ohne Konkurrenz. In der Ägäis war niemals zuvor eine solche Fülle von wissenschaftlichen Instrumenten eingesetzt worden. Als wir uns Thera näherten, packte mich Erregung. Es war, als ob ein Traum Wirklichkeit geworden wäre. Die Wissenschaftler an Bord gingen ruhig ihrer Arbeit nach und betrachteten mich und Galanopoulos ein wenig als Narren. Aber auch sie waren von unserem Enthusiasmus infiziert und wollten zumindest mehr über die Theorie von Galanopoulos wissen. Nachdem die »Chain« den Piräus verlassen hatte und das Festland ein wenig außer Sicht kam, war es Zeit, die Instrumente flottzumachen.

Drei lange Taue werden vom Heck des Schiffes ausgelegt; an ihnen sind komplizierte Meßgeräte befestigt. Dieser schwierige Arbeitsvorgang kann nur bei ganz langsamer Fahrt durchgeführt werden, da sich sonst die Kabel verheddern. Ein Dutzend bestgeschulter Wissenschaftler sind damit voll beschäftigt; die ausgelegten Instrumente sind hochempfindlich und müssen daher stets streng separiert bleiben. Außerdem werden oft noch in letzter Minute Reparaturen durchgeführt und genaue Einstellungen vorgenommen.

Die wissenschaftliche Aufgabe dieser Kreuzfahrt war die Erforschung der Erdrinde unter dem Meeresgrund. Vulkankegel und Felsspitzen, die zerklüfteter sind als das umliegende Land, sind für den Unterwassergebirgszug auf dem Grund der Ägäis typisch. In einer Distanz von wenigen Kilometern fällt hier häufig der Meeresboden von einigen Dutzend Metern steil auf 2000 Meter ab. Zur Erforschung dieser Besonderheiten führte die »Chain« fünf Instrumentensysteme mit sich: ein Sonarsystem, um Tiefenmessungen vorzunehmen; einen seismischen Profilzeichner; ein Magnetometer und ein Gravimeter, die ständig Meßdaten über die Natur der Erdrinde unterhalb des Meeresbodens lieferten; und schließlich ein Schwerkraftinstrument, mit dessen Hilfe Proben aus dem Meeresboden an Bord des Schiffes gebracht wurden. Die Analysen der Aufzeichnungen und Proben wurden nach der Rückkehr in den Laboratorien von Woods Hole durchgeführt.

Diese Ausrüstung sollte nicht nur zum erstenmal in der Ägäis eingesetzt werden, es war auch das erstemal, daß die »Chain« in das Innere eines eingebrochenen Vulkans einfuhr. Wir hofften, über die geologische Struktur unter dem Meeresgrund so viel zu erfahren, daß wir imstande sein würden, das Aussehen der Vulkaninsel vor dem Zusammenbruch zu rekonstruieren. Das war allerdings eine recht große Aufgabe, für die es noch kein Beispiel gab. Es war außerdem auch das erstemal, daß die Wissenschaft so gewaltige Mittel einsetzte, um nach Atlantis zu suchen.

Der seismische Profilzeichner war das umfangreichste unserer Instrumentensysteme; er bestand aus vier verschiedenen Geräten. An den Schleppkabeln wurden zwei Instrumente mitgeführt: der »Funker« und das Hydrophon. Die dritte Apparatur, ein Analyse- und Aufnahmegerät, bestand aus einer verwirrenden Fülle elektronischer und elektrischer Bestandteile, die eine der Wände des wissenschaftlichen Kontrollzentrums im Deckaufbau füllten. Zwischen diesem Zentrum, das sich auf dem Vorderteil des Decks befand, und dem Bug, wo Angehörige der Mannschaft Kabel auslegten, mußte die Verbindung telephonisch aufrechterhalten werden. Im Inneren des Schiffes befand sich das vierte Gerät, nämlich die Stromquelle für den Sender, eine Gruppe großer elektrischer Kondensatoren, die fast zehn Tonnen wogen. Eine Miniaturausgabe dieses Gerätesystems verwendeten wir dann von unseren beiden Fischerbooten aus, als wir die »Chain« verließen.

Der »Funker« – er wird so genannt, weil er einen gigantischen elektrischen Unterwasserfunken erzeugt – besteht aus einem Elektrodenpaar, das an zwei schweren konzentrischen Kabeln nachgeschleppt wird. Die Kabel sind ungefähr 60 Meter lang und stark isoliert. Sie enden in massiven Kupferpolen, den Elektroden, zwischen denen der Funke überschlägt. Ein Ladebaum, der etwa fünfzehn Meter über die Bordwand ragt, schleppt diese Kabel nach; der Punkt, in dem der Funke überspringt, liegt seitlich am hinteren Teil des Schiffes. Die elektrische Spannung zwischen den Elektroden beträgt 10.000 Volt. Der Funke entsteht, sobald die Kondensatoren ihre aufgespeicherte Elektrizität plötzlich abgeben und dadurch in der Umgebung der Elektroden ein bestimmtes Volumen Wasser verdampfen lassen. Es entsteht ein wasserdampfgefüllter Hohlraum, der unter dem

Druck des umgebenden Wassers einbricht. Der Explosionsknall, der bei Bildung und Zusammenbruch des Hohlraums entsteht, läuft durch das Wasser in alle Richtungen. Die erste Phase dieses Explosionsschalls wird zur Untersuchung des Meeresbodens verwendet.

Dieser Knall, der 100 Meter vom Schiff entfernt unter Wasser entsteht, kann an Deck deutlich gehört werden. Unter der Kiellinie ist die Explosion auch im Schiff selbst viel lauter als oben zu hören. Und das alle 10 oder 20 Sekunden. Jedenfalls war unser Schlaf in der ersten Nacht nach dem Verlassen von Athen beträchtlich gestört. Auch visuell ist dieser Funke in der Nacht eine ungewöhnliche Sache: sein Lichtblitz erhellt an der Wasseroberfläche einen Kreis mit einem Durchmesser von 30 Meter. Die anderen Wissenschaftler an Bord hatten schon sieben Wochen auf See verbracht und waren an den »Funker« und an den Aufbau der notwendigen Apparaturen gewöhnt. Sie hatten die Geräte Tausende von Meilen nachgeschleppt und nur dann an Bord geholt, wenn das Schiff einen Hafen anlief oder aber auf hoher See anhielt, etwa um eine Bodenprobe zu nehmen.

Die beste Methode, um den Meeresgrund zu vermessen und seine Beschaffenheit zu erforschen beziehungsweise Verbindungen herzustellen, sind akustische Impulse. Diese pflanzen sich mit einer Geschwindigkeit von 1,5 Kilometer in der Sekunde fort (Schallwellen pflanzen sich um so schneller fort, je dichter das Medium ist). Sobald ein Impuls den Meeresboden erreicht, erzeugt ein Teil seiner Energie neue Impulse, die an die Oberfläche reflektiert werden. Die Zeit zwischen der Initialexplosion bis zum Empfang des reflektierten Impulses durch das Hydrophon (Empfangsgerät, das ebenfalls vom Schiff nachgeschleppt wird) erlaubt es, die Tiefe des Meeres zu messen. Das Sonar operiert nach demselben Prinzip. Zur Messung der Meerestiefe aber wird an Bord ein anderes System eingesetzt.

Der größte Teil der Energie des Funkenimpulses geht 800 bis 1000 Meter tief in die Erdrinde, in der er sich wesentlich schneller fortpflanzt als im Wasser. Sobald in den Gesteinsformationen eine Veränderung eintritt, wird er an die Oberfläche reflektiert. Die Art des Gesteins läßt sich auf Grund der Geschwindigkeit bestimmen, mit der es der Impuls durchläuft. Außerdem wird auch die Dichte der Schichtung am Zeitintervall zwischen Funkenexplosion und Empfang des reflektierten Impulses durch das Hydrophon mit großer Genauigkeit gemessen.

Mit Hilfe dieses Instrumentensystems wollten wir erfahren,

wo sich die senkrechten Abbrüche in der Erdrinde unterhalb des Seebodens des zentralen Einbruchskessels der Insel Thera befanden und wie groß sie waren. Ferner, wo sich unter Wasser vulkanische Kamine befinden und ob vor Millionen Jahren (bzw. wie oft) Ausbrüche und Einbrüche stattgefunden hatten. Schließlich hofften wir, Überreste der Häfen von Atlantis zu finden.

Galanopoulos war natürlich mit Instrumenten, die man zur Entdeckung und Messung von Erdbeben verwendet, vertraut. Aber die ozeanographischen Geräte der »Chain« waren für ihn neu; auch für Professor Hajikakadis, einen Biologen des Ozeanographischen Instituts in Athen. Dieser Wissenschaftler war eingeladen worden, um die neuesten Methoden, deren sich seine Wissenschaft bediente, kennenzulernen. Die griechischen Gelehrten sind zwar Experten in den klassischen Phasen ihrer Disziplinen, haben aber die Errungenschaften der modernen Technologie, wie sie die reicheren Nationen der Welt anwenden, noch nicht einsetzen können. Die beiden Professoren waren begierig, Erfahrungen zu sammeln, und sie hatten sehr rasch begriffen, welche Möglichkeiten die Ausrüstung der »Chain« ihnen bot.

Das Hydrophon wird etwa 200 Meter hinter dem Schiff nachgeschleppt, damit es nicht mehr jene Schallimpulse aufnehmen kann, die von den Maschinen und den Schrauben erzeugt werden. Unser Gerät war in Woods Hole selbst entworfen worden. Eine Reihe von Empfängerelementen sind an einer 30 Meter langen Leitung befestigt, die von einem mit Öl gefüllten, schwarzen Plastikrohr umschlossen ist. Wir nannten das »die Schlange«. Diese Anordnung macht das Gerät empfindlicher für Impulse, die vom Meeresboden kommen, als für Schallquellen, die aus anderen Richtungen herrühren. Sogar ein größerer Fischschwarm kann unterscheidbare Impulse erzeugen; die Interpretation der Aufzeichnungen setzt also eine beträchtliche Übung voraus. Die »Schlange« muß in einer geraden Linie ausgelegt werden – sie wird über den Bug ins Wasser gelassen und darf nirgends anstoßen oder geknickt werden. An dieser Prozedur arbeiteten wir alle mit; sie ist vergleichbar mit jener, der ein Tierwärter in einem Zoo unterworfen ist, der eine lange, schlüpfrige und sich windende Python trägt.

Im Hydrophon werden die Impulse in elektrische Spannung umgewandelt und durch Kabel in das Analyseaufnahmegerät an Bord geleitet. Hier wird das Signal verstärkt und aufgezeichnet.

Der Papierstreifen, der die Aufzeichnung trägt, ist etwa 45 Zentimeter breit und weist ein diagrammatisches Bild eines vertikalen Querschnitts des Meeresbodens und seines Untergrunds auf. Unser Schiff fährt etwa 6 Knoten. Pro 1,5 Kilometer wird aus dem Apparat ein Papierstreifen von zirka 2,5 Zentimeter Länge ausgestoßen; das sind im Laufe der Kreuzfahrt also viele hundert Meter. Die Streifen werden in Woods Hole photographiert, vergrößert, studiert und bilden die Grundlage der Forschungsergebnisse. Der mitgedruckte Zeitvermerk bringt das seismische Profil in Beziehung zur jeweiligen Position des Schiffes.

In Landnähe, beispielsweise in der Ägäis, kann mit großer Präzision navigiert werden, indem man den Standort des Schiffes zum Festland in Bezug setzt. Auf offener See wird durch astronomische Beobachtungen oder mit Hilfe von Radiowellen navigiert; in diesem Fall kann ein Irrtum von einigen Kilometern auftreten. Das Anlegen einer absolut verläßlichen Karte des Meeresbodens ist daher ungewöhnlich schwierig. Gerade bei Thera hatten wir in dieser Beziehung eine günstige Ausgangsposition. Der jeweilige Standort im Verhältnis zum Festland war stets mit größter Genauigkeit feststellbar, aber auch geologische Details oberhalb des Meeresspiegels waren in den Abbruchstellen, wo der Zentralteil der Insel eingestürzt war, deutlich sichtbar. Die Beobachtung dieser Abbruchstellen konnte sich bei der Interpretation der Aufzeichnungen als wesentlich erweisen. Die Gegend um Thera war geradezu ideal geeignet, um unsere seismischen Instrumente in allen Richtungen hin anzuwenden.

Das Diagramm auf dem Papierstreifen des Aufnahmegerätes besteht aus drei Elementen: aus einer geraden Linie, die den Meeresspiegel darstellt, einer unregelmäßigen Linie, die den Meeresboden zeigt, und einem komplizierten System von Linien und schattierten Stellen, die die geologischen Schichtungen unter dem Meeresgrund symbolisieren. Scharfe Bruchstellen sowie verschiedene Arten von Gesteinen erscheinen als starke Linien.

Nachdem das seismische Konturgerät ausgelegt worden war, wurde an einem anderen und schmäleren Kabel ein Magnetometer zu Wasser gebracht, ein kleines, aber außerordentlich vielseitiges Instrument. Es mißt – mittels kleinster radioaktiver Teilchen in einer Flüssigkeit – die Stärke des magnetischen Erdfeldes. Das Vorhandensein offener oder geschlossener vulkanischer Kamine kann geographisch ganz genau bestimmt werden, da diese Art geologischer Struktur besonders starke magnetische Wellen ausstrahlt. Dagegen sagt das Gerät nichts über die Tiefe aus. (Ich glaubte, daß dieses Gerät auf Thera besonders wertvoll sein würde, zumal ich beweisen wollte, daß die Insel ursprünglich nicht ein einziger Kraterkegel gewesen war, sondern eine Anhäufung vulkanischer Kamine.) Auf dem Papierstreifen, auf dem das seismische Profil festgehalten wird, werden auch die Ergebnisse des Magnetometers eingezeichnet. Sie erscheinen als unregelmäßige Linie im oberen Teil. Unter einem weitgespannten ozeanographischen Aspekt vermitteln uns die magnetischen Angaben, abgesehen von der Lokalisierung vulkanischer Aktivität, auch die Bewegungen gewisser Teile der Erdrinde im Verlauf vieler Millionen Jahre. Es ist möglich, die frühere magnetische Orientierung geologischer Proben – vor allem von Lava – zu bestimmen und sie mit der magnetischen Orientierung von heute zu vergleichen. Auf diese Weise konnte man feststellen, daß sich Italien vor Millionen von Jahren auf derselben geographischen Länge wie das Himalayagebirge befunden hat. Die gegenwärtig populäre Theorie von der Kontinentaldrift meint, daß der amerikanische Doppelkontinent vor vielen Millionen Jahren mit Europa und Afrika eine Einheit bildete; es gab dazwischen keinen Atlantischen Ozean. Diese Idee ist von einigen Leuten, die nach dem Ursprung der Atlantislegende suchten, aufgenommen worden. Der Atlantik aber existiert, so wie wir ihn heute erkennen, schon seit Millionen Jahren, also lange bevor Atlantis hätte existieren können.

Nahe dem Schwerpunkt unseres Schiffes, tief in seinem Inneren, ruht auf Kugellagern ein Instrument, das ständig die Schwerkraft mißt. Durch die Lage dieses Apparates sind Irrtümer – hervorgerufen durch die Bewegungen des Schiffes auf See – fast ausgeschlossen. Dieses Gravimeter kann Veränderungen bis zum millionsten Teil einer Normaleinheit messen. Die Erfindung dieses Präzisionsinstrumentes war einer der wichtigsten Fortschritte der zeitgenössischen ozeanographischen Technik. Ein wesentlicher Teil des Gravimeters ist ein an Bord des Schiffes aufgestellter elektronischer Computer, der die Meßergebnisse so umwandelt, daß sie interpretiert werden können. Das Instrument mißt vor allem die Dicke der Erdrinde. Im konkreten Fall zeigte sich, daß es im Bereich der Ägäis keine diesbezüglichen Schwankungen gibt. Die Erdrinde ist hier zwar dünner als unter dem europäischen Kontinent, aber nicht so dünn wie unter den offenen Meeren. Daraus ergibt sich, daß die Ägäis sehr alt ist, wahrscheinlich einige Millionen Jahre. Man hat geglaubt, zwischen Griechenland und Kleinasien hätten einmal Landbrücken bestanden, und zwar im Raum der Kykladeninseln und Dodekanesinseln, und ebenso, daß Kreta einmal mit den beiden Festlandmassen verbunden war. Wenn dem so war, dann haben diese Landbrücken Millionen Jahre bevor der Mensch hier auftauchte, zu bestehen aufgehört.

Eines der wichtigsten Geräte an Bord der »Chain« ist die Apparatur, die dem Meeresboden Proben entnimmt. Da das Schiff zu diesem Zweck halten muß, gibt es natürlich keine durchlaufenden Meßergebnisse. Ein zehn bis zwölf Meter langes Stahlrohr, innen mit Plastik ausgekleidet, wird über Bord geworfen und durch ein schweres Gewicht an der Spitze auf den Meeresboden hinuntergezogen. Das Rohr taucht senkrecht in das Wasser ein und sinkt in derselben Stellung auf den Meeresboden. Dort gräbt es sich tief in die Ablagerungen, vorausgesetzt, daß sie weich genug sind, um ein solches Eindringen zu gestatten. Sobald die Bodenprobe entnommen ist, schließt sich das Rohr automatisch. Mit Hilfe eines Kabels wird es wieder an Bord gehievt. Dort wird die Bodenprobe herausgezogen. Geologen bestimmen daraus, um welche Ablagerungen es sich handelt, und Biologen, welche Lebewesen darin vorkommen. Von diesem Gerät verwendeten wir auch eine Miniaturausgabe.

Unser Kurs durch die Ägäis führte uns auf einer Zickzacklinie zwischen den Inseln hindurch. Wir wollten den Rand des vulkanischen Bodens, der sich von Attika im Westen über die Inseln Melos, Thera und Kos bis zur türkischen Küste hinzieht, in der Nähe der antiken Stadt Halikarnassos kreuzen, dem Geburtsort des Historikers Herodot. Westlich der Kykladeninsel Serifos kreuzten wir eine große Verwerfung im Meeresboden; wahrscheinlich war dies der Rand des vulkanischen Bogens, den Zarudzki suchte. Auf der seismischen Aufzeichnung erschien sie als eine große vertikale Verschiebung der geologischen Schichten tief unter dem Meeresboden. Während der Nacht kamen wir an den westlichen Kykladen vorbei. Am Morgen befanden wir uns nördlich von Sikinos. Die See war ruhig, und der sommerliche Dunst verhüllte die entfernteren Inseln. Als wir nahe am zerklüfteten Sikinos vorbeifuhren, sahen wir weiße Dörfer, die an den Berghängen klebten. Nirgends gab es die Spur eines Hafens. Im Nordosten lag Ios, eine der bezauberndsten griechischen Inseln. Die Stadt, der Leuchtturm und ein gut geschützter

Hafen waren auszunehmen. Dann aber, als wir zwischen Ios und Sikinos passierten, konnten wir endlich in einer Entfernung von etwa 30 Kilometer eine Insel – vielleicht das verlorene Atlantis? – aus dem Dunst aufsteigen sehen.

Schon drei Stunden bevor wir sie erreichten, war diese Insel in Sicht. Ich suchte die Berge und Klippen nach bekannten Formationen ab, die ich aus den so oft studierten Karten und Beschreibungen zu kennen meinte. Das schwarze Profil Theras verwandelte sich allmählich, als wir uns näherten, in Klippen mit weißen Spitzen und grünen Weingärten, wir sahen Dörfer mit weißen, eng zusammengedrängten Gebäuden. Ich konnte die rund 50 Meter dicke Aschenschicht erkennen, die die Insel bedeckt, dann auch den großen Kessel im Zentrum mit dem schwarzen Kegel von Nea Kaimeni, der über die Wasserfläche emporragt. Er ist an sich niedrig, beherrscht aber doch die gesamte Bucht innerhalb der Klippen. Unser Kurs durch den nördlichen Kanal mochte dem Verlauf jenes Kanals oder Durchstichs entsprechen, den Platon beschrieben hat. In den von Galanopoulos auf Grund der Beschreibung Platons gezeichneten Skizzen lag der Kanal jedenfalls gerade an dieser Stelle. Die jetzige Einfahrt ist gut anderthalb Kilometer breit. Eine große Landmasse war hier ins Meer gestürzt. Falls der Kanal Platons jemals hier gewesen war, jetzt gab es ihn jedenfalls nicht mehr.

Unsere Bewegung war groß. Der einzige, der die Insel schon früher gesehen hatte, war Galanopoulos. Dennoch entsprach auch seine Erwartungsfreude ganz der meinen. Die eindrucksvollen vulkanischen Überreste traten kraftvoll zutage und boten, als wir in den Kanal einfuhren, einen überwältigenden Anblick. Linker Hand umgaben uns die nördlichen Gipfel, und rechts ragte das Sägeblattprofil von Therasia hervor. Am Eingang in die große Bucht erhoben sich an beiden Seiten nahezu senkrecht Felswände. Es war das eindrucksvollste Landschaftsbild, das mir je unter die Augen gekommen ist.

Im Osten sahen wir die Stadt Ia, die den Eindruck des Verfalls erweckte, aber in ihren Bimssteinbrüchen wurde zumindest gearbeitet. Unterhalb der Felsenwand warteten Schiffe darauf, beladen zu werden. Später erfuhren wir, daß ein großer Teil der Stadt, der zweitgrößten der Insel, in die See gestürzt war: die Felswand war 10 Jahre vorher – als Folge des schwersten Erdbebens in diesem Raum seit 300 Jahren – abgebrochen.

Rechts lag das spärlich bevölkerte Therasia mit seinen seit langem aufgelassenen Bimssteinbrüchen, die eine große Stufe in die Klippe geschnitten hatten, und zwar in den Jahrhunderten, als die Venezianer auf der Insel regierten. Heute wird die obere, etwa 50 Meter starke Aschenschicht mit Bulldozern abgetragen und über die Klippe auf Gleitbahnen zu den Schiffen gebracht. Die Asche wird zur Herstellung von Unterwasserzement verwendet und besitzt außerordentliche Bindequalitäten.

Als nächstes tauchte vor uns am östlichen Absturzrand des Kessels die Hauptstadt Phira auf. Der Ort ist eine Ansammlung von Gebäuden an der Spitze eines 400 Meter hohen Felsabsturzes. In die Aschendecke an einem Steilhang hineingebaut, schienen die Häuser aneinander zu kleben. Stufenwege führten im Zickzack den Steilhang entlang, ein Bild, wie ich es von den Photographien her in Erinnerung hatte. Die Bucht mißt in nordöstlicher Richtung 14,4 Kilometer, in ostwestlicher Richtung 11,5 Kilometer. Rund um uns bildeten die schwarzen Felshänge – so glatt abgebrochen, daß die alten Lavaströme und Bimssteinablagerungen sich deutlich abhoben – von allen Seiten eine große Schüssel. Bis zum Meeresgrund ist es hier über 400 Meter; das ist mehr, als die Klippen hoch sind.

Ich mußte mich von dem großartigen Anblick losreißen, weil ich im Kontrollzentrum die seismischen Aufzeichnungen prüfen wollte. Nun war der Augenblick, auf den wir alle so lange gewartet hatten, endlich da. Das Schiff behielt bis zum Zentrum der Bucht – unweit der Nordflanke des aktiven Vulkans Nea Kaimeni – seinen geraden Kurs bei.

Während dieses Tages begab ich mich immer wieder in das Kontrollzentrum, um die Aufzeichnungen auf dem Papierstreifen, den die Maschine ausspie, zu betrachten. Gegen Abend verließ die »Chain« den Kessel durch den westlichen Kanal und nahm Kurs nach Norden, um die Insel zu umschiffen. Die seismischen Aufzeichnungen zeigten, daß geschichtetes Geröll unter dem Boden des Kessels lag. Das bestätigte uns, daß die Schlußphase der Katastrophe von Thera der Einbruch des Zentralteils der Insel ins Meer gewesen war, nicht aber eine gigantische Explosion. Auch bisher hatte man aus der geologischen Formation der Insel und aus den bisher vorgenommenen Tiefenvermessungen des Meeres diesen Schluß gezogen; ein Beweis dafür war aber bis zu unserer Reise mit der »Chain« nicht erbracht worden. Zahlreiche vulkanische Kamine traten unter Wasser auf den von unseren Apparaten aufgezeichneten Profilschnitten zutage. Diese unsichtbaren Kamine ergeben zusammen mit anderen, deren Reste noch oberhalb der Meeresfläche sichtbar sind, das Bild einer sehr komplexen vulkanischen Insel, die zumindest 12 bis 14 Vulkankamine hatte.

Vor der Südküste entdeckten wir einen gewaltigen äußeren Einsturzkessel, der im 15. Jahrhundert v. Chr., also zur selben Zeit entstanden war wie der Einbruch des Inselzentrums. Früher hatte das nun versunkene Land dem südlichen Ufer Theras ohne Zweifel guten Schutz gegeben. Möglicherweise lag hier die minoische Flotte an Land gezogen; die größeren Schiffe mögen innerhalb des Kessels verankert gewesen sein, der damals wesentlich kleiner war als heute. Das höchst unregelmäßige Terrain, das um die vulkanischen Kegel lag, wurde auch durch das radikale seismische Profil im Kessel bestätigt. Es zeigte sich, daß ein tiefer Kessel im nördlichen Teil besteht, der vielleicht schon vor dem Einsturz unter Wasser gelegen war. Vielleicht hatte die Insel auch in ihrer früheren Stronghyli-Form innere Buchten, rund um Vulkankegel – ähnlich wie heute. Wir wissen von Bodenproben, daß der Einbruch vom Jahre 1500 v. Chr. wenigstens das zweite derartige Ereignis in der geologischen Geschichte Theras war. Man kann daher erwarten, daß ein oder mehrere Zentralkegel innerhalb der Bucht schon vor dem Einsturz bestanden haben, genauso wie die neuen, wahrscheinlich sehr ähnlichen Kegel von heute. Vor 1500 v. Chr. jedoch war viel mehr Land vorhanden als heute, und die Bucht dementsprechend kleiner. Wir haben versucht, die Insel auf Grund der vorhandenen Informationen zu rekonstruieren, wie sie vor dem großen Zusammenbruch ausgesehen haben muß.

Platon beschrieb die Metropolis als eine Insel mit 17,5 Kilometer Durchmesser, mit drei ringförmigen Häfen nahe dem Zentrum, die ebenfalls konzentrische Landezonen umschlossen. Galanopoulos hat eine nach der Beschreibung Platons gezeichnete Karte mit den gegenwärtigen Umrissen Theras verglichen. Dabei zeigen sich Übereinstimmungen der Umrisse, die von der Topographie des Meeresbodens noch verstärkt werden. Man sieht sanfte Niederungen, die ungefähr dem kreisförmigen Umriß der Zentralinsel folgen.

Platons Beschreibung der Metropolis besagt, daß Poseidon, »da er ein Gott war«, die kreisförmigen Häfen geschaffen und zwei Quellen habe entspringen lassen, eine kalte und eine warme. Der von der See hereinführende Kanal sei dagegen von sterblichen Atlantern, wenn auch Nachkommen von Göttern, gegraben worden. Man darf also annehmen, daß diese ringförmigen Häfen natürlichen Ursprungs waren, daß aber ein von Men-

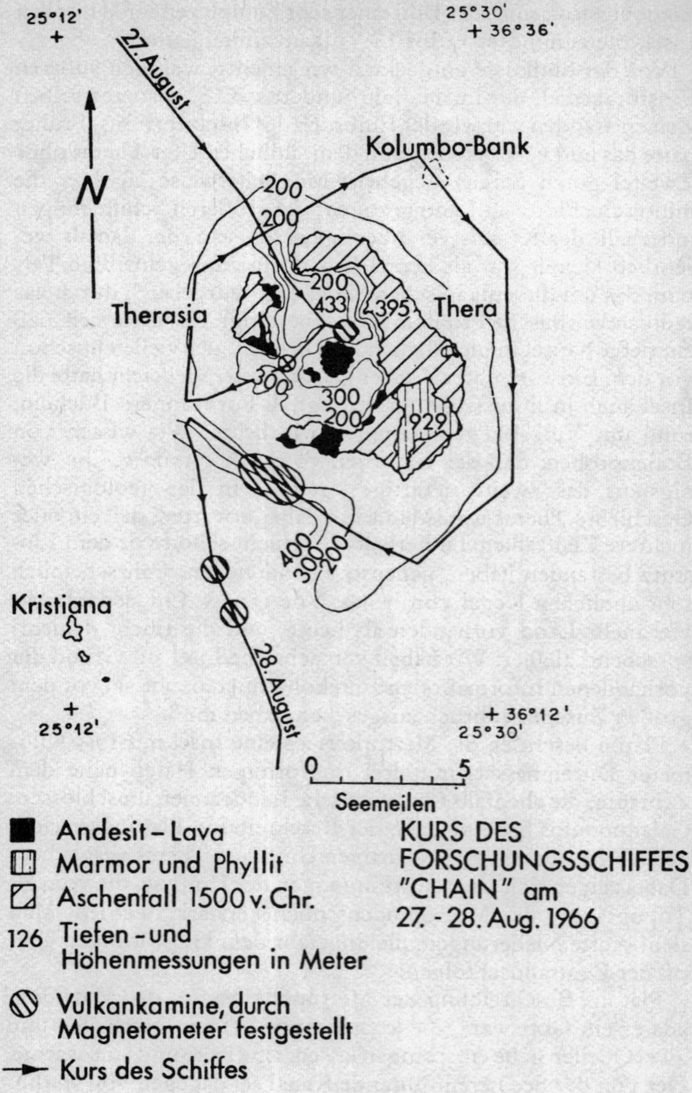

Die Insel Thera und die Fahrtroute der »Chain«.

schenhand gebauter Kanal sie durchschnitt und mit dem Meer verband. Die Ufer der Zonen- oder Ringinseln erhoben sich nach Platons Bericht beträchtlich über das Wasser. Die Steine, die man zu ihrem Bau brauchte, wurden auf der mittleren Insel und an den äußeren und inneren Seiten der Landzone gehauen. »Von diesen Steinen waren manche weiß, manche schwarz, andere rot. Indem sie diese Steine ausbrachen, höhlten sie zur gleichen Zeit doppelte Docks aus, deren Dächer aus natürlich gewachsenem Fels bestanden.«

So wie in minoischen Zeiten, bauen auch heute die Bewohner von Thera weißen Bimsstein und Marmor ab, rote und schwarze Lavagesteine aus dem inneren, dem äußeren und dem unteren Teil ihrer Insel. Und die Menschen leben in aus Stein gehauenen Kavernen. Es ist eine wirklich eindrucksvolle Bestätigung der Details aus Platons Atlantisgeschichte.

Der Plan der Häfen, wie sie Platon beschreibt, ist – wörtlich genommen – nicht glaubhaft. Dr. Galanopoulos sagte mir schon bei unserem ersten Zusammentreffen, die Gezeiten in der Ägäis seien immer sehr schwach. Ohne stärkere Flut und Ebbe wären die Atlanter außerstande gewesen, die Stagnation und das Verfaulen des Wassers in ihren Kanälen zu verhindern. Entweder brachte Platon hier den Atlantisbericht mit irgendeiner anderen Erzählung durcheinander, oder er übertrieb einfach. Wir sollten mit der Annahme zufrieden sein, daß geräumige Wasserwege die alten vulkanischen Kegel von Thera umgaben. Das allein schon ist eine einzigartige Erscheinung und könnte sehr wohl die Grundlage für Platons Bericht über Häfen von phantastischer Kompliziertheit bilden.

In diesem Maße hatte zumindest unsere Expedition, obwohl sie nur einen Tag in Thera gewesen war, eine Beziehung zwischen der Insel und der atlantischen Metropolis aufgezeigt. Wir können mit einiger Genauigkeit die wahrscheinliche Verteilung von Land und Wasser zu minoischer Zeit feststellen. Die Anordnung stimmt mit der Geometrie der platonischen Metropolis überein. Früher hatte man angenommen, daß Thera vor der Eruption eine solide, einigermaßen kreisförmige Landmasse gebildet hatte. Wir aber haben gezeigt, daß wahrscheinlich auch schon damals Buchten rund um vulkanische Kegel vorhanden waren . . .

Während der Zeit, die die »Chain« im Kessel verbrachte, war eine kleine Gruppe auf dem aktiven Vulkan Nea Kaimeni an Land gegangen und hatte mit dem Gravimeter das Schwerkraft-

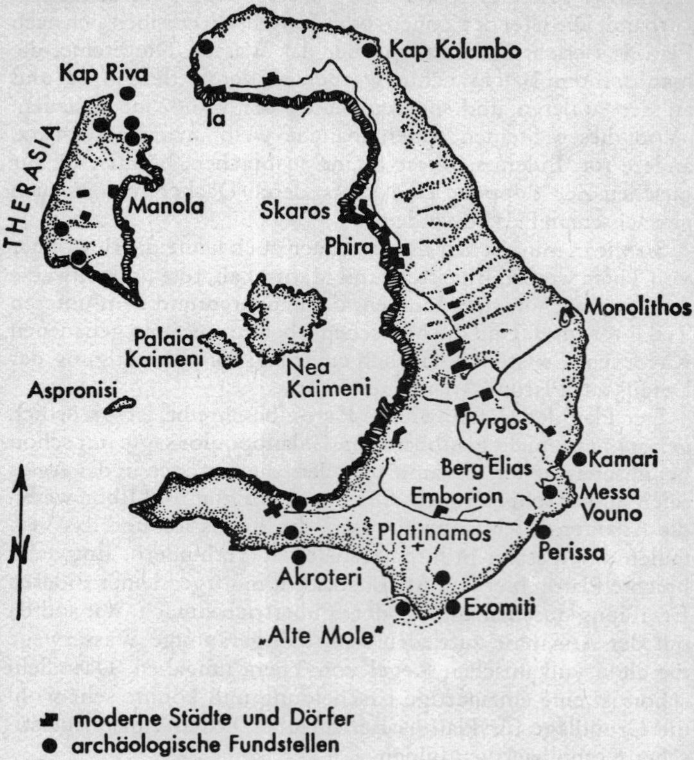

Die archäologischen Fundstellen und die heutigen Siedlungen der Insel Thera.

feld gemessen. Das Steinmal, das die Gruppe zum Andenken an die Vermessung errichtete, dient späteren Wissenschaftlern als Hilfe und ist den Touristen ein Rätsel. Eine andere kleine Gruppe mit einem Boot hatte, geführt von Hartley Hoskins, den westlichen Kanalausgang aus dem Kessel untersucht und Edgertons »Klopfer« von einem Schlauchboot aus arbeiten lassen. Das Ziel war, herauszufinden, ob die Wassertiefe ausreichte, um das Schiff und seine Schleppgeräte durchzulassen. Das Ergebnis war gerade noch positiv; aber unglücklicherweise wurde der seismische Profilzeichner erst in Betrieb gesetzt, als das Schiff den Kessel beinahe schon verlassen hatte. So bekamen wir keine zweite Vermessung des Kesseluntergrundes, die uns vielleicht geholfen hätte, Platons kreisförmige Häfen aufzufinden.

Bald nachdem die »Chain« vor der Stadt Phira angehalten hatte, lief von dort eine Barkasse aus und nahm Kurs auf unser Schiff. Dies war der Auftakt zu dem lange erwarteten Zusammentreffen mit Edward Loring und zur Besichtigung des Bootes, das wir in den kommenden zwei Wochen zur Erforschung der Gewässer der inneren und äußeren Küsten benutzen sollten. Unsere gesamte Ausrüstung, etwa 900 Kilogramm schwer, war in Erwartung dieses Augenblicks an Deck der »Chain« schon aufgebaut. Das Boot fuhr auf uns zu, kam schwankend und rauchend an und hielt an unserer Steuerbordseite. Ich fuhr nun im Schlauchboot hinüber und gab Anweisungen, an der »Chain« anzulegen. Der Augenblick war gekommen, unser schwimmendes Laboratorium zu verlassen und die Technik des 20. Jahrhunderts mit den Mythen und Geschichten einer jahrtausendealten Insel zu vertauschen.

Von unserem Schlauchboot aus gesehen, wirkte der leuchtendblau gestrichene Rumpf der »Chain« – angesichts der großen Zentralbucht des eingestürzten Vulkans und der sie umgebenden schroff abfallenden Klippen – sehr klein. Das Schiff hatte bei etwa 300 Meter Wassertiefe angehalten, jedoch nicht geankert. Alle Sorgen, die wir bei dem Gedanken hatten, nun unser sicheres Schiff zu verlassen, waren aber bald verschwunden.

Wenn Thera, wie Platon schreibt, wirklich die Metropolis von Atlantis gewesen ist, so müßten hier Tempel und Paläste gestanden, müßte sich ein Hafen mit vielen Schiffen und Menschen, vor allem aber eine zahlreiche Bevölkerung befunden haben. Würde es uns gelingen, davon Spuren zu finden? Der Zentralteil, das Wohngebiet des Königs Atlas, nach dem das Reich den Namen trug, war zweifellos verloren: Nicht nur versunken im Meer, sondern auch begraben unter einem Vulkankegel, dem Nea Kaimeni, der erst nach dem großen Einsturz entstanden war. Und doch gab es eine Möglichkeit, daß vielleicht irgend etwas erhalten war, denn durch eine Laune der Natur bildete den Gipfel von Nea Kaimeni eine gewaltige Felsplatte aus Lavagestein, die nach Ansicht des deutschen Geologen Hans Reck nur vom Ausbruch um 1500 v. Chr. stammen konnte. Dieser Forscher meint, daß gewaltige Felsbrocken aus mehr als 500 Meter Tiefe bis zum Gipfel des neuen Vulkans emporgehoben worden waren, und zwar durch das aufsteigende Magma. Sollte die These Recks stimmen, so besteht die Hoffnung, daß etwa auch eine Säule des Palastes eine ähnliche Reise mitgemacht hat. Tempel waren im minoischen Kreta unbekannt; die Opfer wurden in Höhlen oder auf Altären in Palästen dargebracht. War Thera aber, wie Galanopoulos meint, das religiöse Zentrum von Atlantis, so hatte es vielleicht doch Tempel gegeben ... Diese und andere Gedanken gingen mir durch den Kopf, als ich mich den tatsächlichen Problemen von Thera gegenübersah.

Nachdem das Fischerboot angelegt hatte, begrüßte uns Edward Loring. Mit ihm war seine Verlobte gekommen. Loring war etwa 29 Jahre alt, jünger, als ich erwartet hatte. Das Mädchen, Anna Brychaeas, war eine Schönheit aus Athen. Danach begrüßten wir den »Kapitän« des Bootes und seine Mannschaft.

Loring meinte, daß die Stadtbehörden uns die Landung nicht

gestatten würden, weil es erst halb zwei Uhr mittags wäre. Wir müßten bis fünf Uhr warten; dann hätten sie ihr Nachmittagsschläfchen beendet und könnten uns ordnungsgemäß empfangen. Offensichtlich besaßen die Beamten nur eine höchst vage Vorstellung vom Sinn unserer Expedition, obgleich es Loring schließlich gelungen war, sie von ihrer Bedeutung zu überzeugen. Als Folge gestörter Telephonverbindungen mit dem Festland hatte die Gruppe seit 24 Stunden auf uns gewartet. Anderseits durften wir die »Chain« nicht ungebührlich aufhalten; ich entschloß mich daher, den Zorn der offiziellen Stellen in Kauf zu nehmen, unsere Geräte in das Boot einzuladen und an Land zu gehen. Später war dann Zeit, für den Mangel an Protokoll Ausreden zu finden.

Wir luden nun unsere Kisten, Koffer und Geräte um. Galanopoulos, Edgerton, Hoskins, Yorke, Davidson und ich gesellten uns nun zu den vier Personen, die sich schon an Bord des Bootes befanden. Wir legten ab und fuhren der Küste zu. Als wir uns der Hafenmauer von Phira am Fuße der gewaltigen, zerklüfteten vulkanischen Felsen näherten, an deren oberem Rand in scharfem Kontrast die weißen Gebäude der Hauptstadt der Insel sich aufreihten, sahen wir zu unserer Überraschung den Hafenmeister, der uns in seiner sauberen, weißen Uniform erwartete. Er war ein großer Mann, der im Aussehen an einen Türken erinnerte. Der erste Empfang war kühl. Da ich kaum Griechisch konnte, überließ ich es Loring und Galanopoulos, das Gespräch zu führen. Alsbald verschwanden der Professor und der Hafenmeister in dem nahe gelegenen Café, um ihre Diskussion bei einem Glas Ouzo fortzusetzen. Dr. Galanopoulos war weithin als berühmter Gelehrter bekannt, und für den Augenblick schien seine bloße Anwesenheit das Problem unserer Landung zu lösen. Niemand fragte nach unseren Papieren, und es gab auch sonst keinerlei Formalitäten, obgleich unsere Erlaubnis, archäologische Untersuchungen anzustellen, erst in einigen Tagen mit den Archäologen von der amerikanischen Schule in Athen kommen würde.

Der Hafen von Phira ist nicht viel mehr als ein schmaler Betonsteg, der knapp über dem Meeresspiegel an den felsigen Steilabfall angebaut ist. Ein paar Gebäude, das Kaffeehaus, eine Kapelle und ein Elektrizitätswerk sind in den Felsen hineingebaut. Wir hatten einen Aufstieg von mehr als 550 Stufen vor uns, rund 350 Meter hoch, bis wir die Stadt, in der wir wohnen sollten, erreichten. Zunächst aber mußten wir einen sicheren

Aufbewahrungsraum für unsere Ausrüstung finden; wir mieteten einen kleinen Stall hinter dem Kaffeehaus für eineinhalb Dollar pro Woche. Der Raum erwies sich als durchaus ausreichend, wenn dort auch hin und wieder ein Esel eindrang.

Nach einiger Zeit erschien ein Zollbeamter. Er ähnelte zum Verwechseln dem Hafenmeister und trug die gleiche weiße Uniform; ich verwechselte während unseres ganzen Aufenthaltes die beiden ständig. Er sprach den Wunsch aus, die »Chain« zu besuchen. Wir schickten ihn mit unserem Boot hinüber; als Geschenk für die verdurstende Besatzung gaben wir fünf Neunliterflaschen des berühmten Santorin-Weines mit. Loring schloß sich ihnen als Übersetzer an. An Bord trafen sie Rudy-Zarudzki und John Pike, die das schon erwähnte Schreiben der US-Botschaft bei sich hatten, in dem allen griechischen Behörden mitgeteilt wurde, daß die zuständigen Regierungsstellen in Athen den Aufenthalt der »Chain« in den griechischen Territorialgewässern gestattet hatten. Glücklicherweise war der Zollbeamte mit diesem sehr offiziell aussehenden Stück Papier zufrieden – den englischen Text konnte er ohnehin nicht lesen – und kam nach einer Besichtigung des Schiffes und einem großen Glas Whisky ganz zufrieden an Land zurück. Etwas später erhielt er ein Telegramm von Herrn Aneirousis aus Athen, in dem unsere Ehrbarkeit bestätigt wurde. So wurde, zumindest für den Augenblick, unsere Anwesenheit von den Behörden toleriert.

Nachdem wir die wissenschaftlichen Geräte im Eselstall verstaut hatten, einen Teil unserer nautischen Ausrüstung und 100 Kilo Konserven an Bord unseres Bootes gelassen hatten, begannen wir unseren ersten Aufstieg nach Phira. Loring schärfte uns ein, wir sollten dem Eseltreiber Georgos sagen, er möge uns »to spiti Amerikanos« bringen. Sein Haus, so schien es, war wohlbekannt.

Die armen Esel haben unter den harten Lebensbedingungen eine Reihe von Tricks gelernt. Ein schlauer Esel wird stets an der Spitze des Zuges gehen, denn er weiß, daß nur jene am Ende vom Treiber geprügelt werden. Er hat ferner gelernt, daß es weniger schmerzhaft ist, regelmäßig Prügel zu bekommen, als sich, ohne Schläge zu erhalten, anzustrengen. So mühten wir uns die Stufen zum Gipfel empor, begleitet von den Schreien des Treibers »delux, delux, thaay«, eine Ermahnung, die nur den Eseltreibern von Thera eigen ist und »vorwärts, vorwärts« bedeutet. Ein kluger Esel weiß übrigens auch, daß es leichter ist, eine Haarnadelkurve des Pfades von der Außenseite zu nehmen.

Daher fanden wir uns, auf dem Tier hockend und über das niedere Randmäuerchen hinaushängend, in eine schwindelerregende Tiefe von fast 300 Meter zum Meer hinunterblickend.

Wir kamen alle wohlbehalten in Lorings Haus an. Auch an das Ritual des Rittes hinauf gewöhnten wir uns bald, niemand war aber mutig genug, auch den Ritt hinunter – über oft recht feuchte, schlüpfrige Lavasteine – zu wagen. Lorings Haus lag auf einem Hang mit einer Neigung von 45 Grad und war tief in das Lavagestein auf dem Gipfel der Klippe gebaut: Eine typische Thera-Behausung, zum Schutz vor Erdbeben in gewölbter Konstruktion aufgeführt. Es war den minoischen Häusern aus der Zeit um 1500 v. Chr. sehr ähnlich, wie Fouqué sie beschrieben hat und wie wir später selbst feststellen konnten. Die Räume, die Loring uns zur Verfügung stellte, waren hübsch und hatten sogar fließendes heißes Wasser, was in dieser Gegend eine wahre Seltenheit ist.

Kaum hatten wir uns häuslich niedergelassen, als Dr. Galanopoulos aufgefordert wurde, dem Polizeichef einen Besuch abzustatten. Dieser Beamte ist zugleich auch der Kustode der Antiquitäten und anderer wertvoller Kunstschätze der Insel. Die beiden verbrachten einige Zeit zusammen; es gab keinerlei Probleme. Wir bekamen den Polizeichef kaum zu Gesicht. Als wir 1967 nach Thera zurückkamen, sollten wir freilich eine völlig veränderte Situation vorfinden.

Einige Tage nach unserer Ankunft begann sich der Zollbeamte für unsere Ausrüstung zu interessieren; er verlangte, daß wir ihm unsere Papiere zeigten. Offenbar waren inzwischen Geschichten über die geheimnisvollen Fremden und über die von ihnen betriebene Zauberei zu ihm gedrungen. Mit der Zeit gewöhnten wir uns auch an diese Dinge, die offenbar darauf beruhten, daß wir nicht imstande waren, den einfachen Bauern den Sinn unseres Unternehmens zu erklären. Jedenfalls war die Vielfalt unserer elektronischen Ausrüstung auf einer Anzahl imposant aussehender Dokumente verzeichnet, die Harald Edgerton sich in Athen verschafft hatte. Zwar ließ uns der Zollbeamte dreimal in sein Büro rufen, um diese Dokumente zu sehen, machte sich aber niemals die Mühe, sie zu lesen oder unsere Gerätschaften zu besichtigen. Im Laufe der Zeit entdeckte ich, daß die Leute von Thera sehr abergläubisch sind, was man ihnen wohl nicht verargen kann, da sie ja auf dieser ungewöhnlichen und geheimnisvollen Insel leben: Der Sage nach ist Thera die Heimstätte der griechischen Vampire, »vrykolakas«, unglücklicher Wesen, die weder tot noch lebendig sind; Leichname, die die Seele verlassen hat. Man sagt ihnen nach, daß sie durch die Luft fliegen und andere mit sich ziehen können.

Den ersten Abend auf der Insel verbrachten wir sehr bequem und auch einigermaßen entspannt, hocherfreut über die herrliche Umgebung, über die angenehme Gesellschaft und die vorzüglichen Getränke. Tief unter uns glitten die Lichter des sich entfernenden Forschungsschiffes langsam nach Norden. Die durchdringenden, rasch wechselnden Töne der Bouzouki drangen von der Taverna Loukas zu uns herab.

Später, allein auf meiner Veranda, von der aus ich in einen schwarzen Abgrund hinabblicken konnte, kam mir meine Umgebung erst recht zum Bewußtsein. Im Norden lag Delos, den Griechen der Antike heilig als Geburtsort des Apollon. Dort soll sich auch, der Mythe nach, der Geburtsort der Welt befinden. In Thera aber, das zu meinen Füßen lag, war das Ende der vorklassischen Welt angebrochen.

Am nächsten Tag, am Sonntag, dem 28. August, standen wir, angetrieben von dem eifrigen Hartley Hoskins, schon um fünf Uhr früh auf. Um unsere verschlafene Gesellschaft aufzuwecken, mußte er viele Stiegen auf- und abklettern, denn die Räume im Hause Loring waren übereinander angeordnet. Wir hatten geplant, unsere erste Ausfahrt zur Echolotung möglichst früh zu beginnen. Doch erst gegen halb acht fuhr unser Boot aus. An Bord war ein Neuankömmling, Ernest Lehman; ihm hatte ich von Athen aus telegraphiert. Lehman ist Lehrer an der Schule der Familienangehörigen amerikanischer Soldaten in Heraklion auf Kreta; ich war schon in den Vereinigten Staaten mit ihm in Verbindung gewesen. Ihm war es gelungen, Thera an Bord eines Bimssteinfrachtschiffes zu erreichen, und das genau zur richtigen Zeit. Seine Hilfe bei unseren Arbeiten war sehr wertvoll, vor allem weil er Griechisch sprach und sich auf Grund seines zweijährigen Aufenthalts auf Kreta bei Land und Leuten auskannte.

Die erste Echolotungs-Traversierung sollte in Richtung auf den zentralen Vulkan unternommen werden. Danach wollten wir einen Zickzackkurs zwischen Nea Kaimeni und der Insel Thera selbst steuern, um unsere Geräte auszuprobieren und uns einzuüben. Der nächste Programmpunkt war eine Fahrt zum Kap Akroteri, das etwa 8 Kilometer entfernt lag. Dort sollte das seichte Gewässer zwischen diesem Kap und Aspronisi (Weiße Insel) untersucht werden. Fouqué vermutete, daß sich dort eine

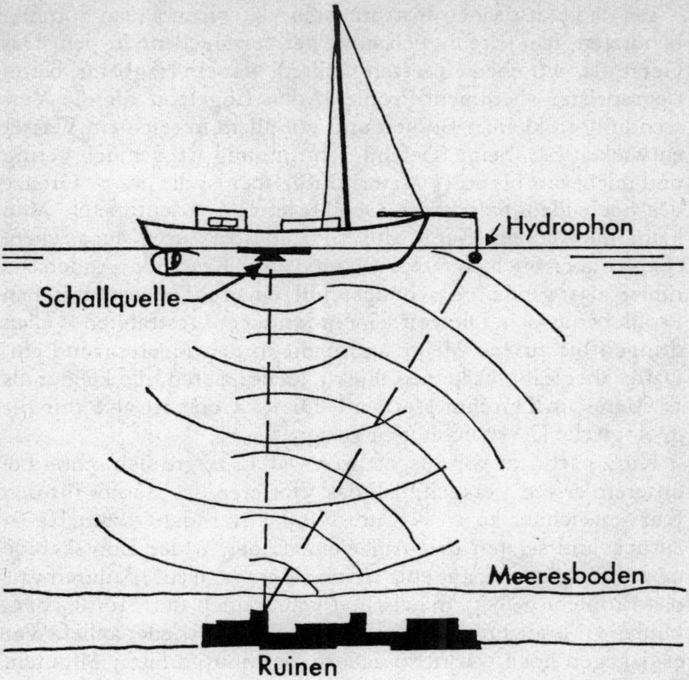

Die Zeichnung veranschaulicht das Funktionieren des Echolots von Edgerton.

Keramikwerkstätte befunden habe. Das Meer war über weite Flächen hin so seicht, daß wir mit unserem Echolot arbeiten konnten.

Dr. Edgerton hatte an verschiedenen Fundstellen in Israel den Untergrund akustisch untersucht. Seine Geräte sind für die Archäologie neu, und ihr Wert hängt weitgehend von einer Abstimmung bekannter Faktoren mit den Meßergebnissen ab. So kann etwa eine Art von Kurve auf dem Berichtstreifen eine Steinmauer bedeuten, eine andere ein Wrack und so weiter. Auf diese Weise waren die alten Hafenanlagen von Cäsarea untersucht worden: Dort hatte man sowohl dem Meeresgrund Proben entnommen als auch Ausgrabungen durchgeführt, während gleichzeitig mit dem Echolot gearbeitet wurde. Ähnliches hatte Hoskins bei Kenchreai bewerkstelligt.

Bei den akustischen Instrumenten, die wir in jenem Sommer benützten, handelte es sich um zwei verschiedene Typen. Das Gerät, das wir eben einsetzen wollten, war ein tragbarer, batteriegespeister »Sediment-Profiler«, den Edgerton für die Verwendung in kleinen Booten und vor allem in seichtem Wasser entwickelt hat. Seine Tiefendurchdringung ist ziemlich gering und reicht nur bis zu 13 Meter. Dafür aber ist die untere Grenze der noch identifizierbaren Objekte etwa 20 Zentimeter. Man kann mit diesem Gerät alte Gebäudestrukturen ausmachen, ebenso aber auch Wracks, Statuen und Keramik. Anderseits führte das große Forschungsschiff einen »Tiefenseismischen Profiler« mit sich. Die von seinem Sender ausgestrahlten Wellen dringen bis zu 800 Meter und mehr in den Meeresgrund ein. Dafür aber kann er keine Objekte identifizieren, die kleiner als 13 Meter im Durchmesser sind. Dieses Gerät ist also nur für geologische Untersuchungen geeignet.

Kurz nachdem wir ausgefahren waren, zeigte sich schon bei unserem ersten Versuch, daß das Vibrieren des Bootes für den Kurvenzeichner zu stark war. Wir kehrten daher zum Hafen zurück und setzten den Aufzeichner, der in der Bootskabine untergebracht war, auf eine weiche Unterlage auf; dadurch war das Problem gelöst. Inzwischen war freilich der Motor abgekühlt; wir brauchten etwa 15 Minuten, bis er wieder anlief. War er dagegen noch warm, so dauerte das Starten nur 5 Minuten. Zum Anheizen bedurfte es zweier Lötlampen, die an jedem der Zylinder fest angebracht waren. Es handelte sich um einen alten englischen Zweizylinder; mit Öl geheizt, entwickelte er 20 PS, bei Höchstgeschwindigkeit erreichte er 500 Umdrehungen in der Minute. Nach dem Vorwärmen kurbelte der Kapitän die Maschine an; dabei mußte er mühsame Turnübungen ausführen, weil er stets unten durchkriechen mußte. Schließlich sprang der Motor doch an, nicht ohne vorher das Boot in dichte Rauchschwaden gehüllt zu haben. Wir hatten uns unterdessen unter Deck zusammengedrängt und uns vergewissert, ob unser Kapitän nicht etwa von den Lötlampen zu Asche verwandelt worden war. An Bord gab es keinen Feuerlöscher, und Rettungsringe sind offensichtlich auf griechischen Fischerbooten unbekannt.

Schließlich konnten wir doch unsere erste Versuchsfahrt unternehmen, und zwar bei langsamer Fahrt in mehr oder weniger westsüdwestlicher Richtung. Dazu mußten wir freilich Segel benützen, da die vom Motor entwickelte Geschwindigkeit entweder zu groß oder zu klein für unsere Geräte war. Wir verzichteten auf unseren ursprünglich geplanten Kreuzkurs und fuhren sogleich nach Kap Akroteri. Dort änderten wir den Kurs auf 340 Grad und hielten in Richtung auf die Westspitze von Aspronisi, der kleinen Insel im Südwesten. Von Aspronisi aus ging es – auf einem Kurs von 225 Grad – ins offene Meer hinaus, und zwar in Richtung auf die unbewohnte Insel Kristiana, die in einer Entfernung von rund 20 Kilometer liegt. Etwa anderthalb Kilometer von der Küste entfernt, bei einer Wassertiefe von 50 Faden, hielten wir an und kehrten nach Akroteri um. Während dieser ganzen Zeit lief ein Berichtsstreifen ab, auf dem die Tiefenmessungen und Einzelheiten des Untergrundes eingezeichnet wurden. Der Meeresgrund war nicht jene schlammige alluviale Fläche, auf der das Instrument früher verwendet worden war; hier handelte es sich um einen sehr unebenen Boden, der mit massiven »Bomben« aus Lava bedeckt war, die während des Ausbruches ausgeworfen worden waren und sich nun mit Bimsstein mischten. An manchen Stellen war der Boden flach und sandig. Hier war die akustische Tiefenwirkung gut; so kamen größere Objekte zum Vorschein, manche davon so groß wie ein Haus. Wahrscheinlich aber waren es Felsblöcke von derselben Gesteinsart wie die Erhebungen über Wasser. Später waren wir imstande, im seichten Wasser mit Hilfe eines handbetriebenen Geräts Bodenproben zu entnehmen. Die Ergebnisse zeigten, daß der Boden zwischen den Felsbrocken aus einer Mischung von weißer Asche und schwarzem Lavasand bestand. An manchen Stellen trat eine schwarze organische Masse hervor, die Ähnlichkeit mit Torf hatte. Das war ein sicheres Zeichen dafür, daß sich hier einst Land befunden hat. Unsere Hoffnungen, überflutete Gebäudereste zu finden, wuchsen. Zwischen Akroteri und Aspronisi fanden wir jedoch keine Ruinen; es bedurfte, wie ich 1967 erkannte, eines geübten Auges, um natürliche Felsbrocken von Strukturen zu unterscheiden, die von Menschenhand stammen. Der Meeresboden ist bedeckt mit Steinen, die entweder zum Bauen von Mauern benützbar waren oder aber Reste von Mauern selbst darstellten. Wir befanden uns am Rand des Kessels in einem Abschnitt, der verhältnismäßig wenig gesunken war; doch auch hier war das Meer 7 bis 30 Meter tief. Nur gut ausgerüstete Taucher hätten die Untersuchungen vorantreiben können.

Vor Akroteri ließen wir das Boot bei etwa 7 Meter Wassertiefe am Rande der 60 Meter hohen Klippe vor Anker gehen. Hier, unterhalb des Leuchtturms, tauchten Loring, Davidson,

Yorke, Lehman und ich hinab, um einen Eindruck vom Meeresboden zu gewinnen sowie um geologische Proben zu sammeln. Wir holten Bimssteine und Tuff in weißer, grauer, roter und schwarzer Farbe vom Meeresboden und von der Küste, außerdem auch Sand. Ich kletterte an der Felsküste herum, in der Hoffnung, eine minoische Schichte zu erreichen, aber die befand sich allzu hoch über mir. Der einzige Weg dorthin führte über Land. Wir untersuchten ein Gebiet von 100 bis 200 Meter, auf dem der Meeresboden mit Bimsstein- und Lavablöcken aller Größen bis zu 6 Meter Durchmesser bedeckt war. Zweifellos waren dies alles sogenannte Bomben, ausgeworfen durch die Eruptionen.

Wir konnten genau die Linie erkennen, die die oberste Ascheschicht von 1500 v.Chr. von der normalen minoischen Oberfläche trennte. Hier war diese Linie sehr unregelmäßig, sie

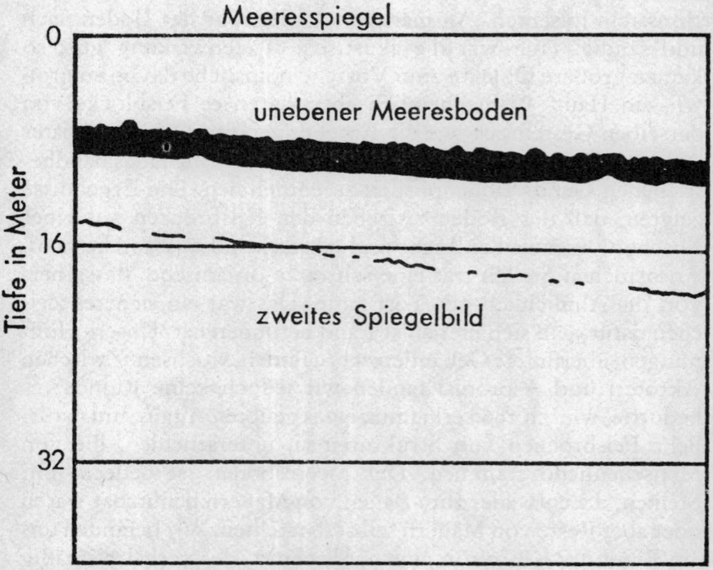

Das Echolot Edgertons verzeichnete nordwestlich von Therasia und parallel zur Küste diese Konturen. Größere Basaltblöcke auf dem Meeresboden zeigen eine schwächere Sekundärreflexion als die flacheren Teile. Es handelt sich um Basaltblöcke von der Größe eines Automobils, die während der Eruption ausgeworfen wurden. Der Meeresboden besteht aus einer Fortsetzung jener Aschenschichte, die fast ganz Therasia bedeckt. (Nach H. Edgerton und H. Hoskins.)

reichte an manchen Stellen herab bis zur See. Daraus schloß ich, daß in minoischer Zeit hier eine Bucht gewesen sein muß.

Ich erinnerte mich der Erklärung Fouqués, wonach in diesem Gebiet Lehm gefunden worden war. Fouqué folgerte daraus, daß sich in der Umgebung eine Keramikwerkstätte befunden haben könnte, außerdem ein Frischwassersee. Viele der Keramikreste, die 1867 ausgegraben wurden, besaßen dieselbe chemische Zusammensetzung wie der bei Akroteri gefundene Lehm. Unsere Untersuchung wurde von der Hoffnung befeuert, Spuren eines Sees oder eines Sumpfes zu finden, wie ihn Platon im ›Kritias‹ beschrieben hat. Im Verlauf unserer Tauchversuche in der Nähe der Klippen von Akroteri fiel uns auf, daß sich zwischen den Felsblöcken kleine Flecken schwarzen Sandes befanden, und ferner, daß es erstaunlich wenig Unterwasserpflanzen gab. Obgleich die kleineren schwarzen Felsblöcke hier seit 3500 Jahren liegen, sind sie völlig frei von Bewuchs. Das bedeutet für den Unterwasserarchäologen einen besonderen Glücksfall.

Der Ursprung des schwarzen Sandes war für uns rätselhaft. Schließlich stellten wir fest, daß es sich um eine Schicht aus der Zeit zwischen den Ausbrüchen handelte; denn diese feinkörnige schwarze Masse war überall auf der Insel dort zu finden, wo die Asche vom Regen weggespült worden war, ferner auf den Kalksteinbergen und innerhalb der Höhlen.

Nachdem wir den Anker eingeholt hatten, schleppten wir, auf der Fahrt nach Aspronisi, das Echolotgerät nach. Dort gingen wir wiederum bei einer Wassertiefe von etwa 8 Meter vor Anker, und zwar unmittelbar neben einem gewaltigen, kaum vom Wasser bedeckten Felsblock, der 8 Meter hoch war und dessen Durchmesser etwa 16 Meter betrug. Wir untersuchten die Gegend in einem Umkreis von etwa 200 Meter nach versunkenen Häusern, von denen Fischer uns berichtet hatten. Der Meeresboden lag hier 24 Meter unterhalb der minoischen Schicht, die auf dem Klippenabsturz von Aspronisi deutlich sichtbar war. Der Ort, an dem wir uns befanden, hätte etwa der Umgebung von Platons Metropolis entsprochen. Und diese hat er als dicht besiedelt bezeichnet.

Auch von Unterwasserruinen hatten uns die Fischer von Thera erzählt. Meist haben griechische Fischer mit solchen Angaben irgendwie recht. Mehr als einmal haben örtliche Volksmärchen zu wichtigen archäologischen Entdeckungen verholfen. Jedoch fanden sich keinerlei Spuren regelmäßiger Strukturen, dafür aber eine Menge verschieden geformten Vulkanschutts, dabei Felsblöcke und Felsbruchstücke. Im allgemeinen ist der erste Hinweis auf alte Siedlungen das Vorhandensein datierbarer Keramikscherben. Wir waren aber kaum in der Lage, solche Funde zu machen, da wir keine Tauchgeräte einsetzen durften. Unsere Untersuchungen waren darauf beschränkt, größere Gebiete abzutasten und viele Stellen nur oberflächlich zu erforschen, freilich mit der Absicht, bei einem zweiten Versuch jene Punkte aufzusuchen, die uns fündiger erschienen.

Am ersten gemeinsamen Abend zeigte uns Loring einen wahren Schatz: Einen kleinen Lavablock, der unverkennbar die Form eines Affenkopfes zeigte und vom Ostrand bei Kamari stammte. Loring meinte, es handle sich um einen versteinerten Schädel, der während des Ausbruches solcherart umgestaltet worden war. Erwies sich diese These als richtig, so hätte dies bedeutet, daß in minoischer Zeit Affen auf Thera heimisch waren. Aus Fresken auf Kreta wissen wir, daß die königliche Familie Affen als Haustiere gehalten hatte. So schien es durchaus möglich, daß dieses Tier von irgendeiner bedeutenden Persönlichkeit aus Kreta in die Metropolis von Atlantis mitgebracht worden war. Loring schenkte den Schädel Dr. Galanopoulos, und dieser versprach, ihn bei seiner Rückkehr nach Athen durch Fachleute untersuchen zu lassen. Ein führender griechischer Anthropologe, Professor Poulianos, kam zu der Ansicht, daß es sich wirklich um einen versteinerten Affenschädel handelte, und zwar um Cercopithecus callitrichus, den westafrikanischen grünen Affen; eine Art, die zur Unterhaltung des hohen Adels aus Ägypten nach Kreta importiert worden war. Ein x-förmiger Schädelbruch deutet auf gewaltsamen Tod.

Am 29. August verließen wir gegen halb sieben den Hafen von Phira, um Berichte über Unterwasserruinen an der Nordküste vor Kap Riva nachzuprüfen. Wir fuhren quer über den Einbruchkessel in Richtung auf Therasia, der nordwestlichen kleineren Insel. Am Himmel zogen Wolken auf, eine Vorahnung des kommenden Herbstes und seiner Regenfälle. Völlig durchnäßt kamen wir endlich in das windgeschützte Gebiet östlich von Kap Riva (manchmal auch Kap Sankt Irene genannt). Die heilige Irene soll auf Thera den Märtyrertod erlitten haben, daher auch der zweite Name der Insel, Santorin. Hier gab es zwei Stellen, wo angeblich Ruinen unter Wasser gesichtet worden waren: Die eine sollte sich im seichten Wasser vor Kap Riva befinden, die andere etwa in sechzig Meter Tiefe, außerhalb der Klippen am südlichen Ende des Einschnittes zwischen Kap Riva und Tino. Die Untiefe zieht sich etwa 800 Meter von Kap Riva aus nach Osten und hat eine sehr unregelmäßige Kontur. Die Wellen brechen über ihr im Norden, während der Meeresboden im Süden rasch von acht Meter bis zu 150 Meter absinkt. Während das Echolot arbeitete, schleppten Davidson und Yorke abwechselnd auch einen »Schwimmer« nach. Dieser »Schwimmer« registrierte – in Übereinstimmung mit der Aufzeichnung der Schallotung – das jeweilige Aussehen des Meeresbodens. Unser Kapitän führte das Boot zu einer Stelle, wo nach örtlicher Tradition angeblich Windmühlen unter Wasser zu sehen sein sollen. Das war eine merkwürdige Beschreibung für Ruinen, und tatsächlich konnte man von der Oberfläche aus kreisförmige Steinstrukturen ausmachen, die etwa sechs bis sieben Meter im Durchmesser haben mochten und eindeutig nicht naturgebildet wirkten. Als jedoch unsere Taucher sich die Dinge aus der Nähe besahen, fanden sie nur Steinbrocken, die allerdings frei von allem Bewuchs mit Wasserpflanzen, dafür aber zerbrochen und von völlig ungleichmäßiger Form waren. Keinerlei Zeichen irgendeiner Bearbeitung waren zu sehen. Ohne Tauchgeräte konnte natürlich nicht in Ruhe gearbeitet werden. Wir fanden weder Keramikscherben noch andere Überreste. Doch selbst wenn die Taucher irgendwelche Antiquitäten gefunden hätten, so hätten wir sie nicht berühren dürfen.

In diesem Gebiet befindet sich die Trennungslinie zwischen der Aschenschicht von 1500 v. Chr. und der minoischen Schicht genau in Meereshöhe. Gab es minoische Bauten, so waren sie nur etwa acht Meter abgesunken, ein Umstand, der diese Stelle vielversprechend für das Auffinden intakter minoischer Gebäude machte. Wir nahmen Kurs weiter nach Süden, fuhren die Küste entlang und kamen an einem kleinen Dorf mit ein paar Fischerbooten vorbei. Ein älterer Mann marschierte den Strand entlang. Er trug einen Korb mit Weintrauben und winkte uns zu. Wir konnten das Boot an dieser Stelle nicht an die Küste heranbringen. Davidson schwamm also hinüber, überreichte dem Bauern ein Paket Zigaretten und kehrte mit den grünen, süßen Weintrauben zurück.

In einer Entfernung von etwa 100 Meter von der Küste fuhren wir parallel zu ihr südwärts und loteten in 30 bis 45 Meter Wassertiefe. An dieser Stelle sollen antike Fensterrahmen aus rotem Lavagestein von Fischern geborgen worden sein. Obgleich niemand wußte, wo diese Funde zu sehen waren, so hielt sich die Geschichte doch hartnäckig. Wir unternahmen zwei

Kreuzfahrten. Da wir aber ungenügende Informationen besaßen, hatte unsere Suche kein Ergebnis.

Nun ließen wir das Boot in der Nähe der Küste vor Anker gehen und schwammen an Land, um uns die minoischen Schichten in den Klippen anzusehen. Im Norden von Therasia reicht die große Aschenschichte bis herunter an die Wasseroberfläche und steigt dann wiederum einige hundert Meter in Richtung Süden an. Als wir den Strand erreichten, waren wir überrascht von der großen Menge herumliegender Topfscherben. Sie waren aus rotem Ton, und manche zeigten erhabene Muster. Natürlich waren sie durch Wasser und Sand stark abgeschliffen und daher für eine Datierung ungeeignet. Doch sahen wir immerhin eine Tonlampe offenbar römischen Ursprunges. Loring und ich kletterten die Klippen empor, um uns die gut abgegrenzte minoische Schichte anzusehen, die aus brauner, etwa einen Meter dicker Erde bestand und 30 Meter über dem Meeresspiegel lag. Sie enthielt Tonscherben, die eindeutig auf die Zeit vor dem Vulkanausbruch zurückgingen. Hier war zweifellos eine geeignete Stelle für Ausgrabungen: der Felsen war offenbar schon in alten Zeiten abgebaut worden. In der Nachbarschaft fanden wir, nebeneinander an den Klippenrand gebaut, sechs verfallene Gebäude. Wahrscheinlich gehörten sie ursprünglich zu einem Steinbruch. Auf der weiteren Suche nach Altertümern kamen wir zu der einsamen Kapelle der heiligen Irene. Aus antikem Marmor gebaut, birgt sie als Taufstein einen umgestürzten römischen Altar, der mit Stieren und Girlanden verziert ist. Hinter dem Altar befand sich ein kleiner, staubiger Nebenraum; dort lehnte an der Wand ein dreieckiger Anker aus Kalkstein mit einem Loch für das Ankertau. Dieser zufällige Fund war ein besonderer Glücksfall, denn der Anker stammte ohne Zweifel aus minoischer Zeit. Offenbar war dieser in vergangenen Jahren von irgend jemandem gefunden und in die Kapelle gebracht worden, sei es, um ihn dort sicherzustellen, sei es, um ihn als Votivgabe darzubringen.

Ich hatte gehofft, daß wir irgendwelche Spuren jenes antiken ägyptischen Marmorsarkophags, von dem Abbé Pègues berichtet hat, finden würden. Arbeiter hatten ihn 1836 in einem Feld gefunden. Seine Inschrift war nicht in griechischer Schrift, und sein Reliefschmuck bestand aus Vögeln und Hirschen. Aber die Bauern hatten den Sarkophag zertrümmert und die Bruchstücke vergraben. Wie so viele andere Antiquitäten von Thera war auch er wahrscheinlich für immer verloren.

An diesem Abend, in gemütlichem Beisammensitzen in Lorings Haus, konnten wir zum erstenmal unsere Kenntnisse über die Hintergründe der Geschichte von Atlantis austauschen. Galanopoulos betonte, daß Atlantis der Ursprung einer ganzen Reihe von Mythen und verwandten Legenden in verschiedenen Kulturen sei. In diesem Zusammenhang sind auch die Theorien über die Herkunft der Minoer – also vielleicht auch der Atlanter – von Interesse. Denn manche Historiker sind der Meinung, die Minoer seien aus Anatolien gekommen, wo viele Völker mit vielerlei Sprachen und Sitten lebten, unter ihnen auch die Hethiter. Die Ausgrabungen, die Hugo Winckler in Bogazköy durchführte, dem alten Hattushash, einst Hauptstadt des Hethiterreiches, haben uns Zeugnis vom Leben und Denken dieses merkwürdigen Volkes vermittelt. Die Entzifferung ihrer keilförmigen Schrift hat erwiesen, daß die Hethiter keine Semiten waren, sondern vielmehr Indogermanen, die vor 1800 v. Chr. in Kleinasien ein mächtiges Reich errichtet hatten, das bis etwa 1200 v. Chr. bestand.

Manche europäischen Volksmärchen haben ihre Entstehung in hethitischen Legenden, und die Götter der Hethiter ähneln überraschend den griechischen Göttern, wie sie in der Theogonie des Hesiod dargestellt werden. Die traditionelle Genealogie der griechischen Götter und selbst der Sieg der Olympier über die Titanen findet eine Parallele in den Mythen der Hethiter. Ob solche Übereinstimmung nun auf einen gemeinsamen Ursprung zurückgeht – Ähnlichkeiten der Mythologie finden sich bei sehr vielen indogermanischen Völkern –, oder ob andere, vielleicht spätere und engere Bindungen vorhanden waren, es liegt jedenfalls nahe, auch an gemeinsame Kultur- und Religionsimpulse zu denken, die etwa vom alten minoischen Reich, also von Atlantis, ausgegangen sind. Aus dem 13. Jahrhundert v. Chr. sind Tontafeln der Hethiter erhalten geblieben, auf denen eine Mythe, das ›Lied von Ullikummi‹, aufgezeichnet ist. Die Gelehrten vermuten, daß es sich dabei um die hethitische Übersetzung einer hurritischen Legende handelt. Hurri war ein Nachbarreich, das etwa den Raum der heutigen südöstlichen Türkei, des nördlichen Syrien und des nördlichen Irak umfaßte; es lag zwischen dem Tigris und dem Mittelmeer. Etwa um 1600 v. Chr. waren die Hethiter mit den Hurriten, ihren südlichen Nachbarn, in Kontakt gekommen. Das Lied weist erstaunliche Ähnlichkeiten mit der griechischen Götterlehre auf und hat etwa folgenden Inhalt: Der Himmelsgott Anu (Kronos) hat seinen Vater Alalu (Uranos) vom Thron gestürzt, wird aber wieder von seinem Sohn Kumarbi (Zeus), dem Göttervater, entthront. Auch dieser wird von seinem Sohn, dem Sturmgott Teshub, als König der Götter verdrängt. Kumarbi plant den Kampf gegen Teshub und die Zerstörung der Stadt Kummiya. Er zeugt einen Sohn, den er Ullikummi nennt, das heißt »Vernichter von Kummiya«. Impaluri, der Bote Kumarbis, wird zu den Göttern der Unterwelt entsandt, um ihnen Kumarbis Befehle hinsichtlich Ullikummis zu überbringen. Gehorsam bringen sie Ullikummi tief ins Innere der Erde und setzen ihn auf die rechte Schulter des Upelluri, einer Figur, die etwa dem Atlas vergleichbar ist und auf deren Nacken die Welt ruht. Ullikummi wächst nun als gigantische Dioritsäule empor. Wie ein gewaltiger Turm erhebt er sich aus dem Meer, bis seine Höhe 13.000 Kilometer und sein Umfang gleichfalls 13.000 Kilometer beträgt.

Als ihm das Meer nur mehr bis zur Mitte des Körpers reicht, wird der Sonnengott seiner gewahr, gerät in Zorn und erzählt Teshub, dem Sturmgott, von den Ereignissen. Teshub und seine Schwester Ishtar besteigen nun den Gipfel des Berges Hazzi, von dem aus sie den gewaltigen Ullikummi aus dem Meer emporragen sehen. Ishtar versucht, das Ungeheuer zu betören, offenbar erfolglos, denn bald befiehlt Teshub: »Laßt sie die Hörner Serisu, des Stiers, salben... Laßt sie den Sturm, den Regen und die Winde herbeiholen, holt den leuchtenden Blitz aus seiner Schlafkammer hervor.«

Nun hebt ein Kampf zwischen Teshub, dessen Gefolge und Ullikummi an. Teshub wird besiegt und bittet Ea, die weise Göttin der tiefen See, um Hilfe. Ullikummi ist jedoch mit dem Sieg über Teshub nicht zufrieden; jetzt will er die ganze Menschheit vernichten.

Trotz all dieser Geschehnisse hat Upelluri den gewaltigen Steinklotz, der auf seinen Schultern ruht, nicht bemerkt. Ea jedoch dreht ihn um, und jetzt endlich erblickt er ihn. Ea befiehlt den älteren Göttern, das uralte Kupfermesser zu bringen, das einst dazu benutzt wurde, um den Himmel von der Erde zu trennen, und befiehlt ihnen, die Füße Ullikummis zu durchschneiden. Dies geschieht, und Ea verkündet den versammelten Göttern, daß Ullikummi nun gelähmt sei; der Kampf gegen das Ungeheuer wird wiederaufgenommen. Der Sturmgott besteigt seinen Kriegswagen, um den Angriff gegen den verwundeten Ullikummi zu erneuern. Das Ende der Legende fehlt, aber es ist sicher, daß der Sturmgott die Schlacht gewinnt und daß nicht nur das Ungeheuer vernichtet, sondern auch Kumarbi besiegt wird.

Übrigens wurde im Sommer 1966 im nordwestlichen Iran, bei Has-an-Lin, ein goldener Becher ausgegraben, der aus dem achten Jahrhundert v. Chr. stammen dürfte. Robert Dyson von der Pennsylvania-Universität glaubt, daß das Relief auf dem Becher eine Darstellung der Legende von Ullikummi ist.

Mich packte sogleich die Vorstellung, daß die Gestalt des Ullikummi nichts anderes sei als eine Personifizierung des ausbrechenden Vulkans von Thera. Nebenbei ist auch Diorit ein dunkles, vulkanisches Gestein, das chemisch jener Lava sehr ähnlich ist, aus dem Thera in der Hauptsache besteht. Jedenfalls läßt sich das Lied von Ullikummi als eine Beschreibung der uns bekannten Erscheinungen erklären: Das Aufsteigen eines Vulkans aus dem Meer, der explosionsartige Ausbruch und schließlich die Niederlage und das Versinken: Dinge, die sich in der Vorstellungswelt der Antike nur als Taten der Götter deuten ließen. Hier konnte es sich sehr wohl um einen weiteren Mythos, der das Ende von Atlantis beschrieb, handeln, vielleicht aber auch um die Entstehung eines der atlantischen Vulkankegel noch vor 1500 v. Chr.

Der bekannte Altertumsforscher und Philologe Cyrus Gordon ist der Meinung, daß die griechische Götterlehre von jener der Hurriten herzuleiten ist. Er glaubt auch, daß es im minoischen Kreta eine hurritische Minderheit gegeben hat und daß auf diesem Wege die Mythen, die später die griechische Theogonie bildeten, in die Ägäis gelangt sind. Er meint ferner, daß die Kulturen Babylons und des Niltals ebenso wie eine Vielzahl anderer Kulturen des Nahen Ostens ihren Niederschlag auf griechischem Boden und auf den ägäischen Inseln hatten, freilich lange bevor die Griechen und Hebräer im zweiten Jahrtausend v. Chr. ihren Auftritt auf der historischen Szene hatten.

Gordon glaubt auch, daß zwischen 1800 und 1400 v. Chr. Griechenland von Nordwestsemiten beherrscht wurde. Er hat postminoische, eteokretische Inschriften, die im östlichen Kreta gefunden worden sind, als semitisch gedeutet. Für seine These spricht der alte Mythos von Kadmos, dem Gründer Thebens, der auf der Suche nach seiner von Zeus entführten Schwester Europa aus Phönikien nach Griechenland und vorher nach Thera gekommen sein soll. In den Kreis solcher Spekulationen fügt sich, daß bei Ausgrabungen in jüngerer Zeit in Theben der alte mykenische Königspalast freigelegt wurde und dort ein Schatz wertvollster Zylinderrollsiegel gefunden wurde, die eindeutig semitischer Herkunft sind.

Die althergebrachte Vorstellung, wonach die Atlanter beziehungsweise die alten Minoer eine Kultur besaßen, die sich sozusagen autochthon entwickelt hatte, oder auch die, daß sie eine völlig isolierte Volksgruppe gewesen wären, ist wahrscheinlich unhaltbar. Vielmehr dürfte das minoische Reich – selbst wenn es der Ursprung starker Kulturströme war, die vor allem nach Europa und Kleinasien gewirkt haben (vielleicht bis nach Rumänien und in den Donauraum) – das Produkt einer Vielfalt von kulturellen und volklichen Komponenten gewesen sein. Bindungen nach Mesopotamien und ins Niltal mögen Jahrtausende alt gewesen sein. Kontakte mit Nordafrika haben ohne Zweifel bestanden. Vielleicht bestanden sogar blutmäßige Bindungen.

Dr. Galanopoulos, der ein hervorragender Kenner der Frühgeschichte seines Vaterlandes ist, meint allerdings, daß es gar nicht notwendig sei, bis zu den Hethitern hinunterzusteigen, um einen Götterkrieg zu finden, der den Ausbruch von Thera symbolisieren könnte. Schon Hesiod schrieb um etwa 800 v. Chr. vom Kampf der Titanen gegen die olympischen Götter: Die Titanen waren die Söhne des Uranos. Sie empörten sich, erzürnt über den Sturz ihres Bruders Kronos, gegen den neuen Götterkönig Zeus. Diese Mythe vom Krieg der beiden Göttergeschlechter, der Olympier gegen die Titanen (eine weitere Parallele ist der Kampf der germanischen Göttergeschlechter gegeneinander, der Asen und der Vanen), entspricht sehr genau der im Lied von Ullikummi überlieferten hethitischen oder hurritischen Mythologie, freilich mit einer wesentlichen Ausnahme. Während in der hurritischen Sage die Götter der Unterwelt den Befehlen des Kumarbi (Kronos) gehorchen und den Ullikummi emporwachsen lassen, ruft in der griechischen Sage Zeus die Götter der Unterwelt und die im Hades gefangengehaltenen Ungeheuer zu Hilfe. Es sind dies die Kyklopen und die Hekatoncheiren (die Hundertjährigen), Personifizierungen von Blitz, Donner und Erdbeben. In der Theogonie heißt es: erst nachdem verheerendes Feuer die bewohnte Erde fast zerstört hätte, sei es Zeus gelungen, Herr über die Titanen zu werden. Die Olympier zerschmetterten die Hekatoncheiren mit gewaltigen Felsblöcken und sperrten sie in den Tartaros, in die tiefste Unterwelt.

Als Führer der Titanen nennt die Sage Japetos und dessen Sohn Atlas. Atlas wurde für seinen Anteil an der Titanenrevolte mit der Strafe belegt, auf seinen Schultern für immer die Säulen, auf denen das Himmelsgewölbe ruht, zu tragen. Prometheus dagegen, ebenso wie sein Bruder Epimetheus, ebenfalls Söhne des Japetos, hatten sich auf die Seite der Olympier gestellt.

Die griechische Sage kennt eine weitere, ähnliche Episode: Die Giganten suchten die Niederlage ihrer Brüder, der Titanen, zu rächen: Sie schleuderten Felsblöcke und Blitze gegen den Olymp. Nur mit Hilfe des Herakles konnten die Götter die Giganten überwältigen. Auch hier deuten viele Indizien auf eine Verbindung zu vulkanischen Erscheinungen. So hat man etwa den Kampfplatz zwischen Olympiern und Giganten auf den Phlegräischen Feldern lokalisiert, einer Gegend am Fuße des Vesuv, wo Fumarolen und andere vulkanische Aktivität zutage treten.

Poseidon wieder hat durch einen Wurf seines Dreizacks einen Teil der Insel Kos abgespalten; aus diesem wurde die Insel Nisyros. Wieder andere verlegen den Kampfplatz nach Arkadien, wo, wie die Sage berichtet, »der Boden noch immer brennt«.

Aber der Kampf war nicht zu Ende, denn nun brachte Gäa (Ea), die Urmutter der Götter, den Thyphon zur Welt, ein Ungeheuer, das von den Hüften abwärts aus zahllosen, sich ringelnden Riesenschlangen bestand. Die Spannweite seiner Arme betrug hundert Meilen, und seine Hände waren Schlangenköpfe. Sein Kopf ähnelte dem eines Esels, seine Flügel verdunkelten die Sonne, aus seinen Augen strömten Flammen, und aus seinem Rachen fielen glühende Felsbrocken. An anderer Stelle wird er auch als hundertköpfig beschrieben.

Als Thyphon nun den Olymp angriff, flohen die Götter entsetzt nach Ägypten. Dort sollen sie, um sich zu verbergen, Tiergestalt angenommen haben. Eine Parallele zu den tiergestaltigen Göttern Ägyptens ist offenkundig. Athene allein leistete Widerstand. Beschämt kehrte Zeus zurück und griff mit derselben Feuersteinsichel, mit der Kronos den Uranos entmannt hatte, den Thyphon an. Verwundert floh das Ungeheuer zum Berg Casius im nördlichen Syrien. Dort stellte es sich noch einmal Zeus zum Kampf; und es gelang ihm sogar, den Göttervater zu besiegen und vorübergehend gefangenzuhalten. Aber während in der hurritischen Sage dem Ullikummi die Sehnen durchschnitten werden, ist es in der griechischen Sage Zeus, dessen

Sehnen an Händen und Füßen von Thyphon durchschnitten wurden. Noch einmal wird Zeus befreit, und nun besteigt er – genauso wie Teshub in der hurritischen Sage – den Kampfwagen und greift den Thyphon mit seinen Blitzen an.

Das Ende ereilt Thyphon in Thrakien: Das Monster schleudert ganze Berge gegen Zeus, aber die Blitze des Olympiers lassen die Felsblöcke auf Thyphon zurückstürzen. Das Ungeheuer vergießt Ströme von Blut, die auf den Berg Hämos fallen, der davon seinen Namen trägt (hämos, griech. Blut). Schließlich flieht Thyphon nach Sizilien, und dort schleudert Zeus den Vulkan Ätna auf das Ungeheuer und begräbt es darunter. Bis heute strömt aus dem Gipfel des Berges das Feuer des Thyphon. Eine andere Sage freilich will wissen, daß Thyphon unter dem See Serbonis in Ägypten begraben ist. Im übrigen ist der Berg Casius (Schebbel-el-Akra) identisch mit dem Berg Hazzi aus dem Lied von Ullikummi.

Schließlich gibt es noch die griechische Sage von den Aloeiden, Söhnen des Poseidon, die ebenfalls innerhalb kurzer Zeit Riesengestalt annahmen und den Olymp zu stürmen versuchten. Sie türmten den Berg Pelion auf den Berg Ossa und schleuderten so lange Felsen in das Meer, bis es trockenes Land wurde, während das Festland selbst von den Wogen überspült wurde. Schließlich siegten die Olympier.

Der Zusammenhang dieser Sagen mit Vulkanausbrüchen größten Ausmaßes, mit Erdbeben und Flutwellen, ist zwingend. Für die Bewohner Griechenlands und Kleinasiens lagen aber die einzigen in historischer Zeit aktiven Vulkane in relativ großer Entfernung: der Ätna auf Sizilien und der Vesuv in Unteritalien. Es ist auch nichts von so gewaltigen Ausbrüchen dieser beiden Vulkane in historischer Zeit bekannt. Innerhalb der gesamten antiken Welt gab es keine anderen aktiven Vulkane; man muß schon bis Äthiopien und bis an die Südspitze der arabischen Halbinsel reisen, um Vulkantätigkeit größeren Ausmaßes in den letzten paar tausend Jahren feststellen zu können. Nur die Vulkankatastrophe von Thera bleibt als möglicher Ursprung dieser Mythen.

Viele Fragen stellten sich in diesem Zusammenhang, und wir durften hoffen, daß die Antwort hier auf Thera gefunden werden konnte.

Am frühen Morgen des 30. August fuhren Edgerton, Hoskins, Loring und Lehman mit unserem Boot von Phira ab und umschifften die Insel. Sie fuhren aus dem Einbruchskessel durch den Südwestkanal, passierten Akroteri und wendeten nach Südosten. Nach einer Reise von 35 Kilometer den gestreiften Klippen entlang – vorbei am Kap Exomiti im Südosten und entlang der geräumigen Schwarzen Küste der Perissaebene – wollten sie bei Kamari an Land gehen. Der Wind kam von Norden, und das Meer war unruhig. Der Kapitän zeigte wenig Lust, sich aus der sicheren Bucht hinauszubegeben, und konnte zu dieser Fahrt nur mit Mühe überredet werden.

Unterdessen fuhren Galanopoulos, Davidson, Yorke und ich in Lorings Volkswagen auf den gewundenen und steinigen Straßen quer über die Insel zu dem kleinen Dorf Kamari, das nördlich vom Messa Vouno liegt, einem steilen Berg an der Ostküste, auf dessen Gipfel sich die Ruinen des antiken Thera befinden. Um halb neun Uhr früh wollten wir mit unserem Boot zusammentreffen. Mit Manolis Kafouros hatten wir vereinbart, eine »Varka« (Barke) zu mieten. Er erklärte uns jedoch, das Wetter sei zu stürmisch; er könne an diesem Tag die Barke nicht ausfahren lassen. Wir mußten ihm zustimmen, denn der Nordwind erreichte eine Geschwindigkeit von 20 Knoten; bis zu zwei Meter hohe Wellen schlugen an den Strand. Gegen zehn Uhr kam das Boot mit Edgerton in Sicht, als es soeben – von Woge zu Woge gleitend – die Spitze des Messa Vouno umschiffte. Unter diesen Umständen wagte sich der Kapitän auf nicht mehr als 300 Meter an die Küste heran. Manolis versuchte, sein Boot durch die Brecher zu bringen, gab es aber auf; das Boot kehrte um und entschwand. Da wir nicht wußten, ob unsere Freunde den ganzen Weg zurück in den inneren Kessel segeln oder aber im Windschatten des verhältnismäßig nahen Messa Vouno haltmachen würden, schlug Galanopoulos vor, indessen das antike Thera zu besuchen. Diese berühmte Ruinenstätte liegt 330 Meter hoch auf dem Berggipfel und ist im Jahre 1900 von Hiller von Gärtringen ausgegraben worden.

Es ist dies eines der umfangreichsten Ruinengelände der griechischen Inseln und weist auf das 11. Jahrhundert v. Chr. zurück. Die ersten Siedler waren hier Phöniker, die sich die autochthone Bevölkerung der Insel unterwarfen. Eine eigenartige

Übereinstimmung zeigt sich wiederum mit einer alten Legende, nämlich mit der des Kadmos, des Gründers von Theben: Zeus hatte in der Gestalt eines Stieres Europa, die Tochter des phönikischen Königs Agenor von Sidon, entführt und nach Kreta gebracht. Sie gebar dort die Söhne des Zeus, Minos, den späteren König von Kreta, und dessen Bruder Radamantes, der so weise war, daß er nach seinem Tod zum obersten Richter in der Unterwelt eingesetzt wurde. Agenor sandte einige seiner Söhne, darunter auch Kadmos, aus, um nach Europa, ihrer Schwester, zu suchen. Die Sage berichtet, daß Kadmos auf seiner vergeblichen Suche auch nach Thera kam und dort einen Tempel gestiftet habe. Das stimmt mit den phönikischen Funden von der ersten Besiedlung der Stadt Thera überein. Die Sage von Kadmos, dem Phöniker, scheint also sowohl in bezug auf Theben als auch auf Thera eine historische Grundlage zu haben. Da es keinen Zweifel gibt, daß die griechische Schrift aus der phönikischen entwickelt worden ist, läßt sich auch die Behauptung der Sage, Kadmos habe die Kunst des Schreibens nach Thera

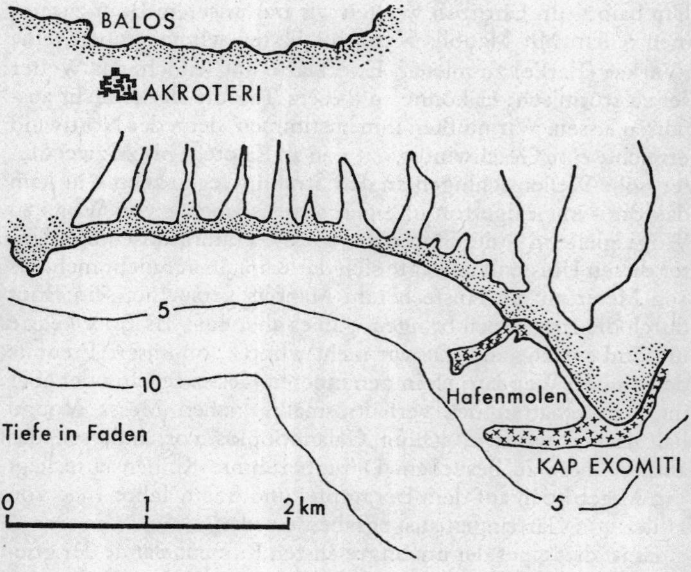

Südthera von Akroteri bis zum Kap Exomiti mit den sogenannten antiken Hafenmolen.

gebracht, nicht ohne weiteres von der Hand weisen. Denn auf der Insel sind Inschriften gefunden worden, die zu den Beispielen der archaischen griechischen Schrift gehören.

Freilich entstehen bei einem Versuch, Sagen und geschichtliche Wirklichkeit in Übereinstimmung zu bringen, vor allem Schwierigkeiten in der Frage der Datierung. War nämlich Europa die Mutter des Königs Minos, in dem man den Begründer des minoischen Reiches sieht, so könnte auch die Fahrt des Kadmos, die Gründung von Theben und die erste Kolonisierung von Thera nicht später als im 16. Jahrhundert v. Chr. erfolgt sein, denn um 1500, spätestens um 1400, zerstörte der Ausbruch des Vulkans von Thera das minoische Reich. Ohne Zweifel ist diese erste phönikische Besiedlung erst erfolgt, nachdem der Ausbruch des Vulkans die minoische Kultur auf der Insel zerstört und unter einer Decke von Asche und Bimsstein begraben hatte. Die Gründung der phönikischen Siedlung wird, den Funden nach zu schließen, an das Ende des 12. oder frühestens in das 13. Jahrhundert verlegt werden müssen. Die Reise des Kadmos sollte in dieser Zeit erfolgt sein. Aber die Tradition versetzt sie ins 15. oder 14. Jahrhundert. Die Zerstörung des mykenischen Palastes von Theben, wo die Rollsiegel gefunden wurden, erfolgte im 14. Jahrhundert. Ist nun, wie Robert Graves meint, der Raub der Europa durch Zeus eine Erinnerung an eine Piratenfahrt dorischer Kreter nach Phönikien? Haben wir also dem minoischen Reich einen Namen gegeben, der auf eine Persönlichkeit zurückgeht, die drei oder vier Jahrhunderte später gelebt hat (König Minos)? Liegt hier eine (gar nicht seltene) Verschmelzung älterer und jüngerer Erinnerungsbruchstücke im Gedächtnis der Völker vor, bei der der Name eines früheren Herrschers auf einen späteren König übertragen wurde? Diese Fragen gehören in den noch ungelösten Problemkomplex der Beziehungen zwischen Minoern und Dorern.

Um zum antiken Thera zu gelangen, mußten wir auf einer kurvenreichen Straße, die nur knapp vier Meter breit und ohne Randmauer war, einen Hang von 45 Grad hinauffahren. Die letzten paar hundert Meter bis zu den Ruinen gingen wir zu Fuß.

Thera ist höchst sehenswert: hoch auf dem Gipfel des Messa Vouno umfaßt es eine Agora, Häuser, Zisternen, Unterkünfte für die Wachen und Tempel. Zu allen Zeiten ist dieser Ort strategisch wichtig gewesen: die Insel liegt auf halbem Weg zwischen Griechenland und der Türkei; von hier aus konnte man die Handelsrouten beherrschen. Sieben Kulturperioden sind in dieser Stadt vertreten, und jede von ihnen hat die Steine der vorhergehenden Kultur für ihre Bauten wieder verwendet. Es folgten einander die phönikische, die archaische, die klassische, die hellenistische, die ptolemäische, die römische und die byzantinische Periode. Unter den vielen Inschriften befinden sich auch solche, die auf einen homosexuellen Apollokult hinweisen, begleitet von phallischen Darstellungen und Beschreibungen geschlechtlicher Handlungen.

Eine dieser Inschriften nach der Linear B der Minoer wird für ein Zeugnis der ältesten griechischen Schrift gehalten. Ich fand diese archaische Inschrift ganz besonders faszinierend, weil sie ein wesentliches Beweisstück für die Glaubwürdigkeit der Atlantiserzählung Platons als historisches Dokument ist.

Die Linear-A- und Linear-B-Schriften auf Kreta, in Griechenland und auf den ägäischen Inseln wurden schon im Verlauf des zweiten vorchristlichen Jahrtausends verwendet. Nach dem Jahre 1200 v. Chr. verschwanden sie wieder. Es scheint aber, daß in Griechenland bis etwa 850 v. Chr. keine andere Schrift an ihre Stelle trat, und zu diesem Zeitpunkt findet sich zum erstenmal eben jene archaische Schrift, die wir vor uns sahen. Offenbar waren die Griechen etwa 350 Jahre lang schriftlos. Was dafür auch der Grund gewesen sein mag, so ist – mit Ausnahme einer einzigen Bemerkung bei Thukidides – dieses Fehlen einer Schrift bis in jüngste Zeit kaum bemerkt worden. In der Atlantiserzählung, wie sie Solon von den Priestern von Saïs berichtet und für die Nachwelt durch die Schriften Platons überliefert wurde, wird es unmißverständlich klar, daß die Ägypter über diese Periode des Analphabetentums in Griechenland Bescheid wußten. Denn Platon läßt die Priester sagen (Platon, ›Timaios‹, 3. Kapitel):

»Was sich aber, sei es bei euch oder hier oder in anderen Gegenden, von denen uns Kunde ward, Schönes und Großes oder in anderer Beziehung Merkwürdiges begab, das alles ist von alten Zeiten her in unseren Tempeln aufgezeichnet und aufbewahrt. Bei euch und anderen Völkern dagegen war man jedesmal eben erst mit der Schrift und allem anderen, dessen Staaten bedürfen, versehen, als nach Ablauf der gewöhnlichen Frist wie eine Seuche eine Flut vom Himmel hereinbrach und von euch nur die der Schrift Unkundigen und Unwissenden zurückließ. So kehrtet ihr von Anbeginn wiederum gewissermaßen zum Jugendalter zurück, ohne von dem etwas zu wissen, was sich in alten Zeiten hier oder bei euch begeben hatte... Viele Menschengeschlechter hindurch ermangelten die am Leben Erhaltenen der Ausdrucksform der Schrift.«

Die Tatsache, daß es auf griechischem Boden eine Schrift vor jener Dunkelzeit gegeben hatte, wurde erst am Ende des 19. Jahrhunderts durch die Ausgrabungen Evans' in Knossos entdeckt. Aber Platon berichtet uns ja, daß die Ägypter davon wußten, und ferner, daß Solon überrascht war, diese Kunde zu hören. Auch hier, so meine ich, ist ein weiteres Glied in der Kette überzeugender Beweise zu finden, daß Platon die Geschichte von Atlantis nicht erfunden hat; es bestand tatsächlich eine Überlieferung durch Solon und andere, und zwar aus ägyptischen Quellen. Platon hat auch wiederholt ihre Wahrhaftigkeit betont.

Galanopoulos machte uns darauf aufmerksam, daß hier eine Inschrift mit dem Namen »EUMELOS« gefunden wurde. Und Eumelos war der Bruder des ersten Königs von Atlantis, Atlas. Dieser König Eumelos hatte, wie Galanopoulos feststellte, die den Säulen des Herakles nächstgelegene Insel als Lehen erhalten. Nimmt man also an, daß als Säulen des Herakles nicht die Meerenge von Gibraltar, sondern die westliche Einfahrt in die Ägäis bezeichnet wurde, so müßte das Reich des Eumelos die Kykladeninsel Melos sein.

Vom Gipfel des Messa Vouno blickten wir hinab auf die große Ebene von Perissa mit ihrem Strand und der Stadt im Süden. Wir sahen nun unser Boot, das nahe am Strand vor Anker lag, unmittelbar unter uns. Edgerton und die anderen würden es dort über Nacht lassen und am nächsten Morgen für die Untersuchung der östlichen Küste bereit sein.

Wir sahen aber nicht nur den Strand, sondern im seichten, grünen Wasser den Meeresgrund selbst. Der britische Marineleutnant Leychester, der 1848 eine Seekarte angefertigt und einen bis in Einzelheiten gehenden Bericht über ›Santorin oder Thera‹ verfaßt hat, hatte vor Kamari in einer Wassertiefe, die zwischen 10 und 30 Meter wechselte, Ruinen gesehen. Auch wir konnten auf dem Meeresgrund in eben jenem Gebiet, von dem Leychester berichtet hatte, dunkle Flecken erkennen. Waren es Ruinen von Atlantis? Stammten sie von einer späteren Siedlung, oder waren es natürliche Felsformationen? Ich war entschlossen, diese dunklen Flecken genau zu untersuchen.

Leychester schreibt in seinem Seetagebuch, daß um 1650 vor

der Ostküste von Thera, etwa 5 Kilometer von Kap Kolombo entfernt, ein neuer Vulkankegel aus dem Meer emporgestiegen sei. Dieser Vorgang war von einem französischen Jesuitenmissionar, Père Richard, beobachtet worden; den Bericht hatte Abbé Pègues niedergeschrieben. Die Entstehung dieses Vulkans und sein Ausbruch bedeuteten für Thera und die umliegenden Inseln eine Katastrophe. Am 29. September 1650 erschütterten schwere Erdbeben die Ägäis. Pègues hat uns einen der lebendigsten modernen Augenzeugenberichte hinterlassen, wie sich die Menschen auf Thera angesichts dieser katastrophalen, aber im Umfang noch verhältnismäßig bescheidenen Vulkanexplosion verhielten und was dort geschah:

»Das Meer überflutete die benachbarte Landschaft und die Häuser. Das grasende Vieh wurde weggeschwemmt und für immer vom Meer verschlungen. Bei dieser Gelegenheit versanken 500 Arpents (Acres) Land an der Ostküste, viele Feigen- und Olivenbäume wurden entwurzelt, und fünf Kirchen stürzten ein. Die alten Städte bei Kamari und Perissa kamen gleichzeitig wieder zum Vorschein; sie waren wahrscheinlich durch ein früheres Erdbeben verschüttet worden.

Die Straße, die damals rund um das Kap Messa Vouno führte, versank in den Wellen. Bei der Insel Neo (heute Ios genannt) in einer Entfernung von 12 Meilen erhob sich die See bis zu 60 Fuß (20 Meter), zerstörte Bäume und Büsche und hinterließ gewaltige Bimssteinhaufen. Bei Zea (die Insel heißt heute Sia oder auch Kea und ist etwa 150 Kilometer entfernt) stieg das Meer ebenso an, und der Wellengang war so stürmisch, daß sich ein türkisches Kriegsschiff vom Anker losriß und auf Strand gesetzt wurde.

Die Erdbeben, die sich mit so furchtbarer Gewalt fühlbar gemacht hatten, wirkten sich schrecklich aus. Père Richard meint, daß Plinius zu Recht bemerkt, es gäbe keine andere Bauweise, die so gut Erdbeben überstehen könne, als jene der Gewölbe. Alle Häuser auf Thera aber besitzen Gewölbe und sind mit einem Mörtel von außerordentlicher Bindefähigkeit zusammengefügt. Jene, die ich gesehen habe, schwankten hin und her wie Schiffe im Sturm, die manchmal auch wieder in die Senkrechte zurückgelangen. Aber mehr als 200 wiesen zerstörte Dächer auf, und jeden Tag konnte man große Felsblöcke ins Meer rollen sehen. Am Montag, dem 30. September, und an den drei folgenden Tagen litten die Einwohner unter außerordentlichen Schmerzen in den Augen. Nur wenige entkamen diesem

Übel, und die meisten blieben für drei Tage blind. Manche erlagen den Schmerzen dieser Krankheit, andere wieder wurden von den pestilenzialen Dämpfen, die der Vulkan ausspie, erstickt. In jenen Teilen der Insel, die dem neuen Vulkan am nächsten lagen, belief sich die Zahl der getöteten Personen auf fünfzig, die der umgekommenen Tiere aller Art auf etwa tausend.«

Leychester beobachtete, daß die Insel, die sich vor dem Kap Kolumbo gebildet hatte, wiederum verschwunden war und eine Sandbank in 10 Faden Tiefe zurückgelassen hatte. Über Perissa schrieb er: »Die Zahl antiker Überreste bei Perissa läßt daran glauben, daß sich hier einst eine Stadt befand. Der Ort befindet sich nahe unterhalb von Messa Vouno, an dessen Fuß vor dem Ausbruch eine Straße entlang führte.

Dies bezeugen alle Leute, ob alt oder jung.«

Unser Boot fuhr nach diesem eher anstrengenden Tag nach Phira zurück, und die Mannschaft traf mit uns in Lorings Haus wieder zusammen. Edgerton hatte einen Dysenterieanfall und fühlte sich nach der fünfstündigen stürmischen Bootsfahrt recht unwohl. Als sie vor Perissa ankerten, hatten sich die Fischer am Strand geweigert, mit dem kleinen Boot zu ihnen hinauszurudern, um sie an Land zu bringen. Offenbar trug unser Boot – vielleicht weil es aus Therasia, 10 Kilometer jenseits der Bucht, stammte – das Stigma des Fremden. Nach einer halben Stunde heftiger und lautstarker Auseinandersetzung habe sich ein Mann erboten, für 50 Drachmen hinauszurudern. Loring meinte, 10 Drachmen wären ein gerechter Preis gewesen. Da sich der Fischer zu keiner Preisermäßigung bereden ließ, schwammen Loring und Hoskins an Land und bemächtigten sich einer Barke. Dabei aber zerbrachen sie ein Ruder und mußten schließlich doch die 50 Drachmen zahlen. Bevor sie landeten, unternahm die Gruppe jedoch zwei Kreuzfahrten, um die sogenannten alten Hafenmolen bei Kap Exomiti zu echoloten. Später fanden wir, daß es sich um eine natürliche Gesteinsformation handelte, die unter der geologischen Bezeichnung Strandgestein bekannt ist. Es wird hier am Rande des Strandes geformt, wo frisches Wasser über Kalkstein unter der Oberfläche ins Meer geflossen ist. Die Hauptbestandteile des Zements, Kalk und Ton (Silica), kommen hier gemeinsam vor. Ton ist auch der Hauptbestandteil der Lava und des Bimssteins. Bei richtiger Kombination der Materialien und bei geringem Regenfall verwandelt sich der Strand allmählich in geschichteten Beton. Diese Substanz ist im östlichen Mittelmeer häufig, bildet jedoch an verschiedenen Orten auch verschiedene Formationen. Die Ablagerungen auf Thera sind angesichts ihrer Größe, ihrer Form und ihrer vulkanischen Bestandteile besonders interessant. Bei Exomiti lagen zwei gigantische Unterwassermolen aus Strandgestein.

Leychester hat berichtet, daß im seichten Wasser zwischen den Molen Häuser gesehen worden seien; die Schornsteine könnte man bei ruhigem Wetter entdecken. Galanopoulos war darauf aus, zu beweisen, daß die Molen nur Naturprodukt seien, weil er meinte, sie seien für menschliche Zwecke falsch ausgerichtet: Die scheinbare Hafenöffnung zeige nach Westen, und dorther wehten ständig die Winde. Wir kamen letztlich zu dem Ergebnis, daß es sich bei diesen Molen um natürliche Bildungen handelte. Nichtsdestoweniger konnten sie in prähistorischer Zeit ihren Dienst getan haben, um so mehr, als angeblich versunkene Gebäudereste zwischen ihnen zu finden sein sollen. Die Entdeckung eines großen Einbruchskessels südlich von Akroteri zeigt auch, daß westlich früher Land vorhanden gewesen sein mag, das diese Molen vor Sturm schützte.

Am nächsten Tag war der Himmel bewölkt, und die Windgeschwindigkeit betrug nur 10 Knoten. Die Stelle, an der wir arbeiten wollten, lag vor der Ostküste im Windschatten der Insel. Hoskins und Lehman bestiegen das Boot bei Perissa und unternahmen vor der Küste, 3 bis 5 Kilometer südlich von Exomiti, längere Kreuzfahrten mit unseren Geräten. Unsere eigene Gruppe mit Galanopoulos und vier weiteren Mitarbeitern ging bei Kamari an Bord einer Barke. Zwischen den beiden Arbeitsgruppen bestand ständig Funkverbindung. Bei unseren Bemühungen, irgendwelche von Menschenhand geschaffene Gegenstände zu finden, die auf dem Meeresgrund zwischen den beiden Molen verborgen liegen mochten, brachten wir den kleinen Empfänger und den Schallprojektor – um bei der Auflösung von Details besser zu fahren – vom Boot in die Barke; den großen Empfänger und den Weitbereichsprojektor, die in tieferem Wasser operierten, ließen wir vom Boot aus arbeiten. Das Boot kreuzte den ganzen Tag vor der Küste und kehrte erst gegen fünf Uhr nachmittags nach Perissa zurück.

Hoskins berichtete, er habe eine etwa 2 bis 6 Meter dicke Schicht unter dem sandigen Meeresgrund gefunden. In der Nähe des Strandes bei Perissa wurde der Boden uneben. Ob es sich hier um versunkene Gebäude handelte oder einfach um zerbrochene und eingesunkene Brocken von Strandgestein, konnten wir ohne Ausgrabungen nicht entscheiden. Anderseits sprach

Leychesters Tagebuch von einer Stadt, die hier 1650 ans Tageslicht gekommen war.

Wir blieben mit der Barke jedenfalls in der Nähe der Molen und über den massiven Betonplatten, die so abrupt abgeschnitten schienen, als hätte sie ein urzeitlicher Riese geformt. Wir entnahmen dem Boden Gesteinsproben und machten Unterwasseraufnahmen. Das Ergebnis war eindeutig: hier handelte es sich um gewaltige Massen von Strandgestein, das möglicherweise durch den Wellenschlag, vielleicht auch durch die Unterspülung (eine Strömung zog hier mit einer Geschwindigkeit von mehr als einem Knoten nach Osten) zerbrochen war. Jede der beiden Molen war etwa 800 Meter lang, die Entfernung zwischen ihnen betrug gleichfalls etwa 800 Meter; dazwischen lag ein seichtes Hafenbecken. Auf dem Meeresgrund fanden wir feinen schwarzen und weißen Sand. Auch hier waren Ausgrabungen

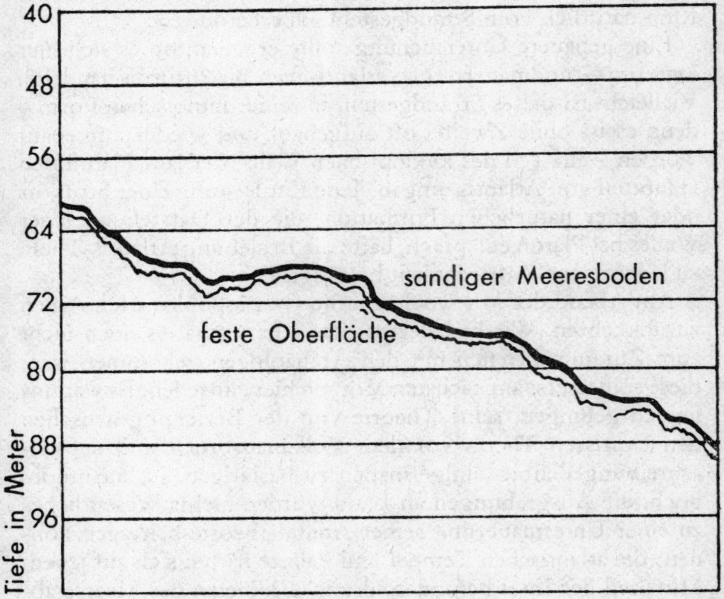

Echolotprofil nach Edgerton, aufgezeichnet südwestlich vor dem Kap Exomiti. Es zeigt eine unregelmäßige, abfallende feste Oberfläche, überlagert von etwa anderthalb Meter feinem schwarzem Sand.

notwendig, um entscheiden zu können, ob darunter atlantische Gebäude versunken waren.

Loring und ich schwammen bei Exomiti an Land, um den langen Streifen Strandgestein anzusehen, der die Ostküste entlang zirka 2 Kilometer in Richtung Perissa zu verlief. Vom Ufer aus reicht er etwa 100 Meter ins Meer. Das Wasser ist hier überall sehr seicht. Das Ganze wirkt etwa wie ein Barriereriff aus Korallen. Loring zeigte mir dort einen geheimnisvollen Steinring, den er bereits früher entdeckt hatte: In zwei Reihen waren Steine solcherart in den Strand eingesetzt, daß sie einen tadellosen Kreis mit einem Durchmesser von einem Meter bildeten. Es handelte sich eindeutig um ein Werk von Menschenhand. Die Steine, aus denen der Kreis gebildet wurde, schienen durch das Meer nicht abgeschliffen zu sein, wie es jene waren, die regellos am Strand verstreut lagen. Wir vermuteten, daß es sich um einen Teil eines alten Gebäudes handeln könnte. Da das Meer seit der Minoerzeit um drei Meter angestiegen ist, wurde der Ring natürlich vom Strandgestein »überbetoniert«.

Eine genauere Untersuchung sollte ergeben, ob es sich hier etwa um Grundmauern eines atlantischen Wachtturms handelte. Vielleicht ist dieses Strandgestein in seiner minoischen Form – denn es ist ohne Zweifel oft aufgebaut und wieder umgebaut worden – ein Teil des kyklopischen Walls, der laut Platon den Hauptteil von Atlantis umgab. Jede Entdeckung einer Struktur oder einer natürlichen Formation, die der Darstellung jenes Walles bei Platon entsprach, hätte die Beziehung Atlantis-Thera zu jedermanns Zufriedenheit bestätigt.

Am Abend des Mittwochs mußte Galanopoulos nach Athen zurückkehren. Wir bedauerten dies sehr, zumal es noch nicht zum Zusammentreffen mit den Archäologen gekommen war; diese sollten erst am nächsten Morgen hier eintreffen. Es war uns jedoch gelungen, seine Theorie von der Beziehung zwischen den Umrissen Theras vor dem Vulkanausbruch und der Beschreibung Platons einigermaßen zu bestätigen. Er meinte jedoch, die Ausgrabungen an Land würden nichts Wesentliches zu einer Untermauerung seiner Atlantistheorie beitragen können; die atlantischen Tempel und Paläste hätten sich auf jenem Mittelteil der Insel befunden, der in die Tiefen des Meeres abgestürzt und damit für immer verloren war.

Ich teilte diese Meinung nicht. Um zu beweisen, daß Thera ein kulturelles Zentrum und dicht bevölkert war, mußten wir keineswegs antike Funde aus jenem Teil der Insel herbeischaffen, der im Meer versunken war. Ich hoffte, dafür auf der Insel selbst genügend Beweise zu finden. War Thera wirklich die Metropolis von Atlantis, so konnten wir hoffen, auch in den Randgebieten genügend Hinweise zu finden.

Am Donnerstag kamen Bill und Jane Biers von der American School of Classical Studies auf Thera an und brachten ein Dokument des griechischen Archäologischen Amtes mit, das mir die Erlaubnis gab, auf der Insel zu arbeiten. Ich habe es pflichtgemäß aufgehoben, bin aber niemals danach gefragt worden. Die beiden Flitterwöchner waren um sechs Uhr früh angekommen und gleich mit Hoskins im Boot weggeschickt worden, um sich die Arbeit mit dem Echolot anzusehen und festzustellen, wieweit sie von archäologischem Nutzen sein mochte. Sie begannen mit der Arbeit vor der Südostküste, während Loring, Edgerton und ich in der Barke zu den Molen fuhren. Gegen Mittag wollten wir einander treffen; dann sollte das Ehepaar Biers in das kleinere Boot umsteigen, um mit uns zu tauchen und den Meeresgrund in Augenschein zu nehmen.

Bevor wir noch vom Strand von Perissa ablegen konnten, kam der griechische Geologe Vasos, der hier Ferien machte. Dieser freundliche Herr hatte von uns gehört und schloß sich der Gruppe für den Tag an. Der kleinere Empfänger war auf dem Deck der Barke montiert; Vasos beobachtete aufmerksam unsere Tätigkeit. Wir kreuzten zweimal zwischen den Molen und stellten wieder, 2 bis 3 Meter unter dem Sand des Meeresbodens, Unebenheiten fest. Das ließ auf versunkene Gebäude schließen. Wir bemühten uns intensiv, über der entsprechenden Stelle irgendwelche antiken Überreste zu entdecken.

Nach diesem Ausflug besichtigte ich die Ebene von Perissa, wo Père Richard die verschütteten Ruinen gesehen hatte, als sie beim Erdbeben von 1650 wieder ans Tageslicht kamen. Diese große Ebene liegt nicht mehr als 2 bis 10 Meter über dem Meeresspiegel. Merkwürdigerweise fehlt hier die dicke Aschenschicht, die sonst überall die Insel bedeckt. Mag sein, daß an dieser Stelle vor 1500 v. Chr. eine Bucht gewesen ist. Ich nahm mir vor, bei der nächsten Expedition eine seismische Untersuchung dieser Ebene vorzunehmen.

Am Ende des arbeitsreichen Tages wies ich die Mannschaften beider Boote an, am Freitag um sieben Uhr früh in Phira zu sein. Sodann fuhren wir nach Exomiti, um uns dort nach den minoischen Funden umzusehen, die – wie das Ehepaar Biers berichtete – von Professor Marinatos gemacht worden waren. Wir erkletterten den Westhang des Berges Platinamos: ein Hügel aus zerbröckeltem Kalkgestein, knapp 200 Meter hoch, der durch Erdbeben kräftig aufgespalten ist. Das erste Anzeichen antiker Ruinen war ein Kalksteinblock mit eingehauenen Stufen, der aber nicht datierbar und in eine neuzeitliche Mauer eingebaut war.

Am Freitag bestiegen wir die Barke, um den Hafen von Balos nahe von Akroteri zu erreichen. Dort kletterten wir die ungefähr 100 Meter hohe Steilklippe zum Dorf empor. Obgleich Fouqué hier überall Ruinen gesehen hatte, fanden wir nichts. Die Gegend ist sehr zerklüftet und von der Erosion stark heimgesucht. Die minoische Schicht ist nicht sichtbar, die Hinweise Fouqués bleiben dunkel. Und selbst als der allwissende Dr. Marinatos mit seiner Gruppe im Jahre 1967 hier sechs Wochen verbracht hatte, blieben diese Überreste trotz eifrigen Ausgrabens verborgen.

Am Nachmittag fuhren wir mit der Barke zum Hafen von Therasia und untersuchten einen venezianischen Steinbruch am Rande des Meeres. Dann kreuzten wir nach Norden, vorbei an Akro Tina, bis zu einem Strand, den außer uns kaum jemand besuchte. Vor allem um das Ehepaar Biers ins Bild zu setzen, kehrten wir zu Stellen zurück, die wir alle schon kannten. Bei unserer Rückkehr zur Kapelle der heiligen Irene bemerkten die Biers Überreste einer versunkenen Ortschaft, wahrscheinlich eine von jenen, die der Historiker Ptolemäus erwähnt hat. Viele umherliegende Topfscherben ließen eine Datierung zu: das 5. Jahrhundert v. Chr. Tief eingeschnittene Erosionsläufe brachten Hinweise auf zementierte Steinzisternen und das Wasserversorgungssystem. Dann kehrten wir zum Klippenabsturz zurück, um dort die minoische Schicht zu erforschen, die Loring und ich schon untersucht hatten: Direkt oberhalb der braunroten Erdschicht trat aus der weißen Asche eine Mauer aus schwarzen, unbehauenen Lavasteinen hervor. Sie war ohne Zweifel minoischer Herkunft. Es konnte sich dabei um einen Gebäuderest aus der Umgebung der atlantischen Metropolis handeln. Wir erkannten nun, daß es für uns nicht notwendig sein würde, dort weiterzuarbeiten, wo Fouqué schon ausgegraben hatte.

Am Samstag stellten wir Untersuchungen an Land an. Hoskins, Edgerton und Lehman nahmen den Bimssteinbruch südlich von Phira in Augenschein, während Loring, das Ehepaar Biers und ich im Auto nach Akroteri fuhren, um die Erosionseinschnitte nach jenen minoischen Gebäuden abzusuchen, die

Fouqué und Zahn ausgegraben hatten. Davidson und Yorke waren schon nach England abgereist.

Um uns entsprechend vorzubereiten, besuchten wir zuvor das Museum von Thera. Es ist neu und gut angelegt, hat aber unglücklicherweise keinen Kurator. Viele gute Fundgegenstände sind daher entweder planlos ausgestellt oder aber im Keller verstaut. Und doch gibt es dort eine Menge interessanter Beispiele minoischer Keramik, und zwar von jenem Typ, den wir zu finden hofften. Zu unserer freudigen Überraschung trafen wir Dr. Zaphiropoulos, den »Ephor der Kykladen« (was soviel heißt wie »Chefkustos«). Es war erstaunlich, daß dieser einflußreiche griechische Regierungsarchäologe, dem die gesamte archäologische Forschung auf den Kykladen unterstand und der aller Wahrscheinlichkeit nach unsere Arbeitsbewilligung bestätigt haben mußte, uns von seiner Anwesenheit nicht früher verständigt hatte. Er war ein stiller, eher verschlossener Mann. Wir erhielten von ihm die nur selten gewährte Erlaubnis, im Museum zu photographieren. Nach diesem kurzen Zusammentreffen interessierte er sich nicht weiter für unsere Arbeit und

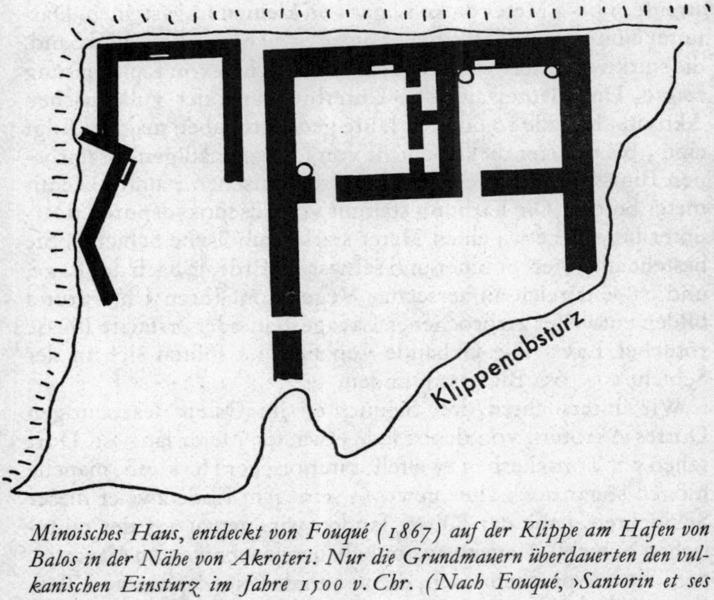

Minoisches Haus, entdeckt von Fouqué (1867) auf der Klippe am Hafen von Balos in der Nähe von Akroteri. Nur die Grundmauern überdauerten den vulkanischen Einsturz im Jahre 1500 v. Chr. (Nach Fouqué, ›Santorin et ses Eruptions‹, Paris 1879.)

verschwand wieder. Ich glaube, er dachte sich, wir seien ein Haufen von Narren.

Die meisten antiken Funde auf Thera waren bei den Ausgrabungen durch Fouqué (1867) und Zahn (1900) in der Nähe des Ortes Akroteri gemacht worden. Dort ist die vulkanische Aschenschicht merklich dünner als irgendwo sonst auf der Insel. Daraus läßt sich schließen, daß die Eruptionszentren eher im Norden lagen und daß der Süden auf irgendeine Weise geschützter war. Die Winterregen hatten tiefe Rinnen in die Weinberge geschnitten, und an den Wänden dieser Rinnen, die bis zu 25 Meter tief waren, zeigten sich deutlich Schichten von Asche und Bimsstein. Mitunter konnte man auch minoische Erdschichten und erstarrte Lava erkennen.

Wir fuhren daher nach Akroteri und marschierten von der Ortschaft aus über die Felder bis hinunter zu den Schluchten. Auf der Talsohle der östlichsten dieser Schluchten, die etwa 15 Meter tief war, konnte man an den Schichten alle Phasen des Ausbruchs von 1500 v. Chr. ablesen. Die obersten 10 Meter bildete eine Decke von sehr feiner, fast staubförmiger, gleichmäßig weißer Vulkanasche. Darin eingeschlossen waren verstreute, 1 bis 2 Meter dicke Lager von kleinen Lavasteinen. Darunter eine 2,5 bis 5 Zentimeter dicke Schicht aus Erde und Sand, die stark verwittert war und keinerlei Zeichen von Kultivierung zeigte. Dies deutet auf eine Unterbrechung der vulkanischen Aktivität hin, die 20 oder 30 Jahre gedauert haben mag. Es folgt eine 3 bis 5 Meter dicke Schicht von unregelmäßigen rosafarbenen Bimssteinen, deren Durchmesser zwischen 2 und 5 Zentimeter betrug. Die Färbung stammt von Eisenoxydspuren. Darunter liegt die etwa einen Meter starke minoische Schichte. Sie besteht aus roter, brauner und schwarzer Erde, je nach der Lage, und ist sehr reich an zersetzter Vegetation. Ihren Untergrund bilden entweder zerbrochenes Lavagestein oder erstarrte Flüsse rötlicher Lava. Die Gebäude von Fouqué sollten sich in der Schicht aus rosa Bimsstein finden.

Wir untersuchten drei Schluchten im Osten des heutigen Dorfes Akroteri, von denen jede etwa 800 Meter lang ist. Dort sahen wir Tonscherben zweifellos minoischer Herkunft, manche mögen sogar noch älter gewesen sein. Am Ende zweier dieser Schluchten, nahe der Küste, fanden wir, genau auf der minoischen Schicht, Mauern aus unbehauenen, schwarzen Lavasteinen. Sie entsprachen jenen, die wir an der Nordspitze von Therasia entdeckt hatten, also genau gegenüber. Zweifellos handelte

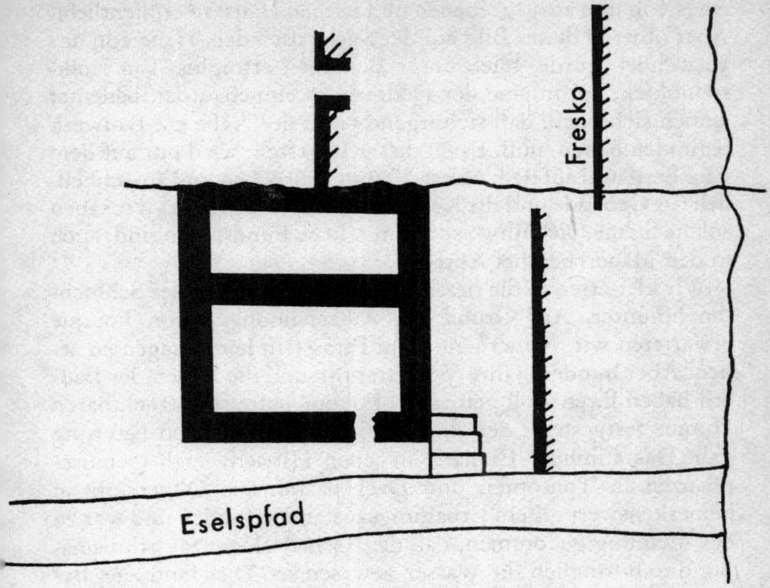

Minoisches »Haus mit dem Blumenfresko«, entdeckt von Fouqué im Jahre 1867 in einer Schlucht bei Akroteri. (Nach Fouqué, ›Santorin et ses Eruptions‹, Paris 1879.)

es sich um minoische Bauten, vielleicht sogar um Gebäude, die zum äußeren Kreis der atlantischen Besiedlung gehörten. Wir sahen ausgehöhlte Lavasteine, die heute als Viehtränken und in der Nähe moderner Brunnen aufgestellt sind. Ich hielt sie für minoische Mörser, eine Meinung, für die wir später sehr viele Beweise fanden. Im Jahre 1967 wurden in dieser Gegend Steinbehälter ausgegraben, die genauso aussahen wie unsere; die Archäologen konnten eindeutig feststellen, daß es sich um Mörser aus der Zeit um 1500 v. Chr. handelte.

In diesen Schluchten werden viele Feldmauern gebaut und wieder umgebaut, um die fruchtbare Aschenerde an Ort und Stelle zu erhalten. Alles lose Gestein findet früher oder später seinen Weg zu diesen Mauern, so daß irgendwelche freiliegenden Ruinen nicht sehr lange stehen bleiben. Veränderungen der Landschaft seit der Zeit Fouqués und Zahns machten die Suche schwierig. So hatte Robert Zahn im Jahre 1900 die Photographie eines von ihm ausgegrabenen minoischen Hauses veröffentlicht. Aber obwohl dieses Bild auf der Suche nach dem Haus von uns verwendet wurde, blieb unser Bemühen erfolglos. Ein Kalksteinblock, der in eine der Feldmauern eingebaut ist, bedeutet jedoch sicherlich, daß sich irgendwo in der Nähe ein Bauwerk befunden haben muß. Denn dieser Kalkstein wird nur auf dem Eliasberg und auf dem Messa Vouno gebrochen und ausschließlich für Gebäude und die Kalkherstellung verwendet. Wir sahen solche Steine, die Hinweise auf mögliche Fundstellen sind, auch in den Mäuerchen bei Akroteri.

Wir kletterten in die tiefen, engen Täler jeder dieser Schluchten hinunter. Auf Grund der Aufzeichnungen von Fouqué erwarteten wir, Mauern aus dem Bimsstein hervorragen zu sehen. Aber hundert Jahre Verwitterung und die Arbeit der Bauern haben ihren Zoll gefordert. Fouqué hatte sehr fruchtbaren Humus festgestellt, der einer reichlichen Vegetation Nahrung gab. Das stimmte. Er hatte in jenen Häusern auch Gemüsepflanzen in Tontöpfen und Dachsparren aus Olivenholz in bemerkenswert gutem Erhaltungszustand gefunden und war zu der Meinung gekommen, daß die Aschenschicht verhältnismäßig durchdringlich für Wasser gewesen sei. Dies fand eine Bestätigung durch den Umstand, daß die Inselbewohner ihre Zisternen in die Asche bauten. Ich hoffte, daß es uns gelingen würde, hier ein prähistorisches Pompeji zu finden: Eine Stadt, konserviert unter einer wasserabweisenden Aschenschicht, mußte eine Unzahl von Gegenständen unversehrt aufweisen, die an anderen minoischen Fundstellen zugrunde gegangen waren. Vielleicht gelang es uns sogar, Täfelchen mit Inschriften in der Linear A zu finden. Auf Kreta waren nur jene Täfelchen der Zerstörung durch die Zeit entgangen, die bei einer der großen Feuersbrünste zufällig hartgebrannt worden waren. Unter der Asche von Thera aber konnten sich sogar ungebrannte Tafeln unbeschädigt finden und – kühnste aller Hoffnungen– sogar schriftliche historische Berichte der Atlanter.

Heute gilt die vulkanische Asche, die Thera bedeckt, als fruchtbar, aber nur weil es sich eben um eine ägäische Insel handelt. Die Asche ist keineswegs so fruchtbar, wie es die aus zersetzter Lava bestehende Erde der minoischen Zeit gewesen war. Denn obgleich die an der Oberfläche liegende Asche reich an Nährstoffen für Pflanzen ist, ist sie doch von sehr lockerer Konsistenz und gibt daher nur sehr kleinwüchsigen Pflanzen Halt. Die wohlbekannten ägäischen Stürme, die auf Thera stärker auftreten als irgendwo sonst, fegen das ganze Jahr über die Insel, blasen die lose Asche umher und entwurzeln die Gewächse. Dennoch ist die Insel heute weithin mit Weinstöcken bepflanzt, die Weinproduktion ist auch der hauptsächlichste Erwerbszweig.

Die Erkenntnis, daß es hier bei Akroteri eines größeren Aufwandes an Zeit und Versuchsgrabungen bedürfen werde, um weitere Entdeckungen zu machen, bestärkte uns in dem Entschluß, Wege und Mittel zu finden, um umfassende Ausgrabungsarbeiten in Gang zu bringen. Die zufälligen Funde Fouqués zeigten, daß hier viele Gebäude vorhanden gewesen sein mußten. Was er gefunden hatte, war im Stil viel zu elegant, um von einer einfachen bäuerlichen Siedlung zu stammen. Hinter allen diesen Überlegungen archäologischer Art stand mein fester Glaube, daß Platons Beschreibung von Atlantis zutreffend war. Er schilderte die Metropolis von Atlantis als dicht besiedelt, und das ganz besonders entlang des äußeren Randes der kreisförmigen Insel. Akroteri war genau der Ort, wo man graben mußte, um Behausungen der Atlanter zu finden.

Wir kehrten am Ende des Tages zu Lorings Haus zurück und erfuhren, was Hoskins, Edgerton und Lehman im Bimssteinbruch entdeckt hatten. Offenbar hatten sie überall, wohin sie auch blickten, minoische Überreste gesehen. Ihre Gruppe war mehrmals, geblendet von der im Wind wirbelnden Asche, die steile Zufahrtsstraße hinuntergestiegen, wo die scharfe Trennungslinie zwischen dem rosa Bimsstein und der rotbraunen minoischen Erdschicht nicht nur deutlich hervortritt, sondern auch auf einer fast einen Kilometer langen Strecke an verschiedenen Stellen erreichbar ist. Hier war die Erde besonders reich an organischen Überresten aller Art und hatte eine sandige Konsistenz. Edgerton und Hoskins schlossen daraus, daß dort in minoischer Zeit entweder ein See oder ein Sumpf gewesen sein mußte. Platon hatte geschrieben: »Futter für alle Arten von Tieren, sowohl für jene, die in Seen und Sümpfen leben...« Auf den ägäischen Inseln kennt man nur auf Kreta Seen; hier aber hatten wir nun Beweise für die Existenz eines solchen auf Thera. Das war eine wichtige Unterstützung für die Glaubwürdigkeit Platons. Offensichtlich hat es auf der Insel in prähistorischer Zeit weit mehr Feuchtigkeit und Wasser gegeben als heute.

An einer Stelle machte Dr. Edgerton einen unerwarteten Fund, der nicht direkt mit unserer Suche nach Atlantis zusammenhing: er fand einen glasierten braunen Tonscherben, der

75 Zentimeter tief in der minoischen Erdschicht lag und aus der frühen Bronzezeit um 2500 v. Chr. stammte. Das war unseres Wissens der erste sichere Hinweis auf eine vorminoische Kultur auf der Insel. Allerdings sind bereits einige sogenannte Kykladenidole aus derselben Zeit Thera zugeschrieben worden. Es ist auch zu erwarten, daß hier eine vorminoische Kultur bestanden hatte, denn man meint, daß jenes Volk, das unter dem Namen der Minoer bekannt ist und das für mich als Atlanter interessant ist, etwa um das Jahr 2000 v. Chr. in die Ägäis gekommen ist, wahrscheinlich aus Kleinasien, und die Ureinwohner, deren Herkunft unbekannt ist, verdrängt oder sich mit ihnen vermischt hat.

Edgertons Gruppe hatte sowohl geologische Proben als auch Proben von Holzresten entnommen, die mehr als 3500 Jahre unter der dicken Aschenschicht gelegen waren. Diese Reste sollten einem recht kostspieligen Verfahren, einer Untersuchung nach der Carbon-14-Methode (C_{14}) unterzogen werden.

An jenem Samstagabend war für mich der Augenblick für ernste Überlegungen gekommen. Wir hatten auf einer Reihe von Plätzen eindeutige Hinweise auf die minoische Kultur gefunden. Aber überall waren archäologische Ausgrabungen notwendig. Unsere oberflächlichen Beobachtungen des Meeresbodens im Kessel von Thera und an den äußeren Küsten hatten nur dazu beigetragen, uns Appetit auf Tauchversuche mit Atmungsgeräten zu machen. Ich war überzeugt, daß die Insel im Altertum eine weit größere Bevölkerung besessen hatte, als man bisher vermutete. Die Aspekte unserer Untersuchungen zu Land wie zu Wasser waren wertvoll als Richtungweiser für künftige Forschungen. Um unserer Echolotung echten Sinn zu geben, waren Ausgrabungen unter Wasser notwendig, zumindest aber eine Untersuchung durch Taucher. Hartley Hoskins fühlte sich verpflichtet, in unserem Boot so viele Seemeilen als irgend möglich zurückzulegen, da wir ja nun einmal die ganze Ausrüstung hierhergebracht und damit Harold Edgerton beträchtliche Kosten verursacht hatten. Ich wiederum war der Meinung, daß eine umfassende Bestandsaufnahme zu Lande mit dem Blick auf künftige Ausgrabungen notwendig sei. Dabei lief uns die Zeit davon. Wir alle hatten Aufgaben und Verpflichtungen zu Hause und mußten mit dem am Mittwoch kommenden Schiff nach Athen abreisen.

Von Anfang an war die Mythologie für mich eine Quelle der Inspiration gewesen. Nun wandte ich mich ihr wieder zu, denn auch Galanopoulos hatte seit jeher darauf hingewiesen, daß die Atlantislegende nur eine aus einer ganzen Gruppe verwandter Mythen war. Zu diesen gehörte seiner Meinung nach die Sage von Phaëton, dem Sohn des Sonnengottes Helios. Von allen Mythen des antiken Griechenland scheint jene von Phaëton eine der merkwürdigsten, unerklärlichsten und einzigartigsten zu sein: Phaëton, durch einen Sohn des Zeus in seinem Stolz gekränkt, bittet seinen Vater Helios, ihm einen Wunsch zu erfüllen. Helios schwört beim Styx – ein Eid, der Götter unverbrüchlich bindet –, dies zu tun. Nun aber verlangt Phaëton, der Vater möge ihm einen Tag lang den Sonnenwagen anvertrauen. Der Vater muß diesen Wunsch erfüllen. Am Morgen besteigt Phaëton den Wagen, doch die Rosse fühlen bald, daß nicht der gewohnte Lenker die Zügel führt; auch das Gewicht ist nicht dasselbe wie sonst. Sie brechen aus, und der Sonnenwagen rast in wilder Zickzackbahn über den Himmel. Zuerst versengt die Sonne mit ihrer Hitze die Sternbilder des Großen ud des Kleinen Bären, dann rast der Wagen hoch empor in den Himmel, und auf der Erde verbreitet sich lähmende Kälte. Nun stürzt die Sonne wieder zur Erde herab, und furchtbare Hitze versengt alles. Die Luft wird glühend, Rauch hüllt alles in Finsternis. Libyen (Afrika) wird zur Wüste, die Erde bricht auseinander, und Lichtstrahlen dringen bis in den Tartarus. Die Wasser kochen, das Meer verdampft, der Meeresboden wird zu trockenem Land, Berggipfel, die unter Wasser lagen, steigen empor und werden zu Inseln. Auch die Wolken verdampfen, die Berggipfel stehen in Flammen, die Felder werden durch die Hitze versengt, die Bäume verwelken. Große Städte werden zerstört, Mauern stürzen ein, ganze Völker verbrennen zu Asche. Athos und Taurus, Molus und Ite, selbst der Berg Ida, einst berühmt für seine Quellen, verbrennen zu nacktem Fels. Nicht anders geht es dem Helikon, dem Hämus und dem Ätna. Feuer bricht aus ihnen, während die Glut der Sonne sie außen verzehrt. Endlich schleudert Zeus, um der Zerstörung ein Ende zu machen, einen Blitz auf den Wagenlenker. Phaëton stürzt in den Fluß Eridanos, den Po.

Ich hielt ursprünglich diese Mythe einer Katastrophe, die die ganze antike Welt betroffen haben sollte, für ein Produkt rhapsodischer Phantasie. Im Wissen um die gewaltigen Ausmaße der Eruption von Thera im Jahre 1500 v. Chr. jedoch erhält der Phaëton-Mythos eine erstaunliche Wahrscheinlichkeit, besonders wenn man die ungezügelte Freude der Sagen- und Märchenerzähler der Antike an Übertreibung und Ausschmückung hinzurechnet. Der Ausbruch von Thera mochte sehr wohl wie ein Weltuntergang auf die Augenzeugen gewirkt haben. Welch unbeschreibliche Naturereignisse schon ein weit kleinerer Vulkanausbruch hervorrufen kann, hat in jüngster Zeit das Entstehen des Vulkans von Surtsey vor der Küste Islands gezeigt. Der Ausbruch hat riesige elektrische Entladungen in der Atmosphäre verursacht; photographische Aufnahmen zeigen gewaltige Blitze, die wie die Zweige eines gigantischen Baumes den ganzen Himmel überzogen und minutenlang andauerten. Merkwürdig ist, daß im Mythos von Helios berichtet wird, dem Sonnengott seien alle neu entstandenen Inseln heilig gewesen. Besonders aber eine Insel, von der Helios selbst sagt, sie liege südlich von Kleinasien, und er habe ihr Entstehen bemerkt. Diese Insel ist später mit Rhodos identifiziert worden, von dem es hieß, es sei nach einer gewaltigen Überschwemmungskatastrophe aus den Fluten emporgewachsen.

Im übrigen wird der Mythos von Phaëton ebenso wie der Atlantismythos von Platon im ›Timaios‹ überliefert. Auch diese Sage erzählt ein ägyptischer Priester dem Solon, und zwar als Legende, die nur noch in Ägypten bekannt, aber griechischen Ursprungs sei. Ägypten, so heißt es dort, sei von derart großen durch Feuer und Wasser hervorgerufenen Katastrophen nie ernsthaft betroffen gewesen. Eigenartig ist, daß diese beiden Mythen im Zusammenhang mit jenem von Atlantis aufscheinen. Was war die Katastrophe von Thera anderes als eine Zerstörung der bestehenden Kulturen durch Feuer und Wasser? Bei Platon sagt der ägyptische Priester zu Solon, die Griechen seien wie die Kinder; sie hätten all diese Katastrophen vergessen oder die Erinnerung an sie in Mythologie verwandelt. Die Verwandtschaft all dieser Mythen ist auffällig, ihre Verbindung mit der Erzählung des ägyptischen Priesters nicht minder. Für mich ein Grund mehr, daran zu glauben, daß hier Beschreibungen ein und desselben Ereignisses vorliegen.

Edgerton und Hoskins regten an, wir sollten den nächsten Tag dazu benutzen, eine Karte des Meeresbodens des Kessels und der Küstengewässer anzufertigen, selbst wenn es uns nicht gelingen sollte, mit unseren Geräten im tiefen Wasser die Formationen unter dem Meeresboden auszumachen. Diese Karte würde vor allem für künftige Unterwasserforschungen wertvolle Voraussetzungen schaffen. Am nächsten Tag bildeten wir zwei Gruppen. Hoskins und ich fuhren mit dem Boot aus, um zunächst einmal eine Karte der Südhälfte des Einbruchskessels zu zeichnen. Die übrigen Mitglieder unserer Expedition arbeiteten unterdessen im Steinbruch. Im Süden der Zentralbucht von Thera findet sich in etwa 300 Meter Tiefe eine Ebene, die gegen den neuen zentralen Vulkan plötzlich steil ansteigt; zu den alten Einbruchsrändern steigt sie dagegen nur allmählich an. Dort haben sich Geröll, Trümmer und Schutt, teils aus der Zeit des Einsturzes, teils als Folge der Eruption, angesammelt. Ich hoffte, daß sich auf diesem Unterwasserhang noch erkennbare minoische Überreste befinden mochten. Wir versuchten, vom Meeresgrund eine Probe heraufzuholen, aber die sorgfältig zusammengestellte 300 Meter lange Leine erwies sich als zu kurz.

Wir hatten keine entsprechenden Instrumente nach Thera mitgenommen, mit denen wir genaue navigatorische Bestimmungen vornehmen hätten können. Keiner von uns hatte erwartet, daß wir kartographische Arbeiten vornehmen würden. Unsere Ausrüstung war dazu bestimmt, die Formationen unterhalb des Meeresbodens zu erforschen, doch konnte man sie auch verwenden, um von der Oberfläche des Meeresgrundes eine Karte anzufertigen. Dabei war besondere Genauigkeit wichtig, weil bestimmte Formationen unter Wasser genau angegeben werden mußten, und zwar unter Bezugnahme auf Punkte an der Oberfläche. Wir versuchten, unsere eigene Position auf See dadurch festzustellen, daß wir einen Kompaß an Bord des Bootes und bestimmte Landmarken der Insel benützten. Aber das Schwanken des Bootes und die verhältnismäßig großen Entfernungen erwiesen sich als ungünstig. Immerhin konnten wir Einzelheiten der Gestalt des Meeresgrundes feststellen, die auch auf den neuesten Seekarten nicht eingezeichnet waren. Später stellte sich heraus, daß sie jenen entsprachen, die die höchst empfindlichen Instrumente der »Chain« verzeichnet hatten.

Auf der Seekarte der amerikanischen Marine war im Süden der Küste ein steiler Abfall des Meeresbodens eingezeichnet. Für diesen interessierten wir uns besonders, insonderheit es sich hier doch um einen vulkanischen Einsturzkessel handeln konnte. Wir wußten, daß an der Südküste bei Akroteri, also am äußeren Rand der Insel, Land versunken war, kannten aber die Ausmaße nicht. Die »Chain« hatte bei ihrer Umfahrung der Insel tatsächlich einen großen vulkanischen Einsturzkessel und, in dessen Mitte, südöstlich der Küste, einen gewaltigen Vulkankamin festgestellt. Damals wußten wir aber von den Untersuchungsergebnissen der »Chain« noch nichts.

Am Montag fuhr Edgerton selbst mit dem Boot nach Süden, am Dienstag unternahm er mit Hoskins zusammen eine ähnliche Kreuzfahrt und suchte nach diesem Absturz. Als sie Kap Akroteri umschifften, verloren wir in Phira den Radiokontakt mit ihnen, wir sahen sie nur kretawärts fahren. Zu diesem Zeitpunkt befanden sie sich 5 Kilometer von der Küste entfernt. Wir überlegten, ob sie sich etwa entschlossen hätten, den Fluchtweg der alten Bewohner Theras zu verfolgen, die ihre Insel verlassen hatten, als die Erdbeben und vulkanischen Erscheinungen begannen. Aber das Boot kam bald wieder zurück. Die beiden Mitarbeiter berichteten uns, sie hätten einen fast senkrechten, mehr als 200 Meter hohen »Wall« unter Wasser gefunden. Eine solche Auffaltung konnte fast nichts anderes sein als der Rand eines vulkanischen Einbruchkessels und damit ein weiteres Zeugnis für das gewaltige Ausmaß der Katastrophe von Thera. Um aber diese Frage eindeutig zu beantworten, bedurfte es der magnetischen Geräte der »Chain«. Das Schiff hatte übrigens beim Kreuzen nördlich von Nea Kaimeni innerhalb des Kessels zwei weitere Vulkankegel gefunden. Beide wurden auch von Edgerton und Hoskins festgestellt. Sie fanden dort aber noch einen dritten Kegel, nördlich von Nea Kaimeni.

Damit war unsere erste Expedition nach Thera zu Ende. Alles in allem hatte ich den Eindruck, daß wir in diesen beiden Wochen genügend Beweise gesammelt hatten, um – zusammen mit früheren Beobachtungen – zu erhärten, daß Thera in minoischer Zeit dicht besiedelt gewesen war. Diese Zeugnisse bestanden aus kleinen, aber eindrucksvollen Funden, Topfscherben, Mauerresten, den geheimnisvollen »Windmühlen« und ähnlichen Dingen, manche davon an Land, manche unter Wasser. Unsere Lokalisierung geeigneter Stellen für Ausgrabungen hatte die Voraussetzungen nicht nur für diese Expedition, sondern für viele weitere geschaffen. Thera würde nun nicht mehr länger vernachlässigt bleiben. Wir hatten die Insel in das Rampenlicht der Archäologie gebracht.

Während eines sommerlichen Gewitters reisten wir am 7. September nach Athen ab. Loring begleitete uns und leistete uns dabei unschätzbare Hilfe, die Fülle unserer Ausrüstung an Bord des Schiffes zu bringen. Es vergingen einige aufregende Stunden, bis alles sicher unter Deck verstaut war. Inmitten strömenden Regens kamen wir um fünf Uhr im Piräus an. Wir luden unsere Kisten, Koffer, Reisetaschen und uns selbst am Pier aus, wo wir eine Art regendurchnäßtes Lager aufschlugen. Schließ-

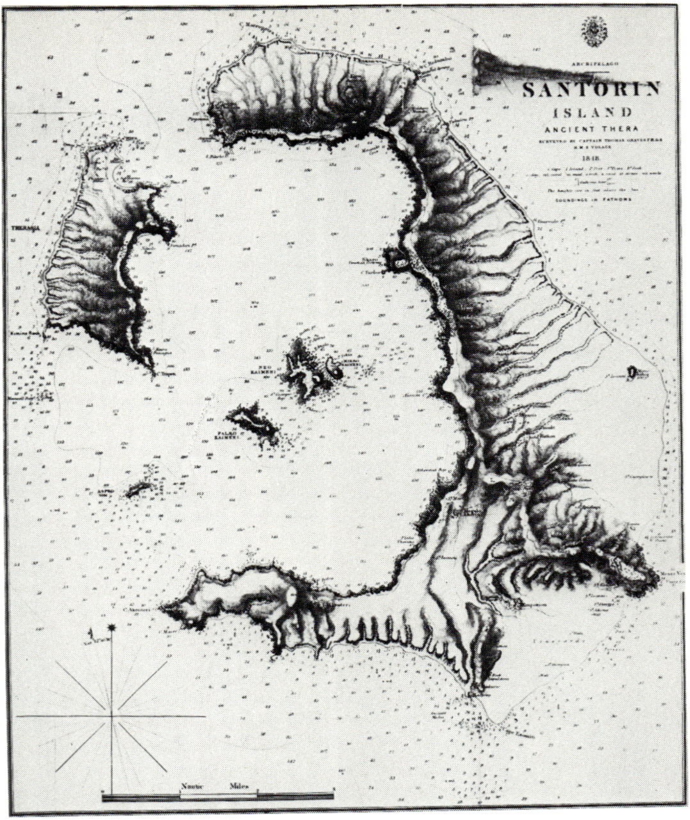

Karte der Insel Santorin (Thera), von Captain Thomas Graves (1848) für die Royal Navy angefertigt. Sie ist bis heute die wesentlichste Grundlage aller hydrographischen Arbeiten.

Ein topographisches Modell der Insel Thera. Es zeigt den zentralen Einbruchskessel mit den neu entstandenen vulkanischen Inseln von Kaimeni. Links unten (südwestlich) der von der »Chain« entdeckte äußere Einbruchskessel.

Blick auf den Kessel von Thera (von Südwesten nach Osten). Im Hintergrund der Berg Elias.

Minoische Vorratsgefäße (Höhe: mehr als 1 Meter), von Zahn bei Akroteri im Jahre 1900 gefunden.

Eine Reihe großer Pithoi und kugelförmiger Krüge, die elegante minoische Malerei (rot, schwarz und braun) aufweisen. Die runden Steinplättchen gehören zu den über 150 Webstuhlgewichten, die bei den Krügen gefunden wurden. Ausgrabung Alvaniti I.

Großer kugelförmiger minoischer Krug (Grabung Alvaniti I).

Konische minoische Säule, etwa einen Meter hoch, aus roter Lava gehauen, gefunden 1967 bei Akroteri.

Ein Detail des oberen Stockwerkes eines minoischen Gebäudes aus der Grabung Alvaniti I: ein Fensterrahmen. In den rechteckigen Einschnitten befanden sich ursprünglich Holzrahmen.

Topfscherben, gefunden bei den Ausgrabungen bei Akroteri 1967. Einige sind offensichtlich Import aus Kreta, andere stammen aus heimischer Produktion. Alle sind jedoch um 1500 v. Chr. datierbar.

Archaische griechische Inschrift aus den Ruinen des antiken Thera, das sich auf dem Berg Messa Vouno befand; etwa 9. Jahrhundert v. Chr. Bei der Inschrift handelt es sich um die frühesten bekannten Spuren einer Schrift auf griechischem Boden, nachdem die kretische Linearschrift seit etwa 1200 v. Chr. nicht mehr in Gebrauch war.

Ausgrabung Bronos I A. Ausgezeichnet bearbeitete Kalksteinblöcke bilden die Fassade eines Palastes. Die am Boden liegenden Blöcke stürzten beim Erdbeben vor dem großen Ausbruch des Vulkans herab.

lich konnte Edgerton einen Lastwagen auftreiben, und so gelangten wir schließlich zurück nach Athen, wo wir sogleich Dr. Galanopoulos anriefen. Unsere Expedition hatte inzwischen Schlagzeilen gemacht. Die amerikanische Botschaft hatte sogar für den nächsten Tag eine Pressekonferenz für uns arrangiert. Auf der Titelseite der Athener Zeitschrift ›Ethnos‹ prangte ein Bild der »Chain« mit der Überschrift, sie habe Atlantis auf dem Meeresboden in der Nähe von Santorin entdeckt. Ein anderes Blatt, ›Eleutheria‹, brachte ein Bild von Lorings versteinertem Affenkopf und dazu die Schlagzeile: »Santorin ein Teil des versunkenen Atlantis, entdeckt durch die amerikanischen Professoren Mavor und Loring«. Reporter hatten bald nach seiner Rückkehr Dr. Galanopoulos aufgestöbert und schrieben nun begeisterte Berichte über Ergebnisse unserer Arbeiten, die uns selbst unbekannt waren.

So schrieb die ›New York Times‹ am 4. September:

GRABEN IN DER ÄGÄISCHEN SEE ANGEBLICH TEIL VON ATLANTIS

Professor Angelos Galanopoulos teilte heute die Entdekkung »höchst überzeugender Beweise« mit, wonach die legendäre Stadt Atlantis im Ägäischen Meer gefunden worden sei. Der Professor, ein führender griechischer Seismologe, erklärte, daß die Umrisse eines breiten Grabens 400 Meter unter Wasser in dem versunkenen Teil der Insel Thera entdeckt worden seien.

Ein griechisch-amerikanisches Wissenschaftlerteam unter der Führung von Dr. J. W. Mavor von der Woods Hole Oceanographic Institution in Massachusetts hat eine Woche hindurch auf Thera gearbeitet, um Beweise für die Theorie von Professor Galanopoulos zu finden, wonach Atlantis mit dem kretischen Reich, das in der Ägäis um 1500 existierte, identisch sei.

Professor Galanopoulos sagte, der Graben sei wahrscheinlich ein Teil der heiligen Insel von Atlantis, der Metropolis.

Eine Ankündigung des seismologischen Laboratoriums der Athener Universität, dem Galanopoulos vorsteht, besagt, daß die Entdeckung durch das Forschungsschiff »Chain« gemacht worden ist.

Die »Chain« hat ein seismisches Profil der ägäischen Insel Thera angefertigt. Zwei Drittel der Insel sind als Folge eines Vulkanausbruches um 1500 v. Chr. mehr als 400 Meter unter den Meeresspiegel versunken. Elektronische Geräte an Bord des Forschungsschiffes haben den Graben unter einer starken Schicht vulkanischer Asche festgestellt.

Diese Berichte überraschten uns sehr, denn wir hatten tatsächlich nicht geglaubt, daß unsere Bemühungen so welterschütternde Bedeutung haben würden. Der »Graben« (moat) war im besonderen eine Quelle der Verwirrung. Das war freilich nicht überraschend angesichts der Vielfältigkeit unserer Unternehmung. Das Wort »Graben« war unglücklich gewählt und konnte sowohl als Begriff für die kreisförmigen Hafenanlagen, von denen Platon geschrieben hat, verstanden werden als auch im üblicheren Sinn als Begriff für einen künstlich angelegten Graben, der etwa Burgen umschloß. Was wir tatsächlich gefunden hatten, war eine natürliche Bildung auf dem Grund des Einbruchskessels, der der Beschreibung Platons vom Hafen von Atlantis entsprechen konnte. Meine Bemühungen jedoch, dieses Problem aufzuklären, stießen auf taube Ohren.

Die Wissenschaftler der »Chain« waren auf Rhodos von Reportern erwartet worden. In Interviews hielten die Forscher fest, den ringförmigen Graben nicht entdeckt zu haben, da ja die »Chain« den Kessel keineswegs völlig durchkreuzt habe. Ich weiß nicht, ob das Wort »Graben« von Galanopoulos zum erstenmal in diesem Zusammenhang verwendet worden ist. War dem aber so, so hatte er offensichtlich versucht, die Forschungsarbeit der »Chain« zu betonen und seine eigenen Anstrengungen nicht in den Vordergrund zu stellen. Jedenfalls war er von der Presse allgemein mißverstanden worden. Daß das atlantische Thera tatsächlich einen inneren Hafen besessen hatte, glaubten wir beide. Aber diese Ansicht beruhte auf anderen Forschungsergebnissen als den geophysikalischen der »Chain«. Am 10. September veröffentlichte die ›New York Times‹ unter dem Titel ›Die Entdecker von Atlantis nach Athen zurückgekehrt‹ einen Bericht, der meine weit mehr ins Detail gehenden Kommentare enthielt:

> Dr. J. Mavor von der Woods Hole Oceanographic Institution von Massachusetts war Leiter eines Forscherteams. Er erklärte heute: Es gibt Beweisbruchstücke, die, zusammengesetzt, die Bestätigung einer Theorie möglich erscheinen lassen, wonach der versunkene Kontinent Atlantis mit dem minoischen Reich, das im ägäischen Archipel und über Kreta um das Jahr 1500 v. Chr. herrschte, identisch war. Den Arbeiten des Teams lag die Theorie des führenden

griechischen Seismologen Professor Angelos Galanopoulos zugrunde, der die Meinung vertritt, Atlantis sei eine Art Bundesstaat von Inseln gewesen, der von Kreta geführt wurde und durch gigantische vulkanische Ausbrüche zwischen 1520 und 1420 v. Chr. zerstört worden ist.

Als wir Athen verließen, herrschte in der Presse allgemeine Aufregung. Manche der aufgestellten Behauptungen erschienen uns recht bedauerlich, andere Artikel wieder sehr willkommen. Nun fühlte ich mich mit meiner Aufgabe, Beweise für die Theorie von Galanopoulos zu finden, nicht mehr so einsam.

Dritter Teil

Zwischen den Expeditionen

Aus allen Himmelsrichtungen waren wir zusammengekommen, um Thera zu erforschen. Nun aber waren wir wieder voneinander getrennt und abhängig von der Post. Einigermaßen nahe an einem Ort befanden sich nur Dr. Edgerton in Boston, Rudy-Zarudski und ich im nahe gelegenen Woods Hole. Hoskins hatte eine Berufung als Professor der Geologie an der Universität von Ghana angenommen; die Aufzeichnungen der akustischen Signale von Edgertons Echolot hatte er dorthin mitgenommen. Er beabsichtigte, die Ergebnisse im Winter zu analysieren; in seinen Briefen schäumte er geradezu über von technischen Vorschlägen zur Verbesserung unserer Arbeit. Loring war in Griechenland geblieben.

Kaum einen Monat nach meiner Rückkehr in die USA schrieb mir Loring von neuen Entdeckungen, die er seit unserer Abreise gemacht hatte. So hatte er in dem Steinbruch südlich von Phira ein minoisches Flußbett entdeckt, das er mit dem von Edgerton gefundenen See oder Sumpf in Beziehung setzte. Außerdem hatte er zwei Geologen getroffen, M. Morton und J. Green, die durch das Mittelmeer kreuzten, um Vulkane zu studieren. Die drei waren zu dem kleinen unbewohnten Eiland Kristiana gefahren und hatten dort ein Grab oder eine Zisterne gefunden. Darin lagen einige elegante und gut erhaltene bronzezeitliche Töpfe, die etwa um 2500 v. Chr. entstanden sein dürften. Zart und wundervoll geformt, wirkten sie wie Kopien von Metallgefäßen aus Kleinasien.

Loring schrieb mir, daß er mit Dr. Marinatos, der aus Australien zurückgekehrt war, in Verbindung getreten sei. Dieser habe ihn eingeladen, ihm bei den Ausgrabungsarbeiten im nächsten Jahr zu helfen. Marinatos wollte im November im Golf von Korinth nach der versunkenen antiken Stadt Helike suchen und sich der Hilfe von Dr. Edgerton und dessen Unterwassergeräten bedienen. Danach mußte Marinatos sich um seine eigenen Ausgrabungen bei Pylos im westlichen Peloponnes kümmern, ebenso um Ausgrabungen auf Kephalonia, der jonischen Insel, von der er selbst herstammt.

In der Zwischenzeit hatte ich einen umfassenden Plan ausgearbeitet, dem ich kühn folgenden Namen gab: ›Vorschlag für bestimmte historische, ozeanographische und archäologische Untersuchungen der See, der Länder und der Völker des östlichen Mittelmeerraumes.‹ Dieses vielleicht allzu ehrgeizige Dokument faßte die Ergebnisse der Erkundung des Jahres 1966 auf und um Thera zusammen und beschrieb all jene wundervollen Dinge, von denen ich hoffte, daß sie die Zukunft bringen werde, vorausgesetzt, daß die Wissenschaftler und Künstler ihre Mitwirkung nicht versagten.

Ich sah darin Ausgrabungen in den Schluchten von Akroteri vor, denn ich war überzeugt, daß Fouqué eine Siedlung gefunden hatte, die hoch genug entwickelt war, um der Beschreibung Platons von Atlantis zu entsprechen. In den Bimsstein Theras sollten tiefe Kavernen gegraben werden, Betonbögen sollten der Decke Halt geben. Diese horizontalen Kavernen sollten, so hoffte ich, minoische Gebäude zum Vorschein bringen und in situ konservieren. Ich schlug die Verwendung von Landmagnetometern vor, um versunkene Mauern zu entdecken; mit einem Seismographen sollte die Stärke der vulkanischen Ascheschichte gemessen werden. Auf diese Weise wäre es möglich, darunterliegende Mauern und Gebäude zu finden. Das Tauchboot »Alvin«, das bis zu einer Tiefe von 2000 Meter operieren kann (dies ist die größte in der Ägäis gemessene Tiefe), könnte zur Suche nach minoischen Schiffswracks eingesetzt werden; bisher ist kein solches Wrack entdeckt worden. Der Vorschlag wurde im November 1966 veröffentlicht; der beigegebene Budgetplan umfaßte eine Summe von 320.000 Dollar für ein Zweijahresprogramm.

Der Bericht wurde vielen Personen und Organisationen zugeschickt. Dies war der Anfang meiner Bemühungen, Gelder für die Expedition aufzutreiben. Anfang November veröffentlichte John Lear einen Artikel in der ›Saturday Review‹, in dem er über die Atlantistheorie von Galanopoulos und über meine Expedition schrieb. Er deutete darin an, daß Gelder für künftige Arbeiten höchst willkommen seien.

Im Oktober kam ein Brief von Dr. Robinson von der American School of Classical Studies in Athen. Ich hatte ihn gebeten, sich um die Erlaubnis für Ausgrabungen auf Thera zu bemühen. Er schrieb, daß das Institut außerstande sei, ein solches Unternehmen unter seine Patronanz zu nehmen, weil die Anzahl der Ausgrabungsbewilligungen für die American School begrenzt sei. (Die griechische Regierung hat ein Quotensystem für Ausgrabungserlaubnisse an Ausländer eingeführt, wonach jedem Land gleichzeitig stets nur drei solcher Bewilligungen gegeben werden.) Robinson schlug vor, ich sollte mich direkt an den

Archäologischen Dienst der griechischen Regierung oder an die Archäologische Gesellschaft in Athen wenden. Eventuell könnte ich auch versuchen, das Interesse von Dr. Marinatos für Thera zu erwecken. Auf diese Weise würde eine griechische Ausgrabungsexpedition unter der Leitung eines griechischen Archäologen zustande kommen, die jedoch mit amerikanischem Geld finanziert werden könnte. Ich war schon froh, Robinsons Segen für mein schon in die Wege geleitetes Unternehmen zu haben. Marinatos jedoch war vollauf beschäftigt mit dem Versuch, Helike zu finden, ein Projekt, das ich zwar auch für äußerst spannend hielt, bei dem aber enorme technische Schwierigkeiten überwunden werden mußten. Es war mir auch bekannt, daß Marinatos seit langem Thera im Auge hatte; daraus aber eine tatsächliche Aktion zu machen, war eine schwierige Angelegenheit.

Im Verlauf des Spätherbstes 1966 versuchte ich auf verschiedenen Wegen mit dem Problem fertig zu werden, Ausgrabungen im Jahre 1967 zu organisieren. Das Museum der Universität von Pennsylvania ist für seine Pionierarbeit auf dem Gebiet archäologischer Technik wohlbekannt. Ich war in Kontakt mit verschiedenen Gelehrten dieser Institution, vor allem mit dem berühmten Unterwasserarchäologen George Bass. Dr. Froelich Rainey, der Direktor des Museums, und Frau Dr. Elizabeth Ralph, die stellvertretende Direktorin, die schließlich mit unserer Gruppe nach Thera gehen sollte, erwiesen sich als außerordentlich freundlich und boten mir die Patronanz ihres Instituts an, so daß ich bei meinen Versuchen, Geld aufzutreiben, den Namen der Pennsylvania University verwenden konnte.

Da die Erfüllung meiner Ziele in immer höherem Maße vom Einsatz modernster archäologischer Technik abhing, kam ich zu dem Schluß, daß ich der Mitarbeit eines Archäologen bedürfe, der sowohl einen besonders guten wissenschaftlichen Ruf besaß als auch möglichst nahe von Woods Hole lebte. Schließlich mußte er in der Lage sein, den Sommer 1967 in Griechenland zu verbringen. Ich wandte mich nun an das Bostoner Museum of Fine Arts und an Mrs. Emily Vermeule, die Frau des Mannes, der mich anfangs zu den richtigen Leuten gebracht hatte, um die Forschungserlaubnis für das Jahr 1966 zu bekommen.

Bald erkannte ich, daß sie selbst die ideale Person für mein Projekt war. Mrs. Vermeule war von dem Gedanken der Ausgrabungen auf Thera fasziniert. Eine hervorragende Gelehrte, Spezialistin für die Geschichte und Archäologie der Ägäis, war sie von meinem umfassenden Projekt, das Wissenschaftler vieler Richtungen zusammenführte, begeistert. Außerdem ist sie eine reizende Person. Das wichtigste von allem aber war vielleicht, daß sie mit Marinatos im Verlauf von zehn Jahren immer wieder zusammengearbeitet hatte und ihn daher sehr gut kannte. Als Wissenschaftlerin der klassischen Richtung war Mrs. Vermeule natürlich hinsichtlich Atlantis recht skeptisch, aber ich hoffte, daß sie diese Haltung mit der Zeit ändern würde.

Dr. Edgerton kam Ende November aus Griechenland zurück und berichtete über die Ergebnisse seiner Meeresbodenecholotung bei Helike, wo er zusammen mit Dr. Marinatos gearbeitet hatte. Er erzählte, daß der Beginn der Ausgrabungen für den kommenden Juni geplant wäre. Loring hatte an den Arbeiten teilgenommen, und Edgerton beurteile ihn als höchst nützlich und hilfsbereit. Offenbar war er auch mit Marinatos gut ausgekommen. Aber rund um Lorings Funde auf Kristiana waren Schwierigkeiten entstanden.

Die schönen bronzezeitlichen Keramiken waren in einer Schlucht entdeckt worden. Nach Meinung Lorings und der ihn begleitenden Geologen schien es sicher, daß, sollte die Zisterne oder das Grab nicht sofort ausgegraben und die Töpfe zur Konservierung herausgenommen werden, die bevorstehenden Winterregen alles ins Meer schwemmen würden. Daher nahm Loring einige Tonscherben nach Thera mit, berichtete dort die Entdeckung dem Polizeichef und fuhr dann nach Athen, wo er die Scherben Dr. Zaphiropoulos vom griechischen Archäologischen Dienst übergab. Sogleich wurde eine Expedition nach Kristiana entsandt, die unter der Leitung von K. Tsakos eine schöne Sammlung wohlerhaltener Töpfe aus der frühen Bronzezeit fand und nach Athen brachte. Später kamen sie in das Museum von Thera, wo ich sie 1967 sah.

Soweit war alles gut. Aber ich hörte erst im Februar von Loring, welche Unannehmlichkeiten er gehabt hatte. Denn als er kurz nach seiner Entdeckung mit den Tonscherben nach Athen kam, wurde er verhaftet und ins Gefängnis gesteckt, offenbar auf Grund von Anweisungen der Polizei von Thera. Dr. Zaphiropoulos kam Loring zu Hilfe und erreichte seine Freilassung. Nun feierte man Loring in Athen, weil er die wertvollen Keramiken vor der Zerstörung durch die Elemente gerettet hatte. Aber im Verlauf der nächsten paar Monate deckten die Zeitungen einen Skandal innerhalb des Archäologischen Dienstes auf. Einige Regierungsbeamte waren dabei ertappt worden, als sie Antiquitäten aus dem Nationalmuseum ins Ausland schmuggelten. In der Folge erschienen Artikel, in denen der Archäologische Dienst heftiger Kritik unterzogen wurde. Wie Loring die Dinge darstellte, hatte man die Behandlung der Entdeckung der Gefäße auf Kristiana eigens für diesen Angriff herangezogen. Sowohl Loring als auch Zaphiropoulos wurden von Dr. Marinatos scharf kritisiert, der nun als Autor einiger Artikel die Szene betreten hatte. Loring war zum Sündenbock gemacht worden.

Er fand sich nun in einen Krieg innerhalb der Hierarchie der griechischen Archäologie verwickelt. Man klagte ihn an, von Kristiana illegal antike Kunstschätze entfernt zu haben, weiters auch der Komplicenschaft beim Schmuggel antiker Keramik ins Ausland. Tatsächlich befanden sich die betreffenden Keramiken seit zwanzig Jahren im Museum von Brooklyn. Loring und Marinatos waren nun völlig verfeindet.

Loring entschloß sich, nach England zu gehen, um dort den Ausgang der Dinge abzuwarten und inzwischen Studien am Britischen Museum zu betreiben. Ich half ihm, hiefür die Erlaubnis zu bekommen, und er verbrachte den Winter damit, die Geschichte von Thera zu studieren. Bei seiner Rückkehr im Mai brachte er dann Mengen von Forschungsmaterial mit.

Bruchstücke dieser komplizierten Geschichte drangen zu mir, während ich den Versuch unternahm, mit Hilfe von Mrs. Vermeule Verbindung zu Dr. Marinatos aufzunehmen. Der

Minoisches Gefäß aus der Alvaniti-I-Ausgrabung 1967 (Höhe: 15 cm).

Streit um Loring war unserer Sache sicher alles andere als nützlich. Dennoch hoffte ich, daß sich bis zum Sommer 1967 ein Ausgleich ergeben werde; dann würde Loring wieder in seinem Haus auf Thera sein, und man könnte sich mit den Problemen eingehender beschäftigen. Noch hatte ich Dr. Marinatos nicht persönlich kennengelernt, hörte aber aus verschiedenen Quellen, daß er mitunter ein recht schwieriger Patron sein könnte. Ich tröstete mich damit, daß persönliche Konflikte stets zu solchen Projekten gehören. Immerhin gab ich Loring den Rat, seine Ankunft auf Thera zu verschieben, um einen offenen Zusammenstoß mit Marinatos zu verhindern.

Besorgniserregender schien mir die Möglichkeit, daß Marinatos keine Bewilligung für Ausgrabungen auf Thera erhalten könnte. Sein Streit mit dem Archäologischen Dienst kam uns höchst ungelegen. Unter der liberalen Regierung von George Papandreou war Marinatos überdies nahezu in Ungnade. Aber mit dem Regierungswechsel änderte sich auch sein Geschick, und er kam überraschend schnell in eine Spitzenposition. Mir wurde jedoch damals nicht bewußt, daß Loring für Marinatos eine Art rotes Tuch geworden war und daß im kommenden Sommer alle unsere Aktionen hierdurch beeinträchtigt werden sollten.

Allerdings bestanden meine Pläne für Sommer 1967 keineswegs nur aus Ausgrabungen zu Lande, denn seit dem letzten Grabungsunternehmen waren über sechzig Jahre vergangen. Meine Aussichten, als Ausländer ein solches Projekt in Gang zu bringen, waren gering. Um so mehr als politische und personelle Probleme in Griechenland immer größere Bedeutung gewannen.

Mein Plan war, daß Dr. Edgerton mit seinem Echolotgerät und meine ganze Gruppe aus dem Vorjahr auf Thera arbeiten sollten, diesmal aber mit der Erlaubnis, Tauchgeräte zu verwenden. Ich wollte auch einen Landseismographen mitnehmen, um die Stärke der Aschendecke zu bestimmen, vor allem aber, um herauszufinden, wie tief wir graben müßten, um auf Ruinen zu stoßen; auch Perissa und Kumari wollten wir nach unterirdischen Überresten absuchen. Ich hoffte ferner, daß ein ozeanographisches Forschungsschiff die Arbeit dort fortsetzen könne, wo die »Chain« begonnen hatte, und daß schließlich eines Tages das Tiefseetauchboot »Alvin« in die Ägäis gebracht werden könne, um dort Tiefseeströmungen zu untersuchen. All diese Pläne teilte ich Dr. Galanopoulos, Dr. Marinatos sowie Dr.

Zaphiropoulos vom Archäologischen Dienst mit. Aus der griechischen Politik wollte ich mich um jeden Preis heraushalten und völlig neutral bleiben.

Auf allen Gebieten erzielte ich ständigen, aber langsamen Fortschritt. Im Winter und zu Frühjahrsbeginn konnte ich mich auch wieder dem Studium der Geschichte und der Atlantislegende widmen, vor allem der Platonischen Abhandlung über die Atlanter und die Athener. Ich beschäftigte mich mit ihrer Identifizierung mit den Minoern und Mykenern, mit deren Bräuchen und ihrer großen Auseinandersetzung. Schon Professor Frost hatte 1909 Ähnlichkeiten zwischen den Minoern und den Atlantern festgestellt. Die Beschreibung etwa ihrer Häfen mit dem Schiffsverkehr und den aus aller Welt kommenden Kaufleuten, die raffinierten Baderäume, das Stadion und die feierliche Opferung von Stieren passen durchaus, wenn auch nicht ausschließlich, auf die Minoer.

Wenn wir etwa im ›Kritias‹ lesen, wie auf den Stier im Tempel des Poseidon Jagd gemacht wird, waffenlos, aber mit Stäben und Wurfschlingen, so haben wir unmißverständlich eine Beschreibung der Stierspiele von Knossos. Gerade hiervon wurden Ausländer besonders beeindruckt, und auf diese Weise mag dann die Legende vom Minotaurus entstanden sein. Die entsprechende Stelle im ›Kritias‹, die von der gemeinsamen Ausübung der Herrschgewalt durch die zehn Könige berichtet, lautet (Platon, ›Kritias‹, 11. Kapitel):

> »... Waren sie im Begriff, Urteile zu fällen, dann verpflichteten sie sich zuvor folgenderweise: Nachdem die zehn Könige alle Begleitung entlassen hatten, jagten sie den im Weihbezirk Poseidons freigelassenen Stieren mit Stangen und Schlingen nach, ohne eine Eisenwaffe zu gebrauchen. Sie flehten Gott an, sie das ihm wohlgefällige Opfer einfangen zu lassen. Den gefangenen Stier aber führten sie zur Säule und opferten ihn. Auf der Opfersäule befand sich außer den Gesetzen eine Eidesformel, die schwere Verwünschungen über jene herabrief, die ihnen den Gehorsam verweigerten.«

Die Ähnlichkeit zwischen dieser Szene und den auf minoischen Fresken und Keramiken abgebildeten Stierspielen ist so groß, daß man vergessen könnte, daß Platon atlantische, nicht aber minoische Bräuche beschrieb, von denen er nichts wissen konnte.

Die Zeit um 1500 v. Chr., rund 300 Jahre vor dem Trojani-

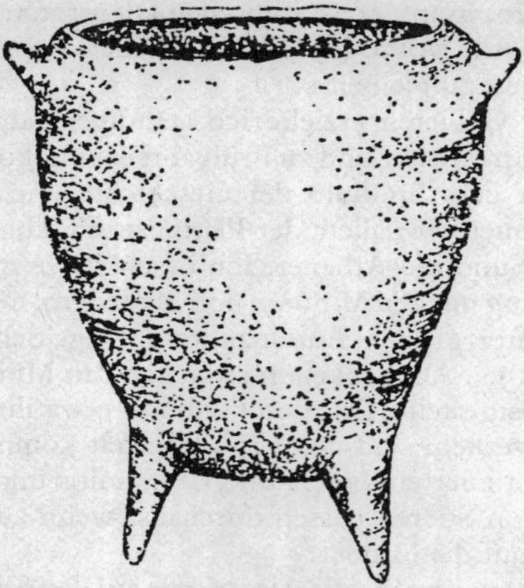

Gefäß, das während der Ausgrabung Alvaniti I im Jahre 1967 gefunden wurde (40 cm hoch).

schen Krieg, fällt ungefähr auch mit jener Periode zusammen, in der die minoische Kultur auf Kreta und den ägäischen Inseln Zeugnisse starken mykenischen oder festlandgriechischen Einflusses zu zeigen beginnt. Die Minoer verloren ihre wirtschaftliche und politische Vorherrschaft über die Ägäis – entweder als Resultat einer Eroberung oder aber wegen kultureller Integration. Vielleicht handelt es sich auch nur um den kulturellen Niedergang einer älteren Zivilisation. Außerdem beginnt nun die Kultur auf Kreta und auf den Inseln überhaupt mehr und mehr mykenischen Charakter aufzuweisen. Es scheint mir das ein Wechsel zum Schlechteren gewesen zu sein. Denn die Lebensformen der Minoer waren fröhlicher und angenehmer – entstanden aus dem Gefühl insularer Sicherheit – als jene der Mykener.

Die minoische Zivilisation hatte sich während des dritten Jahrtausends aus der Jungsteinzeit entwickelt. Nach und nach entstand eine friedliche, metallverarbeitende, handeltreibende Gesellschaft, deren charakteristische Eigenschaften Liebe zu den Vergnügungen der Sinne und höchste Vollendung in den Künsten waren, zusammen mit Wohlstand und der Muße, ihn zu genießen. Da sie offenbar die See beherrschten, gab es keine Notwendigkeit, ihre Paläste und Städte zu befestigen. Wahrscheinlich zogen sie Handel dem Krieg und der Piraterie vor, obgleich der Unterschied nur gering gewesen sein mag. Da sie sich Zeit und Kosten, die andere Völker für militärische Dinge aufwenden mußten, sparen konnten, gelang es den Minoern, eine Kultur aufzubauen, die in der idealisierten Atlantiserzählung Platons sich widerspiegelt. Platon läßt ›Kritias‹ sagen (12. Kapitel):

> »Viele Menschenalter hindurch, solange noch die göttliche Abkunft bei ihnen vorhielt, waren sie den Gesetzen gehorsam... Denn ihre Gedanken waren wahr und durchaus großherzig. Indem sie bei allen betreffenden Begebnissen gegeneinander Weisheit, gepaart mit Milde, bewiesen... So setzten sie auf jeden Besitz, den der Tugend ausgenommen, geringen Wert und ertrugen leicht, jedoch als eine Bürde, die Fülle des Goldes und des anderen Besitztums. Üppigkeit berauschte sie nicht, noch entzog ihnen ihr Reichtum die Herrschaft über sich selbst oder verleitete sie zu Fehltritten... Als aber der von Gott herrührende Bestandteil des Wesens, häufig mit sterblichen Gebrechen versetzt, verkümmerte und das menschliche Gepräge die Oberhand gewann, da vermochten sie bereits nicht mehr, ihr Glück zu ertragen, sondern entarteten und erschienen, indem sie des Schönsten unter allem Wertvollen sich entäußerten, dem, der dies zu durchschauen vermochte, in schmachvoller Gestalt; dagegen hielten sie jene, die des Lebens wahres Glück nicht zu erkennen vermochten, gerade damals für hochherrlich und vielbeglückt, wo sie des Vollgenusses der Ungerechtigkeit und Machtvollkommenheit sich erfreuten.«

Die Atlanter verwandelten sich also aus einem weisen und großen Volk in ein eigensüchtig denkendes und kriegerisches, genauso wie die Minoer sich in Mykener verwandelt zu haben scheinen. Zumindest schien das dem Berichterstatter so, der die Geschichte überliefert hat. Wir können uns das ohne weiteres vorstellen, denn ebenso wie heute wurden auch damals die wahren Gründe für einen Krieg – sie sind meist religiöser oder wirtschaftlicher Art – durch eine Wolke der Gefühle und Phantasien verhüllt.

Historisch gesehen ist ein Küstenvolk sowohl durch Angriffe aus dem Hinterland als von der See her sehr verwundbar. Aus dem gebirgigen Hinterland kommen räuberische Stämme auf der Suche nach den Früchten der Landwirtschaft und des Meeres, die die Küstenvölker gesammelt haben. Und von der See her kommen Kolonisten der Inselmächte. Sicherlich lebten die Mykener unter solchem Druck, und daher entwickelte sich ihre kriegerische Art. Die Minoer, deren Inselreich sich über das Mittelmeer und vielleicht weit darüber hinaus erstreckte, müssen wohl auch zu militärischen Mitteln gegriffen haben, um ihre Kolonien zu sichern und zu erhalten. Die meisten derartigen Aktionen waren ohne Zweifel kleineren Ausmaßes. Die Bevölkerung des sicheren kretischen Heimatlandes wußte nur wenig davon.

Vorstöße, um ihre Kolonien zu sichern, waren kaum die wesentliche Grundlage des Konflikts zwischen den Atlantern und den Vorfahren der Athener. Ich meine, daß hier eine viel stärkere Kraft am Werk gewesen sein muß. Das Sprichwort, wonach sich in Griechenland Ost und West begegnen, war – in alten Zeiten ebenso wie heute – eine Binsenweisheit. Die nahöstliche Herkunft der Minoer mag ihnen eine Erbschaft der Konformität und strenger Disziplin mitgegeben haben, die durch ihre Umgebung geformt wurde. In schmalen Flußtälern und Oasen hat der lange Lauf der Zivilisationsgeschichte große Städte hervorgebracht.

In der Ägäis stießen die beiden Kulturen zusammen, verschmolzen zu einer spontanen, bunten, aber doch auch stets kontrollierten Lebensweise. Ihren Höhepunkt erreichte die minoische Periode im 15. vorchristlichen Jahrhundert.

Ihre Religion verband den Kult der Erdmutter des Ostens mit jenem eines göttlichen Gemahls, der in der Zeit des Königs Minos schon den Vorrang erhalten hatte. Dieser Kult könnte eher mykenisch als minoisch gewesen sein. Auch die minoische Kunst war eine Verschmelzung des westlichen Individualismus mit den Techniken, Materialien und religiösen Vorstellungen des Ostens. Die Kolonisten waren aus Mesopotamien und Ägypten gekommen, weil die Handwerker in den Städten nach Rohmaterial verlangten. So entwickelten sich die fürstlichen Kaufherren der Ägäis. Auf dem Festland entstanden, stark beeinflußt aus dem Osten, die achäischen Stadtstaaten. Aber diese von Europäern beherrschten Gemeinwesen lagen ständig im Kampf miteinander.

Schließlich unterwanderten die aggressiven, individualistischen Achäer Griechenlands die minoische Kultur. Westliche Vorstellungen von Religion und gesellschaftlicher Struktur herrschten vor. Die friedfertige Erdmutter der konformistischen orientalischen Kultur wurde im Lauf der Zeit verdrängt. Platon schreibt, daß diese Gesellschaft »... mit häufig sterblichen Gebrechen versetzt, verkümmerte und das menschliche Gepräge die Oberhand gewann...« Der Zusammenstoß zwischen den Kulturen der Inseln und des Festlandes war das unvermeidliche Ergebnis.

Die Wirklichkeit des minoischen Kreta ist eindrucksvoll am großen Palast von Phaistos im Süden dieser Insel zu erkennen. Er liegt auf der Messaraebene; im fernen Nordwesten ragt der Berg Ida auf. Der Palast war weitläufig, fast so groß wie jener von Knossos im Norden. Doch war seine landschaftliche Um-

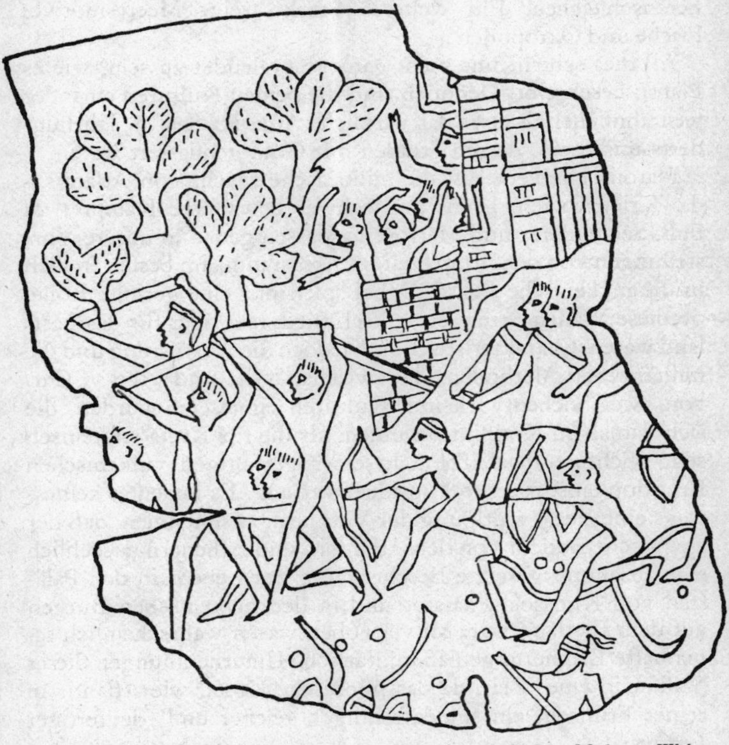

Detail des silbernen Rhyton, gefunden im Schachtgrab IV in Mykenä. Wahrscheinlich eine minoische Arbeit. Das Bild zeigt den Angriff auf eine minoische Küstenstadt durch Krieger vom Festland (mit Helmen). Die Darstellung einer ähnlichen Szene wurde jüngst im Palast von Kato Zakro auf Kreta gefunden. Man beachte die Verwendung von Bogen und Pfeil durch die Kreter.

gebung eindrucksvoller, die Anlage weitaus eleganter. Aus Phaistos stammen einzigartige Schätze, jenen aus dem nahe gelegenen Palast von Hagia Triada ähnlich, der um 1500 v. Chr. erbaut wurde und Phaistos nach den schweren Erdbeben ersetzte. In den Palästen und minoischen Gräbern sind wundervolle goldene Halsketten und Anhänger gefunden worden, Siegelsteine, prachtvolle kretische Keramik, der berühmte Becher des Hauptmanns aus Statit, die Vase der Erntearbeiter und der Rhyton der Sportler, wohl ein rituelles Trinkhorn. Großartige Fresken wurden entdeckt; eines von ihnen weist ägyptischen Einfluß auf: Es stellt zwei Katzen dar, die sich an einen Fasan heranschleichen. Ein weiteres Fresko zeigt Meeresmotive: Fische und Oktopoden.

All dies scheint uns nicht ganz so vollendet zu sein, wie es Platon beschreibt. Dennoch sind die beiden Kulturen einander weit ähnlicher als etwa das wirkliche Amerika des 19. Jahrhunderts und jenes, dessen Straßen mit Gold gepflastert waren.

Platons Hinweise auf die militärische Macht von Atlantis – die Kriegswagen, leicht und schwer bewaffnete Kämpfer zu Fuß, Schleuderer und Matrosen – passen genau in unsere Vorstellungen von der Bronzezeit im Ägäisraum, am besten freilich in die mykenische Phase. Dabei spielt nur eine geringe Rolle, ob diese Waffengattungen typisch für Kreta oder für das Festland waren. Charakteristisch sind jedoch die Ausrüstung und die militärischen Methoden, die zwischen 1500 und 1100 v. Chr. von zwei hochentwickelten Kulturen eingesetzt wurden, die sich damals in Konflikt befanden, als die für Kreta strategisch sehr wichtige Insel Thera in einer gewaltigen vulkanischen Eruption einstürzte und im Meer versank. Es bedeutet keineswegs eine Vergewaltigung der Vernunft, anzunehmen, daß der ägyptische Bericht von den Atlantern und Athenern tatsächlich eine zusammengesetzte Beschreibung des Lebens in den Palästen von Knossos, Phaistos und in den mykenischen Burgen auf dem Festland war. Mitverwoben waren wahrscheinlich sagenhafte Erinnerungen an militärische Unternehmungen dieser Völker in einer Zeit, da das minoische Kreta, wie Atlantis in seiner Frühzeit, ein sinnenfreudiger, reicher und friedfertiger Ort war.

Die Atlantislegende ist jedoch nicht die einzige Quelle, die sich mit den wundervollen Stätten der griechischen Bronzezeit auseinandersetzt. Homer beschreibt in der Odyssee das Land der Phäaken, das eine Inselkultur besaß, die jener Kretas sehr ähnlich war. Thukydides identifizierte es mit Korfu, einer Insel, die der nordwestlichen Küste Griechenlands vorgelagert ist. Wer immer auch die Phäaken waren, sie erinnern an die Minoer, Mykener und Atlanter. »Unsere Stadt ist von hohen Wällen umgeben«, erzählt die liebliche Nausikaa dem Odysseus. »Sie besitzt auf jeder Seite einen ausgezeichneten Hafen. Eine schmale Dammstraße führt zu ihr; dort werden die bauchigen Schiffe an Land gezogen bis zur Straße, und jeder Schiffbesitzer hat seinen eigenen Landstreifen. Hier ist auch der Versammlungsort des Volkes, zu beiden Seiten des schönen Tempels des Poseidon, erbaut aus behauenen Steinblöcken, die tief in die Erde gesenkt sind...«

Später erzählt Nausikaa von ihrem Volk, es habe keine Verwendung für Bogen und Köcher, es erprobe seine Kraft vielmehr an Masten und Rudern und an den »schön gebauten Schiffen, die sie so gerne über schaumbedeckte Meere steuern«. Die Mykener waren berühmte Bogenschützen, die Minoer dagegen berühmte Seeleute.

Homer beschreibt auch, wie beeindruckt Odysseus war, als er die bronzene Schwelle des Palastes überschritt: »Denn eine Art Leuchten wie jenes der Sonne oder des Mondes erhellte die hochgewölbten Hallen des großen Königs. Bronzewände, mit blauen Emailziegeln abgegrenzt, führten von der Schwelle links und rechts zum hinteren Teil des Hofes. In das Innere des wohlgebauten Gebäudes führten goldene Tore, die an silbernen Türangeln sich bewegten, eingebettet in bronzene Schwellen. Die Oberschwelle, die sie stützten, war ebenfalls aus Silber, die Türklinken aus Gold...« Diese Beschreibung erscheint uns wirklichkeitsnahe und könnte als historischer Bericht betrachtet werden. Vergleicht man sie mit Platons Bericht über die Tempel von Atlantis, wird man wohl etwas an Übertreibung abziehen müssen, aber feststellen können, daß er nicht allzusehr von jener des Palastes der Phäaken abweicht.

Welchen Ursprungs waren nun die Minoer? Und was sagt die Archäologie über die ausgedehnte Einflußsphäre der Minoer, als sie im 15. Jahrhundert v. Chr. den Gipfel ihrer Entwicklung erreicht hatten? War dieses Volk wirklich identisch mit den Atlantern Platons, so müßten starke Bindungen zu Ägypten bestanden haben. Im ›Timaios‹ heißt es: »Auf dieser Insel Atlantis bestand eine große und wundervolle Königsmacht, welcher die ganze Insel gehorchte, aber auch viele andere Inseln und Teile des Festlandes. Außerdem herrschten sie auch innerhalb der

Säulen des Herakles, hier in Libyen bis Ägypten, in Europa aber bis Tyrrhenien.« Die Archäologie bestätigt, was Platon behauptet. Die frühen Minoer waren dem Äußeren nach mediterran, kulturell aber das Produkt vieler Einflüsse. Ihre Keramik ähnelt jener von Kleinasien, in den Formen aber der Mesopotamiens.

Im religiösen Bereich bestand ein starker ägyptischer Einfluß, ja es könnte sogar zu einer tatsächlichen Einwanderung aus dem Niltal gekommen sein. Deutlich sind die Hinweise auf enge Beziehungen zu Libyen. Die Ursprünge der Linear-A-Schrift sind unklar; die Idee dazu könnte aus Syrien oder Ägypten gekommen sein. Für den berühmten Kult der Doppelaxt auf Kreta gibt es zahlreiche Parallelen in Kleinasien und Syrien, so daß man sogar vermutet, seine Herkunft sei dort zu suchen. Entsprechungen zu den minoischen Siegeln finden sich im Iran. Durch den Handel und durch die Ausbreitung religiöser Vorstellungen und Kultformen weitete sich der Bereich kretischen Einflusses im zweiten Jahrtausend v. Chr. bis ins nördliche und westliche Europa und natürlich auch auf alle Mittelmeerländer aus. Es ist bezeichnend, daß überall dort – in Ägypten, Italien, Spanien und Sardinien – die Spuren dieser kretischen Einflüsse um das Jahr 1500 v. Chr. versiegen, zu einem Zeitpunkt also, da die kulturelle und expansive Kraft der Minoer einen Höhepunkt erreicht hat, sich aber der Ausbruch des Vulkans von Thera ereignete.

Vielfach hat man die Phöniker des ersten Jahrtausends v. Chr. und die Griechen der klassischen Antike sowohl für die frühesten als auch für die größten Kolonisten im Mittelmeer gehalten. Heute ist durch Funde nachgewiesen, daß 500 bis 1000 Jahre vor ihnen ein Kolonialreich bestand, das ebenso groß oder vielleicht noch größer und in vieler Hinsicht kulturell nicht weniger entwickelt war als jenes der Phöniker. Freilich verwendete es die Bronze dort, wo die späteren Völker Eisen benutzten.

Zwischen der Iberischen Halbinsel, der Toskana und Sardinien einerseits, dem ägäischen Raum und der Levante anderseits bestand schon lange vor 2000 v. Chr. – vor allem mit Silbererz und Zinn – ein blühender Handel. Kamen diese Rohstoffe vom Westen nach dem Osten, so ging dafür – auf den Spuren der Händler – der Kult der Muttergottheit vom Osten nach Westen. Manche glauben, daß tatsächlich ein Tauschhandel stattfand: hier Religion und Ritual, dort Gold, Silber und Bernstein. Das Werkzeug, die Keramik und auch der körperliche Habitus jener Völker, die in der gemäßigten Klimazone Europas den Ackerbau entwickelten – einschließlich der Bretagne, Großbritanniens und der Schweiz –, zeigen Verwandtschaft mit den Mittelmeervölkern bis zum Nildelta.

Die berühmten Megalithbauten in England, Schottland, Irland, Frankreich, Spanien, Sardinien und auf Malta – das bekannteste und berühmteste Beispiel befindet sich in Stonehenge – sind Zeugnisse eines Begräbniskultes und religiöser Bräuche, die wahrscheinlich vielen Kulturen oktroyiert worden waren. Diese Kultformen verbreiteten sich während des zweiten Jahrtausends v. Chr. in Europa, verschwanden aber um das Jahr 1500 wieder. Dies jedenfalls wird durch archäologische Funde belegt.

Viele Gebrauchsgegenstände der jungsteinzeitlichen Kultur sind dem gleichzeitigen minoischen Kreta eng verwandt. Zeichnungen auf gewaltigen Steinmonumenten, Steinringe und Hünengräber gibt es auch auf Kreta. Es scheint, daß alle megalithischen Kulturen miteinander in Verbindung standen. Die Monumente entlang den Küsten sind einander so ähnlich, daß sich der Gedanke aufdrängt, sie seien von Seefahrern inspiriert worden. Daraus ließe sich schließen, daß minoische Schiffe bis nach England gekommen sind. Dieser ausgedehnte Einfluß in der antiken Welt könnte die historische Grundlage für die Erzählung Platons vom Ausmaß des atlantischen Reiches und seiner Inseln gewesen sein.

Die Bernsteinstraße, die sich vom Mittelmeer nach Norden bis zur Ostsee hinzog, war in minoischer Zeit ein wichtiger Handelsweg. In minoischen Gräbern auf Kreta hat man den gleichen Bernsteinschmuck gefunden, den man auch an vielen Punkten dieser Straße und sogar in England gefunden hat. Manche Teile der Argonautensage haben Erinnerungen daran bewahrt.

Wenn der Platonische Bericht sich auf Tatsachen gründete, müßte er durch archäologische Funde aus der Zeitspanne von 2000 bis 1400 v. Chr. zu bestätigen sein. Anderseits wieder könnte die Sage, wie auch andere zeitgenössische Legenden, der Weg für die Suche nach der historischen Wahrheit sein. Jason, Herakles und Odysseus unternahmen, heißt es in jenen Mythen, Reisen zu fernliegenden Orten. Heute können die Archäologen beweisen, daß diese Orte tatsächlich von Mittelmeervölkern besucht und besiedelt worden sind. Äußerst bedeutsam ist, daß um das Jahr 1500 die europäischen Kulturen den Kontakt mit den Minoern verloren und daß sie – eben in einer raschen Fortentwicklung begriffen – einen inneren Bruch durchmachten.

Es scheint mir, daß hiefür der Ausbruch von Thera und der Untergang der Minoer die Verantwortung tragen.

Rätselhaft bleibt, wie sich dieser Bruch in der kulturellen Entwicklung tatsächlich abgespielt hat. Denn es ist unwahrscheinlich, daß mit einemmal die Baumeister megalithischer Bauten Englands ihr handwerkliches Können verloren hatten oder daß die örtlichen gesellschaftlichen Faktoren nicht mehr wirksam waren. Die Entwicklung könnte sich etwa folgendermaßen abgespielt haben: Nordeuropa, in dem es einen Überfluß an Raum und Möglichkeiten für Jägervölker gab, war für die Entstehung von Städten keineswegs geeignet. Dazu kam es sehr viel später als in den Gesellschaften des Mittelmeerraumes, der weit weniger offene Räume besaß, dafür aber starke Traditionen. Es wäre also durchaus denkbar, daß Kolonisten aus südlichen Stadtkulturen nach Nord- und Westeuropa auszogen und der dort ansässigen, auf Ackerbau und Jagd orientierten Bevölkerung ihre städtisch ausgerichteten Ideen und Zivilisationsformen mitbrachten. Im 15. Jahrhundert v. Chr. mag dann dieser »Nachschub« aus dem östlichen Mittelmeer plötzlich aufgehört haben. Der Druck durch die Kolonisatoren war dahin, und die Nord- und Westeuropäer kehrten zu ihren Lebensformen zurück.

Im Frühjahr 1967 las ich das interessante Buch ›Discontinuity in Greek Civilization‹ von Rhys Carpenter. Thema dieses Werkes

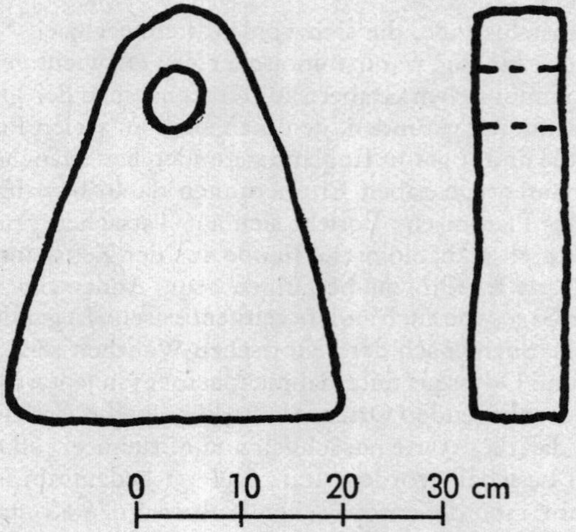

Minoischer Anker aus der Kapelle der Heiligen Irene (Therasia).

ist die Auswirkung klimatischer Veränderungen auf Bevölkerungsbewegungen in der Antike. Auch Carpenter ist überzeugt, daß Atlantis und das minoische Kreta ein und dasselbe waren. Von ihm wird der Ausbruch des Vulkans von Thera ebenfalls für den Untergang von Atlantis gehalten. Wörtlich schreibt er: »Ich bin daher zu der Überzeugung gelangt, daß zur Zeit Solons in den ägyptischen Tempelchroniken die Erinnerung an eine Insel, die im Meer versunken war, noch bewahrt worden ist und daß diese Insel, die während einer gewaltigen Naturkatastrophe unterging und für die Platon den Namen Atlantis erfunden hat, keine andere als Thera war.«

Carpenter befaßt sich sodann mit drei in Platons ›Timaios‹ beschriebenen Ereignissen: Dem Versinken der atlantischen Insel, der Niederlage der atlantischen Armee durch die Tapferkeit der Ahnherren der Athener und der Zerstörung der Kultur und Zivilisation Athens durch ein »Abweichen der Sonne von ihrem normalen Lauf«. Carpenter meint dazu: »Da die ersten beiden Ereignisse dieser Triade eine feste Grundlage in den Tatsachen zu haben scheinen, so ist es nur vernünftig, zu überlegen, ob man nicht auch dem dritten Ereignis Glauben schenken soll.«

Der Untergang der mykenischen Kultur erfolgte ziemlich plötzlich etwa um das Jahr 1200, also mindestens 200 Jahre nachdem der Ausbruch von Thera die Minoer vernichtete. Dies entspricht ungefähr der allgemein akzeptierten Chronologie des ägäischen Raumes. Historiker schreiben den Untergang der Mykener einer Invasion durch die Dorer zu, einem geheimnisvollen griechischen Stamm, der aus dem Norden kam.

Carpenters Beurteilung der vorliegenden Hinweise führen ihn zu dem überraschenden Schluß, es habe keine dorische Invasion gegeben. Er betont, im ganzen Mittelmeerraum jener Zeit seien viele Völker auf der Wanderschaft gewesen. Nach der gegenwärtig vorherrschenden Meinung wurden diese durch militärische Abenteuer mit unbekannten Motiven hervorgerufen. Carpenters Untersuchung der Umstände jener Ereignisse zeigt jedoch, daß es sich lediglich um ein Aufgeben der jeweiligen Heimat, verursacht durch eine Naturkatastrophe, gehandelt hat. Diese Katastrophe meint er, sei eine gewaltige Dürre gewesen.

Um seine Theorie zu untermauern, unternimmt es Carpenter, die Ursachen klimatischer Veränderungen im Mittelmeerraum zu erklären. Der heiße und regenlose Sommer der Ägäis wird durch den stets wehenden Nordwind verursacht. Dieser verhindert, daß die feuchten Luftströmungen vom Atlantik in den Raum südlich des Balkan gelangen. Dr. H. W. Willet von der MIT hat jene klimatischen Veränderungen in historischer Zeit aufgezeichnet, die Verschiebungen der Bahn der atlantischen Winde und daher auch der Position des ständigen Windgürtels verursachten. Von 1200 bis 900 v. Chr. befand sich die Ägäis in einem Zyklus warmen Wetters; es ist sehr wahrscheinlich, daß der Windgürtel nach Norden verschoben war, wodurch Griechenland heißer und trockener wurde. Darunter litt auch die Landwirtschaft. Carpenter meint, daß sowohl meteorologische als auch archäologische Hinweise darin übereinstimmen, daß in Griechenland Dürre herrschte, und zwar in einem Ausmaß, um größere Völkerwanderungen nach dem Osten und dem Westen, in Länder mit regenreicherem Klima, auszulösen. Seine Analyse führt große Veränderungen der Lebensart der Völker auf kleine, aber entscheidende Veränderungen des Klimas zurück.

Besteht ein Zusammenhang zwischen dem Ausbruch des Vulkans von Thera und den Klimaveränderungen? Die Dürre ließe sich auf Grund der Aussagen im Platonischen Atlantisbericht mit einem Abweichen der Sonne von ihrer Bahn erklären. Dagegen wird die Möglichkeit einer Verbindung zwischen der großen Dürre vom Jahre 1200 und den Ausbrüchen der Vulkane von Thera durch archäologische Funde bestätigt.

Ich habe eine Fülle von veröffentlichten Daten über die Zerstörung des minoischen Kreta studiert, vor allem Möglichkeiten einer Zeitbestimmung durch ägyptische Kunstgegenstände, die auf Kreta gefunden worden sind, und solcher kretischer Herkunft in Ägypten (siehe Anhang). Der Stil und die schichtmäßige Zuordnung vieler dieser Gegenstände erlauben uns, mit großer Sicherheit anzunehmen, daß der entscheidende Ausbruch des Vulkans von Thera erst nach dem Jahre 1500 v. Chr. stattgefunden hat. Aber es gibt praktisch keinen sicheren Hinweis, aus dem sich eine Zeitbestimmung für diese Katastrophe vor dem genannten Datum feststellen ließe, aber auch nichts, wodurch eine Grenze für eine spätere Datierung gesetzt wurde. So bleibt die Möglichkeit offen, daß der Ausbruch und die Zerstörungen auf Kreta sogar 100 oder gar 200 Jahre später stattgefunden haben. Carpenter schrieb: »Solange die vorklassischen Überreste noch unter der hohen Aschendecke auf Thera begraben liegen und nicht ausreichend untersucht worden sind, werden wir keinen gültigen Hinweis auf den Zeitpunkt der Katastrophe erhalten.«

In den USA waren im Herbst 1966 die Vorbereitungen für eine Weltrundfahrt des nagelneuen Forschungsschiffes »Oceanographer« im Gange. Die Reise sollte im Frühjahr 1967 angetreten werden. Dr. George Keller von der Environmetal Science Service Administration (ESSA) forderte mich nun auf, meine Atlantisforschungen mit dem allgemeinen Plan für die Forschungsaufgaben des Schiffes zu koordinieren. Er zeigte sich daran interessiert, das Schiff vor Thera anhalten zu lassen und die geophysikalische Untersuchung möglicher atlantischer Hafenanlagen fortzusetzen. Die Aufforderung kam wie ein Geschenk des Himmels. Rudy-Zarudzki und ich bereiteten uns für eine weitere Untersuchung des Meeresbodens vor, um eine bessere Vorstellung von dem Aussehen des Gebietes vor dem Einsturz der Insel um 1500 v. Chr. zu erhalten.

Ich verhandelte weiter mit Wissenschaftlern und der US Navy, um zu erreichen, daß das Tiefseetauchboot »Alvin« ins Mittelmeer gebracht werde, obwohl ich wußte, daß es der Koordinierung mit anderen Projekten bedürfen werde, um Dekkung für die hohen Kosten von etwa 10.000 Dollar pro Tag zu finden. Es ergab sich, daß – wenn nicht wiederum eine andere Wasserstoffbombe verlorenging – für dieses Jahr das Mittelmeer nicht in Betracht kam. Meine Zeit wurde mehr und mehr durch das mühsame Beginnen in Anspruch genommen, Ausschau nach möglichen Geldquellen zu halten, um das Gesamtprojekt zu finanzieren. Zwar waren die Aussichten nicht schlecht, aber die Zeit wurde für ein Unternehmen im Jahre 1967 schon sehr kurz.

Im Verlauf des Winters und des Frühlings korrespondierten Emily Vermeule und ich mit Dr. Marinatos. In einem Brief, datiert vom 27. Februar, bat ich ihn, uns die Erlaubnis zu erwirken, auf Thera und im Meer graben zu dürfen. Am 8. März antwortete er, er habe mein Programm der Archäologischen Gesellschaft von Athen vorgelegt, einer Gelehrteninstitution, die alle Ausgrabungen in Griechenland unter ihrer Obhut habe. Die Reaktion sei ausgesprochen enthusiastisch gewesen: »Sie haben einstimmig den Beschluß gefaßt, uns bei der Verwirklichung Ihres Programms zu helfen.« Er teilte mir auch mit, daß der berühmte französische Taucher Jacques Cousteau im Juni nach Thera kommen werde, und schlug vor, daß wir mit unserem Unternehmen Ende Mai beginnen sollten. Marinatos war glücklich darüber, daß seine Freundin und Kollegin Emily Vermeule kommen werde.

Am 12. April erfuhr ich von Marinatos, daß er die Bewilligung in Händen habe, dazu ein Dekret des Unterrichtsministeriums, durch das er zum Generaldirektor aller Ausgrabungen auf Thera ernannt wurde. Er war also tatsächlich erfolgreich gewesen. Das Ausmaß seiner Vollmachten überraschte mich sogar, denn ich hatte angenommen, daß Dr. Zaphiropoulos der Leiter der Ausgrabungen auf den Kykladen sei, und ich hatte gehört, daß dieser eben auf Thera grabe, allerdings an einer Fundstelle, die der Periode nach dem großen Ausbruch angehört.

Marinatos teilte mir mit, daß die Archäologische Gesellschaft eine Summe von 2000 Dollar für die Ausgrabungen bewilligt habe. Er forderte mich auf, weitere 2000 Dollar beizusteuern, um die Kosten der Unternehmung von 1967 zu decken. Bis dahin hatte ich noch keine Geldmittel aufgetrieben, ich hatte mich nur der Mitarbeit verschiedener Gelehrter versichert, die über ihre eigenen Finanzierungsquellen verfügten. Dazu war mein letztes Ansuchen um eine bescheidene finanzielle Unterstützung sogar von meiner eigenen Institution abgelehnt worden. Ich beschloß daher, falls notwendig, das Geld selbst aufzubringen. Sehr hoffnungsvoll schien das Forschungsprogramm des »Oceanographer«. Plötzlich wurde jedoch die Reiseroute geändert, und alle meine Hoffnungen waren dahin. Das Schiff würde Thera nicht anlaufen, weil es aus diplomatischen Gründen in Odessa am Schwarzen Meer anlegen sollte. Ich fügte mich dieser Entscheidung nicht ohne weiteres, sondern ging bis zum damaligen Vizepräsidenten Humphrey, der den Vorsitz eines ozeanographischen Komitees innehatte, das die Verantwortung für das Schiff trug. Aber mein Appell an ihn war vergeblich. Man ließ mir die Hoffnung, daß es »eine nächste Gelegenheit« für Thera geben werde. Aber ich war überzeugt, daß man die beste Chance verabsäumt hatte.

Zu diesem Zeitpunkt, Mitte April, war unser Projekt zwar noch klein, aber durchaus einsatzfähig. Dr. Elizabeth Ralph von der University of Pennsylvania hatte sich bereit erklärt, ihr ausgezeichnetes Cäsium-Magnetometer – mit dem in Sizilien Mauern, Gräber und sogar große Gefäße 3 bis 20 Meter unter dem Erdboden entdeckt worden waren – nach Thera mitzubringen. Sie wollte während dieses Sommers mit dem Gerät auch in Sizilien arbeiten und konnte ohne weiteres nach Athen kommen, wo sie, Marinatos und ich am 21. Mai zusammentreffen würden. Ich beabsichtigte, einen Landseismographen mitzunehmen, um damit unsere Ausgrabungsstelle bei Akroteri und andere Plätze zu untersuchen. Meine Bewilligung für Unterwasserforschung vom Jahre 1966 war noch gültig.

Dr. Edgerton plante, Anfang Juni nach Griechenland zu kommen, mußte seine Termine jedoch mit dem Zeitplan Cousteaus abstimmen. Emily Vermeule sagte sich für den Juni an, ebenso Robert Kane, ein Geologe und Ingenieur, den ich eingeladen hatte. William Wetmore sollte mich als technischer Assistent und Schriftführer begleiten. Meine Frau Mary würde sich uns, nachdem die Ausgrabungen in Gang gekommen waren, für drei Wochen anschließen.

Leider war es Dr. Galanopoulos, den ich über die Entwicklung der Dinge stets genau informiert hatte und der für alle meine Arbeiten der entscheidende Mann war, nicht möglich, nach Thera zu kommen. Ich beabsichtigte, nach meiner Ankunft in Athen weiter auf ihn einzuwirken; denn sollte unseren Bemühungen Erfolg beschieden sein, so gebührte ihm gewiß ein entsprechender Anteil. Er nannte mir keine Gründe für seine Weigerung; ich glaube aber, dieser kluge Mann sah voraus, daß es persönliche und politische Schwierigkeiten geben werde. Galanopoulos mag übrigens, in seiner großen Bescheidenheit, das Rampenlicht der Öffentlichkeit gescheut haben.

Zu allen anderen Sorgen kamen nun jene über die politischen Ereignisse in Griechenland. Wir waren schon besorgt gewesen, daß die allgemeinen Wahlen, die im Mai hätten stattfinden sollen, einen totalen Szenenwechsel herbeiführen hätten können. Aber als ich am 21. April die Zeitung aufschlug, sah ich meine ganze Arbeit und alle meine Pläne in Rauch aufgehen. Ein Militärputsch hatte in Griechenland stattgefunden, eine Offiziersjunta hatte die Macht übernommen. Tausende Menschen waren verhaftet worden.

Auf welcher Seite standen meine Freunde in Griechenland? Zwei Wochen lang hörte ich weder etwas von Marinatos noch von Galanopoulos. Ich schickte Telegramm um Telegramm an Marinatos, um zu erfahren, ob unsere Pläne noch Geltung hatten.

Schließlich, am 8. Mai, kam ein Brief von Marinatos, in dem es hieß: »Die politische Situation hier ist ausgezeichnet und auf jeden Fall viel stabiler als früher. Ich bin überzeugt, daß die Voraussetzungen für unsere Arbeit wesentlich besser geworden sind und in naher Zukunft möglicherweise noch besser werden.«

Es war also klar, auf welcher Seite er politisch stand, und vor allem, daß unsere Arbeitsbewilligung noch gültig war. Ich war sehr erleichtert, machte mir aber Sorgen über das Problem, in ein Land zu fahren, wo jede Minute eine blutige Revolution ausbrechen konnte. Die Offiziersjunta blieb jedoch ungestört an der Macht. Welche Überlegungen ich von meinem Schreibtisch aus auch immer zur politischen Situation in Griechenland anstellte, mein Wunsch, nach Athen zurückzukehren, verdrängte alle Befürchtungen.

Am Montag, dem 22. Mai 1967, trafen Bill Wetmore, unser Schriftführer, und ich voller Zuversicht in Athen ein, mußten aber erst unsere Geräte durch den Zoll bringen. Angesichts der Machtergreifung des Militärs in Griechenland waren wir keineswegs sicher, was wir zu gewärtigen hatten. Man hatte uns völlig widersprechende Ratschläge gegeben. Die einen meinten, wir sollten unsere Apparaturen als Berufsausrüstung deklarieren, andere aber hatten wieder gemeint, wir sollten sie überhaupt nicht beim Zoll angeben. Wir entschlossen uns zu schweigen. Es handelte sich um den Seismographen und einen Sensor für das Magnetometer Elizabeth Ralphs. Außerdem um Filmkameras und Photoapparate sowie um Kurzstreckensender. Wir kamen zwar ungeschoren durch den Zoll, mußten aber an einem großen Gitterkäfig vorbei, der offenbar für die Unterbringung von Übeltätern bestimmt war.

Athen wirkte nun völlig anders, als ich es aus meinen beiden vorhergehenden Besuchen in Erinnerung hatte. Auf den Straßen sah man allzu viele Soldaten, aber fast keine Touristen. Es fehlte auch der übliche Lärm. Das Militärregime hatte die Anzahl der Zeitungen von zwölf auf drei verringert, was auch eine entsprechende Verringerung der ihre Waren anpreisenden Zeitungsjungen mit sich brachte. Nicht nur die Straßen, auch die Kaffeehäuser, früher Schauplatz ständiger politischer Diskussionen, waren ruhig. Mehr als fünf Personen durften in der Öffentlichkeit nicht zusammenkommen. Über Politik wagte niemand zu diskutieren. Aus all diesen Gründen verließen wir diese Stadt schon einen Tag nach unserer Ankunft.

Vorher jedoch traf Elizabeth Ralph aus Italien ein und brachte ihre Magnetometer mit. Telephonisch sprach ich damals zum erstenmal mit Dr. Marinatos. Und wir trafen auch Dr. Galanopoulos, der seine guten Gründe hatte, nicht nach Thera zu kommen. Doch hatte er inzwischen einige weitere Mosaiksteine für das Gesamtbild des minoischen Atlantis gefunden. So etwa Beweise dafür, daß ein Teil der Zerstörungen auf Kreta nicht die Folge einer Flutwelle oder anderer vulkanischer Schäden, sondern durch Erdbeben verursacht waren, die – vor dem Einsturz von Thera – die Szene für noch schrecklichere Zerstörungen vorbereitet haben. Ich nahm mir vor, auf Thera nach Anzeichen für solche Erdbeben zu suchen. Galanopoulos hatte auch von Bimssteinlagern an der palästinensischen Küste – etwa fünf Meter über dem Meeresspiegel – gehört, deren Herkunft auf Thera zurückgeführt werden konnte. Damit lagen neue Hinweise auf den Ablauf der Sturmflut vor.

Es besteht kein Zweifel, daß die Flut die afrikanische Küste getroffen hat. Zwei Wissenschaftler vom Massachusetts Institute of Technology, Frank Press und David Harkreader, waren in jüngster Zeit zu dem überraschenden Schluß gekommen, daß Flutwellen, die durch den Einsturz des Krakatau erzeugt worden waren, durch gleichzeitig entstandene Sturmstöße noch verstärkt worden seien. Das bedeutet, daß Meereswogen zwar an der Küste brechen, die sie begleitenden Sturmstöße aber streichen quer über das Land und bewegen das Meer jenseits des Landes in gleichem Maß. Dieses Phänomen setzt besondere, aber keineswegs unwahrscheinliche Bedingungen voraus: die Geschwindigkeit der Luftstöße muß die gleiche sein wie die der Flutwellen.

Ein solches Zusammenklingen hängt von der Meerestiefe und dem Grad der Explosionswirkung ab. Ich übertrug ihre Ergebnisse auf das Problem von Thera und kam zu dem Schluß, daß Kreta für die Fortsetzung der Wellen, die von Thera ausgingen, keineswegs ein Hindernis gewesen sein mußte. Der Sturm konnte über Kreta buchstäblich hinweggegangen sein; auf der südlichen Seite der Insel aber haben die Lufterschütterungen wieder Flutwellen ausgelöst. Stimmt diese Hypothese, so konnte auch Afrika von gewaltigen Flutbergen getroffen worden sein. Dr. Galanopoulos nickte zu meinen begeisterten Kommentaren. Dann sprach er wieder mit Bedauern über den Mangel an Enthusiasmus, den die Archäologen für seine Atlantistheorie zeigten, hoffte aber, daß ihr Interesse zunehmen werde.

Ich erwähnte die hitzigen Auseinandersetzungen zwischen Loring und Marinatos. Konnte man etwas unternehmen, um diese starken Persönlichkeiten zu versöhnen?

»Jeder kämpft«, sagte Galanopoulos achselzuckend. »Aber ich hoffe, daß die Differenzen unser Projekt nicht stören werden.«

Zu Mittag waren wir – Elizabeth Ralph, Bill Wetmore und ich – bei Dr. Marinatos eingeladen. Er bewohnte eine kleine Villa am Stadtrand Athens, die, genau wie er selbst, zunächst nur schwer zugänglich ist. Der Taxichauffeur brauchte eine Stunde, um das Haus zu finden, und wir brauchten noch etwas länger, um mit dem elektrischen Türöffner fertig zu werden. Aber als wir einmal im Haus waren, seine reizende Frau und seine Tochter Nani kennengelernt hatten, erwies sich seine Förmlichkeit, die zunächst so undurchdringlich schien, als bloße Hülle, unter der sich eine Leidenschaft für gutes Essen, guten Wein, viel Charme, Humor und großes Wissen verbargen. Dazu gehörte auch noch jene Klugheit, die notwendig ist, um im modernen Griechenland politisch überleben zu können.

Am Nachmittag nach unserer Ankunft in Griechenland brachte Marinatos, unterstützt von Jean Koutsogiannopoulos (zu deutsch: »Sohn des Johannes, der lahm war«) uns fünf sowie den hochbeladenen Fiat Elizabeth Ralphs an Bord des Motorschiffs »Karaiskakis« von der Nomikos-Linie, deren Eigentümer auf Thera wohnt. Ich riet davon ab, den Wagen mitzunehmen, weil das Ausladen auf der Insel schwierig sein würde. Aber Elizabeth Ralph war wagemutiger und zog es vor, die wertvollen, zerbrechlichen Instrumente in ihrem Wagen zu behalten, statt sie auf Thera in gemietete Fahrzeuge oder auf Esel zu verladen.

Jean Koutsogiannopoulos, ein bekannter Athener Rechtsanwalt, stammte aus Thera. Er hatte sich stets um das Wohlergehen der Bewohner der Kykladen bemüht. Ein ruhiger, verständnisvoller Mann, voll Humor und guten Willens. Er war auch Leiter des griechischen Roten Kreuzes gewesen. So rasch Marinatos' impulsive Art die Wasser aufwühlen konnte, so rasch besänftigte sie Koutsogiannopoulos wieder. Unglücklicherweise konnte er uns bei dieser Reise nach Thera nicht begleiten; er wollte das nächstemal kommen.

Der Kapitän der »Karaiskakis«, dessen Vater Direktor des Steinbruchs von Ia an der Nordküste von Thera war, zeigte sich von unserem Projekt begeistert: Er erzählte uns, daß im Steinbruch seines Vaters einige große minoische Vorratsgefäße entdeckt worden waren.

Auf See bekamen wir die Macht der Elemente zu spüren; das Schiff schwankte und rollte, während der Meltemi, ein sommerlicher Nordwind, Gischt über die Backbordseite trieb. Die steil abfallenden schwarzen Kykladen kamen in Sicht. Als wir Ägina passierten, fiel mir die Geschichte von Aeakos ein, dem König der Insel, Großvater des Achilles und Bruder des Königs Minos von Kreta. Wenn er eine historische Persönlichkeit gewesen war, mußte er etwa zur Zeit des Vulkanausbruchs von Thera gelebt haben, ein paar Generationen vor Theseus und vor dem Trojanischen Krieg.

In dieser Sage, die Kephalos wiedergibt, heißt es, daß sich einst der Himmel auf die Erde herabzusenken schien und schwere Wolken die erhitzte Luft herabdrückten. Vier Monate lang wehte ein tödlicher Südwind. Der Aufruhr der Elemente ergriff die Quellen. Tausende Schlangen krochen an Land und spien ihr Gift in den Brunnen: Eine Seuche brach aus, die zuerst die Tiere ergriff, Hunde, Vieh, Schafe und Vögel. Der unglückliche Pflüger sah mit Entsetzen seine Ochsen inmitten der Feldarbeit zusammenstürzen und hilflos in der unvollendeten Furche liegenbleiben. Die blökenden Schafe verloren ihre Wolle. Die Legende beschreibt ferner, daß auch die Menschen von Plagen betroffen waren, ähnlich jenen, die in der Bibel als »die ägyptischen« beschrieben werden. Vulkanische Gase, denen Seuchen und Tod folgten, sind offensichtlich der Ursprung dieser Mythen.

Wir erreichten Melos gegen sieben Uhr abends. Der Kapitän bemühte sich, das Schiff ans Ufer zu bringen. Ein starker Wind vom Land her machte es jedoch schwierig, sich dem Kai zu nähern, der vor langer Zeit für viel kleinere Schiffe gebaut worden war. Endlich, nachdem wir einen Buganker ausgeworfen hatten, gelang es der Mannschaft, eine Leine an Land zu bringen und das Heck mit Hilfe einer Winde nahe genug an den Kai heranzumanövrieren, um einige ungehaltene Passagiere auszuschiffen und Frachtgut auszuladen. Das alles spielte sich ab, während zwischen Schiff und Küste eine laute und lebhafte Auseinandersetzung über die seemännischen Fähigkeiten des Kapitäns und die Nützlichkeit der Hafenanlagen der Insel geführt wurde. Dies klang schon mehr nach jenem Griechenland, das wir in Erinnerung hatten.

Ein großer pfirsichfarbener Mond stieg auf. Buntbemalte Barken sammelten sich um uns. Gelbe Lampen beleuchteten die Straßen und die weißen Häuser der Stadt. Menschen spazierten umher, riefen einander zu, begegneten einander; und obgleich die Menge nur klein war, herrschte hier doch weit mehr Leben als etwa in Athen. Endlich lichtete das Schiff den Anker und fuhr in die Dunkelheit hinaus, Thera entgegen.

Melos, die andere vulkanische Insel der Minoer, weist als einziges Zeugnis geologischer Aktivität Fumarolen auf. Um 1500 v. Chr. wird es nicht viel anders ausgesehen haben als heute, außer daß das Land fruchtbarer war. Bei Phylakopi bestand eine blühende Siedlung. Vielleicht hatte dort jener König Eumelos regiert, dessen Namen wir auf einem Felsen des Messa Vouno auf Thera eingeritzt gesehen hatten und der, nach Platon, einer der Herrscher von Atlantis gewesen war.

Am Abend waren Dr. Marinatos und ich die einzigen Gäste der Schiffsmesse. Ich las den Bericht über die Ausgrabungen Fouqués, denn am nächsten Tag wollten wir wiederum in den Schluchten von Akroteri nach den verschwundenen Gebäuden suchen. Auch Marinatos las. Er sah auf und sagte: »Wann immer ich nach Thera fahre, lese ich den ›Timaios‹ und den ›Kritias‹ des Platon.« Auch ich besaß eine alte Ausgabe dieses Werkes in griechischer Sprache, ein Geschenk meines Vaters. Wir begannen, über Atlantis und die Minoer zu plaudern. Marinatos wechselte bald das Thema, aber ich hatte das Gefühl, daß wir in jenem kurzen Augenblick zu einem offenen Gedankenaustausch gekommen waren.

Als wir am nächsten Morgen vor Thera anlangten, erklärte der Kapitän, die See sei zu rauh, um Elizabeth Ralphs Fiat ausladen zu können. Außerdem war auch der Leichter, der für diese Transferierung zur Verfügung stehen sollte, nirgends zu finden. Dazu waren die Kosten einer Landung, wenn sie überhaupt durchgeführt werden konnte, um ein vielfaches erhöht worden. So blieb nichts übrig, als die Schiffskoffer mit den Geräten auszuladen, den Wagen aber an Bord zu lassen und nach Piräus zurückzuschicken. Die kleinen Boote, die ausgefahren waren, um das Schiff zu treffen, standen nun längsseits. Sie waren mit Leuten und Gepäck angefüllt und hoben und senkten sich mit den Wellen. Dazu knatterten die Motoren ohrenbetäubend. Am Kai warteten Eseltreiber, um uns zur Stadt Phira hinaufzubringen, zu unserem Hotel, das etwas vorschnell »Atlantis« getauft worden war. Loring hatte mir zwar geschrieben, daß er uns wiederum sein Haus als Hauptquartier zur Verfügung stelle, aber er war noch nicht auf der Insel eingetroffen, und ich hatte es auch vermieden, dieses heikle Thema mit Marinatos zu erörtern.

Unser Gepäck ließen wir im Hotel. Um halb neun ging es sogleich nach Akroteri, ohne auch nur unsere Reisekleidung zu wechseln. Marinatos war an eine Atmosphäre förmlicher Höflichkeit und herrischen Auftretens gewöhnt, was zweifellos dazu beitrug, ihm den Respekt der örtlichen Bevölkerung zu verschaffen. Wir alle waren begierig, nach Akroteri zu kommen, und drängten uns in dem auf uns schon wartenden Peugeot zusammen. Er besaß keinen Starter, sondern wurde stets auf einer Anhöhe geparkt, was auf Thera leicht möglich war.

Im Dorf Akroteri erwarteten uns einige ältere Leute, die uns behilflich waren, eine geeignete Stelle für den Beginn der Grabungen zu finden; der jüngere Koutsogiannopoulos, ein Neffe des Athener Rechtsanwalts, der auf der Insel als Geschäftsbeauftragter für Marinatos tätig war, schloß sich uns an. Der junge Mann ging an seine Arbeit mit Entschlossenheit heran. Wir sollten bald lernen, daß es gut war, nirgends hinzugehen, ohne vorher ihn oder den Polizeichef zu informieren, weil wir auf diese Weise Schwierigkeiten vermeiden konnten.

Als wir das Hotel verließen, ereignete sich ein Zwischenfall, der uns eine weitere Seite des Charakters von Marinatos zeigte. Ein gewisser Herr Giannakas, 72 Jahre alt, war seit 35 Jahren Kustos des Museums von Thera gewesen. Nun war er in Pension und fungierte als von der Regierung eingesetzter Berater für Touristen in einem kleinen Büro in der Stadt. Für Dr. Marinatos empfand er größte Hochachtung und hatte ihm erklärt, er würde seinen Fremdenverkehrsposten aufgeben, um ihm zu helfen. Marinatos hatte zugestimmt und ihm eine Anstellung bei den Ausgrabungen angeboten. Als wir im Begriff waren, nach Akroteri abzufahren, kam Giannakas mit einer großen, eingerahmten Karte der Insel, einer Kopie der Admiralitätskarte, angelaufen. Es hatte ihn einige Mühe gekostet, diese Karte herbeizuschaffen. Marinatos jedoch erklärte ihm brüsk, daß wir ihn nicht brauchten – was freilich durchaus richtig war –, schob ihn kurzerhand beiseite und fuhr ohne ihn davon. Vielleicht hatte Marinatos vergessen, daß er Giannakas engagiert hatte.

Die Bimssteinschicht war in Akroteri weniger dick als irgendwo sonst auf der Insel. An manchen Stellen durchschnitt sie tiefe Erosionsrinnen bis zur minoischen Schicht. Diese geologischen Verhältnisse mußten zu häufigeren Oberflächenfunden als irgendwo anders führen. Früher oder später würde die Gegend von Akroteri das Interesse der Archäologen auf sich ziehen. Wir kamen genau 100 Jahre nach den historischen Entdeckungen Fouqués auf Therasia und bei Akroteri hierher. Kurz nachdem man begonnen hatte, für den Bau des Suezkanals Bimsstein zur Zementherstellung abzubauen, waren Berichte über prähistorische Überreste eingelangt. Damals wurden, ebenso wie heute, in den Steinbrüchen von Thera Mauern, Keramiken und Überreste von Fresken und andere Funde rücksichtslos zertrümmert; niemand protestierte. Der Zement von Thera ist außerordentlich billig. Dagegen kann aber die Entfernung selbst eines kleinen Gefäßes von der Insel ohne Erlaubnis der Regierung einen internationalen Skandal hervorrufen.

1870 gab es genug Hinweise für das Vorhandensein einer frühgeschichtlichen Kultur mit dichter Besiedlung und hoher Zivilisation. Auch damals schon gab es Überlegungen, daß es sich bei Thera um Platons Atlantis handeln könne. Nicaise hatte 1885 diese Vermutung ausgesprochen. Aber seine Schriften gerieten, ebenso wie das monumentale Werk Fouqués, bald in Vergessenheit. In den vergangenen 100 Jahren sind buchstäblich Tonnen von Antiquitäten als Zement in die Frachter geschaufelt worden, während die Gelehrten ironisch lächelten, sobald jemand davon sprach, Thera könnte ein geeigneter Kandidat für die Lokalisierung von Atlantis sein.

Dennoch haben die Abbauarbeiten nicht nur antike Gegenstände zerstört, sondern auch zu den Entdeckungen Fouqués geführt. Im Jahre 1866 war er als Geologe nach Thera gereist, um den Vulkan, der sich damals gerade in einer Eruptionsperiode befand, zu beobachten. Dabei wurde er auf die alten Mauern und Gefäße, die in den Steinbrüchen auf Therasia zutage kamen, aufmerksam. Noch stand die Entdeckung der minoischen und der mykenischen Kultur bevor. Es war also schwierig, solche Funde zeitlich einzuordnen. Aber sie stammten offenbar aus der Periode vor der griechischen Besiedlung, und dies allein gab ihnen schon eine gewisse Bedeutung. Nachdem Fouqué sechs Räume eines Gebäudes, das offenbar ein großes Bauernhaus gewesen sein muß, sowie die Überreste eines alten Mannes ausgegraben hatte, der scheinbar die Insel nicht rechtzeitig vor dem Ausbruch verlassen hatte, brach er die Ausgrabungen ab. Er war zu der Überzeugung gekommen, daß diese Fundstelle, über der Tonnen lockerer Asche lasteten, zu gefährlich war. Als Ersatz wählte er die Gegend von Akroteri, wo die Aschendecke dünner war.

In den Erosionsrinnen von Akroteri konnte Fouqué aus Abhängen hervorragende Mauern entdecken; er fand zwei Goldringe sowie Werkzeuge aus Kupfer und Obsidian: Funde aus einer vorgriechischen Periode. Der Bauer, dem das Land gehörte, gestattete Fouqué nicht, Ausgrabungen vorzunehmen. Aber die französische Regierung gab auf Drängen Fouqués zwei anderen Franzosen, Gorceix und Mamet, Geld, und die griechische Regierung erteilte eine Ausgrabungsbewilligung. Sie begannen mit ihren Arbeiten im Frühjahr 1870 und waren auch sofort erfolgreich. Zuerst fanden sie Mauern, dann einen Vorratsraum, der mit wundervoll bemalten Vasen angefüllt war, von denen manche noch verkohlte Lebensmittel enthielten. Messer, Schaber und Sägen aus Obsidian wurden gefunden, ferner Webstuhlgewichte, Mörser und Mörserkeulen, Küchengeräte, Murexmuschelschalen und Knochen von Hunden, Katzen, Pferden, Ziegen und Schafen; auch ein Scherben mit kretischen Linearschriftzeichen.

Von unserem Standpunkt aus war jedoch am wichtigsten, daß knapp bevor die Ausgrabungen abgebrochen werden mußten – wiederum, weil die Gefahr eines Einsturzes drohte – Fresken entdeckt worden waren. Auch wir wollten ja nicht einfach irgendwelche Siedlungen finden, sondern Anzeichen von Reichtum, die ein Hinweis auf eine stadtartige Siedlung sein konnten. Die Fresken – es handelte sich um ausgedehnte, sehr schöne, völlig intakte Wandmalereien, die ausgesprochen ästhetischen Geschmack bewiesen – konnten sehr wohl als ein Beweis für Wohlstand und Muße gelten. Ebenso auch die elegant geformten und reichdekorierten Gefäße, die im gleichen Sommer ausgegraben wurden. Die beiden Franzosen entdeckten ferner ein zweites Haus in derselben geologischen Schicht; auch dieses war mit Gegenständen angefüllt; und schließlich ein drittes in der Nähe von Balos, dem Hafen von Akroteri, an der Innenseite des Einbruchskessels. Hier wurde eine Kupfersäge gefunden, bisher der einzige Gegenstand aus diesem Material auf Thera.

Fouqué hatte völlig begriffen, daß er etwas viel Wichtigeres der Erde entrissen hatte als nur Reste eines vereinzelten Dorfes. Die Keramik, schrieb er, wäre jener auf Melos, Rhodos und Zypern gefundenen ähnlich. Er schrieb ferner, er habe aus guter Quelle gehört, im Louvre befinde sich eine ägyptische Darstellung, auf der gezeigt werde, wie ein ägyptischer König griechische Abgesandte empfängt. Die Geschenke, die sie ihm überbringen, ähnelten in der Form und im Schmuck jenen von Thera. Dies mag der erste neuzeitliche Hinweis auf Handel zwischen den Minoern und Ägyptern sein. Die Historiker haben diese Tatsache erst viele Jahre später erfaßt.

Im weiteren Verlauf bestätigte sich dann, daß die Linearschrift, die bei Akroteri gefunden worden war, minoisch ist, daß die Architektur minoischer Herkunft und auch der Stil der Keramik, der Fresken, der Skulpturen und der Lebensart minoisch sind. Die Insel Melos war von dem gleichen Volk besiedelt gewesen. Allmählich nun begannen die Gelehrten zu erkennen, daß auch die archäologischen Funde und die vielen Hinweise in Schriften der griechischen Antike bestätigten, daß in frühgeschichtlicher Zeit in der Ägäis ein großes Inselreich bestand, das auf eine geheimnisvolle Art in der zweiten Hälfte des zweiten Jahrtausends v. Chr. zugrunde gegangen war. Schließlich kam man sogar auch auf die Verbindung zwischen einer Eruptionskatastrophe des Vulkans von Thera und dem Ende des minoischen Reiches. Dennoch galt es in wissenschaftlichen Kreisen – ebenso wie heute – als frivol, an eine Verwandtschaft zwischen diesem Inselreich und Platons Atlantis zu denken. Sonderbarerweise aber galt es nicht als frivol, den bei Knossos gefundenen minoischen Palast »Labyrinth des Minotauros« zu nennen. Das ist um so erstaunlicher, als der Minotauros nur aus der sehr alten athenischen Theseussage bekannt ist, für Atlantis aber immerhin die Aussage eines der größten Gelehrten und Philosophen aller Zeiten, nämlich Platons, steht.

Fast 100 Jahre lang vernachlässigten die Archäologen Thera fast völlig – mit Ausnahme einer kurzen Ausgrabungsperiode im Jahre 1900 durch den Deutschen Zahn. Und dabei wäre es immerhin möglich, daß sich Thera als ein zweites, aber weitaus älteres Pompeji erweisen könnte, als eine Kultur, konserviert in Vulkanasche, genau so wie sie war, als die Menschen die Insel fluchtartig verließen: intakt, unberührt von späteren Plünderern, geschützt vor Wind, Regen und Sonne. Es müßte für den Archäologen eine einzigartige Gelegenheit sein: wie immer man darüber denken mag – ob hier Atlantis gefunden werden kann oder nicht –, so muß doch in jedem Fall die Ausgrabung solcher, durch Vulkanasche konservierter Funde unerhört viel zu unserer Erkenntnis des Lebens der Minoer und Mykener beitragen.

Das heutige Dorf Akroteri ist eine Hügelsiedlung. Weiße Gebäude liegen an den Hängen bis zum Gipfel hinauf, Kirchen und Kapellen schmücken den Ort. Ihre blauen Kuppeln leuchten aus dem Weiß der Häuser hervor. Wenn ein so berühmter Mann wie Dr. Marinatos in ein derartiges Städtchen kommt, so weiß man das entweder schon im voraus, oder aber es spricht sich blitzschnell herum. Bei unserer Ankunft sammelten sich sogleich viele Akroterioten um uns an. Dieses Interesse war nicht unwichtig, Erkundung und Theorie mögen den Archäologen in ein bestimmtes Gebiet führen. Vielleicht läßt sich sogar der Raum, in dem man Funde zu machen hofft, auf einen Quadratkilometer genau bestimmen. Logik und ein gefühlsmäßiges Wissen um Möglichkeiten einer Landschaft für menschliche Besiedlung – geschützte Lage gegenüber den Elementen, aber ebenso gegenüber Angriffen von Seeräubern, die Nähe fruchtbaren und bebaubaren Landes – helfen dem Sucher. Was aber dann? Wo soll man innerhalb eines solchen einen Quadratkilometer großen Gebietes beginnen? Bei diesem Feigenbaum, bei jener Höhle, unterhalb des Eselspfades, bei dem Graben, wo die Asche durch die Erosion schon weggewaschen ist, oder aber entlang jenes sanften Hanges? Die Antwort auf solche Fragen kann oft genug ein Bauer geben, zumindest wichtige Hinweise. Er erinnert sich etwa, daß er nach den Frühjahrsregenfällen in einer Schlucht südlich seines Tomatenfeldes Scherben von alten Töpfen gefunden hat. Und ein Fischer erinnert sich, daß ihm einst sein Großvater auf einem Feld im Süden einen Ort zeigte, wo die Deutschen gegraben und ein altes Haus gefunden hatten.

So ging es uns tatsächlich: Den ersten sicheren Hinweis erhielten wir von einem alten Mann namens Georgios Saliveros, der sich daran erinnerte, daß vor Jahren der Boden einer Eselshöhle eingebrochen war und darunter etwas zum Vorschein kam, das wie der Raum eines Hauses aussah. Er entsann sich ferner, daß in nächster Nähe plötzlich ein Stück eines Feldes eingesunken war, als ob unter der Asche ein Hohlraum gewesen wäre.

Unsere erste Aufgabe war es, uns diese Stellen und andere Phänomene anzusehen. Es war eine richtige Prozession. Eine alte Frau in schwarzen Kleidern lief neben Dr. Marinatos her, lachend und sich auf die Röcke schlagend. Die alten Männer waren stolz, uns zeigen zu können, wie gut ihr Gedächtnis war, und die jungen Leute waren darauf aus, Arbeit zu bekommen. Die Kinder dagegen liefen kichernd und lachend voraus, freilich nur, um dann, plötzlich scheu geworden, wieder zu verschwinden. Wir marschierten mit unseren schwarzen Kisten mitten in der langen Reihe durch Asche und über Steine, vorbei an Kakteen, Brennesseln und immergrünen Büschen. In der Luft war Dunst und Asche. Der Wind verwehte unsere Spuren binnen einer Stunde. Hier und da erntete ein Bauer auf einem Feld seine Gerste, indem er die Pflanzen mit Wurzel und Halm aus der lockeren vulkanischen Erde zog, und überall lagen Tonscherben, der Abfall von 14 Jahrhunderten oder mehr. Unsere Prozession hielt an. Dr. Marinatos, der trotz seiner 67 Jahre und seines beträchtlichen Bäuchleins bemerkenswert zäh und wendig ist, kletterte auf eine fast zwei Meter hohe Feldmauer und sprang wieder herab.

»Dieser Bauer ist ein sehr intelligenter Mann. Er hat bemerkt, daß einige der Steine dieser Mauer nicht Findlinge sind.«

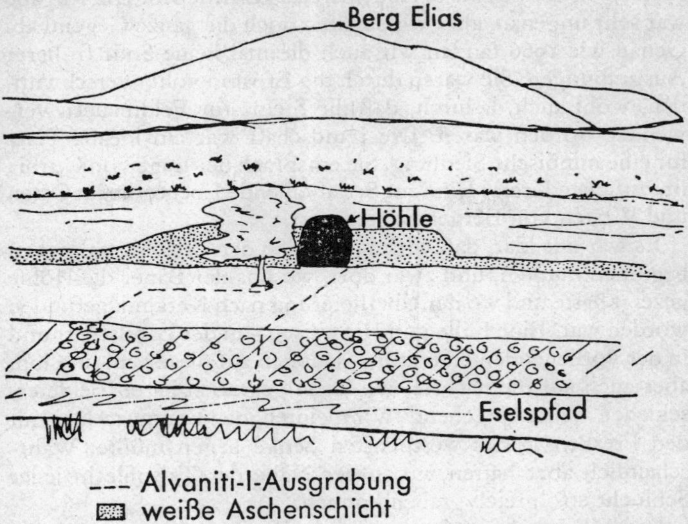

Blick nach Osten auf die Schlucht von Akroteri. Eingezeichnet die Höhle und die Verschiebung in der Aschenschicht, hervorgerufen durch das darunterliegende minoische Gebäude.

»Könnten sie zu einer alten Mauer gehören?« fragte ich.

»Sehr vielversprechend«, meinte Marinatos geheimnisvoll.

»Aber ich fürchte, daß das Magnetometer angesichts der vielen Lavasteine in der Asche Mauern nicht verzeichnen wird«, bedauerte Elizabeth Ralph. Tatsächlich war es so. Das Gerät fand entweder keine Mauerreste oder zeigte sie nicht sehr deutlich an.

In einiger Entfernung, bei einem freistehenden Feigenbaum, befand sich im Abhang der Schlucht eine Höhle. Sie war teilweise mit Geröll und Schutt gefüllt, aber am Eingang war eine Schichte aus Asche und Bimsstein festzustellen; wir hofften, darunter ein Gebäude zu finden. Man hatte den Eindruck, eine große Schachtel, bedeckt von Schnee, zu sehen. Die Bimssteinschicht stieg ein paar Meter an, lief horizontal weiter, senkte sich dann zu ihrem ursprünglichen Niveau und setzte sich dort fort. Das Feld darüber schien ein guter Platz, um das Magnetometer auszuprobieren. Elizabeth Ralph, Bill Wetmore und ich begannen zu arbeiten, während Marinatos weiterging, um andere mögliche Fundstellen zu besichtigen.

Fouqué hatte von einem Graben im Osten des Dorfes und 400

Meter von der Südküste landeinwärts geschrieben. Die Angabe war sehr ungenau, aber wir suchten doch die ganze Gegend ab. Genau wie 1966 fanden wir auch diesmal keine Spur früherer Ausgrabungen. Sie waren durch die Erosion völlig verschwunden, wohl auch dadurch, daß die Steine für Feldmauern verwendet worden waren. Die Landschaft war ein idealer Platz für eine minoische Siedlung. Sie entsprach der Lage von Gurnia im östlichen Kreta: Eine zur See abfallende Ebene, die im Osten und Westen von Bergen begrenzt ist.

Es war uns klar, daß wir in der Nähe der Talsohle zu graben beginnen mußten, und zwar dort, wo uns der Bauer die Höhle gezeigt hatte und wo der Überlieferung nach Keramik gefunden worden war. Eine Fülle von Hinweisen – in der Landschaft und in der vorliegenden Literatur – deuteten auf diese Senkung hin, aber auch auf die nächste, wo Zahn gegraben hatte. Beide erschienen vielversprechend. Wir meinten, daß Fouqués Haus mit den Fresken in der westlichsten Senke liegen müßte. Wahrscheinlich aber hätten wir in der Nähe der Talsohle in jeder Schlucht erfolgreich graben können.

Die Arbeit ging leicht vonstatten, Funde kamen so rasch zutage, daß wir mit dem Verzeichnen und Konservieren gar nicht nachkamen; es waren einfach zuwenig Leute da. Daher legten wir eine Pause ein, in der wir eine genaue Orts- und Schichtbestimmung vornahmen. Gerne hätte ich meinen Seismographen verwendet, denn Elizabeth Ralph und ich meinten, daß er mehr Ergebnisse bringen würde als das Magnetometer. Aber Elizabeth konnte nur ein paar Tage bleiben, und Marinatos hatte seine Hoffnungen darauf gesetzt, mit Hilfe des allsehenden Magnetometers einen Palast zu finden.

Schon bevor wir die Vereinigten Staaten verlassen hatten, waren uns Bedenken gekommen, dieses Instrument in einem Gebiet mit so starkem natürlichem Magnetismus zu verwenden. Doch schien es einen Versuch wert zu sein. Von meinem Standpunkt aus war vielleicht noch wichtiger, daß Marinatos von dem Magnetometer fasziniert war und die Aussicht, mit diesem Gerät zu arbeiten, vielleicht beigetragen hatte, ihn nach Thera zu bringen und dort zu bleiben. Da für die Bedienung des Magnetometers mindestens drei Leute notwendig sind, mußte der Seismograph warten. Wir steckten eine Fläche im Ausmaß eines bearbeiteten Feldes ab und marschierten zwischen Stegen und roten Fähnchen hin und her. Dabei erhielten wir laufend die Ergebnisse des Magnetometers, mit deren Hilfe wir später eine

Karte mit den magnetischen Konturen anfertigen konnten. Wir hofften, Mauern in sechs Meter Tiefe geortet zu haben.

Das Magnetometer hat den Vorteil, an jeder Stelle sofort ein Resultat zu verzeichnen. Wenn man nun viele Messungen vornimmt, jeweils eine an jedem Schnittpunkt des Vermessungsortes, und sie dann an der richtigen Stelle einzeichnet, erhält man eine Karte. An einem bestimmten Punkt in der Nähe des Hauses von Zahn erhielten wir auch tatsächlich vielversprechende Magnetometermeßergebnisse. Aber der Mangel an Zeit erlaubte Ausgrabungen an zwei voneinander weit entfernten Punkten nicht. So mußten wir auf diese Stelle verzichten und auch darauf, die Meßergebnisse nachzuprüfen. Den ganzen Tag marschierten wir auf voneinander 5 Meter entfernten Pfaden durch die Weinberge und über Tomaten-, Weizen- und Gerstefelder, quer über Mauern, durch Schluchten, vorbei an schläfrigen Bauern und knurrenden Hunden. Als wir am Ende des Tages im Wagen nach Phira zurückfuhren, wandte sich Elizabeth Ralph an Dr. Marinatos.

»Das Territorium, in dem wir uns befinden, weist einen extrem variablen Magnetismus auf«, sagte sie; sie sprach mit der allzu perfekten Ausdrucksweise, deren wir uns Fremden gegenüber bedienen. »Man kann diese Variationen nicht genau konstatieren, weil sie nicht kräftig genug sind, um registriert zu werden.«

Dr. Marinatos blickte aufs Meer hinaus und nickte abwesend.

»Also, wie ich schon gesagt habe«, wiederholte Elizabeth, »sie sind nicht feststellbar, aber es gibt eine Chance . . .«

»Ja?« fragte Dr. Marinatos.

»Es gibt eine Chance, vielleicht über dem Eingang zu der Höhle einige nützliche Anzeichen zu finden.«

»Aha!« sagte Dr. Marinatos. »Ausgezeichnet, sehr gut.«

»Was meinen Sie?« fragte Elizabeth.

»Sehr gut«, sagte Dr. Marinatos, »es ist wunderbar, schon einen Erfolg zu haben, großartig. Es wird sehr interessant sein.«

»Was wird sehr interessant sein?« meinte Elizabeth.

»Einige Anzeichen zu haben«, sagte Dr. Marinatos.

»Ich verstehe«, sagte Elizabeth und blickte zum Himmel.

Hier lag das Problem. Allzu oft segelten wir und Dr. Marinatos auf verschiedenem Kurs. Allzu oft verstanden wir nicht, was der andere beabsichtigte. Ich glaube, daß es im Grunde eine Frage der sprachlichen Verständigung war. Marinatos sprach gut Englisch, aber gerade dies war ein Grund für weitere Mißverständnisse, denn wir glaubten, er verstehe uns, während er in

Wirklichkeit einen guten Teil unseres amerikanischen Murmelns und unserer Dialektausdrücke überhaupt nicht verstand.

Unsere Autohupe bildete das Ausrufzeichen zu diesem Meinungsaustausch. Sie jodelte fröhlich, diesmal in Richtung einer Ziegenherde, die davon nicht beeindruckt war. Eingezwängt in den kleinen Peugeot, wurden wir fast hysterisch. Ich war dafür besonders empfänglich: mit meiner Größe von fast zwei Metern, dem Gefühl, von Kopf bis Fuß schmutzig zu sein, und mit den Knien am Kinn . . .

»Und morgen, wenn Sie Ihre Magnetometerarbeit auf dem Feld gegenüber der Höhle durchführen können, wird es sehr interessant sein, zu sehen, was dort zu finden ist«, erklärte Marinatos plötzlich. Elizabeth nickte hilflos. »Ich bin sehr ermutigt«, versicherte Marinatos uns, »die Bauern haben uns berichtet, daß sie überall Antiquitäten finden. Nicht nur hier und da, sondern überall. Ich bin durch diese Informationen sehr ermutigt. Es ist sehr vielversprechend, glaube ich. O ja, ich bin sehr zufrieden.«

Elizabeth Ralph nickte und sagte, sie hoffe, das Magnetometer werde irgend etwas zeigen. Für einen Augenblick überwand sie ihre Zweifel. Später sprach sie dann, wie ich es befürchtet hatte, eher pessimistisch über die Ergebnisse. Sie erklärte Marinatos, daß ihre anfänglichen Befürchtungen bestätigt worden seien. Das Gebiet sei so stark magnetisch, daß man unmöglich deutliche Ergebnisse erhalten könne.

Marinatos lächelte, nickte, hob die Hände, zuckte die Achseln und faltete wieder die Hände. Er schien kaum überrascht, aber es war nicht völlig klar, ob er entweder das Gesagte mißverstanden oder aber nichts anderes erwartet hatte. Während des Abendessens am 24. Mai brachte er einen Trinkspruch auf unsere Arbeit aus: in eben diesem Augenblick kam der Hotelbesitzer mit einem Telegramm für mich. Ich öffnete und faltete es gleich wieder, denn ich hatte gesehen, wer der Absender war.

»Doch keine schlechten Nachrichten«, sprach Marinatos hoffnungsvoll.

»Nein, nein«, beruhigte ich ihn, »nur eine Nachricht von meiner Frau, sie kommt in ein paar Wochen.«

Als wir die Stiegen hinaufgingen, fragte mich Bill: »Wann?«

»Werde Sonntag von Athen anrufen«, flüsterte ich, »gezeichnet Loring.« Das bedeutete, daß er nicht vor Mittwoch eintreffen konnte, also erst in einer Woche.

Aus meinem kurzen Kontakt mit Marinatos war ich zu der Überzeugung gekommen, daß er und Loring nicht miteinander auskommen würden. Ich sah keinen Ausweg, als die Konfrontation so lange wie möglich aufzuschieben und Marinatos auf den Schock vorzubereiten. Glücklicherweise hatte Loring uns eine Galgenfrist gegeben.

Unterwegs nach Akroteri blieben wir am nächsten Morgen kurz in dem Dorf Megalokhorio, um einen großen, antiken Steinblock zu besichtigen, der dort in eine Mauer eingefügt war. Er erwies sich als Grabstein aus Lava mit einer Namensinschrift.

Dr. Marinatos betrachtete ihn von allen Seiten, kniete dann nieder und fuhr die Buchstaben mit den Fingern nach. Endlich sagte er: »Akryptos, es bedeutet, ›der Mann, der nicht geheim war‹. Es mag sein Kriegsname gewesen sein.«

»Archaische Buchstaben«, kommentierte ich hoffnungsvoll.

Dr. Marinatos zeichnete noch einmal mit dem Finger die Buchstaben nach: »Möglicherweise spätarchaisch«, entschied er, »um 600 v. Chr., denn die Buchstaben gehen von links nach rechts.« Er drehte sich nach einem alten Bauern um, der auf einem Esel dahergeritten kam.

»Der Besitzer«, erklärte Marinatos. »Er sagt, er habe ihn vor 10 Jahren gefunden. Ich habe an seinen Patriotismus appelliert, in der Hoffnung, daß er diese Antiquität einem Museum schenken wird.« Er lächelte. Kein kleines Geschenk, der Stein mußte an die 200 Kilo wiegen und befand sich genau in der Mitte der Mauer. Ihn herauszunehmen, ohne daß der Rest der Steine einstürzte, und ihn in einem Eselskarren 15 Kilometer weit ins Museum zu bringen, war zumindest die Arbeit eines Tages. Anderseits ist ein Appell an den Patriotismus heutzutage in Griechenland eine Aufforderung, über die man nicht so leicht hinweggeht.

Die Ausgrabungen begannen am Donnerstag, dem 25. Mai, an einer Stelle, die später nach dem Besitzer des Landes als Bronos I bezeichnet wurde. Sie befand sich auf der untersten Terrasse der Schlucht und in der Nachbarschaft einer Stelle, die uns ein Bauer gezeigt hatte. Ein zweiter Grabungsversuch wurde ein paar Tage später bei der Eselshöhle unternommen. Mein Seismograph hatte dort in etwa 5 Meter Tiefe eine ungleichmäßige Schichtung angezeigt. Dies erwies sich später als unser bedeutendster Fund.

Die Arbeit mit einem Seismographen erfordert außer dem Instrument selbst noch zwei Geophone, das sind elektronische Hörgeräte, von denen eines aus größerer Entfernung mit Hilfe eines Radiosenders operiert, ferner einen Steinbrocken oder eine

Stahlplatte, einen Vorschlaghammer und zwei Personen. Der Refraktionsseismograph sendet eine akustische Welle in den Boden, die dort auf Lagen von gewachsenem Felsen auftrifft, sich sozusagen abbiegt und entlang des Felsens weiterläuft. Sie kommt schließlich in einiger Entfernung wiederum an die Oberfläche und wird dort durch eines der Geophone aufgenommen. Außerdem wird die Zeit gemessen, die die Schallwelle gebraucht hat, um diesen Weg zurückzulegen. Indem man das Geophon von der Schallquelle (dem Vorschlaghammer) auf einer etwa 30 Meter langen Linie wegbewegt, kann man eine ganze Anzahl solcher Zeitmessungen vornehmen. Aus diesen Angaben wird die durchschnittliche Tiefe der Felsschicht für die abgemessene Distanz errechnet. Man muß daher eine große Anzahl seismischer Linien kreuz und quer ziehen, um Veränderungen im Untergrund festzustellen.

»Mr. Mavor, ich bemerke die beleuchteten Zahlen auf dem Instrument, was sagen sie Ihnen?« fragte Dr. Marinatos. Ich erklärte ihm, es sei der Supergeschwindigkeitszähler, der jene

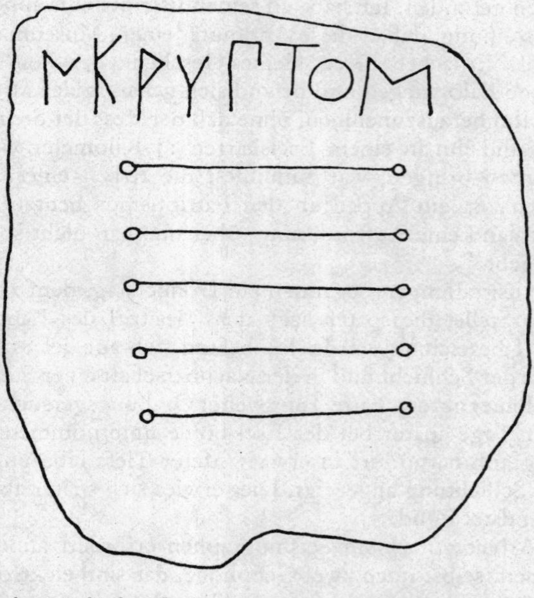

Archaischer griechischer Grabstein (90 cm hoch), der den Namen Akryptos aufweist, gefunden bei Megalokhorio auf Thera.

Zeitspannen mißt, in der die Schallwelle vom Vorschlaghammer bis zu dem in einiger Entfernung aufgestellten Geophon sich fortpflanzt.

»Und können Sie erklären, wie ein Computer arbeitet?« fuhr Marinatos fort. Erfreut über sein Interesse an technischen Problemen, setzte ich auseinander, daß ein Digitalcomputer im Grunde nichts anderes ist als eine Gruppe von sehr rasch funktionierenden elektrischen An- und Ausschaltern, die untereinander verdrahtet werden können, um arithmetische Probleme zu lösen.

Dr. Marinatos meditierte über diese Antwort und spazierte dann davon.

Seismische Messungen auf der Terrasse vor der Höhle an der Versuchsstelle Alvaniti ergaben das Vorhandensein einer Steinschichte in 4 bis 5 Meter Tiefe. Dr. Marinatos schien davon beeindruckt, denn es bestand eine Hoffnung, daß hier die Aschenschicht nicht allzu hoch sei. Wir nahmen auch Messungen oberhalb der Höhle vor, und die Ergebnisse zeigten das Vorhandensein des Hohlraums sehr deutlich an. Das gleiche Ergebnis erzielten wir bei einer anderen Höhle. Daraus schloß ich, es werde künftig möglich sein, auch minoische Räume durch seismische Messungen zu finden. An anderen Stellen konnten wir auf Grund der Tiefenmessungen annehmen, daß sich der Lavagrund 4 bis 10 Meter unter der Oberfläche befand. Diese Angaben wurden dort, wo wir Gräben anlegten, auch bestätigt. Obgleich unsere Arbeit mit dem Seismographen sich so aussichtsreich anließ, mußten wir sie doch bald einstellen, weil unser archäologischer Erfolg so rasch und so umfassend war. Denn sehr bald waren wir vollauf damit beschäftigt, die Funde zu photographieren und zu beschreiben und genaue Schichtbestimmungen vorzunehmen. Nachdem wir einmal festgestellt hatten, wie tief die Aschenschicht an Ort und Stelle war, verwendeten wir den Seismographen nicht mehr.

»Das beste archäologische Werkzeug ist immer noch die Schaufel«, meinte Dr. Marinatos. »Sie arbeitet gut und redet nicht.«

Erschöpft von meiner Arbeit mit dem Seismographen – ich mußte ungezählte Male den siebeneinhalb Kilogramm schweren Vorschlaghammer schwingen –, kam ich zu der ersten Grabung zurück, wo Marinatos interessiert in das metertiefe Loch blickte.

»Hallo«, sagte er, »ich brauche Sie nicht mehr, weder Sie noch Ihre Freunde.«

Ich wußte nicht, wie ich diese Bemerkung deuten sollte.

»Aber machen Sie nur Ihre Versuche.« Er lachte, und ich war froh darüber. Dann zeigte er auf die Grabung. »Hier haben wir die Mauern eines Hauses gefunden, und hier die gebrannten Ziegel der oberen Stockwerke.«

Es war sieben Minuten nach drei, Donnerstag, 27. Mai 1967. Wir waren bis dahin dreiunddreißig Stunden auf der Insel gewesen.

So optimistisch ich auch war, ein so rascher und so großer Erfolg ängstigte mich doch. Ich fürchtete, es sei nur ein Traum. War es wirklich ein Haus? War es ein Palast? War es, zusammen mit den Häusern Fouqués und Zahns, der Beweis, daß eine große prähistorische Stadt unter unseren Füßen lag? Wenn aber hier eine so große Siedlung schon bestanden hatte, welche Wunder mußte es erst auf der Hochfläche gegeben haben, die einst den Einsturzkessel von Thera füllte.

Gefäßscherben begannen sich rund um die Grabung anzuhäufen. Dr. Marinatos nahm einige Stücke, die dünner schienen als die übrigen, zur Hand.

»Echte kretische Keramik«, sagte er mit einem Scharfblick, dem zu widersprechen ich nicht die geringste Absicht hatte, »importiert, nicht kopiert. Das bedeutet, daß hier einst wohlhabende Leute gelebt haben.« Er lächelte. Ich beobachtete die Arbeiter. Einige verwendeten ein Werkzeug, das aussah wie ein Meißel, nur daß die Schneide löffelförmig war. Man arbeitet damit wie mit einem verlängerten Arm, schabend, aushebend, prüfend. Obwohl sie, mit Ausnahme des Vormannes Nikolas, in archäologischen Ausgrabungen ungeübt waren, arbeiteten die Leute doch mit einer überraschenden Geschicklichkeit.

Ich ging davon, in Gedanken, was der Fund wohl zu bedeuten hätte. Steine und Ziegel waren vorhanden, ebenso Keramik. Konnte man aber wirklich sicher sein, daß das alles auf ein wohlhabendes Haus hinwies? Darauf kam es mir ja an. Ich brauchte Beweise, daß die minoische Kultur jener von Atlantis entsprach.

Dr. Marinatos schlug vor, wir sollten mit dem Seismographen das ganze Feld vermessen, um herauszufinden, ob die minoische Schicht verhältnismäßig eben sei und ob vielleicht eine ganze Stadt hier liege.

»Wir müssen die Enteignung des Feldes in Erwägung ziehen, damit wir hier unsere eigenen Herren sind und tun können, was wir wollen, sonst wäre es unmöglich.« Ich hätte gerne die ganze

Fläche, die Marinatos im Auge hatte, vermessen. Wir waren aber nur imstande, einen kleinen Teil dieser Arbeit zu erledigen. Außerdem waren meine Nebenbeschäftigungen als Photograph, Zeichner und Protokollführer sehr zeitraubend – und außerdem wichtiger.

Marinatos hielt mir einen Steingegenstand vor die Augen: »Sie wissen, was das ist?«

»Nein«, gab ich vorsichtig zurück.

»Es ist natürlich eine Lampe. Man kann, wenn man genau hinschaut, noch den Lampenruß sehen. Es ist ganz gewiß 1500 vor Christus. Wahrscheinlich verwendeten sie Tierfett, denn Olivenöl war – Kreta ausgenommen – zu kostbar, um es zu verbrennen. Es wurde ausschließlich verwendet, um den Körper zu salben – als Schutz gegen die Sonnenhitze – und als Trankopfer für die Götter.« Er machte eine Pause und setzte dann fort: »Ja, es ist, wie ich es erwartet habe: höchstwahrscheinlich ein Haus. Vielleicht nicht gerade ein sehr großes, aber gewiß auch kein bescheidenes, nicht im geringsten bescheiden. Das können wir mit Sicherheit sagen. Die Keramik ist sehr gut gebrannt und sehr gut bemalt. Sie ist außerdem polychrom, wie sie nur die wohlhabenden Leute besaßen. Wirklich vielversprechend. Ich bin sehr zufrieden mit Ihrer seismographischen Arbeit, es ist außerordentlich ermutigend.« Ich bedankte mich bei ihm für seine Worte.

Das Mittagessen verzehrten wir unter dem Feigenbaum vor der Höhlenöffnung, wo wir als nächstes graben wollten. Der Baum spendete uns ein wenig Schatten. Die Bauern plauderten und lachten, aßen und streckten die Beine von sich. Marinatos erklärte mir, worüber sie sprachen: »Sie wissen natürlich, daß unsere Sprache viel reicher ist als die Ihre. Es gibt, wie Sie sagen würden, viele Nuancen.« Er machte damit einen kleinen Spaß über eine Englischstunde, die ich gerade ein paar Kindern, die bei den Ausgrabungen zusahen, gegeben hatte.

»Im Griechischen haben wir ein Sprichwort«, setzte Doktor Marinatos fort. »Wir sagen der übrigen westlichen Welt: ›Ihr saßt noch auf den Bäumen, als wir schon Kultur besaßen.‹ Sehr lustig, nicht?« Er wechselte plötzlich das Thema. »Ich brauche jetzt Ihren fachmännischen Rat. Angenommen, es geht alles gut, und wir sind im Begriff, ein großes Gebäude oder einen Gebäudekomplex auszugraben. Dann wird es eine Fülle von Problemen geben.«

Ich stimmte ihm zu und schlug vor, daß, wie ich schon in

meinen Briefen im vergangenen Winter bemerkt hatte, selbsttragende Kavernen überall dort konstruiert werden könnten, wo die Aschendecke zu hoch sei. Diese Frage müsse erwogen werden. Hier in den Schluchten würden wir Bulldozer brauchen und Laufbänder, um die Asche ins Meer zu befördern.

»Für uns Archäologen ist es eine Schande, Bulldozer zu verwenden, aber vielleicht können wir mit ihnen die oberen Schichten entfernen, bis wir die antiken erreichen. Dann arbeiten wir mit den Händen weiter. Aber Bulldozer sind teuer, die kosten dreiunddreißig Dollar im Tag. Es wäre vielleicht besser, einen zu kaufen und ihn am Schluß der Ausgrabungen wieder zu verkaufen. Dann würden wir mehr als die Hälfte des Geldes wiederbekommen.«

Marinatos wiederholte, daß die Regierung das Land kaufen müsse, bevor wir entscheidende weitere Schritte tun könnten. Die Bauern freuten sich zwar, daß wir hier in ihren Feldern Altertümer entdeckten, der Besitzer dieses Landstückes aber lebte in Dschibuti und wußte nichts von den Ausgrabungen. Marinatos meinte, daß es gerade für den Fall eines großen Erfolges wichtig sei, das Land zu kaufen, bevor der Besitzer seinen Wert erkenne. Und um unsere Position abzusichern, müßten wir auch alle Maßnahmen treffen, um das Land im Notfall durch die Regierung beschlagnahmen zu lassen.

»Unglücklicherweise«, sagte er, »sind die hohen Beamten eines Landes nicht dazu da, um Schwierigkeiten zu beseitigen, sondern um sie zu schaffen. Ich muß bald nach Athen fahren, um alles für die Enteignung vorzubereiten. Wir werden für mehrere Jahre Arbeit haben, mindestens für mehrere Jahre.«

Auch Elizabeth Ralph wollte uns bald verlassen. Es zog sie nach Sizilien: »Drüben in Italien haben sie Melonen angepflanzt, und in ein paar Wochen werden wir nicht mehr auf den Feldern arbeiten können.«

»Es tut mir leid, daß Sie mit dem Magnetometer nicht mehr Glück gehabt haben«, meinte Marinatos. »Wir haben viele Hilfen, wir Archäologen, und aus vielerlei Quellen. Haben Sie gewußt, daß auf Kreta der Maulwurf für den Archäologen der beste Hinweis auf ein Grab ist? Weil er immer zu Stellen hingräbt, wo die Erde locker ist, findet man, wenn man ihm folgt, häufig Gold und andere kostbare Metalle. Ja, wir bewundern den Maulwurf sehr.«

»Ich werde mich dessen erinnern«, sagte ich.

Ich hatte gehofft, daß das Thema Atlantis zur Sprache kommen werde und wir uns ausführlicher darüber unterhalten könnten, als es an Bord des Schiffes möglich gewesen war. Schließlich bat ich Marinatos direkt, uns seine Meinung über Atlantis zu sagen.

»Ich habe über die Legende von Atlantis geschrieben«, antwortete er. »Es ist ganz einfach: die Ägypter hatten enge Verbindungen mit den Kretern, sie waren aber nicht wie die Kreter ein seefahrendes Volk und hatten nur sehr vage Vorstellungen von dem, was außerhalb Ägyptens sich ereignete. Sie betrachteten sich selbst als etwas anderes als den Rest der Menschheit. Sie bezeichneten sich nicht nur als Menschen, sondern als Menschen guter Herkunft, als Menschen, gezeugt von Göttern. Sie wußten, daß es inmitten des großen Meeres eine Insel gab, wußten, daß diese Insel sehr wohlhabend war, daß dort Keramik und Edelmetalle produziert wurden. Nun hörten sie plötzlich, daß eine Insel im Meer versunken wäre. Zur gleichen Zeit verloren sie für viele Jahre ihren Kontakt mit Kreta. Kreta war natürlich immer noch vorhanden, aber die Ägypter glaubten verständlicherweise, daß Kreta die verschwundene Insel sei.«

Ich war ehrlich froh, Marinatos dieselben Ansichten aussprechen zu hören, die er in seinem 1950 verfaßten Buch niedergelegt hatte. Er akzeptierte vielleicht nicht alle Einzelheiten der Theorie von Dr. Galanopoulos, aber im allgemeinen waren unsere Ziele doch die gleichen.

Nachdem wir über die Aschendünen gewandert waren, mußten wir auf dem kleinen Marktplatz von Akroteri lange warten, weil sich das Auto verspätet hatte. Die Funde des Tages waren von Eseln hergebracht worden, und nun versammelten sich um uns die Bauern, betasteten die Scherben und hörten zu, als Marinatos erzählte, was geschehen war, und wie. Sie freuten sich, daß wir Antiquitäten in der Nähe ihrer Stadt gefunden hatten und daß Leute aus ihrem Ort an den Ausgrabungen mitarbeiteten. Eine alte Frau brachte uns Raki, der hier Tsipuro genannt wird, ein vierzigprozentiger Schnaps in der Art von Grappa, dazu türkischen Kaffee. Die Sonne sank hinter der Hügelstadt, und es war plötzlich kühl geworden. Wir sprachen von anderen Städten, die Naturkatastrophen zum Opfer gefallen waren, von Pompeji und von Helike, das 373 v. Chr. im Meer versunken war. Ich berichtete Marinatos von einer japanischen Ortschaft, die vor einigen Jahren eines Nachts den Abhang eines Berges hinuntergeglitten war, und dies so sanft, daß niemand in dem

Dorf bemerkte, was geschah. Sie erwachten am nächsten Morgen einfach in einer neuen Umgebung.

Wir waren mit dem Erreichten zufrieden. Bisher hatten wir Glück gehabt. Ich hoffte auf weitere große Erfolge, war froh, mit Dr. Marinatos zusammen zu sein, mein Argwohn ließ nach und offenbar auch seiner, obwohl er nicht gut schlief.

Am Morgen des 28. Mai, um sechs Uhr früh, tauchte plötzlich Edward Loring im Hotel Atlantis auf. Was war geschehen, daß er schon an diesem Sonntag auf Thera eintraf? Da er erst am Mittwoch hätte ankommen sollen, Dr. Marinatos aber am selben Tag nach Athen reisen mußte, hatte ich gehofft, die beiden würden einander nicht treffen. In dieser Gnadenfrist hätte Marinatos den Kampf mit der Bürokratie ausfechten und die Enteignung des Landstrichs in Gang bringen können. Irgendeine Lösung wäre in diesen Tagen gefunden worden. Außerdem, dachten wir, würde Marinatos sich auf die Rückreise nach Thera freuen, nachdem er Ärger mit den Ämtern gehabt hatte. Vielleicht würde er, hatte ich gehofft, selbst Loring in Kauf nehmen. Jetzt bestand die Gefahr, daß er – aus Zorn oder Kränkung – die eben erst in Angriff genommene Ausgrabung fallenließ und erst wiederaufnahm, wenn »die Amerikaner« nicht länger da wären. So schlimm durfte es auf keinen Fall werden; bisher war alles gut vorwärtsgegangen, und schließlich waren meine 2000 Dollar für die Kosten der Ausgrabung noch nicht verbraucht. Marinatos konnte von den diesbezüglichen Abmachungen nur schwer zurücktreten.

Loring schien kaum dieselbe Person zu sein, mit der wir 1966 zusammengearbeitet hatten. Er war hager, ein Mann, der Schweres mitgemacht hatte. Beharrlich und lauter, wie ich ihn in Erinnerung hatte, kam er sogleich auf die Sache selbst. Während ich mich anzog, verbreitete er sich über die Bedeutung der Keramiken, die er auf Kristiana gefunden hatte, und über die Unannehmlichkeiten, in die er durch sie geraten war. Die Gefäße waren tatsächlich aus besonders gutem Material und von besonders schöner Form. Sie stammten aus der frühen Bronzezeit und deuteten auf Verbindungen mit Anatolien hin. Ich hatte seinen schriftlichen Bericht in Amerika einem bedeutenden Archäologen gezeigt, der davon sehr beeindruckt gewesen war. Die Bedeutung der Funde stand außer Frage. Mir wurde aber nicht klar, warum Loring gerade jetzt sich auf diese Probleme versteifte. Doch seine Schwierigkeiten waren sehr real gewesen und gewiß auch deshalb entstanden, weil eben seine Funde bedeutend waren. Uns beiden war bewußt, daß es in den Kreisen der griechischen Archäologen seit langem üblich war, es übelzunehmen, wenn ein Ausländer Entdeckungen machte und dafür

Ruhm erntete. Marinatos hat diese Tradition mit besonderem Enthusiasmus aufrechterhalten.

Loring wußte nicht, daß Marinatos zum Direktor des Archäologischen Dienstes in Athen ernannt werden sollte und seine Macht außerordentlich zunehmen mußte. Ich versuchte ihn zu überzeugen, daß es Wahnsinn war, sich den Wissenschaftler gerade jetzt zum Gegner zu machen. Er stimmte endlich halbwegs zu und versprach, sogleich »Friedensverhandlungen« zu führen, weil so viel noch zu tun wäre. Er bestand darauf, Marinatos sofort gegenüberzutreten. Nachdem Loring den ganzen Winter und das ganze Frühjahr über diese Dinge gebrütet hatte, sah er nun die Gelegenheit gekommen, alles aufzuklären. Für Außenseiter mag dies komisch wirken, für uns aber stand zuviel auf dem Spiel.

Loring ebenso wie Marinatos mochten beide brillante Leute sein und alles im Interesse der Sache tun, gewiß aber waren beide überempfindlich und allzusehr auf ihren Ruf bedacht. Ich sagte ihm, daß ich ein solches Zusammentreffen mit Marinatos gegenwärtig für ungünstig halte und es besser wäre, wenn er zunächst im Hintergrund bliebe. Anderseits konnte man von ihm kaum erwarten, daß er müßig daneben stehen sollte, wenn wir anderen an einer aufsehenerregenden Ausgrabung arbeiteten, an deren Zustandekommen er überdies durch seine Arbeit im Jahre 1966 nicht unwesentlich beteiligt war. Ich versprach ihm, einen Vermittlungsversuch zu unternehmen, und bat ihn, mir zwanzig Minuten Zeit zu geben, um Marinatos beim Frühstück auf das Unvermeidliche, so gut ich konnte, vorzubereiten.

So geschah es zunächst auch, und während fünfzehn Minuten unterrichtete ich Marinatos von der unerwarteten Ankunft Lorings. Doch Marinatos schwieg verbissen; nur sein Gesicht wurde immer röter, ein Zeichen, daß sein Ärger anschwoll. Offensichtlich glaubte er, Loring und ich hätten diese ganze Geschichte geplant, um ihm Unannehmlichkeiten zu machen. Aber Marinatos verstand es zumindest, sich äußerlich gefaßt zu zeigen. Loring freilich machte den Fehler, zu früh zu erscheinen. »Guten Morgen«, sagte er zu Marinatos. »Willkommen auf meiner Insel.«

Ich zuckte zusammen. Für Marinatos mußte es eine überraschende Nachricht sein, daß Thera nun unter der Herrschaft von Edward Loring aus Chicago stand.

»Sie sind also da«, sagte Marinatos, und sonst nichts. Loring aber versuchte klarzumachen, daß er Frieden wollte, daß er mit

Dr. Marinatos im Interesse der Archäologie zusammenarbeiten wollte. Er bewundere und respektiere ihn. Er war freilich recht knapp und ganz geradeheraus, wie es eben so die Art der Amerikaner ist.

»Wir gehen jetzt«, sagte Marinatos knapp. »Auf Wiedersehen.«

Für diesen Tag war keine Ausgrabung angesetzt, sondern ein Besuch in Ia, jener Ortschaft, die durch das Erdbeben von 1956 besonders schwer getroffen worden war. Dort sollen zahlreiche minoische Funde gemacht worden sein. Elizabeth Ralph war bereits abgereist. Da es noch unklar war, wie die Sache mit Loring weitergehen sollte, bildeten Bill Wetmore, Marinatos und ich die ganze Mannschaft. Jener Teil des Ortes Ia, der vom Erdbeben zerstört worden war, zeigte sich als eine Ansammlung eingestürzter Häuser an einem Berghang. Mitunter ragte ein Haus, das die Katastrophe überstanden hatte, aus dem Geröll hervor. »Sehen Sie«, sagte Marinatos und zeigte auf eines dieser Häuser, »was zum Teufel bringt sie dazu, in solch einem Haus zu wohnen, direkt am Rande des Abgrunds?«

Aber diese Frage ließ sich auf die ganze Insel anwenden. Man ist stets verwundert, wie die Menschen dort leben können. Zudem ist so viel Lavagestein unter die Asche gemischt, daß ein Mann stets auf den Boden achten muß, auf dem er geht. Er darf niemals die Augen vom Pfad heben. Aber ein gewisses Gefühl der Isolierung, des Gefangenseins gehört wohl zum seelischen Zustand auf dieser Insel.

Marinatos wollte am Nachmittag in das Museum hinübergehen, um unsere Funde zu sortieren, zu reinigen und zu photographieren. Bill und ich sollten ihn dort treffen. Vorher aber wollten wir Loring besuchen. Wir waren noch immer nicht sicher, wie die Dinge lagen. Offensichtlich hatte Marinatos für Loring, der sich ihm als Mitarbeiter aufdrängte, keine Sympathien. Aber er mußte wohl doch einmal klar aussprechen, wie weit seine Abneigung ging; ich hatte keine Vorstellung, bis zu welchem Ausmaß einer von beiden sich zu einem Entgegenkommen drängen lassen würde. Keineswegs wollte ich die Expedition gefährden, sympathisierte aber doch mit Loring. Soviel ich wußte, hatte man ihm recht übel mitgespielt. Außerdem war er uns im Sommer zuvor eine große Hilfe gewesen, ebenso für Marinatos und Edgerton im November. Er schien mir ein anständiger Kerl zu sein, wenn auch vielleicht ein wenig theatralisch. In die Schwierigkeiten war er sicherlich unschuldig geraten, seine Absichten waren gut gewesen. Was immer ich tun konnte, die Dinge ins rechte Lot zu bringen, wollte ich auch tun.

Loring freute sich, als er hörte, daß wir auf dem Weg zum Museum wären. Es war eine wunderbare Gelegenheit, seine Kristianafunde, die dort im Keller eingeschlossen waren, Marinatos zu zeigen, ob nun dieser sie sehen wollte oder nicht. Im Museum angekommen, stiegen wir in den Keller hinunter, wo alle wirklich guten Funde aufbewahrt werden – weit weg von den neugierigen Augen des Publikums. Schließlich fanden wir auch seine umstrittenen Keramiken.

»Da sieht man, wer unverantwortlich ist«, murmelte Loring und entfernte einen fremden Scherben aus der Kiste mit seinen Funden. Dann hob er vorsichtig ein geripptes Gefäß empor und zeigte es uns. »Jetzt könnt ihr sehen, warum ich so aufgeregt war«, flüsterte er. »Es gibt nirgends auf der Welt Gefäße wie diese, es sei denn, wir können hier mehr davon finden.«

Als Marinatos mit dem Museumsaufseher die Stiegen herunterkam, sprach ihn Loring griechisch an und bat ihn, seine Funde ansehen zu wollen. Marinatos tat dies schweigend. Er nahm jedes Stück genau in Augenschein, befühlte die Gefäße, betrachtete sie von allen Seiten und legte sie schließlich zurück. Marinatos wechselte ein paar Worte mit dem Aufseher und ging weiter. Loring war vor Zorn und Enttäuschung fast sprachlos: »Er hat den Aufseher gefragt, wieso eines der Stücke hierhergekommen ist. Er habe geglaubt, es sei in Athen.«

Beim Abendessen ließ Marinatos endlich seinem aufgestauten Ärger freien Lauf. »Ich muß bitten, daß man Loring dazu bringt, meine Position zu verstehen. Ich hoffe sehr, daß die juristischen Schwierigkeiten geklärt werden. Dann kann er vielleicht mit uns arbeiten.« Ich hatte nicht gewußt, daß das Gerichtsverfahren immer noch in Schwebe war. Optimistisch hatte ich gehofft, daß in den sechs Monaten, seitdem die Anklage erhoben worden war und in denen ja auch ein Regierungswechsel stattgefunden hatte, die Angelegenheit abgetan und vergessen sei.

Marinatos aber setzte fort: »Solang das nicht erledigt ist, ist es völlig unmöglich. Was sollen die Leute denken, wenn sie sehen, daß Loring uns begleitet. Sie werden glauben, daß ich meine Unterstützung einem Mann gebe, der unter der Anklage steht, Antiquitäten geschmuggelt zu haben.« Er seufzte schwer, brach ein Stück Brot ab und wusch es mit Wein hinunter. »Ihr Amerikaner versteht diese Dinge nicht«, fügte er hinzu. »In eurem Land sind die Dinge ganz anders. Ich habe einige Zeit in Princeton verbracht und weiß, daß es so ist.«

Marinatos erklärte mir, er sei sicher, daß Loring unschuldig sei und auch freigesprochen werde. Aber seine Haltung war von dieser Meinung nicht beeinflußt. Ein Verdacht galt ihm offenbar ebensoviel wie ein Schuldspruch. Jedenfalls versprach ich, mit Loring abermals zu reden.

Marinatos hatte aber noch etwas anderes an Loring auszusetzen: »Das ganze Dorf redet über ihn. Jedes Jahr kommt er mit einem anderen jungen Mädchen. Das verstehen die Leute nicht. Ganz und gar nicht.«

Wir hatten schon gehört, daß Loring ein Mädchen namens Adelphina mitgebracht hatte. Sie hatte nachmittags aber geschlafen, wir kannten sie daher noch nicht.

Sobald ich bei Loring angekommen war, begann eine recht hitzige Auseinandersetzung. Sie endete damit, daß er ins Hotel Atlantis marschierte und dort an Marinatos' Schlafzimmertür hämmerte. Marinatos forderte ihn auf, am nächsten Morgen wiederzukommen, und Loring ging in schweigender Wut davon. Am nächsten Morgen war Dr. Marinatos bleich, offenbar erschöpft vom Zorn, der ihm eine weitere schlaflose Nacht bereitet hatte. Er sah mich vorwurfsvoll an und meinte, ich hätte am Abend zuvor recht lange in Lorings Haus zugebracht: »Loring sollte nach Syros gehen, wo sich das Gericht befindet, und bitten, daß man seine Angelegenheit rascher behandelt. Kann er nicht begreifen, daß ich als Staatsbeamter unter diesen Bedingungen nicht mit ihm arbeiten kann? Was ist nur los mit ihm? Vielleicht sind Sie sich dessen nicht bewußt, daß dieser Mann, dieser Loring, mitten in der Nacht in mein Schlafzimmer gekommen ist. Ich habe darauf bestanden, daß er erst am Morgen wiederkommen möge. Aber jetzt wünsche ich ihn überhaupt nicht zu sehen. Ihr Amerikaner könnt nicht verstehen, wie sehr man hier von der öffentlichen Meinung abhängig ist. Entweder verhindern Sie, daß er heute hierherkommt, oder ich werde gezwungen sein, ihm bittere Dinge zu sagen.«

Ich ging abermals zu Loring und berichtete ihm, was Marinatos gesagt hatte. Er erklärte sich bereit, nach Syros zu gehen, in der Erwartung, daß er bei seiner Rückkehr willkommener sein würde. Langsam begann ich zu begreifen, daß Marinatos alle Schwierigkeiten, die mit Loring verknüpft waren, nicht ebenso wie ich übersehen konnte. Marinatos verstand auch meine vermittelnde Haltung nicht. Offenbar nahm er an, daß ich ihm die Unwahrheit sagte und mit Loring unter der Decke zusammenarbeitete. Während aber all diese unerfreulichen Dinge sich abspielten, ging kostbare Zeit verloren.

Ein archäologisches Unternehmen erfordert üblicherweise viele Jahre Ausgrabungsarbeit und Konservierung; die ersten Versuchsgrabungen sind aber meistens entscheidend und am dramatischsten; dennoch sind sie technisch am wenigsten kompliziert. Sie erfordern nur Grabwerkzeuge und natürlich die Kenntnisse, sie geschickt zu verwenden und das zu erkennen, was man findet. Da wir im Graben Bronos I einen Säulensockel, Ziegel, behauene Steine und Keramik gefunden hatten, glaubten wir, entweder eine Villa oder einen kleinen Palast entdeckt zu haben. Es lag genügend vor, um eine große Ausgrabung zu rechtfertigen; dabei hatten wir nicht einmal noch bis zu den ebenerdigen Räumen des Gebäudes gegraben, das offensichtlich mindestens zwei Stockwerke besessen hatte.

Unsere zweite Versuchsgrabung, Alvaniti I, die wir bei der Höhlenöffnung ein paar Tage später ansetzten, war vorerst nicht so ergebnisreich. Die Asche- und Bimssteinschichten waren ein unfehlbarer Führer für die Tiefe, in die man hinuntergraben mußte. Über der Schichte minoischer Erde lagen 2 bis 3 Meter grober Bimsstein. Die obere Grenze dieser Schicht war sehr deutlich, und darüber lag feine, weiße Asche. Ein erster Schacht, zehn Meter lang und fast drei Meter tief, hatte nichts zutage gebracht, nicht einmal einen einzigen Scherben. Aber wir wußten, seit wir die Trennungslinie von Asche und Bimsstein durchstoßen hatten, daß bald Mauern zum Vorschein kommen mußten. Der Seismograph hatte Felsboden in 5 Meter Tiefe vorausgesagt. Die Grabung durch die lockere Asche ging rasch vor sich. Jeder Mann hatte schnell gelernt, antike Baureste von natürlichen Formationen zu unterscheiden. Endlich kam die erste Spur menschlicher Tätigkeit zum Vorschein, ein offensichtlich von Menschenhand bearbeiteter Kalksteinblock. Er war schräg zugehauen, eine Form, die typisch für die Paläste auf Kreta ist. In nächster Nähe fanden wir einen zylindrischen Steinsockel für eine hölzerne Säule von jenem Typ, der durch die Rekonstruktion des Palastes von Knossos berühmt geworden ist.

Am nächsten Morgen fanden sich Topfscherben im Überfluß, kurz darauf Mauern, die schließlich einen großen minoischen Fensterrahmen freigaben, der genau jenen entsprach, die der minoische Palast von Mallia auf Kreta aufweist. Er war fein bearbeitet und so zugerichtet, daß senkrechte Holzrahmen eingefügt werden konnten. Zwei Fensterflügel müssen vorhanden gewesen sein, denn ihre Schleifspuren waren noch im Stein zu sehen. Zu Mittag hatte unsere Grabung einen Raum eines oberen Stockwerkes freigelegt. Zwei andere Versuchsgrabungen hatten jeweils Anzeichen für ein zweistöckiges Gebäude erbracht. Wir waren glücklich.

Nun begannen wir ernsthaft zu diskutieren, welche Art einer größeren Ausgrabung notwendig sein würde. Zweiachsige Lastwagen mochten zum Abtransport der Asche genügen, aber ein Dreiachser würde in der lockeren Asche sicher verläßlicher sein. Jedenfalls würden Straßen gebaut werden müssen. Die Arbeiter sagten uns, die Bauern werden keinen Einwand gegen den Bau von Straßen erheben, wenn wirklich große Funde gemacht würden. Jedenfalls mußten wir einen Bagger und einen Bulldozer anschaffen, vor allem Laufbänder, um die Asche ins Meer zu schaffen.

Marinatos überblickte die Fundstellen: »Mit den Augen meiner Seele sehe ich hier eine ganze Stadt. Eines Tages wird hier ein Hafen sein, mit Touristen, die vom Meer her kommen, vielleicht ein Landekai, der aus dem Material gebaut werden kann, das wir bei den Ausgrabungen ausheben.«

Am Nachmittag fanden wir Webstuhlgewichte aus Ton; ihr Durchmesser betrug zwölf Zentimeter. Dann kamen wir an eine Stelle mit den noch sichtbaren Schleifspuren einer doppelten Schwingtür. In der Nähe zeigte sich der Abdruck eines großen Gefäßes im Bimsstein. Es war zerbrochen und hatte einen Hohlraum zurückgelassen. Überall lagen intakte und zerbrochene Gefäße umher.

Unterdessen bemühten wir uns sehr, mit Hilfe von Photographien die Stelle zu finden, wo Zahn sein Haus ausgegraben hatte. An der Stelle, wo die Ausgrabung gewesen sein mußte, war nichts als ein Tomatenfeld zu sehen. Aber gerade dieses Feld erwies sich als der gesuchte Ort. Ein Bauer kam und lenkte unsere Aufmerksamkeit auf einen schräg zulaufenden Säulenstumpf aus roter Lava, etwa einen Meter lang und 30 Zentimeter im Durchmesser. Er sei in seinem Tomatenfeld gelegen, meinte der Bauer. Marinatos untersuchte die Säule: »Sie ist eindeutig prähistorisch, wahrscheinlich ein Lampenständer.«

Ich freilich sah in ihr nicht so sehr einen Lampenständer als eine heilige Säule der Minoer oder der Atlanter. Im minoischen Kreta waren Höhlen, hoch auf den Bergen, Kultstätten gewesen.

Die Stalagmiten und Stalaktiten dort mögen die Vorläufer der heiligen Säulen gewesen sein, die man später in den kretischen Palästen gefunden hat. Solche Säulen aus behauenem Stein, meist mit dem Zeichen der Doppelaxt geschmückt, wurden nicht nur in Palästen gefunden, sondern auch auf Wandfresken, auf Keramiken und auf Siegeln dargestellt. Manchmal sehen diese Säulen fast wie Bäume aus – wie jener auf dem berühmten Sarkophag von Hagia Triada – und mögen zu einem Baumkult Beziehung gehabt haben. Worum immer es sich handelte, an diesen Säulen wurden jedenfalls Tiere geopfert, vor allem Stiere; ihr Blut wurde am Fuß der Säule als Opfergabe ausgeschüttet. Dieser Kult stand in Verbindung mit der Verehrung der Muttergottheit auf Kreta, ebenso auch auf der Insel Malta.

Die Gelehrten sind sich nicht einig, ob die Säule als solche geheiligt war. Nehmen wir aber an, daß die Minoer von Kreta und Thera und die Atlanter ein und dasselbe Volk sind, wird diese gelehrte Frage durch Platon beantwortet. Im ›Kritias‹ schreibt er: »Den eingefangenen Stier aber führten sie zur Säule und opferten ihn über jener Schrift auf dem Knaufe derselben . . . Das übrige aber trugen sie, nachdem sie ringsum die Säule reinigten, ins Feuer.« Offensichtlich war die Säule als solche nicht geweiht, sondern bedurfte eines Blutopfers zur Weihung.

Wir teilten unsere Entdeckung des Zahn-Hauses Marinatos mit; dieser wollte jedoch dort nicht wieder zu graben beginnen, da er mit dem Schiff am Mittwoch abzureisen gedachte. Bill und ich würden allein zurückbleiben, freilich unter den wachsamen Augen des Polizeichefs und des jüngeren Koutsogiannopoulos. Die beiden erstatteten Marinatos, wie wir später erfuhren, täglich telephonisch Bericht über unsere Tätigkeit. Die Kosten müssen beträchtlich gewesen sein. Wir hatten vor, diese Zeit zu nutzen und mit unserem Seismographen Messungen auf der Ebene von Perissa vorzunehmen. Ich glaubte, daß die Aschendecke dort nicht allzu stark sei und minoische Gebäude überdecke.

Beim Abendessen am Dienstag berichtete ich Marinatos, daß Loring am kommenden Sonntag nach Syros fahren werde.

»Ja, ich denke, so ist es am besten«, sagte Marinatos. »Er kann allein gehen, aber ich würde raten, daß er einen Anwalt mitnimmt, ohne darauf zu warten, daß er eine Vorladung erhält. Auf jeden Fall ist es aber gut, hinzugehen, denn das entspricht der Haltung eines Herrn. Der Richter zieht stets das Verhalten eines Mannes in Betracht.« Er gab uns den Rat, während er fort sein würde, die östliche und nördliche Küste Theras in Augenschein zu nehmen. »Es ist Terra incognita«, meinte er. »Wie Sie bemerkt haben, habe ich überall dort Nachschau gehalten, wo auch schon die Franzosen und Deutschen waren, weil dort die Bimssteinschicht dünn ist. Ich bin aber völlig sicher, daß es auch im Osten und im Norden nicht anders ist.«

Er meinte, auch an der Küste bei Kolumbo könnten dieselben Verhältnisse herrschen. Kolumbo ist ein Vorgebirge im Nordosten, vor dessen Küste sich im Jahre 1650 n. Chr. ein neuer Vulkan gebildet hatte, der aber heute verschwunden ist. An seiner Stelle befinden sich die sogenannten Kolumbountiefen. Sehr wichtig war jedoch, daß Marinatos uns die Erlaubnis erteilte, auch in seiner Abwesenheit mit der Suche nach minoischen Überresten fortzufahren und den Seismographen zu benützen.

Am nächsten Tag verabschiedeten wir uns von Marinatos und machten uns auf, den aktiven Zentralvulkan von Nea Kaimeni zu besichtigen. Die Fahrt in der Barke ist kurz, die Entfernung beträgt nur zwei bis drei Kilometer. Die Vulkaninsel wirkt wie eine gewaltige Kohlenhalde, als ob riesige schwarze Schlacken aus dem Erdinneren ausgespien worden wären. Dazwischen hie und da eine dampfende Fumarole von blaßgrüner Farbe. Wie ein Eisberg liegt der größte Teil des Vulkans unter dem Meeresspiegel. Der sich über das Wasser erhebende Teil ist nur ein formloser Haufen aus Steinen und Asche. Die Oberfläche ist zu verschiedenen Zeiten und durch verschiedene Vulkankamine geformt worden. Wie man Nea Kaimeni auch betrachtet, es ist doch ein einziger großer Vulkankegel – und ein recht zorniger.

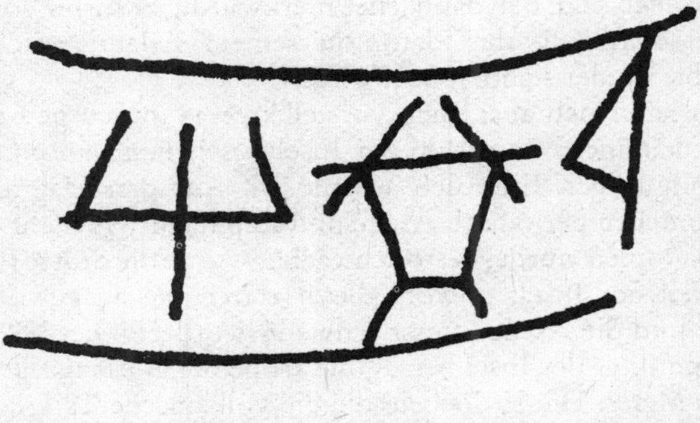

Schriftzeichen in der minoischen Linear-A-Schrift auf einem Tonscherben, gefunden von Fouqué auf Thera 1867 (Maßstab 1:3).

Genaugenommen handelt es sich um zwei kleine Inseln, Palaia Kaimeni und Nea Kaimeni. Kaimeni bedeutet »die Verbrannten«. Palaia (alt) Kaimeni bildete sich im Jahre 198 v. Chr. Im Laufe der Zeit kam es zu fünf größeren Eruptionen, bei denen so viel Lava und Asche ausbrach, daß der Vulkankegel bis zu einer Höhe von 100 Meter über dem Meeresspiegel anwuchs. 1573 n. Chr. erfolgte, rund zwei Kilometer weiter östlich, der Ausbruch eines neuen Vulkans, und es bildete sich die Insel Mikro (klein) Kaimeni – die heute mit Nea Kaimeni vereinigt ist. Bei diesem Ausbruch wurden, wie Zeitgenossen berichten, mehr als tausend Tiere getötet, vor allem durch giftige Gase. Zwischen 1707 und 1711 entstand Nea (neu) Kaimeni. Diese Vulkaninsel ist heute die größte, sie wirkt auch am unheimlichsten. In den Jahren von 1866 bis 1870 entstanden im Verlaufe einer Reihe von Eruptionen zwei neue Kegel, die allmählich mit Nea Kaimeni verschmolzen. Diese Ausbrüche veranlaßten Fouqué, nach Thera zu fahren.

1925 ereigneten sich wiederum Eruptionen mit sehr starkem Lavaausfluß; dabei wurde der schmale Kanal zwischen Nea Kaimeni und Mikro Kaimeni fast ausgefüllt. 1928 verschmolzen im Verlauf von Eruptionen die beiden Inseln völlig. 1939 und 1950 war der Vulkan wieder aktiv, ohne daß er sein grundlegendes Aussehen geändert hätte. Betrachtet man aber eine Karte des Therakessels, so sieht man, daß eines Tages Nea Kaimeni und Palaia Kaimeni verschmelzen werden und schließlich der ganze Einbruchskessel wiederum ausgefüllt sein wird. Thera könnte dann annähernd jenes Aussehen haben wie in minoischer Zeit, als es noch den Namen Kalliste, »die Wunderschöne«, trug. Es könnte auch sein, daß dann jenes merkwürdige Muster von Binnenwasserstraßen, die Platon in seinem Atlantisbericht beschreibt, wieder sichtbar sein wird.

Man kann sich aber auch vorstellen, was in den gewaltigen Vulkankammern unterhalb der Insel geschehen sein muß, um den endgültigen Einbruch auszulösen. Aus den Magmakammern brachen periodisch Asche und Lapilli aus. Je mehr Material ausgespien wurde, desto schwächer wurde die Stütze für den Mittelteil der Insel, obwohl dieser durch die ausgeworfenen Lapilli und die Asche immer schwerer wurde; in der Nähe des Mittelpunktes der Insel betrug die Höhe der Aschenschicht bis zu 150 Meter. Die Erdbeben, die die vulkanische Tätigkeit begleiteten, sprengten die Decke des Hohlraums, und es kam schließlich dazu, daß der Zentralteil der Insel bis zu 1000 Meter tief in den Abgrund stürzte. Die schwarzen Felsabhänge rund um die Bucht von Thera zeigen bis heute deutlich, wie sich dieser Vorgang abgespielt hat.

Am Donnerstag fuhren Bill Wetmore, Loring und ich im Wagen mit dem Seismographen nach Exomiti im äußersten Süden der Insel. Ich hielt es für eher kindisch, mir von Marinatos verbieten zu lassen, mit Loring zu verkehren; schließlich kannte Loring die Insel besonders gut und interessierte sich sehr für unsere Arbeit. Dennoch war es klüger, ihn zu den Ausgrabungen nicht mitzunehmen. Er würde dort ohnehin nichts gesehen haben, weil wir vor der Abreise von Marinatos die Schächte aus Vorsichtsgründen wieder zugeschaufelt hatten.

Bei Kap Exomiti, etwa 60 Meter landeinwärts von der Küste, war fester Untergrund unter der nur zwei Meter dicken Aschenschicht festgestellt worden. Unweit davon fand sich Küstengestein, das sich ungefähr auf Meereshöhe vom Strand landeinwärts hinzog. Der Seismograph zeigte an, daß sich dieses Konglomeratgestein unter der Asche weiter landeinwärts fortsetzte. Die Asche ist auf der ganzen Ebene von Perissa durch Erosion stark abgetragen worden.

Wir sahen uns wieder den von Loring gefundenen Steinring an, der schon fast unter dem Sand des Strandes verschüttet war. Seit dem vorigen Jahr war der Strand 2 Meter seewärts gewachsen.

In minoischen Zeiten gab es hier wahrscheinlich viel größere Brocken dieses »Naturbetons«, der vielleicht auch von den Menschen verwendet wurde. Das Vorhandensein von Unterwasserruinen südlich und östlich der Küste sowie unsere Kenntnisse der Vulkanologie bestätigten meine Annahme, daß die minoische Strandlinie sich weiter seewärts befand als die heutige. Dieses Paradoxon erklärt sich durch eine Landsenkung im 15. Jahrhundert; damals wanderte die Küstenlinie landeinwärts. Heute jedoch wächst das Land an manchen Stellen durch die Erosion der obersten Aschenschichten auf den Bergen. An anderen Stellen spülen die Wellen wieder den Strand fort.

Während wir die von den Wellen gespalteten Klippen westlich von Exomiti durchforschten, machte uns Loring auf hellenistische Keramikscherben aufmerksam, die am Felsabsturz – etwa 3 bis 5 Meter unterhalb der Aschenoberfläche – hervortraten. Wir sahen das zum erstenmal. Es bedeutete ja nichts anderes, als daß durch Erosion eine beträchtliche Menge Asche von den Bergen herabgespült und an der Küste abgelagert worden war, denn jene 3 bis 5 Meter hohe Aschenschicht mußte seit der hellenistischen Zeit (300 v. Chr. bis 100 n. Chr.) entstanden sein, und zwar nicht primär durch vulkanische Tätigkeit. Die minoische Schicht befand sich hier 10 Meter unter der Oberfläche. Die ursprüngliche Aschendecke war also nur 5 Meter stark.

Am Samstag, dem 3. Juni, wollten Bill und ich eben im Café Loukas zu Abend essen, als man uns mitteilte, der Polizeichef wünsche uns sofort zu sehen. Wir hatten ein reines Gewissen. Am Freitag hatten wir ein Kloster auf dem Gipfel des Eliasberges besucht, von wo wir in 100 Kilometer Entfernung die Bergspitzen von Kreta sehen konnten. Danach hatten wir das antike Thera besucht, wo wir durch zerfallene Tempel, Straßen und Häuser gewandert waren; schließlich waren wir den Berg zur Küste hinabgestiegen und hatten den Fischer Manolis getroffen. Es war ein herzliches Wiedersehen. Wir wurden von ihm zum Mittagessen eingeladen; ein batteriebetriebenes Grammophon machte Musik, und es wurde getanzt. Später brachte uns Manolis in seiner Barke nach Monolithos.

An jenem Tag hatten wir ferner bei Kamari mit unseren Unterwasserforschungen Erfolg. Wir fanden in etwa 6 Meter Tiefe eine Säule aus roter Lava, genau wie jene, die wir schon in der Nähe von Zahns Haus entdeckt hatten. Zweifellos war das ein Hinweis, daß die versunkene Stadt von Kamari wirklich minoisch gewesen ist. Und damit lag ein Beweis für die Ausdehnung der Besiedlung in der Zeit vor dem großen Ausbruch vor.

Am Samstag waren wir nach Perissa gefahren, hatten die Ebene mit dem Seismographen abgesucht und gefunden, daß der feste Untergrund etwa 5 Meter unter der Oberfläche lag, selbst in einer Entfernung von 3000 Meter von der Küste. Diese Gegend bot sich als künftige Ausgrabungsstätte an. Danach waren wir schwimmen gegangen und hatten in einem Strandcafé zu Mittag gegessen. Es gab dort eine Menge Touristen, kampierende englische Studenten, parfümierte französische Damen und lärmende Deutsche. Man hatte uns erzählt, daß eine Touristengruppe am Tag zuvor aus einer Kirche auf der Insel Ikonen gestohlen hatte. Eines der Bilder hatten sie in der Mitte auseinandergeschnitten, damit sie es leichter in ihrem Koffer unterbringen konnten. Nach diesem Bericht schienen mir zunächst alle Schwierigkeiten, die man hierzulande Fremden macht, einigermaßen verständlich. Aber meine Meinung änderte sich bald wieder.

Theofanides Eleftenos, der Polizeichef von Thera, hat schwarzes, kurz geschnittenes Haar, das er glatt zurückkämmt und das von Brillantine glänzt. Er trägt einen schwarzen Schnurrbart, hat schwarze Augen, eine schwarze Krawatte, eine schwarze Hose und schwarze Schuhe. Am schlimmsten aber war, daß er keine Miene verzog. Er war weder sachlich noch drohend, weder freundlich noch feindselig, er schien nur wachsam: ein ausgesprochener Basilisk. Er fragte, ob wir bei Perissa »Maschinen verwendet« hätten. Ich bejahte und fragte, was daran schlecht sei.

»Schlecht«, rief er aus und erhob die Arme. »Schlecht! Maschinen auf der Suche nach Altertümern zu verwenden ist schlecht, ist sehr ernstes Vergehen. Namen bitte. Wer von Ihnen ist Mavor?«

»Ich bin Mavor.«

»Aha!«

»Aber Doktor Marinatos hat, bevor er abgereist ist, gesagt, wir könnten ohne weiteres...«

»Nein, nein, nein, bitte Ruhe, Ruhe.« Wir saßen da und mußten ihm zusehen, wie er seine Aufzeichnungen beendete. »Ich habe gerade mit dem verehrten Professor Marinatos in Athen telephonisch gesprochen, und er hat mir ausdrücklich erklärt, daß Sie nichts, absolut nichts tun dürfen, bis er nach Thera zurückkommt.«

Dann, plötzlich von der Drohung zu Großmut wechselnd, erklärte er, unsere Verbindung mit dem »verehrten Professor« gestatte es, unser »ernstes Verbrechen« zu vergeben. Damit wurden wir kurzerhand entlassen. Wir durften also den Seismographen nicht mehr verwenden.

Die Zusammenarbeit mit Dr. Marinatos erwies sich, zumindest im gegenwärtigen Augenblick, als zweischneidiges Schwert. Da wir ohnehin eine Fahrt nach Kreta geplant hatten, entschloß ich mich, sie jetzt zu unternehmen. Die Berichte Dr. Platons über vulkanische Bomben bei Kato Zakros und die Hoffnung, Asche und Scoria (Schlacke) zu finden, die von Thera stammten und als Zeugnis für die weit ausgedehnten Zerstörungen durch die Eruption dienen konnten, waren der Hauptanreiz für diese Fahrt. Am Sonntagmorgen sollten Emily Vermeule und Robert Kane kommen, am Montagabend ging ein Schiff nach Kreta, und so besorgte ich Schiffskarten für vier Personen.

Sonntag um sechs Uhr früh kamen Emily und Bob tatsächlich an. Die beiden waren genau das, was wir brauchten: ein Stück Heimat, um die Atmosphäre von Geheimnistuerei und Verschwörung zu durchbrechen, die sich auf dieser Insel der Geheimnisse rund um uns verdichtete. Emily Vermeule, die fließend Griechisch spricht, brachte einen Brief von Marinatos mit, in dem uns freie Hand auf der Insel gegeben wurde – zumindest legten wir es so aus. Der verschlossene Brief, adressiert an den Polizeichef, wurde ihm sogleich überreicht. Er floß an diesem Sonntagmorgen vor Liebenswürdigkeit geradezu über. Er versicherte uns, daß wir nun in Gegenwart von Mrs. Vermeule sowohl die Ausgrabungen von Akroteri aufsuchen als auch mit dem Seismographen arbeiten könnten. Marinatos war offenbar für den Charme einer Frau zugänglich.

Aber der nächste Zwischenfall kam sofort. Emily erklärte, kaum daß sie von dem Hoteldirektor zu ihrem Zimmer geführt worden sei, habe er versucht, sie zu umarmen und zu küssen. Wir waren entsetzt. Der salbungsvolle Vierundsechzigjährige war uns völlig harmlos erschienen, selbst wenn man mediterrane Begriffe in Betracht zog. Emily berichtete den Vorfall dem jungen Koutsogiannopoulos, der uns ernsthaft versicherte, es werde nicht mehr vorkommen. Dieser lächerliche Zwischenfall beschäftigte uns während unseres ganzen Griechenlandaufenthaltes.

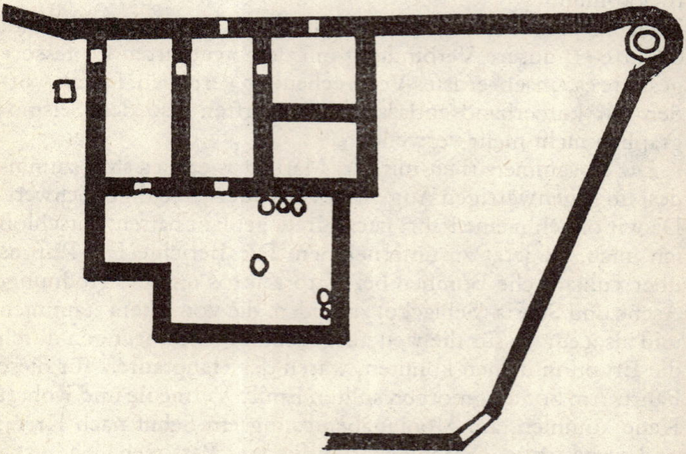

Minoisches Gebäude, entdeckt von Fouqué auf Therasia am Klippenhang des Bimssteinbruches für den Suezkanal. (Nach Fouqué, ›Santorin et ses Eruptions‹, Paris 1879.)

So rasch als möglich fuhren wir von Phira nach Akroteri, um dort die Ausgrabungen zu besichtigen. Wir stiegen in eine der Höhlen ein, die sich gebildet hatte, als die schwerlastende Asche in den leeren Raum eines minoischen Hauses eingestürzt war. Die Höhle war sogar in kleine Räume unterteilt, so wie es das Haus gewesen sein mochte, obwohl nichts als Asche zu sehen war. Alle Scherben und Freskoreste waren pflichtgetreu in das Museum transportiert worden.

Am Montag wollten wir nach Therasia fahren, um uns die Ausgrabungen Fouqués an der Südküste anzusehen. Bevor wir jedoch das Hotel verließen, erhielten wir die Aufforderung, zur Polizeistation zu kommen und unsere Hotelrechnungen mitzubringen. Dort prüfte der Polizeichef die Rechnungen unter vielem Kopfschütteln, Schnauben und anderen Theatermätzchen. Er regte sich sehr über 3 Drachmen auf, die uns offenbar bei einem Mittagessen zuviel angerechnet worden waren, und über verschiedene, jeweils 10 Drachmen betragende Posten, die wir nicht erklären konnten. Er begann mit Emily auf griechisch zu verhandeln. Ich verstand nur Bruchstücke des Gesprächs, bemerkte aber doch, daß er nach einiger Zeit offenbar das Thema wechselte, denn der Name des Hoteldirektors wurde immer häufiger erwähnt. Der Polizeichef lachte, schüttelte den Kopf und stellte neue Fragen. Plötzlich rötete sich sein Gesicht; er schlug mit der Faust auf den Tisch, warf sich in seinen Sessel und spielte uns einen wahren Zorn- und Ekelausbruch vor.

Es ging um das peinliche Erlebnis, das Emily mit dem Hoteldirektor gehabt hatte, den der Polizeichef einen »Kakos Anthropos« nannte. Jedenfalls gelang es ihm, so viel aus ihr herauszuholen, daß er eine formelle Anzeige gegen den Mann erstatten konnte. Das hatte Emily wirklich nicht gewollt, aber die Wut des Polizeipräsidenten schwemmte alle ihre Einwände hinweg. Mir kam der Gedanke, daß wir vielleicht, ohne es zu wollen, der Polizei einen Anlaß verschafft hatten, um den Hoteldirektor zu verhaften. Der Mann war auf Thera unbeliebt. Vielleicht aber hatte der Polizeichef auch lediglich eine Intrige angefangen, um uns Unannehmlichkeiten zu machen, mit dem Ziel, uns daran zu hindern, nach Therasia zu fahren.

Nach etwa zwei Stunden wurden wir entlassen, nachdem wir bestätigt hatten, daß die schriftliche Anzeige des Polizeichefs im wesentlichen korrekt sei. Wir hatten auch gesehen, wie der Hoteldirektor, eskortiert von zwei massiven Polizisten, an unserem Fenster vorbei ins Gefängnis geführt wurde.

Fremde besuchen Therasia selten, und seine Bewohner unternehmen ebenso selten die immerhin nur 10 Kilometer weite Fahrt nach Phira. Pittoresk und primitiv im Vergleich mit der Hauptinsel, liegt auch diese Ortschaft auf der Spitze eines Felsenberges und kann nur über einen steilen Eselspfad erreicht werden. Auf Therasia gibt es keine Straßen; das einzige Transportmittel ist der Esel. Ein 5 Kilometer weiter Ritt über die Felder und über die steinbesäten Täler brachte uns zu den Steinbrüchen, wo in den sechziger Jahren des vorigen Jahrhunderts die Asche für den Suezkanal abgebaut worden war. Wir fanden zwar eine Unzahl prähistorischer Scherben, aber keine Häuser. Es gab Plätze, wo die Scherben geradezu gehäuft lagen. Solche Orte vermerkten wir in unserem Katalog möglicher Ausgrabungsstellen.

Nach der These von Professor Galanopoulos war der Kanal vom Hafen der Atlanter zum äußeren Ringwall dort verlaufen, wo sich heute die schmale Meerenge befindet, die Therasia im Norden von Thera trennt. Ausgrabungen würden zweifellos fast überall die minoische Schicht aufdecken und Gebäude zum Vorschein bringen, zumindest Zeichen einer Besiedlung. Dennoch schien es das beste, sich für den Augenblick auf Akroteri zu konzentrieren. Ich hoffte ja, daß sich diese Ausgrabungsstätte als ein echter atlantischer Palast herausstellen würde.

Wieder am Kai von Phira angekommen, entschlossen wir uns, nicht zum Hotel hinaufzuklettern, sondern die zwei Stunden bis zur Ankunft des Schiffes nach Kreta hier zu warten. Unser Gepäck sollte ebenfalls heruntergebracht werden. Doch plötzlich läutete das Telephon im Hafencafé. Der Polizeichef verlangte, daß Emily sofort in sein Büro kommen möge. Oben angelangt, erfuhren wir, daß der Hoteldirektor Gegenanklage erhoben hatte und der Polizeichef nun eine Konfrontation wünschte. Nahe dem Weinen, verlangte Emily, der Polizeichef möge Marinatos anrufen. Der Professor war offenbar schon informiert. Emily protestierte dagegen, unwillentlich Urheber einer neuen Katastrophe zu werden. Marinatos jedoch bestand darauf, daß die Gerechtigkeit ihren Lauf nehmen müsse, versicherte aber, daß der Angeklagte nicht allzu hart angefaßt werde. Was ich freilich von Griechenlands Justiz und Gefängnissen wußte, ließ mich diese Versicherung nicht sehr ernst nehmen. Schließlich durften wir wieder gehen, und der Hoteldirektor wurde in seine Zelle zurückgebracht.

Am Kai mußten wir noch auf das Schiff, die »Elli«, warten.

Aus dem Radio, das im Kaffeehaus spielte, erfuhren wir, daß zwischen Israel und den Arabern der Krieg ausgebrochen war. Russische Kriegsschiffe seien in den Gewässern vor Kreta gesichtet worden.

Sobald wir an Bord waren, vergaßen wir den Krieg, unsere Zeit auf Thera, den Hoteldirektor; wir schwärmten nur mehr von den Palästen, die wir nun bald sehen würden. Endlich würde ich imstande sein, aus erster Hand die Überreste der minoischen Kultur in ihrer großartigsten Form zu studieren, einer Kultur, deren Andenken tausend Jahre nach ihrem Untergang Platon als Atlantis verewigt hat.

Als der berühmte griechische Archäologe Professor Nikolaus Platon, jahrzehntelang Chef des Archäologischen Dienstes auf Kreta (der Inhaber dieses Amtes führt den Titel »Ephor«), den Palast von Kato Zakros an der Ostküste Kretas ausgrub, fand er Steinbrocken, die, seiner Meinung nach, vulkanischer Herkunft waren. Galanopoulos meinte, es könne sich um vulkanische Bomben handeln, die von der Theraeruption stammten. Damit Steinbrocken eine Entfernung von mehr als 100 Kilometer zurücklegen können, muß die Auswurfgeschwindigkeit doppelt so groß sein wie jene beim Ausbruch des Vulkans Bezymyannaya auf Kamtschatka, der größten jemals beobachteten Eruption.

Der jetzige Ephor von Kreta, Dr. Alexiou, war der Hüter dieser Schätze. Während wir darauf warteten, daß dieser außerordentlich schwer zugängliche Mann Zeit fand, uns im Kandia-Museum von Heraklion – wo die angeblichen Bomben aufbewahrt werden – zu empfangen, besichtigten wir mehrere minoische Paläste und Villen. Obwohl es mir vor allem darum ging, Anzeichen von Zerstörungen zu finden, die auf die Eruption von Thera zurückgeführt werden konnten, spürte ich doch bald die Großartigkeit der antiken kretischen Kultur, deren schweigende, begrabene Städte nicht nur Schätze für unsere Zeit aufbewahrt haben, sondern durch ihre Kunst uns heute noch ein Zeichen geben, wie sehr ihre einstigen Bewohner zu leben verstanden und das Leben genossen. Künstlerisch, politisch, gesellschaftlich und spirituell schienen die Leistungen dieser Menschen bemerkenswerter zu sein als jene der Atlanter Platons, die in seinen beiden Berichten doch nur blasse Schemen bleiben.

Da wir schon um Viertel sechs Uhr morgens angekommen waren und uns des großen Wissens Emily Vermeules bedienen konnten, lernten wir selbst in kurzer Zeit eine Fülle von Dingen sehen und begreifen. Jedoch fanden wir an keiner der von uns besuchten Ausgrabungsstellen irgendwelche Spuren von Bimsstein, Lapilli oder vulkanischen Bomben. Es gibt auf Kreta Lagen von pulverisiertem Kalkstein, die ähnlich wie Asche aussehen. Aber wir stellten fest, daß es sich um andere Minerale handelt als um die silikatreiche Asche von Thera.

Auch die Besichtigung der Villa bei Amnisos trug nicht dazu bei, unsere Erwartung zu bestätigen, wonach Bimsstein durch die Eruption bis nach Kreta durch die Luft geschleudert worden sei. Marinatos hatte schon 1939 berichtet, er habe in dieser Villa vom Meer angespülten Bimsstein gefunden und ferner Anzeichen dafür, daß eine Mauer durch zurückflutendes Wasser nach außen gestürzt war. Da die Villa nur 5 bis 8 Meter über dem Meeresspiegel und nur etwa 100 Meter entfernt vom Strand liegt, hätte sie durch die Flutwelle der Therakatastrophe überschwemmt werden müssen. Tatsächlich fanden sich zwei große Steinblöcke, die in westliche Richtung nach außen gestürzt waren – vielleicht durch die Einwirkung von Meereswellen. An der Nordfront, parallel zum Meer, fehlten zwei große Steinblöcke. Ich neige zu der Meinung, daß es sich hier wirklich um Zeugnisse für das Wirken der Springflut handelt.

Amnisos liegt nur wenige Kilometer östlich von Heraklion, die minoische Stadt Gurnia dagegen etwa 90 Kilometer. Diese Siedlung am Hang eines Gebirgszuges überblickt im Norden den Golf von Mirambelou, der etwa 30 Kilometer tief in das Inselmassiv einschneidet. Unmittelbar östlich von Gurnia befindet sich eine Senke, die von Norden nach Süden zieht, in der Mitte nur unwesentlich ansteigt und bei Hierapetra an der Südküste endet. In früheren erdgeschichtlichen Zeiten war diese Senke vom Meer erfüllt und der Ostteil Kretas von der übrigen Insel durch einen Meeresarm getrennt. Auf dem Gipfel des kleinen Hügels, auf dem sich die Stadt ausbreitet, liegt ein bescheidener »Palast«; auch die Häuser, deren Grundmauern überall noch gut erhalten und in denen zahlreiche Gegenstände handwerklicher und hauswirtschaftlicher Verwendung gefunden worden sind, wirken bescheiden. Hier lag offenbar eine »Kleinstadt« der Minoer. Man durfte hoffen, bei Ausgrabungen auf Thera reichere und elegantere Gebäude zu finden.

Endlich empfing uns Dr. Alexiou. Nach einem kurzen Blick auf die sogenannten Bomben wurde uns klar, daß sie nicht vulkanischer Herkunft sein können. Die erste »Bombe« zeigte eine grüne Oxydierung und Steinschmelze. Es war klar, daß wir es hier mit dem Resultat eines gewöhnlichen Feuers zu tun hatten. Die zweite Bombe sah wie Bimsstein aus, war aber in Wirklichkeit Kalkstein. Damit schwand die Erwartung, es könnten vulkanische Bomben oder Bimsstein bis Kreta geschleudert worden sein. Anderseits haben Proben vom Meeresboden rund um Kreta eindeutig starke Aschenschichten nachgewiesen. Offenbar ist in den dreieinhalb Jahrtausenden seit dem Ausbruch von Thera alles, was an Asche auf Kreta gefallen war, durch die Erosion ins Meer geschwemmt worden. Man müßte allerdings noch auf Hochebenen im Inneren des Landes und in Seen Nachschau halten.

Am nächsten Tag fuhren wir in die Berge, um eine Villa bei Vathypetro zu besichtigen, die Dr. Marinatos ausgegraben und restauriert hatte. Sie befindet sich auf der Spitze eines Hügels inmitten des fruchtbaren kretischen Hinterlandes, wo Trauben wachsen, die einen besonders guten Wein ergeben. Marinatos zieht es vor, wo immer möglich, die ausgegrabenen Gegenstände »in situ«, das heißt an Ort und Stelle, zu lassen und dort zu konservieren. Er wollte diese lobenswerte Gewohnheit auch auf Thera beibehalten. In der Villa nun geben wundervoll erhaltene Vorratsgefäße und eine Weinpresse den Eindruck des minoischen Lebens seht gut wieder. Von Vathypetro fuhren wir nach Archanes und besichtigten dort einen Palast, der die Sommerresidenz der minoischen Herrscher gewesen sein soll. Hier handelt es sich um eine von der Hand der Restauratoren noch unberührte Ausgrabung aus jüngster Zeit. Das Gebäude war eher klein, aber die Steinblöcke sind massiv und jenen der Paläste von Knossos, Mallia und Phaistos vergleichbar. Hier waren deutlich Spuren eines Erdbebens zu erkennen. Große Steinblöcke waren 3 bis 4 Meter von ihrer ursprünglichen Lage weggeschleudert worden.

In der Nähe von Archanes war 1964 auch das erste nicht geplünderte Königsgrab auf Kreta aufgefunden worden. Es stammt aus der Zeit der Zerstörung der Paläste (etwa 1400 v. Chr.). In diesem Grab fanden sich Darstellungen mykenischer Krieger; dennoch ist der Gesamtstil der Grabanlage minoisch und sehr geschmackvoll. Die Darstellung der Krieger deutet offenbar schon auf die um diese Zeit erfolgte Übernahme der Macht durch die Mykener hin. Vielleicht bemächtigten sich eines Tages mykenische Söldner der Insel, wie dies ja in der Geschichte Söldner unter ähnlichen Umständen oft genug getan haben. Man erinnert sich auch an den Hinweis Platons, wonach die Atlanter mit dem »Kleinerwerden des göttlichen Anteils in ihrem Blut« ihre friedliche Haltung in eine kriegerische veränderten.

Diese erste Begegnung mit minoischer Kultur und Kunst beeindruckte mich sehr. Ihre Architektur zeigt einen wundervollen Sinn für Proportion. Es wird ein vollkommenes Gleichgewicht zwischen Maß, Werkstoff, Farbton und Gefühl erzielt und der Betrachter durch Ausmaß, Form und Kontur dieser Paläste eher fröhlich gestimmt als überwältigt. Es sind gewaltige Anlagen, aber sie sind nicht übermenschlich monumental. Die Riesenhaftigkeit der Steinquader wird durch Lichtschächte, Säulen, Terrassen und Innenhöfe aufgelockert, die Eintönigkeit des Steins wird durch fröhliche, in leuchtenden Farben ausgeführte Fresken verwandelt. Selbst die grimmige Realität eines Sarkophags erhält ihr Gegengewicht durch heitere Darstellungen von Tieren. Die Fresken der Minoer zeigen Festtage und religiöse Zeremonien; diese Menschen musizieren, lachen und freuen sich des Lebens. Ein Sinn für Gleichgewicht, Bemühen, einen mittleren Weg zu finden zwischen dem, was der Mensch ist, und dem, was er gern wäre, durchzieht diese ganze Kultur. Vom größten Palast bis zum kleinsten Ziegelstein herrscht eine natürliche Grazie vor, deren Sinn es zu sein scheint, nicht zu beeindrucken, zu übertreiben oder zu überwältigen, sondern einfach Freude zu bereiten.

An unserem letzten Tag auf Kreta fuhren wir zu der kleinen Insel Dia, etwa 15 Kilometer nördlich von Heraklion. Sie ist ein idealer Platz für eine Marinebasis, eine Schiffswerft, eine Fischersiedlung, überhaupt für alle maritimen Zwecke. Auf Dia dürfte nie ernsthaft nach Antiquitäten gesucht worden sein, es gibt keinerlei archäologische Forschungsberichte. Das ist erstaunlich, denn diese Insel hat in der griechischen Mythologie eine besondere Stellung. Hier hat Theseus die schöne Ariadne im Stich gelassen, nachdem sie ihm geholfen hatte, den Minotaurus zu töten und aus dem Labyrinth zu entkommen.

Dia liegt auf gerader Linie zwischen dem alten minoischen Hafen Amnisos und Thera. War Thera eine bedeutende Siedlung, so muß Dia mehr als nur ein gelegentlicher Anlegeplatz gewesen sein. Jason soll hier Station gemacht haben, und hier war es auch, wo er einen purpurnen Umhang erhielt, der »für Dionysos auf dem seeumgürteten Dia« gewebt worden war. Nach Meinung mancher Forscher steht Dionysos in enger Beziehung zu dem Gott-Knaben der matriarchalischen Religion des frühminoischen Kreta und der Kykladen.

Auf unserer kurzen Wanderung durch den Hafen und auf das östliche Vorgebirge sahen wir Gefäßscherben in so reichem Maß, daß Emily meinte, sie habe dergleichen noch nie gesehen, egal, um welchen Ort es sich handle und um welche Periode. Wir fanden auch eine städtische Siedlung, die entweder kykladisch oder vorminoisch sein dürfte. Ihr Entdecker war Bob Kane. Deutlich sichtbar sind Mauerreste von Gebäuden, zwischen denen sich Straßen hinziehen. Der felsige Charakter der Insel und das fast völlige Fehlen von Erde machen Ausgrabungen dort einfach, obgleich die Überreste aus eben diesen Gründen nicht gut erhalten sind.

Nach einer kurzen Unterwassererkundung fanden wir antike Molen oder Wellenbrecher. Einer davon wies parallele Abteilungen auf, ähnlich wie die Reste der bei Amnisos gefundenen minoischen Bootshäuser. Schließlich fand Bob Kane sogar noch Überreste der Planken eines kleinen Bootes, die unter einem der Wellenbrecher hervorragten.

Am Abend flogen wir nach Athen zurück, wo wir die nächsten Tage verbrachten, mit Ausnahme zweier interessanter Fahrten zu Fundstellen in Attika und auf dem Peloponnes. Die erste Reise galt den alten Bergwerken von Laureion und Thorikos. Diese Gegend soll König Minos erobert haben. Historisch gesehen, kann diese Sage eine Erinnerung an eine minoische Expedition sein, die der Sicherung des Besitzes der Kupferbergwerke auf Attika galt.

Die zweite Fahrt ging zu den mykenischen Hochburgen von Mykenä und Tiryns. Der Unterschied zwischen diesen grimmigen Festungen und den offen daliegenden Palästen der Minoer ist frappierend. Will man wiederum auf die Atlantiserzählung von Platon zurückgreifen, so läßt sich eine Parallele zu seiner Darstellung von der Veränderung der Atlanter und ihrem Niedergang ziehen.

In Athen schien unterdessen das Bemühen von Dr. Marinatos, das Land, auf dem sich unsere Ausgrabungen bei Akroteri befanden, durch den Staat zu erwerben oder konfiszieren zu lassen, auf Schwierigkeiten zu stoßen. Bestimmte amtliche Verlautbarungen in dieser Sache mußten außerdem mehrmals in Zeitungen veröffentlicht werden, bevor das Verfahren seinen Gang nehmen konnte. Dazu kam, daß Marinatos damit beschäftigt war, die Stelle eines Direktors des Archäologischen Dienstes zu ergattern. Im Zusammenhang mit dieser seiner Kampagne hielt er vor der angesehenen Akademie von Athen einen Vortrag über unsere Funde und veröffentlichte in einer Athener Zeitung einen Artikel über unsere Arbeit. Obwohl wir ihn jeden Tag bestürmten, mit uns nach Thera zurückzukehren, speiste er uns immer wieder mit Ausreden ab. Am Ende des Monats mußte Emily Vermeule nach Hause fahren, und so wurde wiederum die Zeit zu kurz.

Ein weiterer Unglücksfall war, daß Cousteaus Schiff »Calypso« nicht ins Mittelmeer einlaufen konnte, weil der Suezkanal durch den israelisch-arabischen Krieg gesperrt war. Cousteau mußte seine Pläne aufgeben, nach Thera zu kommen. Auch Dr. Edgerton war außerstande zu kommen, so daß seine Pläne, zusammen mit Cousteau bei Helike und mit uns auf Thera zu arbeiten, zunichte wurden.

Bob Kane fuhr am 13. Juni allein nach Thera zurück. Er war nach Griechenland geflogen, vor allem um geologische Vermessungsarbeiten durchzuführen, war jedoch während der zwei Wochen, die er mit uns verbracht hatte, nur zwei Tage auf der Insel gewesen. Die Abreise von Marinatos nach Athen hatte sowohl Emily Vermeules als auch Bob Kanes Zeiteinteilung sehr gestört. Marinatos hatte nun jedoch an den Polizeichef von Thera einen Brief gerichtet, in dem Bob Kane die Erlaubnis erteilt wurde, auch in Abwesenheit des Professors eine geologische Bestandsaufnahme der Insel vorzunehmen. Auf der Insel angekommen, entwarf Bob topographische Karten der Gegend von Akroteri, wobei er Entfernungen durch Abschreiten feststellte und die Richtungen mit einem Handkompaß bestimmte. Die Täler und Schluchten bei Akroteri kartographierte er mit weit mehr Einzelheiten, als wir bis dahin auf irgendeiner Karte gesehen hatten. Er wanderte an der Südküste entlang, studierte die sichtbare Schichtung der Klippen und war imstande, einen Querschnitt des Terrains, wie es in minoischer Zeit ausgesehen haben mußte, aber heute unter der Asche begraben lag, zu rekonstruieren. Er stellte fest, daß die minoische Siedlung von Akroteri sich auf dem Grund eines geringfügig unebenen Tales befunden hatte, das sich zwischen dem Kalksteingebirge Platinamos im Osten und dem Berg Styros (aus Andesitlava) im Westen dahinzieht. Die damalige Landschaft hatte also kaum eine Ähnlichkeit mit dem heutigen von Schluchten durchfurchten Abhang. Die Gegend mußte in minoischer Zeit ideal geeignet für die Anlage eines Palastes gewesen sein.

Die Gipfel des Platinamos und des Styros ragen weit über die Aschendecke hinaus, sind aber selbst frei von Asche. Um dies zu erklären, entwickelte Bob Kane eine Theorie, die auch darauf Bezug nimmt, daß die Aschendecke im südlichen Teil wesentlich dünner ist als auf dem übrigen Thera. Da Nordwind vorherrscht, erwartet man aber, daß der Südteil ebenso stark mit Asche bedeckt worden ist wie der Norden. Das Argument, die südlichen Berge seien zu steil, die Asche würde vom Regen weggespült, befriedigte Kane nicht.

Er meinte, daß zwar beträchtliche Mengen von Asche und

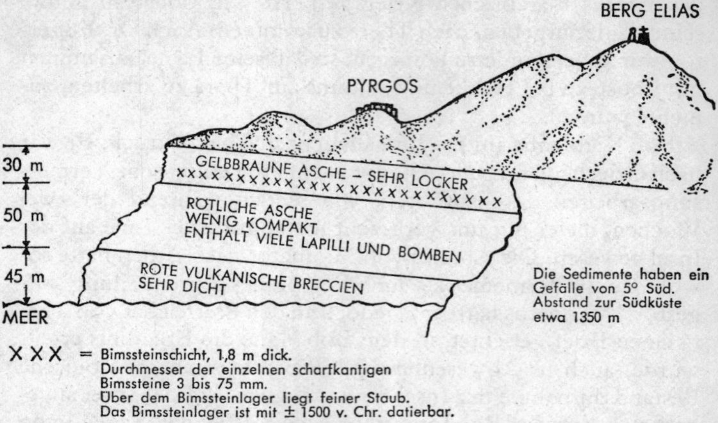

Geologischer Schnitt durch den Randabsturz des Kessels von Thera bei Akroteri, vermessen von R. Kane. (Nach R. Kane.)

Bimssteinen hoch in die Luft geschleudert wurden; in gewissen Phasen aber habe die Eruption einen Aschenregen hervorgebracht, der wie sehr dichter Nebel über das Land gezogen sei und schließlich eine hohe Decke gebildet habe. Diese Eruptionsformen wurden bei Vulkanen in der Art jenes von Thera schon früher beobachtet. Nur unter dieser Voraussetzung wäre es verständlich, daß die Berge im Süden ein Hindernis für die Asche dargestellt hätten. Und es wäre damit auch erklärt, warum das Tal von Akroteri zwar eine Aschendecke aufweist, nicht aber die benachbarten Berge. An den nahe gelegenen Felsabbrüchen sind die einander abwechselnden Phasen der großen Eruption genau sichtbar: Schichten feiner Asche von grauer, weißer und brauner Färbung, die voneinander durch Anhäufung basaltischer Lavabomben und Lapilli getrennt sind.

Bob Kane schwamm ferner kreuz und quer etwa 6 Kilometer die Küste ab und suchte nach versunkenen minoischen Gebäuden. Natürlich dürften die meisten Gebäudereste im Verlauf der Jahrtausende im Sand versunken sein. Wir hatten schon früher bei den sogenannten alten Molen von Exomiti, wenn auch vergeblich, versucht, Berichte über versunkene Häuser zu verifizieren. Auch Kane fand nichts, was nach von Menschenhand behauenem Stein aussah. Als er sich jedoch schwimmend der Küste näherte, bemerkte er vor der Mündung der Schlucht, östlich jener, in der wir mit den Ausgrabungen begonnen hatten, eine größere Anhäufung freiliegender Steinblöcke. Auf diesem Strand lag verhältnismäßig wenig Sand.

Endlich, etwa 60 Meter vor der Küste, fand er in 3 Meter tiefem Wasser das, was er gesucht hatte: die Mauer eines Gebäudes aus aufeinandergeschichteten behauenen Steinen. Am Fuß dieser Mauer lagen zwischen kleineren Steinen Scherben von Gefäßen eindeutig minoischer Herkunft. Die Mauern schienen Fortsetzungen jener zu sein, die wir am 4. Juni in der Nähe der Küste gesehen hatten.

Es war dies die erste sichere Identifizierung von Unterwasserruinen im Bereich unserer Ausgrabungen, und zwar an einer Stelle, die meiner Meinung nach entweder im 15. Jahrhundert vor Christus oder später abgesunken ist. Die Mauer befindet sich in seichtem Wasser und gehörte möglicherweise zu einem Gebäude am Strand, denn in jenen Tagen lag der Meeresspiegel relativ 3 Meter tiefer als heute.

Am 14. Juni kam meine Frau Mary in Athen an. Kurz danach erhielten wir von Marinatos die Zusage, daß er am nächsten Dienstag nach Thera kommen werde. Während der Vorbereitungen unserer Rückkehr nach Thera hatten Emily und ich alles getan, um eine möglichst friedliche zweite Phase der Expedition zu sichern. Wir hofften, daß es Zwischenfälle wie bei unserem ersten Aufenthalt nicht mehr geben werde.

Recht erschrocken waren wir jedoch, als wir erfuhren, daß wir auf der »Pantelis« nach Thera fahren würden, einem Schiff, dessen Kapitän und Erster Offizier ausgerechnet Bruder und Sohn unseres unglücklichen Hoteldirektors waren. Schon sahen wir uns, mit einem ägäischen Dolch im Rücken, ins Meer geworfen. Aber das war noch nicht alles: wir hörten, daß niemand anderer als der Direktor selbst in Syros an Bord kommen werde, nachdem er vorläufig gegen Kaution freigelassen worden war. In meiner Phantasie sah ich den verständnisvollen Richter, der das Opfer einer ausländischen Intrige freiließ, um ihm zu gestatten, die Familienrache zu organisieren.

Es kam jedoch alles ganz anders: Der Hoteldirektor betrat in Syros das Schiff nicht, und seine Familienangehörigen behandelten uns mit größtmöglicher Höflichkeit, sowohl an Bord des Schiffes als auch auf der Insel. Als wir am Sonntag um sechs Uhr früh ankamen, unternahm die Familie des Hoteldirektors ungewöhnliche Anstrengungen, um für uns, da das Hotel voll belegt war, Zimmer zu finden. Freilich sollte unser Aufenthalt nur ein paar Tage dauern, weil wir, sobald Marinatos ankam, in die Villa von Herrn Koutsogiannopoulos übersiedeln wollten. Wir erhielten Zimmer neben dem Café Loukas, in unmittelbarer Nachbarschaft von Loring. Bevor Marinatos kam, wollten wir noch ein paar Tage die Insel »entdecken«. Da Bob Kane schon am selben Tag mit der »Pantelis« abreisen mußte, blieben Emily, Mary und ich allein zurück.

Glücklicherweise war der Polizeichef gerade in der Kirche, als wir uns in unseren Zimmern häuslich einrichteten. So rasch als möglich engagierten wir uns Georgios Alavaniti, den getreuen Taxifahrer unserer vorhergehenden Expedition, und beeilten uns, mit seinem abenteuerlichen Peugeot aus der Stadt hinauszukommen, gleichgültig wohin, wenn es nur weit weg von Phira und der Polizei war.

Die drei Tage vor der Ankunft von Marinatos waren wunderschön. Der Polizeichef ließ uns in Ruhe, und Loring war nach Syros gegangen, wo sein Prozeß stattfand. Mary, Emily und ich konnten endlich ungestört die Insel besichtigen. Wohin wir auch kamen, überall fanden wir Altertümer. Meine Frau erwies sich als unübertrefflich im Finden frühgeschichtlicher Topfscherben. Verständlicherweise bedauerten wir, daß wir nicht einmal das kleinste Stück nach Hause nehmen durften. Aber wir waren nach Griechenland gekommen, um zu lernen und zu verstehen, und nicht, um aus diesem Land etwas wegzutragen. Bis zum heutigen Tag besitzen wir keine einzige griechische Antiquität.

Am Montag mieteten wir eine Barke und fuhren nach Kap Exomiti, wo eine große Ansammlung von Steinplatten, 1 bis 3 Meter lang, auf dem sandigen Meeresboden in 20 Meter Tiefe zu sehen ist. Mit Eimern, deren Boden aus Glas war, konnten wir die Steine deutlich sehen. Schwämme, die an den Felsbrokken wuchsen, halfen uns, die Dimensionen besser abzuschätzen. Mir schien es, als ob es sich um natürliche, in viele kleine Stücke zerbrochene Konglomeratplatten handelte. Nur unser Barkenführer Manolis Kafouros glaubte, eine Ordnung in diesem Steinwirrwarr zu entdecken. Er war überzeugt, daß es Reste alter Häuser seien. Die Distanz zur Küste betrug rund 1,5 Kilometer. Westlich davon, nach Akroteri zu, sahen wir die von Bob Kane entdeckten Mauern, und auch hier fanden wir prähistorische Gefäßscherben.

An Land besichtigten wir am Osthang des Platinamosberges das Relief einer 3 Meter langen in den Fels gehauenen Schlange.

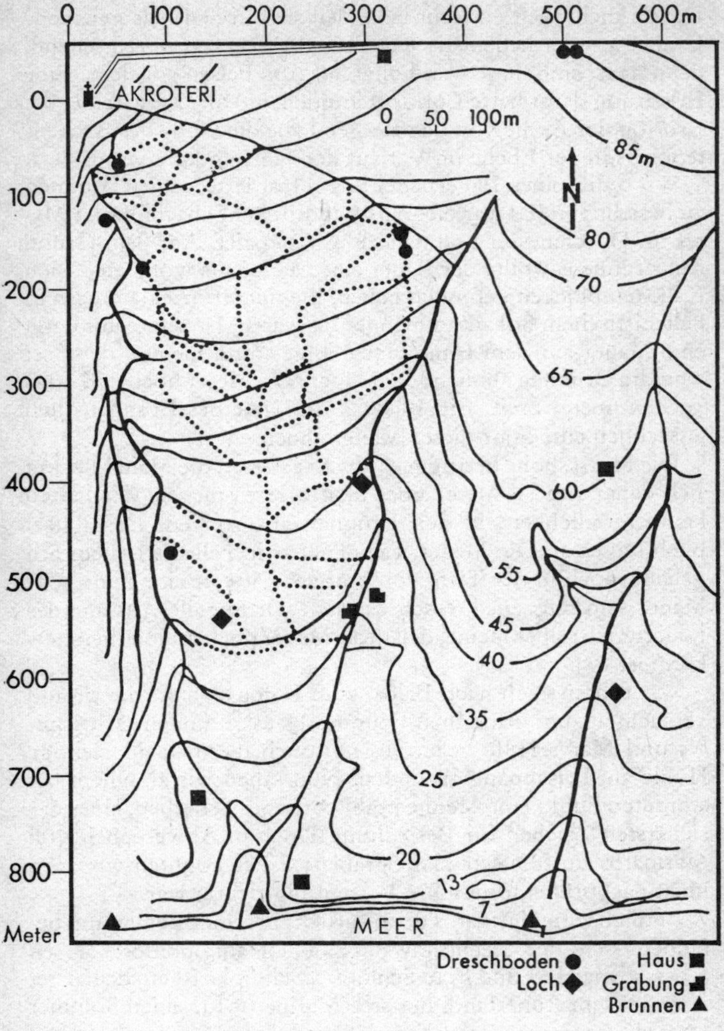

Plan der Ausgrabungen bei Akroteri. Vermessen 1967 durch R. Kane. (Nach R. Kane.)

Davon nicht weit entfernt befanden sich in den Fels gehauene Gräber aus der hellenistischen Periode. Das war überraschend, denn meist sind diese weit höher auf dem Felsen angelegt. Eine Erklärung dafür hatte Loring gefunden, indem er feststellte, die Erosion der Asche von den Bergen habe die Höhe des Aschenteppichs in der Ebene im Verlauf der Jahrhunderte vergrößert.

Wir trafen einen Bauern, der uns aufforderte, seinen Brunnen zu besichtigen. Es war dies ein zylindrischer Schacht, fast 3 Meter im Durchmesser und nahezu 9 Meter tief. Auf dem Grund des Brunnens wollte der Bauer eine Mauer aus wohlbehauenen Kalksteinblöcken gefunden haben, die mit Bronzeklammern in hellenistischem Stil zusammengefügt waren. Er zeigte uns dann eine Mauer auf dem Hang eines Hügels und meinte, diese sei jener im Brunnen ähnlich; die Mauer sei 1 Meter hoch und etwa 50 Zentimeter breit. Ein Blick in die Tiefe des Brunnens ließ tatsächlich eine Spur dieser Mauer ahnen.

Die Meereshöhe betrug hier etwa 15 Meter, die Mauer befand sich daher rund 6 Meter über dem Meeresspiegel. Wir hatten keine Möglichkeit, in den Brunnen abzusteigen. Das Rätsel blieb ungelöst. Die Mauer war offenbar in hellenistischem Stil gebaut, doch in der Tiefe von 9 Meter hätte es eine minoische Mauer sein müssen. Freilich kannten wir nur die Aussage des Bauern; ich selber meine, daß diese Mauer doch minoischer Herkunft ist.

Wir fuhren auch nach Balos, zum Hafen von Akroteri, und versuchten zum drittenmal Fouqués Haus zu finden. Mit Emilys und Marys Hilfe gelang es mir auch diesmal, die richtige Höhle am Felsabhang zu finden. Nun sahen wir an einem bestimmten Punkt eine Menge prähistorischer Scherben, eines der sichersten Zeichen für Besiedlung. Doch in Abwesenheit von Marinatos durften wir nicht graben; daher konnten wir auch nicht nachprüfen, ob unsere Vermutung richtig war.

Endlich kam Marinatos doch zurück; in seiner Begleitung befanden sich der Rechtsanwalt Koutsogiannopoulos, dessen Koch sowie Herr und Frau Schlöpke. Schlöpke ist ein deutscher Architekt im Ruhestand, der sich Marinatos für einen Sommer als archäologischer Zeichner angeboten hatte.

Wir bezogen alle das elegante Sommerhaus des Herrn Koutsogiannopoulos. Da er in seinem Haushalt drei Personen beschäftigte, die uns alle Wünsche erfüllten, führten wir ein luxuriöses, aber auch recht förmliches und daher anstrengendes Dasein. Zum Abendessen mußten wir uns stets umziehen, die Speisen, die unser freundlicher Gastgeber servieren ließ, waren jedoch aufs feinste zubereitet. Den Ehrenplatz nahm stets Marinatos ein. Nach dem Essen saßen wir auf der Veranda, die auf die Hauptstraße von Phira hinausging, mit dem Blick auf die Bucht. Kaum waren wir dort draußen und dabei, unsere Drinks zu nehmen – die Konversation wurde in einem Gemisch aus Englisch, Französisch, Deutsch und Griechisch geführt –, als mir ein Telegramm gebracht wurde. Es war von Loring, der uns mitteilte, er sei freigesprochen worden und werde am nächsten Morgen eintreffen.

Und Loring traf auch wirklich ein: gerade während des Abendessens. Unerwartet, unangemeldet, unfrisiert, aber freigesprochen und daher triumphierend, war er nun da und erwartete, von Marinatos mit offenen Armen aufgenommen zu werden. Als er »Ich bin freigesprochen worden« verkündete, antwortete Marinatos kühl und kritisch: »Ich gratuliere.« Auch unser Gastgeber war höflich, aber kühl. Immerhin bot er Loring einen Platz an der Tafel an. Dieser lehnte jedoch ab, und Marinatos geriet sichtlich wieder in Zorn. Um neue Streitigkeiten zu vermeiden, warf ich mich dazwischen und sagte Loring, ich würde nach dem Essen zu ihm kommen und alles weitere besprechen. Loring schlug die Hacken zusammen und meinte höchst überflüssigerweise: »Ich merke, ich bin hier nicht erwünscht«, und ging. Marinatos begann nun ein großes Lamento über Lorings barbarisches amerikanisches Benehmen. Da außer ihm und mir noch niemand Loring gekannt hatte, fielen die Bemerkungen des Professors auf eher gläubige Hörer. Emily meinte, sie wolle mich zu Loring begleiten, aber Marinatos erklärte, er könne das auf keinen Fall gestatten.

Meine Frau und ich besuchten später Loring, der abwesend und entmutigt wirkte. Er berichtete uns von seinem Prozeß, bei dem ein junger Archäologe namens Zakros zu seinen Gunsten ausgesagt hatte. Man hatte Loring angeklagt, kykladische Vasen gestohlen zu haben, die sich in Wirklichkeit seit Jahren im New Yorker Brooklyn-Museum befinden. Sein Freispruch erfolgte mangels Beweisen, jedoch mit der Auflage, daß er weiterhin unter Beobachtung stehe.

Da es nun klar war, daß Marinatos keinesfalls bereit war, Loring zu akzeptieren, riet ich ihm, die Insel für eine Zeitlang zu verlassen. Seine Stellung war durchaus gefährdet, sollte Marinatos gegen ihn in Wut geraten. Loring meinte, er werde sich in Zukunft lieber der Philosophie als der Archäologie widmen. Er hatte eine Fülle von Material über die venezianische Periode auf Thera mitgebracht; wir bestärkten ihn in der Absicht, eine Geschichte der Insel zu schreiben. Mir schien es das beste für alle Beteiligten, weitere Zusammentreffen mit Loring zu vermeiden. Ich habe ihn seit jenem Abend nicht mehr gesehen.

Die folgenden fünf Tage waren frei von allen persönlichen und sonstigen Konflikten und erwiesen sich als die bisher erfolgreichsten. Es war, als hätten wir eine Zeitmauer durchbrochen. Nicht nur ein Palast und eine Stadt der Minoer, sondern die Menschen jener Zeit selbst schienen wieder zum Leben zu erwachen. Umgeben von Bauern, Eseln, einfachen Werkzeugen, minoischen Mauern, Vorratsgefäßen und Säulen, war es nicht immer so völlig klar, welche Kulturepoche die lebende und welche die tote war.

Der Schauplatz dieser Verwandlung war der unserer ersten Ausgrabung, aber ihr Umfang hatte sich verzehnfacht. Der Besitzer des Steinbruchs hatte uns 40 Arbeiter zur Verfügung gestellt, und diese Leute, zusammen mit unseren alten Freunden aus Akroteri – zumindest jene, die nicht Tomaten ernten mußten –, arbeiteten mit einem solchen Furioso, daß die Luft bald von einem Aschenschleier erfüllt und der Boden von Gräben durchfurcht war. Wir legten neun Versuchsschächte an, und zwar auf beiden Seiten des Tales in einer Distanz von etwa je 300 Meter. Jene auf der Westseite erhielten die Bezeichnung Bronos, jene auf der Ostseite Alvaniti (nach den Eigentümern des Bodens) und wurden chronologisch numeriert. Sobald in einem Schacht Mauern oder Keramiken zutage traten, wurde sogleich auf der gegenüberliegenden Seite des Tales ein korrespondierender Schacht angelegt, der jedesmal zeigte, daß sich auch dort die Siedlung fortsetzte. Jeder der neun Versuchsschächte erbrachte reiche Funde, und zwar schon wenige Stunden nach Beginn der Arbeit.

Beim ersten Schacht, Bronos II, südlich von Bronos I, hatten wir vorerst erwartet, mehrere Meter tief graben zu müssen, um auf minoische Mauern zu kommen. Aber schon einen halben Meter unter der Oberfläche stießen die Spaten auf Kalksteinblöcke. Diese Mauersteine, in der typischen minoischen Art wie in den kretischen Palästen behauen, traten auch im Schacht Alvaniti I zutage. Die Blöcke lagen ungeordnet herum, offenbar so, wie sie während eines Erdbebens herabgestürzt waren.

Die Grabung wurde sofort erweitert und die Arbeit langsam fortgesetzt. Wir hatten kaum einen Viertelmeter tiefer gegraben, als schon von mehreren Stellen zugleich der Ruf erscholl: »Wandverputz, Fresken.« Tatsächlich traten aus der

Asche Fresken, bemalte Mauern hervor, intakt und unzerstört, seit 3500 Jahren konserviert. Es waren die ersten auf Thera entdeckten Fresken seit den Funden von Mamet und Gorceix im Jahre 1870.

Emily Vermeule nahm diese wertvolle Fundstelle sogleich unter ihre Obhut. Bald waren überall kleine Stäbchen angebracht, die die Lage einzelner Freskenstücke bezeichneten, damit sie nicht zufällig beschädigt würden. Emily arbeitete fieberhaft, um diesen zwei- oder dreistöckigen Komplex kleiner Räume – Gänge und Türöffnungen – aufzudecken. An vielen Stellen befand sich der Verputz sogar noch in großen Flächen an den Wänden, von den Mauern und den Decken war recht wenig herabgefallen. Fouqué hatte seinerzeit nur ein einziges Fresko gefunden.

Es war für uns zwar schwierig, eine zusammenhängende Malerei zu erkennen, doch hatten wir ganz offenbar mehrere Freskogemälde entdeckt. Darin sahen wir einen Hinweis, daß es sich um ein palastähnliches Gebäude handeln mußte. Obwohl die Räume reich dekoriert waren, schien dieser Trakt doch nur der Zubereitung von Speisen und ihrer Einnahme gedient zu haben.

Meine Frau begann Gefäßscherben zu waschen und jene mit den besten Malereien herauszusuchen. Nun fanden sich auch schon intakte Gefäße in beträchtlicher Zahl. Emily, unterstützt von drei Arbeitern, die blitzartig die Kunstgriffe der archäologischen Handarbeit lernten, entfernte vorsichtig die Bimssteine. Ich photographierte und fertigte in jeder Phase Zeichnungen an. Ein kugelförmiger, bemalter Wasserkrug, angefüllt mit Bimsstein, fand sich außerhalb einer der Türöffnungen und wurde vorsichtig zu unserem Unterstand getragen, den unsere Arbeiter aus Zweigen improvisiert hatten. Dort wurde er mit größter Vorsicht in einen Korb getan, mit Laub und Gras als Schutz gegen Erschütterungen gepolstert, auf einen Esel gepackt, zum Dorf gebracht und in unser Auto umgeladen. Dann ging es zum Museum von Phira, 15 Kilometer über kurvenreiche und holperige Straßen.

Über eine gut gearbeitete Türschwelle aus Kalkstein kamen wir im oberen Stockwerk in eine Halle, von der drei Seitengänge wegführten, jeder 65 Zentimeter breit. Jeder dieser Gänge war auf beiden Mauerseiten mit Fresken geschmückt. Der Sinn dieser Anordnung war uns unverständlich. Stufen führten in ein unteres Stockwerk, das wir aber noch nicht ausgruben. Unser Ziel zu diesem Zeitpunkt war vor allem, möglichst viele Fresken freizulegen und ihre Oberflächen von Asche zu reinigen, um die Malerei ausnehmen zu können. Die Arbeit wurde zunächst mit der Schaufel, dann mit den Händen, mit dem Messer und schließlich mit einem feinen Pinsel besorgt. An Stellen, wo die Kanten der Freskenmauern abgesprungen waren, konnten wir die Farben früherer Freskenschichten (rosa, grün und rot) sehen, die sogar besser konserviert waren als die äußerste. Welche Gemälde mochten unter der obersten Schichte liegen? Zunächst sahen wir nur schwarze Muster auf einem rötlichbraunen Hintergrund.

Alle Küchengefäße, die hier gefunden wurden, waren von bester Qualität und in einem sehr eleganten Stil der spätminoischen Periode bemalt. Spitz zulaufende Kelche und Becher, schöne dreifüßige Kohlenpfannen, Tierknochen, Muscheln und Obsidiangeräte fanden sich überall. Das Ende des Schachtes, am Rande des Eselspfades in der Talmitte, barg besonders viele Küchengefäße. Ein großer Steinblock erwies sich, nachdem er umgedreht worden war, als ein aus Kalkstein gehauenes Mischgefäß.

Sobald die Fresken zum Vorschein gekommen waren, hatten wir Athen alarmiert. Andreas Mavragiannis, der an den umfangreichen amerikanischen Ausgrabungen der Agora arbeitete, sollte zu uns kommen. Er war als technischer Fachmann für die Konservierung von Fresken sehr bekannt. Nach ein paar Tagen traf er ein und ging daran, Emily bei der Konservierung der Fresken zu helfen. Zuerst hatte man daran gedacht, sie direkt in das Museum zu bringen. Die Kanten waren daher dick mit Gips bestrichen worden, um das Ablösen vorzubereiten und um zu verhindern, daß die Gemälde zerfielen. Eines der Fresken, etwa 18 Quadratdezimeter im Ausmaß, wurde mit einer starken Schichte von Konglomeratgestein abgenommen und ins Museum gebracht. Die anderen Flächen – meist weit größere – konnten ohne eine vollkommenere Technik nicht entfernt werden. Auch gab es noch keine Antwort auf die Frage, was mit den Fresken geschehen würde, wenn sie einmal im Museum waren. Es wurde entschieden, daß es am besten sei, sie wenigstens für die Saison am Fundort zu belassen.

An einer Stelle gruben wir bis zum Erdgeschoß, wobei eine rechteckige Säule, weitere sehr schöne Gefäße und gut zugerichtete Wände zum Vorschein kamen. Es sah so aus, als ob einige Steine von den Wänden herabgestürzt wären, bevor noch eine Ascheneruption erfolgte, denn sie lagen auf dem etwas ver-

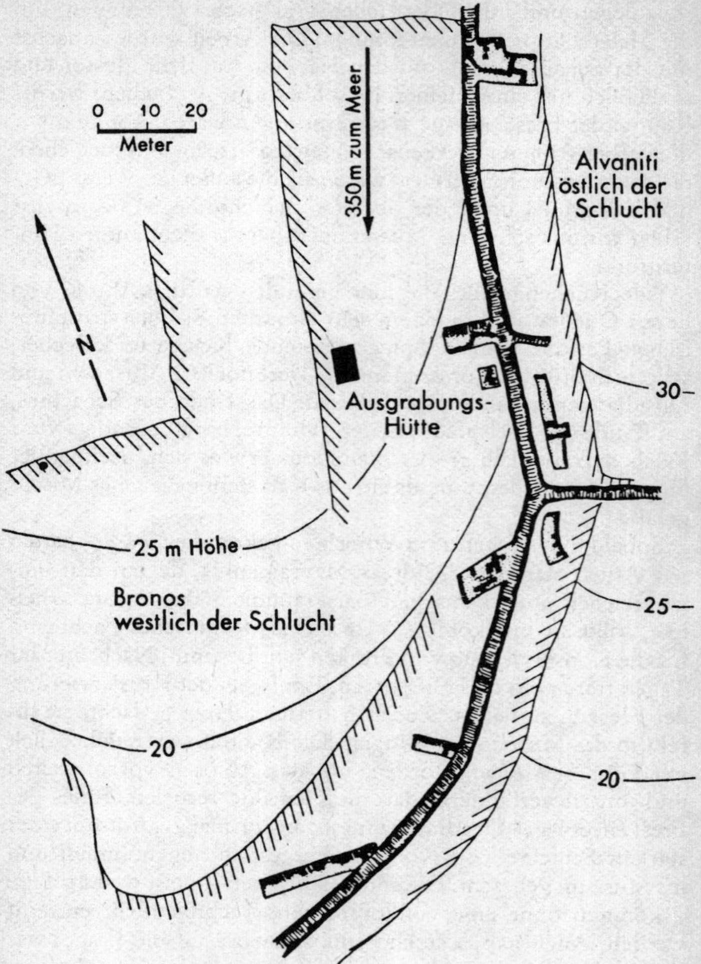

Karte der Ausgrabungen bei Akroteri 1967. Die Grabungen gehen vom Eselspfad aus, der der Talsohle der Schlucht folgt.

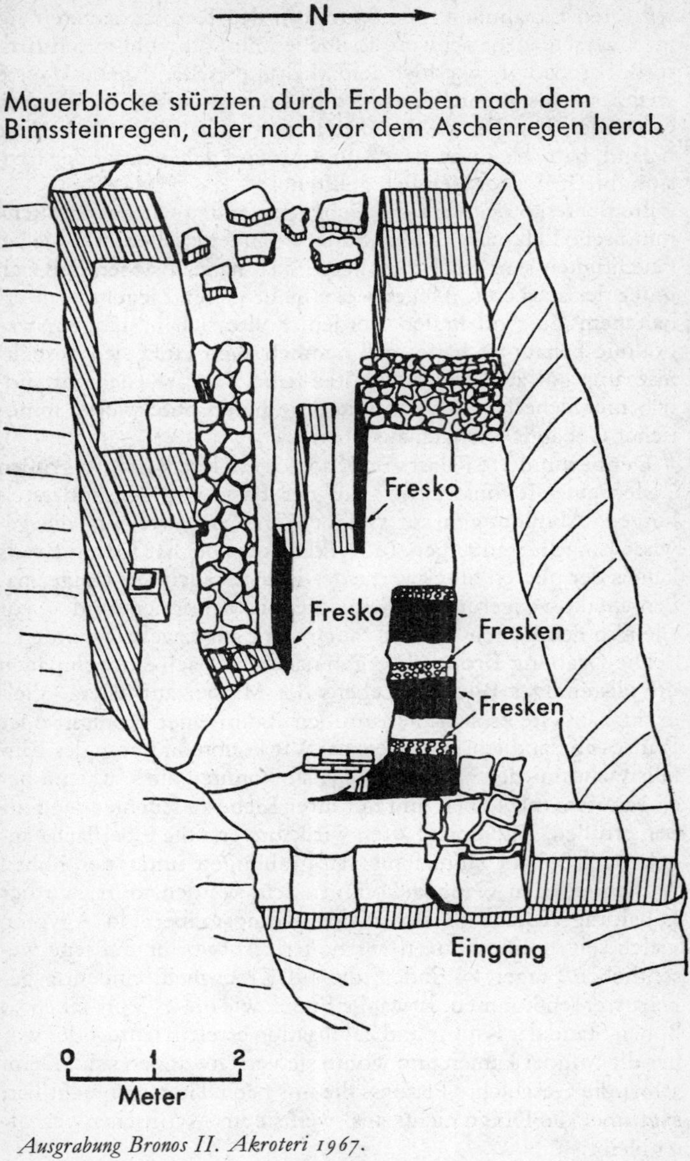

Ausgrabung Bronos II. Akroteri 1967.

witterten Lavaboden. Die Spuren in den Ruinen deuteten auf zwei verschiedene schwere Erdbeben hin. Obwohl durch Erdstöße beschädigt, war doch der Erhaltungszustand dieses Hauses weit besser als irgendeines anderen bisher entdeckten minoischen Gebäudes. Da aber die Fundstelle sich so nahe der Oberfläche befand, hatte sie unter der Witterung und daher unter der Erosion durch Wasser ziemlich gelitten.

Im oberen Stockwerk des Gebäudes fanden wir gut erhaltene minoische Lehmziegel. Man findet sie äußerst selten, weil sie bei Feuchtigkeit sehr rasch zerfallen. Es ist nahezu sicher, daß sich unter der stärkeren Aschendecke mehr dieser Ziegel in gut erhaltenem Zustand finden werden. Sollte sich bestätigen, was Fouqué behauptet hatte, daß nämlich auch Holz sich verhältnismäßig gut konserviert erhalten habe, dann würden wir endlich mit Sicherheit wissen, wie die oberen Stockwerke minoischer Gebäude wirklich aussahen.

Der bewunderte Palast von Knossos auf Kreta ist ja in großen Teilen eine Rekonstruktion auf der Basis von Freskodarstellungen, Abbildungen auf Gefäßen und Siegelsteinen, die gewisse Einzelheiten zeigen. In Wirklichkeit aber hat Arthur Evans keines der oberen Stockwerke des Palastes auch nur einigermaßen intakt vorgefunden. Seine Rekonstruktionen sind – vor allem in den letzten Jahren – auch stark angezweifelt worden.

Die Grabung Bronos II ergab nach und nach ein wenn auch unvollständiges Bild des Lebens der Minoer auf Thera. Vielleicht handelte es sich hier um den Raum einer Königin oder Prinzessin, ländlich, aber elegant. Wir konnten Spuren des Einfallsreichtums der Minoer sehen; sie konnten alles, was immer sie schufen, mit Leben und mit ihrer Liebe zu leuchtenden Farben erfüllen. Und doch hatten wir kaum erst die Oberfläche angekratzt. Sobald einmal die Ausgrabungen unter der hohen Aschendecke in Gang gekommen sein werden, dort, wo der Erhaltungszustand jenem in den Königsgräbern in Ägypten gleich sein müßte, dürfen wir hoffen, Antworten auf jene wesentlichen Fragen zu finden, die auf Kreta nicht eindeutig geklärt werden konnten. Etwa die Frage, wie dieses Volk einen so hohen Stand der Kultur und Zivilisation erreicht hatte, oder woher die Minoer kamen und wohin sie verschwunden sind. Denn selbst die Geschichte Platons, die uns nach Thera gebracht hat, sagt über die Dinge nichts aus, weil sie im Mythischen verhaftet bleibt.

Unmittelbar nördlich von Bronos I begannen wir die Gra-

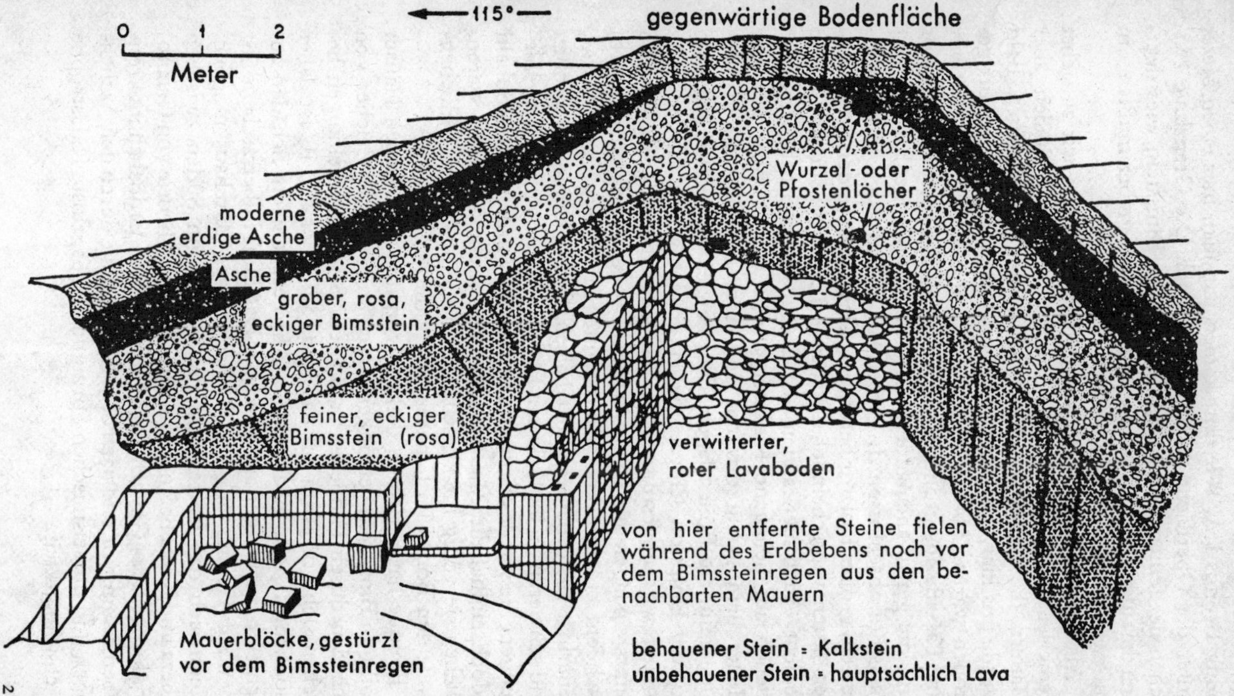

Ausgrabung Bronos I A, Akroteri 1967.

bung Bronos I A. Wie dort kamen wir auch hier einen Meter unter der Oberfläche an einen Steinwall. Die Grenzlinie zwischen der feinen Asche und dem groben Bimsstein wies deutlich darauf hin, daß wir an die fünf Meter tief graben müßten, um auf das Erdniveau zu kommen.

Als wir an dieser Stelle weitergruben, fanden wir zunächst keinerlei Keramik. Das überraschte uns. Wir fanden aber Mauern, die sich in verschiedene Richtungen erstreckten. Bald wurde uns klar, daß wir hier auf die erste massive Struktur gestoßen waren. Als wir den Boden erreicht hatten, hatten wir eine Fassade aus großen wohlbehauenen Kalksteinblöcken vor uns, die genau aneinandergefügt waren und offenbar eine Art Palasthof abschlossen. In dieser Mauer hatte sich wahrscheinlich ein großes Holztor befunden, Einschnitte in den Steinblökken hatten wahrscheinlich metallenen Türangeln oder ähnlichem gedient. Auch hier fanden sich Zeugnisse des Erdbebens. Wir stießen auf behauene Kalksteinblöcke, die offenbar von der Mauer herabgestürzt waren und nun, bedeckt von grobem Bimsstein, am Boden lagen. Dies bewies wiederum, daß auch vor der Eruption schwere Beben erfolgt waren. In der Nähe fanden wir umgestürzte Mauerblöcke, die auf dem groben Bimsstein lagen und ebenso wie bei Bronos II zeigten, daß sich, nachdem ein schwerer Bimssteinregen niedergegangen war, neuerlich Erdbeben ereignet hatten. Selbst einige der großen und schweren Steinblöcke am Fuß der Mauer zeigten Verschiebungen, die vor der Eruption verursacht worden waren. Sobald jedoch einmal die Mauern unter der Asche begraben waren, blieben sie völlig intakt, selbst als weitere schwere Erdbebenstöße den Boden im Umkreis erschütterten.

Fouqué hat berichtet, daß die von ihm gefundenen Häuser völlig in Bimsstein versunken waren und keinerlei Zeichen von Schäden durch Erdbeben aufwiesen. Seine Feststellungen beziehen sich vor allem auf das Haus auf Therasia. Es ist daher möglich, daß die Erdstöße bei Akroteri schwere Schäden anrichteten, nicht aber auf Therasia. Das klingt überraschend, ist aber auf Grund jüngster Beobachtungen durchaus möglich. Wenn sich das Epizentrum des Bebens im Süden zwischen Thera und Kreta befand, so würde dies der Theorie von Galanopoulos weiteres Gewicht verleihen, wonach Erdbeben im kretischen Raum, vor und nach dem Einsturz, die durch den Aschenregen und die seismischen Springfluten ausgelöste Katastrophe noch verstärkten.

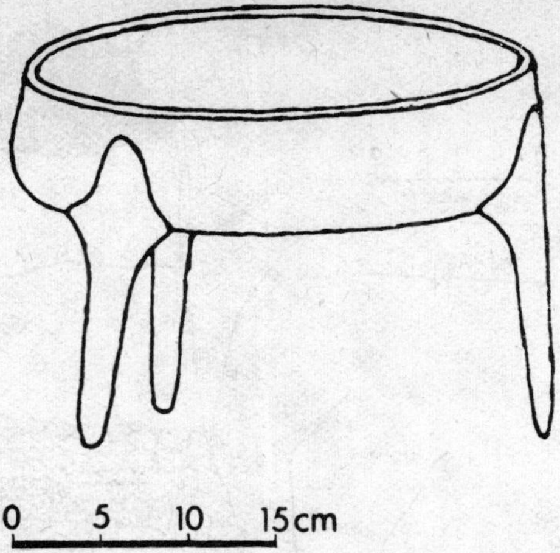

Dreifuß (Kohlenbecken), gefunden in der Ausgrabung Bronos II, Akroteri 1967.

Da nun an mehreren Schächten gearbeitet wurde, fanden wir kaum Zeit, alle Keramikbruchstücke zu sammeln, nach dem Fundort zu identifizieren und sie – gewaschen und sortiert – aufzubewahren. Meine Frau arbeitete besonders fleißig und lief von Grabung zu Grabung.

Der Schacht Bronos III brachte völlig andere Ergebnisse als die bisherigen Grabungen. Hier fanden wir eine unter Asche begrabene Mauer, die auf einer Bimssteinschichte errichtet war. Die Entdeckung war ein kleiner Schock, denn wir hatten nicht damit gerechnet, daß nach den Ausbrüchen Menschen in dieses Gebiet zurückgekehrt waren und wiederum gebaut hatten. Gewiß war dies nur ein einziges Beweisstück, eine kleine Mauer, vielleicht nicht einmal Teile eines Hauses, aber der Hinweis war eindeutig. Auch die Datierung auf Grund von Gefäßscherben war klar. Die Mauer war nach den großen Bimssteineruptionen gebaut worden, vielleicht in einem Zeitraum, in dem die Aktivität des Vulkans nachgelassen hatte. So erstand vor unseren Augen ein Bild der frühen Phasen der Katastrophe von Thera: es hatte offenbar einer großen Anzahl schwerster Erdbeben und wiederholter Eruptionen bedurft, bevor die Menschen endgültig von der Insel flüchteten.

Von allen in dieser arbeitsreichen Woche begonnenen Gra-

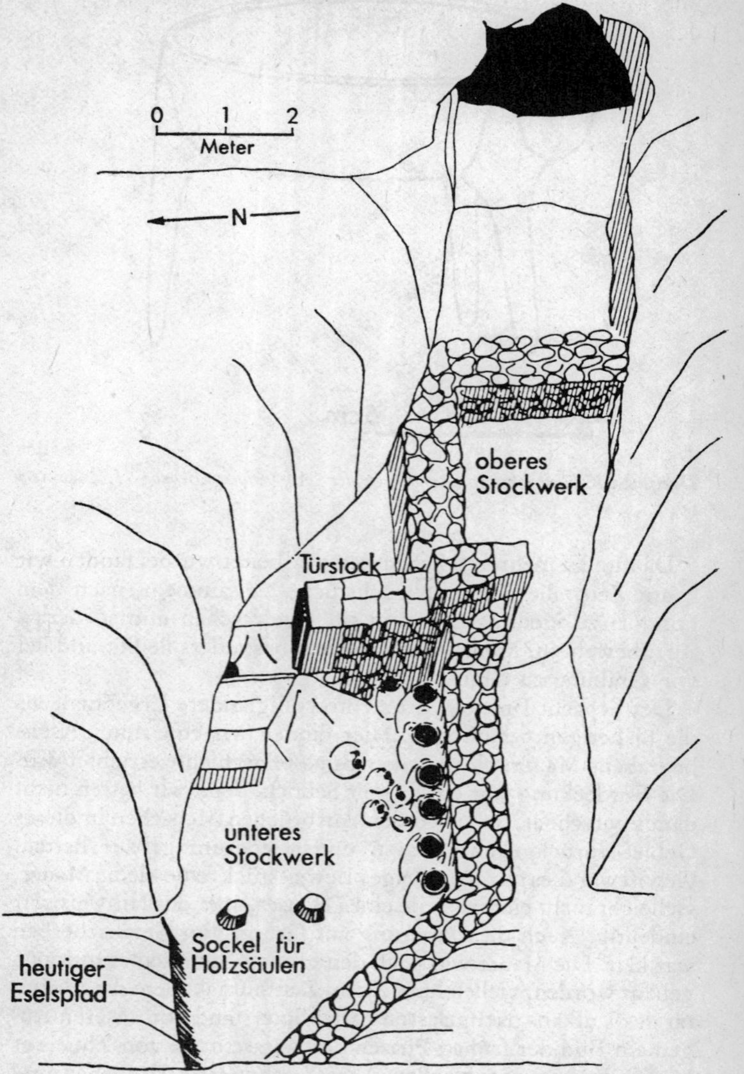

Ausgrabung Alvaniti I, Akroteri 1967.

bungen ergab Alvaniti I, der Schacht in der Nähe der Höhle und des Feigenbaumes, die aufsehenerregendste Entdeckung. Wir gruben hier neben dem Eselspfad, der auf der Sohle der Senke lief, bis zum Erdniveau. Genau in jener Tiefe, die der Seismograph vorausgesagt hatte, fanden wir sieben gewaltige Vorratsgefäße, aufrecht stehend in einer Reihe und fast unbeschädigt. Ihre Farben leuchteten wie am Tag, als sie bemalt worden waren, rot, schwarz und braun; die Gefäße schienen sogar noch irgendwelche pflanzlichen Reste zu enthalten. In der Nähe fanden wir nicht weniger als 150 Webstuhlgewichte. Hohlräume im Bimsstein zeigten an, wo der hölzerne Webstuhl gestanden hatte. Im selben Raum gruben wir einen Herd aus, der umgeben war von Töpfen, Steinlampen, Paletten und Mörsern.

Unter den nicht so dramatischen, aber nichtsdestoweniger wichtigen Entdeckungen waren Funde einiger Murexmuschelschalen. Diese Muschel scheidet einen purpurnen Farbstoff aus, der zum Färben der Gewänder minoischer Adeliger verwendet wurde und später einer der wichtigsten Werkstoffe der Phöniker war. Der Farbstoff ist von einer besonderen Intensität und trug dazu bei, daß die purpurnen Gewänder des Minos und seiner Edelleute im ganzen Ägäisraum und darüber hinaus berühmt waren.

Ich habe hier die Funde je nach der Fundstelle in den größeren Grabungen beschrieben; in Wirklichkeit rannten wir während dieser Woche ständig zwischen all den Schächten atemlos hin und her. Die Grabung Bronos IV etwa erbrachte Stücke eines wundervoll bemalten Sarkophags. Jenseits der Senke kamen in Schacht Alvaniti III Steinsetzungen zum Vorschein, wahrscheinlich Gräber. Da wir wenig Zeit hatten und eine unglaubliche Fülle von Material anfiel, das verzeichnet und konserviert werden mußte, kam uns zunächst kaum zum Bewußtsein, daß wir tatsächlich mehr fanden, als wir erwartet hatten. Das Äußerste, was ich erhofft hatte, war ein kleiner Palast gewesen, eventuell einige Häuser etwa in der Art von Vathypetro auf Kreta. Was wir aber ausgegraben hatten, war weit eindrucksvoller, weit umfassender: Es war eine Stadt. Emily Vermeule schätzte später die Bevölkerung dieser Siedlung auf etwa 30.000. Marinatos beschrieb den Fund als »Überreste einer großen Stadt mit gewaltigen Palästen, Straßen und Zeugnissen einer alten Kultur«.

Solch großartige Entdeckungen haben natürlich auch ihre Nachteile. Meine Frau Mary und die Frau des deutschen Architekten Schloebke standen vor der fast undurchführbaren Aufgabe, Berge von Gefäßscherben zu waschen und zu sortieren. Emily Vermeule führte einen Verzweiflungskampf mit dem Versuch, alles zu vermerken und zu beschreiben, bevor es weggebracht oder wieder zugedeckt wurde. Ich zeichnete Skizzen und wehrte die Schaulustigen ab, die nun in Scharen einzutreffen begannen. Der Polizeichef und seine Frau besuchten uns. Er wollte einmal in dem Tiefseetauchboot »Alvin« eine Fahrt unternehmen und war unvorstellbar fröhlich. Die Schoebkes zeichneten fleißig Pläne, Dr. Marinatos marschierte von Ausgrabung zu Ausgrabung; von Zeit zu Zeit ließ er die Arbeiten abbrechen, damit die Gegenstände gereinigt und die Ausgrabung attraktiv gemacht werden konnte. Jedermann hatte dann aus den Gräben herauszuklettern, und Marinatos erklärte, nun sei der Augenblick gekommen, um zu photographieren. Ich selbst machte ständig Aufnahmen, und zwar nicht nur von den Töpfen, sondern auch von den Menschen.

Irgendwelche Anzeichen für kultische Verehrung, Götterbilder oder dergleichen, fanden sich nicht. Die Minoer verehrten eine Muttergottheit und lebten offenbar ursprünglich in einem Matriarchat, das aber später, zur Zeit des Höhepunktes der minoischen Kultur, nur noch in religiösen Vorstellungen weiterbestand; wohl auch in der besonderen Stellung, die die Frauen einnahmen. Es regierte jedoch offensichtlich ein König.

Manche Gelehrte meinen, die minoische Gesellschaft habe in Sippenverbänden gelebt. Aus den Mythen und Legenden sind noch Erinnerungen an eine Frühzeit herauszuhören, in denen den Menschen die Zusammenhänge zwischen Geschlechtsverkehr und Zeugung unbewußt waren. Die Ursachen von Schwangerschaft und Geburt blieben geheimnisvoll, der Geschlechtsakt galt als eine Sache, die man nur um des reinen Vergnügens willen tat. Hier ist der Grund zu suchen, warum manche Personen aus Mythe und Legende keinen Vater haben, aber auch der Ursprung mancher Sagen, die von der Verbindung zwischen Wind-, Meeres- und Flußgöttern mit sterblichen Mädchen berichten.

Im Minoischen Reich war eine der deutlichsten Spuren einstigen Matriarchats nicht nur die aus den Mythen und Sagen deutlich werdende fast göttliche Stellung der Königin (deshalb führt die Minos-Tochter Ariadne den Theseus aus dem Labyrinth, deshalb heiratet dieser später ihre Stiefschwester Phädra, Akte, in denen sich vielleicht Erinnerungen an die Machtübernahme auf Kreta durch die Mykener des Festlandes spiegeln), sondern wohl auch die Mode, die fast an Pariser Beispiele des Fin de siècle erinnert. Die entblößten Brüste der kretischen Damen schockierten wohl noch die Zeitgenossen der Königin Victoria.

In den Ruhepausen zwischen der Arbeit an den Ausgrabungen hielt Dr. Marinatos gewissermaßen Vorträge, in denen er seine Ansichten über Geschichte oder Mythologie darlegte. So teilte er etwa die Meinung von Professor Galanopoulos, wonach die ägyptischen Plagen durch die Eruption von Thera hervorgerufen worden seien. Ein anderes Beispiel ist der Mythos von der Liebschaft des Zeus mit Alkmene, der Tochter des Königs von Argos. Zeus fürchtete die Entdeckung dieses Verhältnisses durch seine Frau, die Göttermutter Hera. Nur die Nacht verbarg ihn und seine Geliebte vor den Augen der eifersüchtigen Gattin. Und da Zeus das Liebesspiel mit Alkmene länger als nur eine Nacht auskosten wollte – sie gebar ihm später den Herakles –, verlängerte er die Nacht um dreimal 24 Stunden. Marinatos meint nun, daß diese drei Tage und drei Nächte währende Finsternis durch die Eruption von Thera verursacht worden war.

Er glaubt ferner, daß die Minoer aus Asien kamen, daß Zentralasien überhaupt der Ursprung aller Kulturen sei. Ferner ist er der Meinung, daß die Bevölkerung von Thera die Insel verließ, bevor die Katastrophe eintrat, und nach Kreta, dem Mutterland, geflohen sei. Als später auch Kreta einer Katastrophe zum Opfer fiel, ist dessen Bevölkerung, seiner Meinung nach, hauptsächlich nach Pylos an der Westküste des Peloponnes ausgewandert. Da alle Küsten der Ägäis wahrscheinlich von schweren Zerstörungen heimgesucht worden waren, mögen die Kreter dazu geneigt haben, sich auf dem verschont gebliebenen westlichen Festland anzusiedeln. Diese Meinung wird durch starke minoische Kultureinflüsse im Raum von Pylos aus der Zeit nach der Eruption bestätigt. Später seien, laut Marinatos, die Bewohner von Pylos wieder nach Kreta zurückgekehrt und hätten auf diese Weise zur mykenischen Wiederbesiedlung von Knossos beigetragen.

Ich war von diesen Theorien fasziniert und bewunderte die Bereitschaft von Dr. Marinatos, sich auch auf umstrittene Themen einzulassen. Das Studium der Vorgeschichte, also jener Periode, als noch keine Schrift existierte, ist aufregend, aber zugleich auch enttäuschend, denn eine Fülle von Theorien bietet sich an, ohne daß man imstande wäre, wirklich festen Grund zu finden. Viele Gelehrte dieser besonderen Sparte lehnen die Mythologie als Quelle ab, um nicht Gefahr zu laufen, als unwissenschaftlich verschrien zu werden. Vielleicht ist das einer der Gründe, warum es Seismologen, Geologen und Ozeanographen waren, also Naturwissenschaftler, denen die Entdeckung von Atlantis zuzuschreiben ist, und nicht die Fachgelehrten, die vor lauter Bäumen nicht imstande sind, den Wald zu sehen. Naturwissenschaftler haben es natürlich viel leichter: sie fühlen sich sicher auf dem festen Grund ihrer jederzeit beweisbaren und nachzuprüfenden Ergebnisse; wagen sie sich aber auf fremdes Gebiet, so bewegen sie sich weit freier, weil ihnen die professionellen Hemmungen fehlen.

So wage auch ich es, eine These über die Entwicklung der Minoer in der Ägäis aufzustellen mit dem Ziel, die Verbindung zwischen ihrem Volk und den Atlantern des Platon deutlicher sichtbar zu machen. Minoische Paläste wurden etwa um 2000 v. Chr. auf Kreta zum erstenmal erbaut. Die sehr spärlichen archäologischen Funde aus den vorangehenden Jahrhunderten zeigen, daß vorher der Zivilisationsstand niedrig war und die Bevölkerung ihr Leben ärmlich fristete. Man erhält den Eindruck, daß die Paläste auf Kreta buchstäblich über Nacht emporwuchsen. Jedoch gerade in dieser frühen Zeit begann auf den Kykladen eine Epoche fortgeschrittener Kultur und Zivilisation. Zwar sind auch hier wiederum die archäologischen Beweise mager gesät, aber man kann mit einer gewissen Berechtigung die These aufstellen, die Kykladen hätten einen Vorsprung gegenüber Kreta besessen.

Wenn diese Inseln nun tatsächlich vor dem Jahre 2000 v. Chr. der Mittelpunkt dieser frühen Kultur waren, Kreta aber damals noch in der Entwicklung weit zurück lag, so würde dies mit der Theorie übereinstimmen, wonach Thera das religiöse Zentrum und der kulturelle Ursprung der minoischen, besser der atlantischen Zivilisation war. Auf den Kykladen haben sich besonders viele Gräber aus jener Zeit gefunden, ebenso Skulpturen der Muttergöttin. Die Kunst hatte einen deutlich individualistischen Zug, durchsetzt mit orientalischen Bezügen. Die Kykladen waren außerdem reich an Rohstoffen, an Kupfer, Blei, Silber und Obsidian. Die Bevölkerung der Inseln war offensichtlich intensiv mit Handel, vor allem über See, beschäftigt.

Eine weitere These, die sowohl die bekannten Tatsachen berücksichtigt als auch die Atlantisidee, lautet folgendermaßen: Während des dritten Jahrtausends v. Chr. besiedelten Völker aus dem Osten und aus dem Süden, wahrscheinlich auf der Suche nach bestimmten Rohstoffen, die Inseln. Sie brachten aus dem

Osten ihren Kult der Muttergöttin mit und begründeten auf Thera ein Zentrum der religiösen Verehrung. Sie fuhren auch nach Westen, erreichten Malta und gründeten auf dieser Insel ähnliche Einrichtungen. Als andere Völker in den Ägäisraum einwanderten, wurde Kreta besiedelt; es entstand eine friedliche, handeltreibende Zivilisation. Der Wohlstand nahm zu, und Paläste wurden erbaut. Kreta wurde zum Bevölkerungszentrum, aber Thera blieb die religiöse Metropole, so wie Platon sie beschrieben hat. All dies zusammen war Atlantis. Eine Bestätigung dieser Dinge kann erst gefunden werden, sobald umfangreiche Ausgrabungen der vorminoischen Schichten auf Thera durchgeführt und religiöse Gegenstände, vor allem Hinweise auf den Kult der Muttergöttin, gefunden worden sind.

Der letzte Tag unserer Ausgrabungen war der Reinigung, Beschriftung und Registrierung aller kleineren Funde gewidmet, die nun im Museum von Thera untergebracht wurden. Die Regierung hatte Marinatos nach Athen gerufen, der dem Befehl folgen mußte und alle Arbeiten Emily Vermeule übertragen hatte. Zu ihrer Unterstützung waren der Freskenexperte Andreas Mavragiannis, meine Frau Mary und ich da.

Der Bauer Evangelos Baikas aus Akroteri hat über die eben abgeschlossenen Ausgrabungen folgendes gesagt: »In diesem Sommer hat meine Familie wegen der Geister auf den Feldern nicht arbeiten können. In dem Berg, der aus dem Meer gekommen ist, sind dort, wo sie jetzt Ausgrabungen machen, Geister. Ich habe sie gesehen. Eines Morgens, vor Sonnenaufgang, war ich aufs Feld gegangen, um Tomaten zu ernten. Da bestrahlte ein starkes weißes Licht einen großen Geist, der sich mit einem Schild schützte. Und noch viele andere waren da, alle in Bewegung. Sie zogen zum Meer, in die dem Sonnenaufgang entgegengesetzte Richtung, um dem Licht zu entkommen, das von Ost nach West geht.«

Geister sind auf Thera durchaus wirklich, obwohl man das gerade in einer solchen offenen, sonnenüberstrahlten Umgebung nicht erwarten würde. Aber in diesen Menschen gibt es zweifellos atavistische Gefühle, ein unbewußtes Wissen um die weit entfernte Vergangenheit, wie es etwa C. G. Jung beschreibt. Ich begann zu überlegen, ob vielleicht diese kollektive Empfänglichkeit der Grund dafür wäre, daß Visionen von Geistererscheinungen so allgemein und weitverbreitet waren. Das Denken der Menschen auf Thera bewegt sich leicht von Tatsachen zum Mythos, von der Gegenwart zur Vergangenheit.

Warum sollte es auch nicht so sein angesichts der furchtbaren Ereignisse, die beweisbar vor langer Zeit geschehen sind? Die Menschen sehen ja in dem ständigen Vulkanismus, der die Insel während ihrer ganzen Geschichte bedroht hat, Hinweise darauf. Könnte nicht wenigstens ein Teil der Bevölkerung tatsächlich von den Minoern abstammen, genauer gesagt: von den Atlantern? Ist dem so, wäre es keineswegs überraschend, daß sie von Zeit zu Zeit kollektiv auf eine Art und Weise reagieren, die ihre uralte Herkunft verrät und dadurch Erinnerungen, wenn auch flüchtigster Art, an die atlantische Wirklichkeit von einst wachruft. Wir aber hatten nun wissenschaftliche Beweise, um solche intuitive Einsicht zu bestätigen.

Später erfuhr ich, daß kurz nachdem wir Griechenland verlassen hatten, Marinatos für zehn Tage nach Thera zurückgekehrt war, die Ausgrabungen fortgesetzt und die Grabungsschächte Alvaniti I und Alvaniti II vorangetrieben hatte. In Alvaniti I, wo die großen farbigen Pithoi (Vorratsgefäße) gefunden worden waren, entdeckte man nun steinerne Säulensockel, einen Herd mit Küchengeräten, ferner einen großen, wundervoll geformten dreifüßigen Kochtopf, Mörser mit eingeritzten Zeichnungen und Malsteine. Der Raum wurde als Vorratsraum identifiziert. Man überdachte diese Funde, die nicht ins Museum gebracht wurden, um sie vor dem Winterregen zu schützen. Ferner wurde eine Ausgrabung unmittelbar neben der Höhle angelegt, die in 2 Meter Tiefe unter dem Boden des Vorratsraumes Mauern zutage förderte. Jedoch war die Situation hier so gefährlich – an die 7 Meter loser Asche drohten in den Schacht herabzustürzen –, daß die Arbeiten eingestellt wurden, sobald eine Mauer aufgedeckt war. Holzstücke aus dem Steinbruch von Phira wurden an die Universität von Pennsylvania geschickt. Elizabeth Ralph stellte mit Hilfe der Karbon-14-Methode fest, daß diese Holzstücke aus der Zeit von 1750 bis 1520 v. Chr. stammten.

Die letzte Ausgrabung, eine Erweiterung des Schachtes Alvaniti II, erbrachte eine Fülle ganz besonders wertvoller Tonscherben, und zwar in größeren Mengen als an irgendeiner anderen Stelle. Diese Scherben waren mit komplizierten Ornamenten bemalt. Die gefundenen Kelche waren zweifellos wertvoll und zum Gebrauch von hochgestellten Personen bestimmt. Etwa 30 Meter südlich des Vorratsraumes von Alvaniti I entdeckte Marinatos die monumentalste Struktur der Ausgrabungssaison: eine von Norden nach Süden verlaufende Mauer, 15 Meter lang und höchst sorgfältig aufgemauert, so wie die Fassade von Bronos I A. Die Mauer war in einer Höhe von mehr als 2 Meter erhalten. Das Baumaterial waren große, ungewöhnlich brüchige Steine rötlicher Färbung. Sie erweckten den Eindruck, als ob hier Kalkstein durch ein großes Feuer beschädigt worden wäre. Die merkwürdigste Tatsache aber war, daß diese Mauer zwar tief unter der Asche lag, aber ihrerseits wiederum auf einer Schicht Asche erbaut worden war. Ein weiterer Beweis, daß hier wieder gebaut wurde, nachdem Akroteri durch eine Eruption verschüttet worden war. Um diese sonderbare Situation aufzuklären, legte man einen zweieinhalb Meter tiefen Schacht unmittelbar neben dieser Mauer an. Dabei kam zutage, daß auf der minoischen Kulturschicht aus verwitterter Lava ältere Mauern aus grobem Geröll errichtet worden waren.

Damit aber liegt nun sicheres Beweismaterial dafür vor, daß der Palast bei Akroteri nach einer ersten Zerstörung durch Erdbeben und einem verhältnismäßig nicht allzu starken Aschenregen, der die zerstörten Gebäude teilweise bedeckte, wieder in größerem Umfang aufgebaut worden ist. Also waren die Menschen entweder auf Thera geblieben, oder sie waren auf die Insel zurückgekehrt, ungeachtet der Warnung durch die Erdstöße und die Ascheneruptionen. Es stellt sich die Frage, warum sie an dieser ihrer Insel so zäh festgehalten hatten, obwohl der Boden möglicherweise für die Landwirtschaft nicht mehr brauchbar war. Eine außerordentlich starke Bindung muß hier bestanden haben. Könnte sie nicht religiöser Art gewesen sein? Denn auch dies würde mit dem übereinstimmen, was Platon über die Metropolis von Atlantis berichtete.

Meiner Meinung nach hatten wir schon wesentlich dazu beigetragen, die Theorie von Galanopoulos zu bestätigen, wonach Thera ein dichtbevölkertes Kulturzentrum gewesen war, dessen Wohlstand und Zivilisation jenem Kretas entsprach, kurz, daß es die Metropolis von Atlantis gewesen ist. Worauf es ankam, war nun, auf Thera weiterzugraben.

Am Abend des 28. Juni gingen wir an Bord der »Kanaris« und fuhren nach Athen. Dort nahmen wir – Emily Vermeule, meine Frau Mary und ich – noch vor der Heimreise an einem Arbeitsessen der Gesellschaft für die Förderung des Studiums der Kykladen teil. Es war dies eine große Ehre für uns, und wir waren dementsprechend beeindruckt. Dr. Marinatos hielt einen Vortrag über die Ergebnisse der Ausgrabungen, und eine Anzahl von Gelehrten und Honoratioren – unter ihnen Hieronymos, der neue Erzbischof von Athen – würdigten unsere Arbeit und den Anteil, den die Amerikaner an den Erfolgen der Ausgrabungen hatten. Sogar Oberst Papadopoulos war anwesend, der spätere Ministerpräsident. Damals war er als Staatsminister im Ministerpräsidium der direkte Vorgesetzte von Marinatos.

Die Zukunft schien hoffnungsvoll. Wir hatten Atlantis gefunden, und ich erwartete, daß wir nun Thera so ausgraben würden, wie es mit Pompeji geschehen ist. In unseren abschließenden Gesprächen mit Marinatos vereinbarten wir, die großartigen Ergebnisse zu veröffentlichen, um Geldmittel flüssig zu machen. Er sagte, er werde einen Bericht für die Athener Zeitungen schreiben und uns einen Durchschlag des Manuskriptes schikken. Danach könnten wir nach Belieben unsere eigene Publicity in Amerika machen. Tatsächlich schickte Marinatos am 7. Juli 1967 einen Ausschnitt des ›Eleftheros Kosmos‹ mit seinem Artikel sowie einen Brief, in dem es hieß: »Ich glaube, daß Sie nun imstande sein werden, alles nach Wunsch zu schreiben. Senden Sie mir bitte eine Kopie. Nächste Woche werde ich mit Archäologie in ganz Griechenland außerordentlich beschäftigt sein. Sehr viele Grüße an Mrs. Mavor von mir und meiner Frau. Ihr aufrichtiger Sp. Marinatos.«

Leider war dies meine letzte Verbindung mit dem griechischen Gelehrten. Wir hatten diesen Brief in Händen, ferner eine schriftliche Erlaubnis der Archäologischen Gesellschaft von Athen, Artikel, Bilder und Filme zu veröffentlichen. Emily Vermeule und ich hielten in der Überzeugung, dazu voll berechtigt zu sein, am 18. Juli im Museum of Fine Arts in Boston eine Pressekonferenz. Wir gaben kurze Erklärungen ab und berichteten von den auf Thera entdeckten Wunderdingen. Ferner beantworteten wir auch Fragen. Da uns völlig bewußt war, wie wichtig es sei, die Rolle von Marinatos und der Griechen hervorzuheben, betonten wir dies bei jeder Gelegenheit. Unsere Presseaussendung trug die Überschrift: ›Ein minoisches Pompeji und das versunkene Atlantis‹. Es hieß darin: »Die Entdeckung eines ›minoischen Pompeji‹ in der Ägäis ist eines der erregendsten archäologischen Ereignisse unserer Zeit. Eine vollständige vorgeschichtliche Küstenstadt ist gefunden worden ... Die gemeinsamen Ausgrabungen der Archäologischen Gesellschaft von Athen und einer Gruppe von Wissenschaftlern verschiedener amerikanischer Institutionen unter der Leitung von Professor Spyridon Marinatos von der Athener Universität begannen ...« Am Schluß waren die wichtigsten Persönlichkeiten und die Institutionen, denen sie angehörten, angeführt. Es konnte kein Zweifel bestehen, daß wir Marinatos die führende Rolle eingeräumt hatten.

Die amerikanischen Zeitungen strichen natürlich uns, die wir Amerikaner waren, besonders heraus. Jedoch erhielt Marinatos ebensoviel Aufmerksamkeit. Die Geschichte der Ausgrabungen erschien ab 19. Juli mit Balkenlettern auf den ersten Seiten der Zeitungen in aller Welt. Am 31. Juli brachte ›Newsweek‹ eine Farbbildseite über die Ausgrabungen von Thera, das ›Time‹-Magazin veröffentlichte ebenfalls einen ganzseitigen Bericht. Übrigens waren die Artikel in beiden Magazinen verhältnismäßig richtig. Dagegen brachten die italienischen Blätter die Arbeiten von Marinatos und Galanopoulos durcheinander. Auf der ersten Seite ausgerechnet eines griechischen Blattes erschien jedoch ein Artikel, in dem der Name von Marinatos nicht einmal genannt wurde. Sein Artikel, den er am 7. Juli veröffentlicht hatte, war international nicht ebenso übernommen worden wie die unseren. Der Grund dafür war meiner Meinung nach, daß Marinatos das magische Wort »Atlantis« nicht gebraucht hatte.

Emily und ich kamen zu der Überzeugung, daß Marinatos durch die Art der Berichterstattung in der amerikanischen Presse gekränkt sein würde. Wir schrieben ihm daher sofort, erklärten, was geschehen war, und entschuldigten uns für das Verhalten der Zeitungen, über die wir natürlich keinerlei Kontrolle besaßen. Ich bemühte mich, ihm klarzumachen, welche Vorteile immerhin die unerhörte Publicity haben werde, die nun unser Projekt erhalten hatte. Doch es war alles vergebens.

Kurz danach erhielt ich in knappen Worten eine Mitteilung der Archäologischen Gesellschaft in Athen, die geradezu ein Meisterwerk an eisiger Ablehnung war:

»Die Archäologische Gesellschaft von Athen sieht sich bedauerlicherweise gezwungen, Ihnen mitzuteilen, daß entsprechend einer einstimmigen Entscheidung ihres Vorstandes, beschlossen in der Sitzung vom 7. August, jede Zusammenarbeit mit Ihnen bei den Ausgrabungen auf Thera beendet wird. Der Vorstand der Gesellschaft hat entschieden, daß Ihre Ziele offensichtlich anderer Art sind und der Förderung echter Erkenntnis nicht dienen. Wir danken Ihnen herzlich für das Angebot von 60.000 Drachmen für die Durchführung der Ausgrabungen auf Thera, die Sie im Schatzamt der Archäologischen Gesellschaft hinterlegt haben ... Nun jedoch erscheint diese Gabe als nicht annehmbar. Die entsprechende Summe ist daher unter Ihrem Namen auf ein Bankkonto eingezahlt worden.«

Dieser Nachricht folgte eine amtliche Mitteilung der archäologischen Regierungsbehörde, wonach die Ermächtigung für mich, bei Thera Unterwasserforschungen durchzuführen – ausgestellt im Jahre 1966 – für ungültig erklärt wurde.

Nach meiner offiziellen Verbannung schrieben Emily Vermeule und ich monatelang immer wieder an Marinatos. Er beantwortete keinen meiner Briefe. Als Geste unseres guten Willens arrangierten wir eine Einladung für Marinatos zu der Jahresversammlung des Archaeological Institute of America. Er lehnte es ab, zu kommen, sandte jedoch das Manuskript eines Vortrags, das dann Emily Vermeule vor der illustren Versammlung verlas. Gelegentliche Zeitungsinterviews wurden nun meine Hauptinformationsquelle über seine Haltung.

Die Athener Zeitungen veröffentlichten einen Marinatos zugeschriebenen Bericht, der sich zum Ziel setzte, »verschiedene Ungenauigkeiten«, die in der internationalen Presse veröffentlicht worden waren, zu korrigieren. Es wurde darin betont, daß die Ausgrabungen auf Thera von der Archäologischen Gesellschaft von Athen unter der Leitung von Marinatos durchgeführt worden seien. Alle »übertriebenen Versuche«, diese Ausgrabungen in Verbindung mit Theorien über Atlantis zu bringen, wurden zurückgewiesen. Doch nahm Marinatos selbst in einem Interview, das in einem italienischen Magazin im September 1967 erschien, wenn auch zögernd, eine andere Haltung ein.

»Atlantis, Atlantis«, so hatte er laut Bericht gesagt, »alle wollen wissen, ob es sich hier um Atlantis handelt; ich kann nur sagen, daß diese Paläste ebenso wichtig sein können wie Knossos auf Kreta. Atlantis. Seit Platon darüber schrieb, sind 2300 Jahre vergangen. Ich dachte früher, daß Atlantis nichts anderes gewesen sei als das Konzept eines Platonischen Ideals einer vollkommenen Staatsregierung.«

Auf weitere Fragen deutete er jedoch an, er habe seine Meinung geändert. Er sprach von den wundervoll konstruierten Kyklopenmauern, von Fresken und von »einer großen Katastrophe, die diese große Stadt begrub«. Der Interviewer fragte jedoch weiter:

»Sind Sie überzeugt, daß es sich um Atlantis handelt?«

»Ich bin überzeugt . . .«

Schließlich berichtete die ›New York Times‹ unter der Überschrift ›Nichtgriechen von Grabung auf Thera ausgeschlossen‹:

> »Griechische Ausgrabungen einer prähistorischen Fundstelle auf der ägäischen Insel Thera werden für alle ausländischen Archäologen in diesem Jahr gesperrt sein. Dies kündigte Griechenlands Behörde für Altertümer heute an. Die Sperre wurde wegen eines Zwischenfalls verhängt, der sich im vergangenen Sommer zutrug, als ein amerikanisches Wissenschaftlerteam an den Ausgrabungen teilnahm. Diese Gruppe veröffentlichte die Ergebnisse, noch bevor der Leiter der Ausgrabungen, Professor Spyridon Marinatos, seinen offiziellen Bericht an die griechische Archäologische Gesellschaft erstattet hatte. Dies wird hier als ernste Verletzung der archäologischen Moral betrachtet . . .
>
> Das amerikanische Team, geführt von Dr. James W. Mavor vom W. H. O. I., arbeitete an der Überprüfung einer Theorie, wonach Thera ein Teil des legendären Kontinents Atlantis gewesen sei. Bei der Heimkehr nach den USA erklärte das Team, die Entdeckung einer Siedlung habe mehr oder weniger die Theorie bestätigt.
>
> Professor Marinatos, der nun Generalinspektor der griechischen Altertümer ist, bestreitet die These des amerikanischen Teams.«

Paradoxerweise fühlte ich mich Dr. Marinatos weit näher als so manchem anderen Archäologen, dem ich begegnet war. Denn Marinatos war für die Notwendigkeit, das Projekt von Thera durchzuführen, weit aufgeschlossener als seine Kollegen, obgleich er die Durchführung für äußerst schwierig ansah. Was immer auch unsere Streitpunkte sein mögen, so hege ich doch große Achtung für die Fähigkeiten und das Geschichtsbewußtsein dieses Mannes.

Obwohl mir also die Rückkehr nach Thera zunächst verwehrt war, hoffte ich doch, daß Marinatos für die künftigen Ausgrabungen Hilfe aus dem Ausland annehmen werde. Ich war zu der Überzeugung gekommen, daß es des Einsatzes modernster technischer Mittel und der koordinierten Bemühungen vieler Wissenschaftszweige bedürfen werde, um Thera all die Geheimnisse zu entreißen, die unter der Decke aus Asche und Lava verborgen liegen. Damit meine ich nicht nur Beweise für die Existenz von Atlantis, sondern vor allem auch Hinweise, deren die Wissenschaft für die Rekonstruktion der Geschichte des Nahen Ostens und ganz Europas in der Zeit von 3000 bis 1000 v. Chr. bedarf.

Die Arbeit auf Thera müßte in umfassende archäologische, ozeanographische, biologische und meteorologische Forschungen eingebaut werden, wozu eine Kooperation zwischen Wissenschaftlern aus vielen Ländern und aus verschiedenen Fachgebieten notwendig ist. Denn nach dem, was wir heute schon andeutungsweise über kulturelle Verbindungen und Handelsbeziehungen im zweiten Jahrtausend v. Chr. wissen – wobei gerade der ägäische Raum ein Strahlungszentrum gewesen ist –, muß wohl die Aufdeckung des antiken Thera der Schlüssel zu vielen heute noch versperrten Türen werden. Ich hoffe, daß auch manche Regierungsstellen die Notwendigkeit von Forschungen auf Thera früher oder später in diesem Licht sehen werden. Wenn man an diese gewaltige Aufgabe nur mit kleinen Mitteln herangeht, wird man zwar gewiß interessante Funde machen, aber in Wirklichkeit wertvollste Zeit verschwenden.

Inzwischen besteht die Möglichkeit, in anderen Ländern nach Spuren des Einflusses der Atlanter zu suchen. Nimmt man die Berichte Platons als Führer, so findet man sehr bald eine Reihe von Spuren, die nach allen Richtungen aus der Ägäis ausstrahlen: die antiken Siedlungen in Nordafrika, etwa in Libyen und Tunesien, ferner all jene Länder, in denen die Baumeister der Megalithkultur tätig waren, Ägypten, die Länder des Nahen Ostens, vor allem die phönikischen Küstenstädte, der Irak, der Iran, das Industal, Afghanistan und die Länder rund um das Schwarze Meer und den Kaspischen See.

Im Jahre 1965 habe ich begonnen, nach Bestätigungen für die Atlantistheorie des Dr. Galanopoulos zu suchen. Seitdem habe ich viele Mosaiksteine zusammenfügen können. Manche lagen für jeden, der sie finden wollte, in der Literatur offen da. Mir standen ferner Überlegungen anderer Forscher und Denker zur

Verfügung, außerdem Berichte von Entdeckungen zu Land und unter Wasser. So habe ich dazu beitragen können, die Theorie weiter auszubauen und zu zeigen, daß es möglich ist, Platons Atlantisberichte als historische Dokumente zu betrachten.

Hier ist der Platz, zusammenfassend darzulegen, was seit 1965 – seit ich Dr. Galanopoulos kennenlernte – an neuem Wissen über Atlantis zusammengetragen werden konnte:

Da ist zunächst die wichtige Erkenntnis, daß Platons Bericht zwar in den Details erstaunlich zutreffend ist, obwohl er mehr als tausend Jahre nach der Katastrophe von Thera geschrieben wurde, aber bei seinen Zahlenangaben ein Irrtum berichtigt werden muß, nämlich, daß überall, wo von »tausend« die Rede ist, »hundert« eingesetzt werden soll. Die wichtigste inzwischen gewonnene Erkenntnis ist jedoch, daß durch eine Zusammenschau der geologischen und der archäologischen Feststellungen und Funde die Annahme untermauert worden ist, wonach die Eruption und der Einsturz des Vulkans von Thera tatsächlich ein welterschütterndes Ereignis waren – »Welt« verstanden im Sinne des damaligen Bewußtseins der antiken Völker – und durchaus imstande, den Untergang von Atlantis herbeizuführen, eines Atlantis, das, wie schon gesagt, Ausmaße hatte, die den durch den Faktor zehn dividierten Größenangaben von Platon entsprechen. Wesentlich für diese Erkenntnisse waren die Ergebnisse meiner Expeditionen aus den Jahren 1966 und 1967 auf Thera selbst und in dessen Umgebung, nämlich die seismischen Profilaufnahmen des Meeresbodens, die geologischen Untersuchungen und die archäologischen Entdeckungen zu Land und zur See.

Nachdem solcherart eine befriedigende Erklärung für den entscheidenden und einzigartigen Teil der Atlantislegende, nämlich für den Untergang der Insel, gefunden war, begann ich nach Bestätigungen für die übrigen Teile der Theorie des Dr. Galanopoulos zu suchen. Im Verlauf meiner Bemühungen trachtete ich, diese Theorie auszuweiten. Ich vertrete die Meinung, daß die Atlantislegende der zentrale Mythos für viele Legenden und Sagen ist, die sich alle auf die Zerstörung von Thera beziehen, auf die Minoer und ihr meerbeherrschendes Reich, auf die mykenischen Griechen und ihre Zusammenstöße mit den Minoern sowie auf den Ursprung der Völker der Ägäis. Ich bin ferner der Meinung, daß der Atlantisbericht zum besseren Verständnis der Ursachen der Völkerwanderungen und der kulturellen Zusammenhänge zwischen den Völkern des Nahen Ostens und Europas führen kann. Ausstrahlungen wie diese sind weit über die Ägäis hinausgegangen, ja vielleicht sogar bis nach England.

Unsere Expedition des Jahres 1966 hatte festgestellt, daß die Insel Thera vor dem großen Einsturz ein Komplex aus vielen Vulkankegeln gewesen war. Es ist durchaus möglich, daß sie innere Wasserwege besaß, die jenen der Beschreibung Platons von Atlantis einigermaßen entsprachen. Wir konnten ferner beweisen, daß auch im Süden der Insel – vor der Küste von Akroteri – ein großer Einsturz stattgefunden hat, wodurch die gesamte Südküste absank. Das Ausmaß der Katastrophe von Thera ist also noch weit größer gewesen, als Professor Galanopoulos ursprünglich annahm. Es ist auch nicht von der Hand zu weisen, daß vor dem Einsturz des Südkessels an der Südküste von Thera ein natürlicher Hafen vorhanden war, der atlantischen Schiffen Schutz vor Westwinden bot.

Unsere Erkundung der Insel im Jahre 1966 und die Ausgrabungen des Jahres 1967 haben den Beweis erbracht, daß die Besiedlung Theras weit stärker gewesen sein muß, als man bisher annahm. Auf der Insel gab es fruchtbaren Boden, eine reiche Vegetation, Seen und Sümpfe, genau wie Platon es in seinem Atlantisbericht geschrieben hat.

Die Auffindung eines minoischen Palastes und von Hinweisen auf das Vorhandensein einer großen Stadt unter der Aschendecke bei Akroteri sind ein gewichtiges Argument dafür, daß auf der Insel eine aristokratische Oberschicht lebte und die Bevölkerung Wohlstand und Lebensformen besaß, die jenen des minoischen Kreta entsprachen. Warum aber hatten in solcher Art jene Menschen gerade auf dieser kleinen Insel gelebt? Ich kam zu der Annahme, daß Thera das strategische Zentrum des Seehandels gewesen sein mag, außerdem ein Zentrum religiöser Verehrung. Es ist denkbar, daß gerade weil sich auf Thera der einzige Vulkan in der Ägäis befand, die Insel eine besondere religiöse Bedeutung besaß und auch ein vorminoisches Kulturzentrum schon in jener Epoche war, als sich die Kykladen wesentlich weiter entwickelt hatten als Kreta. Zu den interessantesten Überlegungen gehört auch die Feststellung der Verbindungen zwischen den einzelnen Mythen und der Zusammenhänge mit den archäologischen Funden, die so etwas wie die Umrisse eines Geschichtsbildes ergeben.

Die Beziehung zwischen den Inselbewohnern, den Minoern, und den festländischen mykenischen Griechen war ein Hin und Her zwischen friedlichem Zusammenleben und Krieg. Die

Konflikte mehrten sich, als diese östlichen und westlichen Völker sich vermischten und die Inselbewohner von den Mykenern die kriegerischen Gewohnheiten der Europäer übernahmen. Manche meinen, daß aus dieser Mischung der betont individualistische Charakter der Griechen der Antike wie auch der heutigen Griechen hervorgegangen ist.

Platon sagt, die Einflußsphäre der Atlanter habe sich im Mittelmeerraum und auch nach Norden auf den europäischen Kontinent weit ausgedehnt. Archäologen wieder erklären, dies entspreche der Einflußsphäre der Minoer, deren Spuren selbst in Großbritannien und in Dänemark zu finden seien. Wir wissen zwar nicht, auf welchem Weg die Megalithbauer ihre eigenartigen religiösen Bräuche andern Völkern weitergaben, aber es scheint, daß die Ägäis ihr Ursprung war, neolithische Inselbewohner etwa um 3000 v. Chr. ihre Schöpfer. Diese Bräuche der Steinsetzungen haben sich bis zum Jahre 1400 v. Chr. erhalten. Es ist denkbar daß die Minoer, wenn wir sie mit den Atlantern gleichsetzen, auch eine Rolle bei der Ausbreitung des Megalithkultes gespielt haben.

Die Entwicklung religiöser Vorstellungen in der Ägäis ist durch Funde von Idolen (Götterfiguren) einigermaßen bekannt. In der minoischen Periode verwandelte sich die Verehrung von Elementargottheiten in den Kult einer Muttergöttin und eines göttlichen Knaben; dazu gesellte sich die rituelle Opferung von Stieren. Die Überlieferung spricht davon, daß einer Königin, der ein »Prinzgemahl« zur Seite stand, göttliche Ehren erwiesen wurden. Hinweise auf diese religiösen und kulturellen Verhältnisse finden sich auch in Platons Atlantisbericht. Vergessen wir nicht, daß es, um den Ursprung von Völkern der Antike zu rekonstruieren, keinen sichereren Weg gibt als die Erforschung ihrer religiösen Bräuche und Mythen.

So glaube ich auch, daß Platons Atlantisbericht mit seiner Erzählung vom Aussehen der Insel, den Bräuchen ihrer Bewohner, ihrer politischen Verfassung und ihren religiösen Sitten eine echte Erinnerung und Überlieferung ist. Der Konflikt zwischen den Atlantern und den Festlandgriechen mit seinem dramatischen Ende, dem Untergang der Insel und der Vernichtung des Heers der Athener, erhalten durch unsere Forschungen auf Thera Wahrscheinlichkeit. Während ich diese Zeilen schreibe, im Hochsommer 1968, wird mir aus Griechenland berichtet, daß in dem ausgegrabenen Gebäude bei Akroteri, das allen Anzeichen nach ein Palast war, nun auch ein Raum mit einem

MEGALITHGRÄBER AUS DEM VORGESCHICHTLICHEN EUROPA

marmornen Thron freigelegt wurde. Dieser Raum soll Ähnlichkeiten mit dem Thronsaal im Palast von Knossos aufweisen. Wie immer auch diese Funde letzten Endes gedeutet werden, es besteht kein Zweifel mehr, daß auf Thera vor der Eruption des Vulkans, ja sogar noch während der Ausbrüche, eine blühende Kultur bestand, die durchaus mit den Beschreibungen Platons übereinstimmte.

Die Ausgrabungen, die die griechische Regierung im Jahre 1968 hat durchführen lassen, haben die von uns begonnenen Arbeiten weitergeführt. Es sind wieder Mauern des Palastes aufgedeckt und schöne Keramiken gefunden worden. Zu den Entdeckungen gehört eine ganze Apotheke mit Mörsern, Maßstäben, Waagen, Gewichten und bemalten Gefäßen. Jüngste Ausgrabungen des Palastes von Kato Zakro auf Kreta haben ähnliche Funde gebracht. Außerdem wurde der von Loring gefundene versteinerte Affenkopf auch durch die Entdeckung einer blau bemalten Darstellung eines Affen auf einem Topfscherben in seiner Bedeutung bestärkt. Da Affen weder auf Thera noch auf Kreta heimisch waren, sind der fossile Schädel ebenso wie der gemalte Affe Hinweise auf den Luxus reicher, aristokratischer Familien, die es sich leisten konnten, exotische Tiere zu ihrem Vergnügen zu halten.

Was 1966 und 1967 so vielversprechend mit unserer Arbeit auf Thera begonnen hat, ist nun allerdings auf Schwierigkeiten gestoßen, denn für die von den griechischen Behörden durchgeführten Ausgrabungen stehen weder die notwendigen technischen Mittel noch das notwendige Geld und nicht einmal das notwendige Personal zur Verfügung. An mehreren Stellen ist die Aschendecke eingestürzt und hat weitere Grabungen unmöglich gemacht. Die Winterregen haben die ungeschützt gelassenen Funde bedauerlicherweise beschädigt. Bei den Arbeiten im Jahre 1968 hatten die Griechen nur einige ausländische Beobachter zugelassen, darunter meine Freunde Emily Vermeule und George Bass.

Ich bin jedoch überzeugt, daß früher oder später großartige Funde zutage treten werden. Götterstatuen, Inschriften, Fresken, aus denen wir etwas über das Leben und die Taten der Atlanter erfahren können, und natürlich gewaltige Mengen von Keramik. Damit werden jene Beweise vorliegen, die einer Teilwissenschaft wie der Archäologie notwendig erscheinen. Jedoch haben mich meine Reisen nach Thera überzeugt, daß es notwendig ist, die These Professor Galanopoulos' vom Ursprung der Atlantislegende durch tatsächliche Funde zu untermauern. Mit Schaufeln, Bulldozern, Baggern, Feldbahnen, Autos und all den anderen Mitteln der modernen Technik wird man diese Funde auch machen.

Meiner Meinung nach sollte die Lösung des Rätsels von Atlantis dazu beitragen, künftig in weit größerem Maß als bisher die Naturwissenschaften heranzuziehen, um sagenhafte Erinnerungen an vorgeschichtliche Ereignisse besser verstehen zu lernen. Mit Hilfe der Naturwissenschaften muß man die Topographie, das Wetter, das Klima, die Meeresströmungen, Küstenlinien, den Boden und die vollständige Umgebung »wiederherstellen«, aus der die Mythen einst entstanden sind. Zweifellos kann dies nicht nur in der Ägäis, sondern überall in der Welt getan werden. Dann wird man zumindest eine genaue Orts- und Zeitbestimmung des jeweiligen Problems erreicht haben. Die dabei erstellten Koordinaten müssen daraufhin mit den Ergebnissen der konventionellen Archäologie abgestimmt werden. Mit dem Mythos von Atlantis ist dies geschehen.

Anhang A

Chronologie der Eruption des Vulkans von Thera und seines Einsturzes sowie der Zerstörung der minoischen Kultur

Einleitung

Als Zeitpunkt des Vulkanausbruchs von Thera und seiner Auswirkungen ist das 15. Jahrhundert v. Chr. ermittelt worden. Diese Datierung beruht in erster Linie auf stilistischen und stratigraphischen Vergleichen zwischen Gegenständen, die auf Thera, auf Kreta und in Ägypten gefunden worden sind. Möglich ist allerdings, daß die Eruption und deren Folgen sich ein bis zwei Jahrhunderte später ereignet haben, oder aber, daß die Vulkanausbrüche und die Erdbeben schon vor 1500 v. Chr. eingesetzt und bis ins 14. und 13. Jahrhundert fortgedauert haben.

Jedenfalls bestand zur Zeit des Ausbruches von Thera die verläßlichste Chronologie in Ägypten. Daher hängt die Datierung davon ab, wie eng wir den Ausbruch mit ihr in Zusammenhang bringen können.

Ägyptische Chronologie

Die Chronologie Altägyptens ist der beste vorhandene Maßstab für die Vor- und Frühgeschichte. Sie ist zuverlässiger als die Datierung mit Hilfe der Carbon-14-Methode. Man hat die Genauigkeit dieser Methode mit Hilfe der ägyptischen Chronologie nachgeprüft und in einigen Fällen sogar danach berichtigt.

Das Studium der ägyptischen Hieroglypheninschriften und der dort enthaltenen Hinweise auf astronomische Beobachtungen haben es im Zusammenhang mit den Ergebnissen von Ausgrabungen gestattet, eine Liste der ägyptischen Dynastien und ihrer Könige sowie der entsprechenden Jahreszahlen und der Regierungszeiten aufzustellen. Ein fixes Datum, von dem aus die ägyptische Chronologie nach rückwärts geführt werden kann, ist die Eroberung Ägyptens durch die Perser im Jahre 525 v. Chr. Darüber gibt es reichlich schriftliche Aufzeichnungen. Von diesem Ereignis bis zum Anfang der 18. Dynastie liegen vollständige Berichte mit genauen Jahreszahlangaben vor. Der Gründer der 18. Dynastie, Amosis, vertrieb die Hyksos, wahrscheinlich ein semitisches Nomadenvolk, das um 1700 v. Chr. Ägypten erobert hatte. Die Gründung des Neuen Reiches durch Amosis fällt in das Jahr 1550 v. Chr. Da die Eruption von Thera keinesfalls früher stattgefunden hat, liegt also eine Parallelchronologie vor. Die Königslisten sind von dem Priester Manetho, der sich bei dieser Arbeit sicherlich vorhandener Aufzeichnungen bediente, im dritten Jahrhundert v. Chr. unter König Ptolemäus II., für den er eine Geschichte Ägyptens schrieb, zusammengestellt worden. Vergleicht man die Listen Manethos mit alten Inschriften und Papyri, so erweist sich, daß der Priester offenbar recht genau gearbeitet hat. Leider besitzen wir aus seinem Werk nur Auszüge, die uns von spätantiken Schriftstellern überliefert wurden. Irrtümer haben sich wahrscheinlich erst durch die Abschreiber eingeschlichen.

Zur Kontrolle gibt es jedoch ein Mittel:

Die Zeitrechnung der Ägypter ging vom sogenannten »landwirtschaftlichen Jahr« aus: der Beginn dieses Jahres wurde mit der alljährlichen Überschwemmung des Nil (als Folge der Regenzeit in Zentralafrika) angenommen. Irgendwann war den Ägyptern aufgefallen, daß diese Überschwemmung zeitlich mit dem Erscheinen des Sirius am 19. Juli übereinstimmte. Allerdings verschiebt sich der »Aufgang« des Sirius alljährlich um sechs Stunden. Auf diese Weise geriet der Kalender bald in Unordnung, und die ägyptischen Priesterastronomen mußten vielerlei Hilfsmittel – Schalttage – einsetzen, um das tatsächliche Jahr mit dem berechneten in Einklang zu bringen. Erst nach 1461 Jahren stimmte die Rechnung wieder, das heißt der Siriusaufgang und die Nilüberschwemmung fanden zu genau demselben Zeitpunkt statt. Diese altägyptische Kalenderrechnung liefert sehr brauchbare Anhaltspunkte für genaue Datierungen. Da man den Siriuszyklus genau kennt, läßt sich zurückrechnen, wann diese Art der Kalenderrechnung eingeführt worden sein dürfte, nämlich um das Jahr 2780 v. Chr. Man hat früher sogar ein weiter zurückliegendes Datum angenommen, das um einen Siriuszyklus (Sothis-Periode) früher liegt: etwa 4240 v. Chr. Doch es ist unwahrscheinlich, daß in einer prädynastischen – und sicherlich schriftlosen – Epoche bereits diese Kalenderrechnung angewendet wurde. Ferner verwendet man altägyptische Angaben – etwa »am Tage des Neumondes« – zur Korrektur.

Die Carbon-14-Methode

Die Radiocarbonmethode ist die gegenwärtig modernste, erfolgreichste und meist praktizierte Art wissenschaftlicher Datierung. Das Alter eines Fundes wird nach dem Zerfall des radioaktiven Kohlenstoffisotops Carbon 14 bestimmt. Damit läßt sich jedoch nur das Alter organischer Stoffe messen, also etwa von Holz, Knochen und ähnlichem. Radiocarbon 14 sammelt sich nur so lange in einer organischen Substanz, als diese »lebt«. Ist sie »tot«, ist also etwa der Baum gefällt, so hört die Anreicherung auf. Da nun bekannt ist, welche durchschnittliche Carbon-14-Menge die betreffende Substanz »lebend« enthält, und ferner bekannt ist, mit welcher Geschwindigkeit dieses radioaktive Isotop zerfällt, kann man, je nach dem Gehalt des Fundobjektes an Carbon 14 feststellen, wie viele Jahre seit dem »Tod« des Gegenstandes vergangen sind. Die Methode ist jedoch nicht genau: Bei Gegenständen, die etwa aus der Zeit um 1500 v. Chr. stammen, sind nur Datierungen mit einer Toleranz von $\pm$ 200 Jahren zu erhalten. Eine weitere

Schwierigkeit dieser Methode besteht darin, daß man zwar feststellen kann, wann ungefähr der Baum gefällt wurde, aus dem der Türpfosten gemacht worden ist, dem die Probe für den Radiocarbontest entnommen wird, nicht aber, wann das Haus zerstört wurde, zu dem der Türpfosten gehörte. Auf Thera angewandt, bedeutet das: Eine Grenze ist nur nach oben möglich, da das Haus nicht zerstört worden sein kann, bevor der Baum, aus dem der Türpfosten gezimmert worden ist, gefällt wurde. Nach unten ist die Grenze nicht zu ziehen, da wir nicht wissen, wie lange das Haus schon stand oder wie lange der Türpfosten bereits angebracht war, als die Zerstörung erfolgte.

Die Genauigkeit der Datierungen mit Hilfe des radioaktiven Isotops Carbon 14 hängt vor allem von der Genauigkeit der Zählung der Partikelemission der Probe im Verhältnis zur allgemeinen Strahlung ab. Diese Genauigkeit beträgt meist ± 3 Prozent. Die Wahrscheinlichkeit, daß der wahre Wert innerhalb dieses Bereiches liegt, ist 68 Prozent. Viel hängt auch von der Zahl ab, die man für die Halbwertszeit des Radiocarbon 14 einsetzt. Die gegenwärtig gültige Zahl für C_{14} ist 5730 Jahre.

Ein weiterer Unsicherheitsfaktor liegt in der Erkenntnis jüngster Zeit, daß der Gehalt der Atmosphäre an Radiocarbon 14 keineswegs konstant ist, sondern im Verlauf der Jahrtausende geschwankt hat und außerdem örtlich verschieden war und ist. Man pflegt gegenwärtig, wenn man nicht genau weiß, wie hoch der Gehalt an einem bestimmten Ort und zu einer bestimmten Zeit war, 3 Prozent der im Laboratorium errechneten Jahre hinzuzufügen, ferner den im Laboratorium als möglich errechneten Fehlerfaktor mit zwei zu multiplizieren.

Eine Möglichkeit, die Genauigkeit zu vergrößern, besteht darin, mehrere Proben zu entnehmen und diese zu untersuchen. Das verteuert allerdings das Unternehmen und schließt Fehler auch nicht völlig aus.

Angesichts dieser Schwierigkeiten benützt man in letzter Zeit die Radiocarbon-14-Methode in zunehmendem Maß für Datierungen großer Perioden, bei denen es nicht auf einige Jahre oder Jahrzehnte ankommt. So hat man zum Beispiel mit ihrer Hilfe kürzlich festgestellt, daß die letzte Eiszeit nicht, wie man früher geglaubt hat, vor 20.000 Jahren, sondern mit viel größerer Wahrscheinlichkeit vor nicht mehr als 10.000 Jahren zu Ende gegangen ist.

Thermoluminiszenz

Eine andere Laboratoriumsmethode ist die Datierung auf Grund der Thermoluminiszenz. Man verwendet dabei Keramikscherben. Diese Methode ermöglicht, die Zahl der Jahre, die seit dem Zeitpunkt des Brennens verflossen sind, zu bestimmen. Zur Zeit der Minoer waren Antiquitäten aber genauso beliebt wie heute. Das heißt, daß Keramikscherben sehr wohl viel älter sein können als das Haus, in dem sie gefunden wurden. Im übrigen ist diese Methode weniger genau als die

Carbon-14-Methode. Außerdem wird bei der Untersuchung die Gefäßscherbe zerstört. Umfassende Untersuchungen werden erst möglich sein, sobald in Griechenland ein entsprechendes Laboratorium besteht.

Andere Datierungsmethoden

Historische und archäologische Zeugnisse dienen in der Hauptsache als Informationen für die Aufstellung von Zeittafeln frühgeschichtlicher Ereignisse. Die genaueste und verläßlichste Methode ist jene, Funde nach ihrer Lage in der Schichte und nach dem Stil zu bestimmen. Natürlich ist jede solche Bestimmung nur relativ. Es ist daher notwendig, sie durch Vergleiche mit feststehenden Chronologien zu sichern.

Um solche Vergleiche anzustellen, bietet das antike Ägypten die besten Möglichkeiten. Man findet zum Beispiel in ägyptischen Gräbern minoische Gefäße, die sich sehr genau datieren lassen, so im Grab des Senmut, eines Zeitgenossen der Königin Hatschepsut (Regierungszeit 1490 bis 1468 v. Chr.). Minoische Gefäße gleichen oder ähnlichen Stils gehören jeweils in dieselbe Periode. Andere Gegenstände, die mit solchen Gefäßen gemeinsam in gleicher Schichte gefunden werden, können mit großer Wahrscheinlichkeit derselben Zeit zugeordnet werden. Aus der Fülle der Funde, die auf Kreta gemacht wurden, ergibt sich daher eine sehr genaue Zeittafel, die mehrfach Vergleichsmöglichkeiten etwa mit Ägypten gestattet. Allerdings sind sich die Gelehrten über gewisse Details noch nicht völlig einig.

Die Schwierigkeiten beziehen sich auf die Zeit zwischen 1500 und 1200 v. Chr., also jene Periode, in der in der Ägäis und auf Kreta die Minoer als Machtfaktor verschwinden und die mykenischen Griechen an ihre Stelle treten. Archäologen, Historiker und Philologen sind hier verschiedener Meinungen. Es könnte sich herausstellen, daß die Ursache dieser Unstimmigkeiten der Ausbruch des Vulkans von Thera war, weil durch diese gewaltige Katastrophe, durch Erdbeben und Springfluten, Verwirrung selbst in der Stratigraphie angerichtet wurde.

In den folgenden Tafeln I bis VI wird eine Zeitfolge der Ereignisse, wie sie sich auf Thera abspielten, und der hierfür vorliegenden Beweise gegeben. Folgende Abkürzungen wurden verwendet: A: absolute Chronologie; B: feststehende ägäische relative Chronologie; C: ägyptische relative Chronologie.

Tafel VII gibt eine Gesamtübersicht der Daten.

Tafel I
Vulkanische Zerstörung von Thera
Sechs verschiedene Faktoren werden zur Datierung des Beginns der Zerstörung herangezogen.

1622 bis 1422 v. Chr. (A): Im Steinbruch von Phira wurde der erwähnte Baumstrunk gefunden. Er befand sich aufrecht stehend inmitten von Bimssteinablagerungen. Professor Galanopoulos, der ihn gefunden hatte, ließ Proben des Holzes untersuchen. Das Lamont Geological Observatory prüfte zwei Holzsplitter. Die erste Probe ergab 3050 plus oder minus 150 Jahre. Das würde etwa das Jahr 1100 v. Chr. bedeuten. Es stellte sich heraus, daß die Probe verunreinigt war. Aus der zweiten Probe wurde die eingedrungene Säure ausgeschieden. Beim Test ergab sich 3370 plus oder minus 300. Unter Einrechnung einiger Korrekturfaktoren ergibt dies 1522 v. Chr. plus oder minus 100 Jahre. Die Wahrscheinlichkeit, daß diese Datierung richtig ist, beträgt jedoch nur 68 Prozent.

1750 bis 1250 v. Chr. (A): Dieser Zeitraum ergibt sich aus der C_{14}-Untersuchung von Holzproben aus dem Steinbruch von Phira, die 1967 gefunden wurden. Die Untersuchung hat Elizabeth Ralph von der University of Pennsylvania vorgenommen.

1550 bis 1475 v. Chr. (B): Keramiken von den Ausgrabungen auf Thera in den Jahren 1867 bis 1872 wurden von Marinatos als den letzten Jahren der Periode Spätminoisch I zugehörig datiert, das heißt um 1500 v. Chr. (Einige Gelehrte meinen jedoch, der Töpfereistil der Periode Spätminoisch I habe bis 1400 v. Chr., dem Zeitpunkt der Zerstörungen auf Kreta, vorgeherrscht.)

1550 bis 1475 v. Chr. (B): Bei den Ausgrabungen auf Thera im Jahr 1967 wurden Gefäße gefunden, die den Perioden Mittelminoisch und Spätminoisch I A angehören. Der späteste Zeitpunkt für diese Töpferware ist 1500 v. Chr.

1650 bis 1500 v. Chr. (B): Eingelegtes Schwert, gleichzeitig mit mykenischen Schachtgräbern (Herkunft angeblich Thera).

Nach 3000 v. Chr. (A): Bodenproben aus großer Meerestiefe: Asche wurde auf Carbon 14 untersucht sowie die Schichtung organischer Bestandteile festgestellt.

Die angeführten Daten beziehen sich auf das Ende der Zivilisation der Insel – mit Ausnahme der letzten Datierung, die sich auf die große Ascheneruption bezieht. Wahrscheinlich verließ der Großteil der Bewohner nach schweren Erdstößen die Insel. Darauf folgte im Verlauf von höchstens einem Jahr die erste Phase der Eruption, nämlich ein Regen aus rosafarbenem Bimsstein, der eine 3 bis 5 Meter hohe Decke bildete. Danach ereignete sich ein zweites Erdbeben, dem eine sehr starke Ascheneruption folgte: eine bis zu 40 Meter hohe Aschendecke wurde auf Thera abgelagert. Aschenablagerung von geringerer Stärke ist für den östlichen Mittelmeerraum nachgewiesen. Der Einsturz von Thera, der Höhepunkt der nächsten Phase, war begleitet von großen seismischen Flutwellen, die selbst in Ägypten noch spürbar waren.

Das Datum für den Beginn dieser Periode vulkanischer und tektonischer Aktivität kann auf dem Stil der Gefäße mit ziemlicher Genauigkeit auf 1500 v. Chr. festgelegt werden. Die Dauer dieser Periode wird durch die Zerstörungen auf Kreta charakterisiert, hervorgerufen durch eine Springflut in den Küstensiedlungen und durch Erdbebenschäden im Ostteil von Kreta. Da sich in den Tiefseebodenproben und auf Thera Asche findet, ist anzunehmen, daß der Boden für längere Zeit nicht bebaubar war. Hierfür sind jedoch auf Kreta bisher keine Beweise gefunden worden. Die Tiefseebodenproben lassen jedoch mit Sicherheit erwarten, daß auch Kreta schwer betroffen war.

Galanopoulos hat als erster eine Erklärung für den großen Zeitunterschied zwischen dem Beginn der Eruption auf Thera und den Zerstörungen auf Kreta gegeben. Er meinte, daß die Eruptionen im Verlauf einiger Jahrzehnte in mehreren Phasen erfolgten, bis schließlich die große Katastrophe mit dem Einsturz und den Springfluten eintrat. Seine Theorie, daß Erdbeben, deren Epizentrum zwischen Kreta und Thera lag, den Ausbruch ausgelöst haben, wurde durch meine Beobachtungen im Jahre 1967 bestätigt.

Tafel II
Die Zerstörung von Kreta
Die glaubwürdigen Hinweise werden mit X, die weniger glaubwürdigen mit Y bezeichnet. Unter X werden Hinweise angeführt, die eine direkte Verbindung zwischen Kreta und der ägyptischen Chronologie herstellen. Wo sich Y findet, ist eine Verbindung zwischen Mykenä und den Minoern erforderlich. Es kann auch bedeuten, daß vorausgesetzt werden muß, die ägyptischen Gräber enthielten zeitgenössische Gefäße.

Nach 1402 v. Chr. (B) (X): Ein Siegel der Königin Teje, der Gattin von Amenhotep III. (1402 bis 1364 v. Chr.), ist das letzte datierbare Objekt, das auf Kreta in einer Schichte gefunden worden ist, die der Zeit vor der Zerstörung angehört. Es wurde bei Hagia Triada in einem Kammergrab gefunden, in dem sich auch Gefäße der Periode Spätminoisch I B befanden. Hagia Triada, ein Palast an der Südküste der Insel, unweit von Phaistos, wurde wahrscheinlich vor oder nach den Flutwellen von Thera durch Erdbeben zerstört. Wir haben daher in dieser Angabe den Zeitpunkt für die Zerstörung von Hagia Triada gefunden.

Nach 1402 v. Chr. (B) (Y): In Mykenä wurde eine mit dem Namen Amenhotep III. beschriebene Tafel gefunden sowie ein Skarabäus mit dem Namen der Königin Teje. Zusammen mit diesen Gegenständen fanden sich Gefäße der Periode Späthelladisch. Späthelladisch III steht für die Zeitspanne von 1400 bis 1150 v. Chr. (B). Es dürfte gleichzeitig mit den Keramiken aus Knossos und anderen minoischen Gefäßen aus der Zeit nach der Zerstörung sein. Entweder sind die Gefäße der Späthelladisch-III-Periode vor 1402 bis 1364 hergestellt worden, zumindest aber gleichzeitig. Unter der Annahme, daß der Anfang von Späthelladisch III und Spätminoisch III derselben Zeit angehören, ergibt sich, daß die Zerstörungen auf Kreta wahrscheinlich nach 1402 v. Chr. eingetreten sind.

Vor 1347 v. Chr. (C) (X): Keramiken der Periode Späthelladisch III wurden in Tell el Amarna gefunden, das zwischen 1364 und 1347 v. Chr. Residenz des Echnaton gewesen ist. Die gleiche Art von Späthelladisch-III-Keramik wurde auch in Knossos gefunden, und zwar in einer Schichte unmittelbar oberhalb der Überreste der großen Brandkatastrophe. Daraus ergibt sich, daß die Zerstörung von Knossos vor dem Jahre 1347 v. Chr. stattgefunden haben muß.

Nach 1490 v. Chr. (C) (X): Eine minoische Alabastervase, deren Inschrift Bezug auf den ägyptischen König Thutmosis III. (1490 bis 1436 v. Chr.) nimmt, wurde bei Katsaba, der Hafenstadt von Knossos, gefunden. Der Stil der in derselben Schicht gefundenen Gefäße weist Spuren von Spätminoisch I B, Spätminoisch II und Spätminoisch III A auf, Epochen der Blüte, unmittelbar vor der Zerstörung von Knossos. Daher muß dann die Zerstörung von Knossos nach 1490 v. Chr. erfolgt sein.

Nach 1490 v. Chr. (C) (X): Das Grab des Rekhmire, Nachfolger des User-Amon, Staatsminister des Königs Thutmosis III., wurde um 1450 v. Chr. ($\pm$10 Jahre) verschlossen. Die Fresken des Grabes zeigen Abgesandte des Landes Keftiu (Kreta), die Vasen des Spätminoisch-I B-Stiles tragen. Damit wird wiederum ein Hinweis gegeben, daß die Zerstörung Kretas später als 1460 v. Chr. eingetreten sein muß.

Nach 1490 v. Chr. (C) (Y): Im Grab des Senmut in Ägypten: Fresken mit Vertretern von Keftiu, die Spätminoisch-I A-Vasen tragen. Senmut war ein Zeitgenosse der Königin Hatschepsut (1490 bis 1468 v. Chr.); daher müßte die Zerstörung Kretas später als 1490 erfolgt sein.

Nach 1402 v. Chr. (C) (Y): Eine Fayencevase mit der Königscartouche des Amenhotep III. (1402 bis 1364 v. Chr.) wurde in Mykenä gefunden, und zwar in der gleichen Schichte wie Spät-Helladisch-III A- und -III B-Keramik. Daher ist ein Datum für die Zerstörung Kretas wahrscheinlich nach 1402 v. Chr. anzusetzen.

Nach 1450 v. Chr. (C) (Y): Das Grab des Menkhperrasenb, Sohn des Rekhmire, weist Darstellungen der Bewohner von Keftiu mit Keramiken des fortgeschrittenen Spätminoisch-I B-Stils auf, daher Hinweis auf Datum der Zerstörung nach 1450 v. Chr.

Nach 1490 v. Chr. (C) (Y): Eine Alabastervase des Typs Spätminoisch I B wurde bei Sedment in Ägypten gefunden, und zwar im Zusammenhang mit Gegenständen, die auf die Epoche Thutmosis' III. hindeuten. Dies bedeutet: Zerstörung nach 1490 v. Chr.

Nach 1490 v. Chr. (C) (Y): Ein Skarabäus mit dem Namen der Hatschepsut wurde bei Prosymna in Griechenland gefunden, gemeinsam mit Späthelladisch-I-Keramik, dies würde die allgemeine Zerstörung nach 1490 v. Chr. datieren.

Nach 1438 v. Chr. (C) (Y): Ein Affe aus blauem Glasfluß wurde in Mykenä gefunden. Er trägt den Namen des Amenhotep II. (1438 bis 1412 v. Chr.) und befand sich in derselben Lage wie Keramik der Späthelladisch-III A-Periode; das bedeutet: unmittelbar vor den Zerstörungen auf Kreta. Nimmt man an, daß zwischen Späthelladisch III und Spätminoisch III ein zeitlicher Zusammenhang besteht, so würde die Zerstörung nach 1438 v. Chr. anzusetzen sein.

Nach 1490 v. Chr. (C) (Y): Abgesandte von Keftiu sind im Grab des User-Amon mit Spätminoisch-I A-Gefäßen und -Bechern dargestellt. Daher Zerstörung nach 1490 v. Chr.

1511 bis 1130 v. Chr. (A): Die Zerstörung des Palastes von Kato Zakro wurde durch die Carbon-14-Methode nach Erreichung aller Korrekturfaktoren auf 1271 plus oder minus 240 Jahre festgestellt, also zwischen 1511 und 1031. Professor Platon ist der Meinung, daß Kato Zakro zur selben Zeit wie die anderen kretischen Siedlungen zerstört wurde, und zieht daher als Datum 1450 v. Chr. vor.

Archäologen sind der Meinung, daß die allgemeine Zerstörung von Kreta in einer verhältnismäßig kurzen Zeit, etwa binnen zehn oder zwanzig Jahren, abgeschlossen war. Während dieser Zeit traten Springfluten und Erdbeben auf; unsicher bleibt, welche Auswirkungen der Aschenregen hatte. Die Asche wurde wahrscheinlich während einiger Jahrzehnte im Verlauf einer größeren Anzahl von Eruptionen ausgeworfen – diese Annahme basiert auf der Analogie zur Eruption des Krakatau –, doch müssen gegen Ende der Eruptionsperiode ein oder mehrere gigantische Ausbrüche erfolgt sein. In den früheren Phasen (einschließlich des Bimssteinregens) könnte das Leben auf Kreta noch ungestört weitergegangen sein.

1.	Hagia Triada	nach 1402 v. Chr. (X)
2.	Knossos	nach 1402 v. Chr. (Y)
3.	Knossos	vor 1347 v. Chr. (X)
4.	Knossos	nach 1490 v. Chr. (X)
5.	Kreta	nach 1490 v. Chr. (X)
6.	Kreta	nach 1490 v. Chr. (Y)
7.	Kreta	nach 1402 v. Chr. (Y)
8.	Kreta	nach 1450 v. Chr. (Y)
9.	Kreta	nach 1490 v. Chr. (Y)
10.	Kreta	nach 1490 v. Chr. (Y)
11.	Kreta	nach 1438 v. Chr. (Y)
12.	Kreta	nach 1490 v. Chr. (Y)
13.	Kato Zakro	1511 bis 1130 v. Chr. (X)

Die überwiegende Mehrheit der Beweise spricht dafür, die Zerstörung nach 1438 anzusetzen, wahrscheinlich um 1400. Daten, die einen späteren Zeitpunkt andeuten würden, fehlen. Nur ein einziges Beweisstück ergibt ein Datum, das eine feste Zeitgrenze darstellt, nach der die Zerstörung nicht geschehen sein kann, nämlich das Jahr 1347 v. Chr. Dennoch bleibt die Möglichkeit einer späteren Zerstörung noch offen. Dies wird noch untersucht werden.

Tafel III
Ägyptisch-minoisch-mykenische Verbindungen

1551 bis 1306 v. Chr. (C): Skarabäus der 18. Dynastie, gefunden bei Koukounara zusammen mit Späthelladisch-I-II-Keramik.

1290 bis 1224 v. Chr. (C): Ein Skarabäus Ramses' II., gefunden bei Perati in einer Späthelladisch III B–C zugehörenden Schicht.

1550 bis 1450 v. Chr. (C): Krüge, ähnlich jenen, die in den ägyptischen Grabdarstellungen von Keftiu-Abgesandten getragen werden, wurden bei Peristeria und Vapheio in einer Späthelladisch-I-Schichte gefunden. Dies spricht für die Späthelladisch-I-Periode.

1550 bis 1525 v. Chr. (C): Minoische Themen erscheinen zuerst auf Fresken in Ägypten während der Regierung des Amosis, des ersten Königs der 18. Dynastie.

Die Verbindungen werden durch Gegenstände hergestellt, die in den Schachtgräbern, Tholoi und Kammergräbern von Mykenä gefunden wurden. Der erste Kreis der Schachtgräber, A, den Schliemann ausgegraben hat, enthält sechs Gräber, die mit I bis VI bezeichnet werden. Der zweite Grabkreis, B, wurde 1951 entdeckt und umfaßt vierzehn Gräber. Die Datierungen für die Anlage dieser Gräberkreise überschneiden sich: Die Daten 1650 bis 1550 werden angegeben; diese Angaben sind jedoch nicht immer verläßlich. Nach Vermeule fällt der Beginn der Schachtgräber in die Periode Mittelminoisch III. Sie setzt das Ende des Kreises A mit 1504 an, den Beginn des Kreises B mit 1550.

1490 bis 1468 v. Chr. (C): Bei Prosymna wurde ein Siegel der Hatschepsut und aus der Kindheit des Thutmosis III. gefunden.

1670 bis 1540 v. Chr. (B): Umstrittene Tonscherben, Mittelminoisch III, gefunden in Schachtgräbern IV und V in Mykenä.

Vor 1670 v. Chr. (B): Schachtgrab VI in Mykenä enthält Mittelhelladisch-II-Keramik, wodurch eine Datierung der Gräber vor 1670 v. Chr. wahrscheinlich ist.

1530 bis 1400 v. Chr. (B): Schachtgrab I in Mykenä enthält Späthelladisch-I B- und Spätminoisch-II-Keramik.

1450 v. Chr. (B): Frühestes Datum für die Tafeln mit Linear-B-Inschriften von Knossos. Datierung von Evans.

1200 bis 1150 v. Chr. (B): Datierung der Linear-B-Tafeln von Knossos durch L. S. Palmer (diese Täfelchen aber waren wahrscheinlich schon weit früher in Gebrauch).

1200 v. Chr. (B): Die Linear-B-Tafeln von Pylos, datiert von Blegen. Auf Grund philologischer Hinweise sind entweder die Täfelchen von Knossos und Pylos gleichzeitig oder aber jene von Pylos früher.

Tafel IV
Mögliche historische Auswirkungen der Eruption von Thera, die annähernd oder auch genauer datiert werden können

1450 v. Chr. (C): Am Dschebel Barkel im Sudan wurde von Riesner eine Stele gefunden, datiert mit 1457 oder 1443 v. Chr., auf der Ereignisse des ersten und des achten Feldzugs Thutmosis' III. geschildert werden. Die Darstellung könnte als Augenzeugenbericht des großen Ausbruchs von Thera betrachtet werden.

1402 bis 1347 v. Chr. (C): Internationalismus und Monotheismus in Ägypten während der Herrschaft von Amenhotep III. und Echnaton.

1400 bis 1300 v. Chr. (C): Habiru-Invasion in Ägypten.

1450 bis 1400 v. Chr.: Die Ägyptischen Plagen traten möglicherweise während der Regierungszeiten von Thutmosis III., Amenhotep II. oder Thutmosis IV. auf. Exodus der Israeliten aus dem Nildelta (falls sich dies unter dem Pharao Merneptah ereignet hat).

1314 v. Chr.: Exodus der Israeliten. Rabbinische Tradition.

1440 v. Chr.: Exodus auf Grund der Chronologie der Bibel, Buch der Könige.

1572 v. Chr.: Exodus nach der Chronologie des Buches der Richter.

1438 bis 1412 v. Chr.: Exodus, falls Amenhotep II. der Pharao der Bibel war.

1490 v. Chr.: Zerstörung von Atlantis (Galanopoulos-Theorie).

1529 bis 1382 v. Chr.: Flut des Deukalion nach Angabe der Marmortafel von Paros.

1436 v. Chr. (C): Thera-Springfluten vielleicht gleichzeitig mit dem Tod des Thutmosis III.

Tafel V
Hinweise aus der Chronologie anderer Ereignisse

1400 bis 1300 v. Chr.: Bau des Palastes von Theben und Errichtung der Siedlung des Kadmos auf Thera. Überliefertes Datum (Inschrift von Paros) der Gründung von Theben durch die Phöniker ist 1519, doch nach Herodot ist eine Landung der Phöniker auf Thera und durch Kadmos sowie darauffolgende dauernde Besiedlung erst nach dem Ausbruch anzunehmen. Auf Grund der Funde ist die Besiedlung Thebens für das 14. Jahrhundert gegeben.

1250 v. Chr.: Zerstörung von Theben nach Mylonas in Übereinstimmung mit der Mythologie.

1234 bis 1222 v. Chr. (C): Seevölker greifen Ägypten an. Ihre Herkunft ist umstritten, jedoch wird allgemein angenommen, daß sie entweder von der anatolischen Küste oder aus südlicheren Gegenden wie Palästina gekommen sind.

1350 bis 1275 v. Chr.: In Alalakh (Syrien) Funde von Fresken, Lampen und Töpfereiwaren, die den Stil der Mittelminoisch-III- bis Spätminoisch-I-Keramiken nachahmen.

1250 v. Chr.: Nutzgefäße entsprechend dem Spätminoisch-II-Palaststil in Alalakh aus einer Schichte, die 1250 v. Chr. entspricht. Ursprünglich hielt man sie für zeitgenössisch mit den Originalen von Knossos; heute ist man der Meinung, daß es sich um spätere Kopien handelt.

1200 v. Chr.: Alalakh durch Invasion der Seevölker zerstört.

Kurz nach 1200 v. Chr.: Gründung von Posideium durch Ampilochus nach den Berichten von Herodot, als Hafen für Alalakh, Sabouni und al Mina.

Die griechische Überlieferung berichtet von vielen Stämmen und Fremdherrschern wie Kadmos, dem Phöniker, in Theben; Kekrops in Athen; Danaos, der den Beinamen »der Ägypter« trägt, Argos und Aiolos in Thessalien vor der Flut des Deukalion. Der Sage nach gehören sie alle dem 16. und 15. Jahrhundert an. Es ist auch interessant, daß als Glanzperiode der mykenischen Kultur, auf Grund der Funde in den Schachtgräbern von Mykenä, die Zeit nach 1500 v. Chr. anzusetzen ist.

1450 bis 1400 v. Chr.: Zerstörung von Ugarit, wahrscheinlich durch Flutwellen von Thera.

1200 v. Chr.: Zerstörung von Pylos.

1200 v. Chr.: Beginn der großen mediterranen Trockenperiode nach der Theorie von Carpenter.

1200 v. Chr.: Die »Invasion der Dorer«, die möglicherweise überhaupt keine Invasion war, sondern vielmehr die Auswirkung der Dürreperiode auf die soziale Struktur. Die Dorer sind lediglich durch ihre Sprache bekannt. Es gibt keinerlei eigene Keramik noch irgendwelche Darstellungen.

1550 v. Chr.: Vertreibung der Hyksos aus Ägypten.

1184 v. Chr.: Eroberung von Troja nach Eratosthenes.

1260 v. Chr.: Eroberung von Troja nach Blegen.

1100 v. Chr.: Eroberung von Mykenä nach Mylonas.

1100 bis 900 v. Chr.: Kulturniedergang in Griechenland.

Die Periode von 1400 bis 1100 v. Chr., die von den meisten Gelehrten mit den Keramikstilen Spätminoisch III und Späthelladisch III (Tafel VII) in Verbindung gebracht wird, ist jedoch insofern umstritten, als weder feststeht, was im gesamten Gebiet des Ostmittelmeeres geschah, noch die Zeit oder die Ursachen bekannt sind. Man hat vorgeschlagen, daß diese Periode der Ungewißheit um 100 bis 150 Jahre verkürzt werden sollte. Dadurch würde aber in den üblich gewordenen Chronologien Verwirrung entstehen. Daher hat man eine ernsthafte Analyse dieser Möglichkeit nicht verwirklicht. Es ist eine Periode intensiven internationalen Handelsaustausches. Die Kunstformen im mykenischen Griechenland und auf Kreta zeigen jedoch eine Steifheit des Stils, ein Beharren auf der Tradition und weit geringere Individualität als jene der minoischen Zeit vor 1400. Man hat für die Zeit der mykenischen Herrschaft über Kreta eine Spanne von 300 Jahren angenommen. Vielleicht ist die Länge dieser Zeit verantwortlich für den Eindruck einer besonderen Langsamkeit in der Änderung der Stile, während in der vorhergehenden minoischen Periode eine außerordentlich rasche Folge zu verzeichnen ist. Würde man die Zeitspanne der mykenischen Herrschaft kürzer annehmen, so ändert sich möglicherweise auch dieses Bild.

Der Philologe L. R. Palmer hat die Genauigkeit der stratigraphischen Berichte von Evans bezüglich Knossos angezweifelt und damit einige Aufregung verursacht. Er glaubt, daß alle Linear-B-Täfelchen auf Grund der Schichtlage und der entsprechenden Keramikfunde dem Ende der Spätminoisch-III-Periode (1200 bis 1150 v. Chr.) zugeordnet werden können. Seiner Meinung nach seien sie bei einem Großfeuer zu jener Zeit hartgebrannt worden. Jedoch bejaht er die große Zerstörung von 1400 ebenso wie die These, daß die Linear-B-Schrift auf Kreta schon zu so früher Zeit (1400 v. Chr.) verwendet wurde. Er ist aber der Ansicht, daß nur jene Täfelchen erhalten geblieben sind, die zur Zeit des Großbrandes in Gebrauch waren; sie hätten nur dadurch, daß sie dabei hartgebrannt wurden, überhaupt überdauert. Alle anderen wären schon nach einigen Jahrzehnten zerfallen. Er stimmt mit C. W. Blegen überein, wonach Knossos in der Spätminoisch-III-Periode von einer mykenischen Dynastie beherrscht wurde, die zur gleichen Zeit mit Mykenä und Pylos existierte. Diese Meinung wird in Gelehrtenkreisen vielfach geteilt. Eine Brandkatastrophe im kleinen Palast von Knossos ist wirklich feststellbar und muß zeitlich dem Ende von Spätminoisch III B (1200 v. Chr.) zugeordnet werden.

In der Zeit zwischen 1400 und 1100 v. Chr. waren die Völker des Nahen und des Mittleren Ostens vielfach in Bewegung. Möglicherweise war dies die direkte Auswirkung ökonomischer und politischer Faktoren. Entscheidend müßte aber die Katastrophe von Thera gewesen sein, man sollte hier auch die Theorie Carpenters (»große Dürre«) einbeziehen. Ob zwischen den beiden Ereignissen eine Beziehung bestand, ist noch unbekannt. Vielleicht waren sie der Teil einer allgemeinen Änderung der Umweltbedingungen, die weitreichende Wirkungen hatte.

Tafel VI
Wichtigste Ereignisse zwischen 1550 und 1100 v. Chr. Versuch einer zeitmäßigen Rekonstruktion in bezug auf die Katastrophe von Thera

1550 bis 1500 v. Chr.: Schwere Erdstöße erschüttern Thera. Möglicherweise löst dies auf Kreta den Übergang von Mittelminoisch zu Spätminoisch aus. Jedoch ist das üblicherweise angenommene Datum für diesen Übergang ein etwas früheres, nämlich 1600 bis 1550.

Sir John Evans erklärte in seinem Werk ›Der Palast des Minos‹, der Erdstoß sei wie bei den meisten Erdbeben auf Kreta vom Norden gekommen. Dies sei aus den Sprüngen in den Gebäuden ersichtlich, die zu ebener Erde im Norden beginnen und sich dann diagonal nach Süden und aufwärts hinziehen. Hutchinson meint, das Epizentrum sei entweder Thera selbst gewesen oder dessen Umgebung. Vielleicht verließ damals die Bevölkerung den südlichen Teil der Insel. Nach diesem Beben dürfte jedenfalls eine starke Auswanderung stattgefunden haben. Waren dieses Beben und das Erdbeben auf Kreta aus der Übergangszeit – Mittelminoisch zu Spätminoisch – identisch, dann müßte man die Keramik auf Thera eher als mittelminoisch und nicht als spätminoisch klassifizieren. Es wäre dies ein Beweis, daß Thera kulturell mindestens ebenso entwickelt war wie Kreta. Nach dem Erdbeben wurde der Palast auf Knossos wiederaufgebaut. Professor Platon bezeichnet dies als den Beginn der neuen Palastperiode um 1600 v. Chr. Es folgte eine Zeit blühender Kunst und Architektur der Minoer, wobei der Einfluß vom Festland bis Spätminoisch II nicht sehr stark ist.

Es ist verlockend, die kühne Behauptung aufzustellen, daß viele Bewohner von Thera die Insel mit ihrem wertvollen Besitz nach dem Erdbeben verließen und nach Kreta übersiedelten, wo sie an der Wiedererbauung der Paläste und dem Wiederaufstieg der Kultur teilhatten.

1525 bis 1475 v. Chr.: Erste Phase des Ausbruchs von Thera, während der auf einen Großteil der Insel rosafarbener Bimsstein fiel und eine drei bis fünf Meter starke Decke bildete. Darauf folgte nach einigen Jahrzehnten verhältnismäßiger Ruhe, in der die Insel wahrscheinlich unbewohnt war, ein weiteres großes Beben. Die nächste Phase (einige Jahrzehnte) ist charakterisiert durch den Auswurf feiner weißer Asche und von Lapilli in wechselnder Stärke. Es ist aber auch möglich, daß diese Phase nur sehr kurz dauerte. Gegen Ende der Periode trat eine Phase außerordentlich heftiger vulkanischer Aktivität auf, deren Auswirkungen weitum zu spüren waren. Als Endpunkt der Phase kommt 1440 v. Chr. in Betracht.

1450 bis 1390 v. Chr.: Einsturz von Thera, gefolgt von gigantischen Flutwellen (drei oder mehr). Wahrscheinlich spielte sich dieses Naturschauspiel in wenigen Stunden ab, obgleich es nicht ausgeschlossen ist, daß es einige Jahre dauerte. Erdbeben konnten die Eruptionen oder den Einsturz, wie Galanopoulos betont, ausgelöst haben. Paläste und Städte auf Kreta wurden zerstört. Die Küstenorte wurden wahrscheinlich durch die seismischen Flutwellen vernichtet, die den Einsturz von Thera begleiteten. Marinatos hat dies schon 1939 behauptet. Die übrigen Siedlungen, vor allem Knossos, Phaistos, Hagia Triada und Archanes, wurden innerhalb einiger Jahre vor- oder nachher durch Erdbeben vernichtet.

1450 bis 1400 v. Chr.: Zerstörung von Ugarit, wahrscheinlich durch seismische Flutwellen.

1490 bis 1463 v. Chr.: Ägyptische Plagen, wahrscheinlich während der Regierung von Thutmosis III. und zur Lebenszeit von Moses.

1450 bis 1400 v. Chr.: Exodus der Israeliten, wahrscheinlich während der Regierungszeit von Thutmosis III., Amenhotep II. oder Thutmosis IV.

1402 bis 1347 v. Chr.: Internationalismus und Monotheismus in Ägypten in der Zeit von Amenhotep III. und Echnaton, möglicherweise in Verbindung zu der Eruption von Thera.

1400 bis 1300 v. Chr.: Invasion der Habiru in Ägypten, vielleicht in Verbindung mit der Eruption von Thera.

1450 bis 1350 v. Chr.: Kreter finden Zuflucht in der Levante, in Pylos, Tyrrhenien, Afrika.

1250 bis 1100 v. Chr.: Eroberung von Pylos, Mykenä, Troja, Theben, Alalakh und so weiter.

1250 bis 1150 v. Chr.: Beginn der Trockenperiode im Mittelmeerraum und Völkerwanderungen aus den betroffenen Gebieten.

1275 bis 1225 v. Chr.: Seevölker greifen Ägypten an, wahrscheinlich auf der Flucht vor der Dürre.

Tafel VII

Vergleichende Übersicht

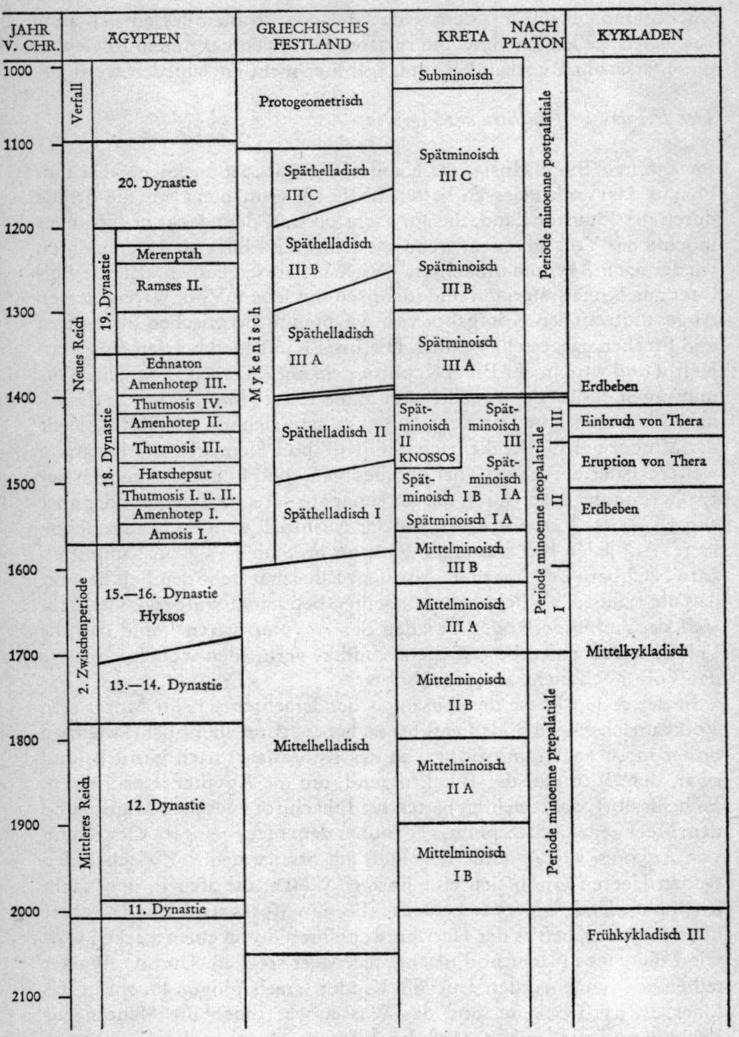

Anhang B

Hinweise aus der Bibel

Im Zusammenhang mit dem Thera-Atlantis-Problem lassen sich auch aus vielen Stellen der Bibel interessante Parallelen vermuten. Inwieweit diese tatsächlich vorhanden sind, soll hier nicht entschieden werden.

Der Exodus der Israeliten aus Ägypten

Im Zweiten Buch Mosis, 13. Kapitel, Vers 17, ist zu lesen: »Da nun Pharao das Volk gelassen hatte, führte sie Gott nicht auf die Straße durch der Philister Land, die am nächsten war, denn Gott gedachte, es möchte das Volk gereuen, wenn sie den Streit sähen, und sie möchten wieder nach Ägypten umkehren.« Viele Gelehrte glauben, daß die Philister aus Kreta stammten und identisch mit jenem Volk waren, dessen Abgesandte an den Königshof von Ägypten in ägyptischen Inschriften und Fresken dargestellt werden. Die Insel Kreta hieß bei den Ägyptern Keftiu und wird in der Bibel Kaphtor genannt. Man hat zahlreiche Vermutungen darüber angestellt, warum die Kreter ihre Heimat verlassen haben könnten. Eine Meinung lautet, es habe sich um eine Art Kolonie der Minoer gehandelt, die nach dem Fall ihrer Heimatinsel selbständig weiterexistierte. Andere Theorien besagen, die Philister seien nach der Eroberung der Insel durch die Mykener aus Kreta geflüchtet oder aber angesichts der Verwüstungen, die der Ausbruch von Thera angerichtet hatte. Auf jeden Fall waren die Philister im Süden Palästinas unmittelbare Nachbarn der Ägypter. Aus dem Bibelzitat geht deutlich hervor, daß die Philister als Feinde der Israeliten betrachtet wurden – vielleicht weil sie Verbündete oder Vasallen der Ägypter waren – und daß die Führer Israels einen bewaffneten Konflikt vermeiden wollten, solange das Volk noch nicht kampfgeübt war.

In der ersten Phase des Auszuges der Israeliten scheint Moses sein Volk zunächst nach Süden geführt zu haben, dann aber (nicht, wie man bisher meist angenommen hat, an das Rote Meer) nach Norden, und zwar, dem Wortlaut der Bibel folgend, um die Ägypter irrezuführen. Es heißt dort, die Israeliten hätten bei Pihachirot zwischen Migdol und dem Meer gegen Baalzephon, gegenüber dem Meer gelagert. Der König von Ägypten verfolgte die Israeliten mit Streitwagen: »Zwischen den beiden Heeren erhob sich eine finstere Wolke, die aber in der Nacht leuchtete.« Und ab Vers 21 heißt es: »Da nun Moses seine Hand streckte über das Meer, ließ es der Herr hinwegfahren durch einen starken Ostwind die ganze Nacht und machte das Meer trocken. Und die Wasser teilten sich voneinander. Und die Kinder Israels gingen hinein in das Meer, in das trockene, und das Wasser war ihnen für Mauern zur Rechten und zur Linken. Und die Ägypter folgten und gingen hinein ihnen nach, alle Rosse Pharaos und Wagen und Reiter, mitten ins Meer. Als nun die Morgenwache kam, schaute der Herr auf der Ägypter Heer

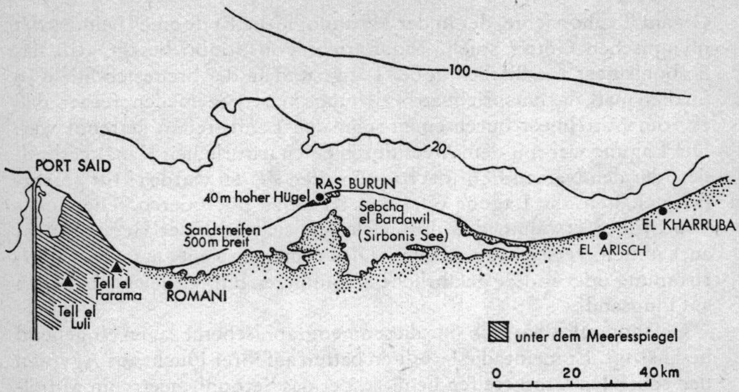

Sebcha el Bardawil. Es wird angenommen, daß die Israeliten über die Sandbank flüchteten, die die Lagune vom Mittelmeer trennt. Hügel (Tells) 15 m über dem Meeresspiegel.

aus der Feuersäule und Wolke und machte einen Schrecken in ihrem Heer und stieß die Räder von ihren Wagen, stürzte sie mit Ungestüm. Da sprachen die Ägypter: ›Laßt uns fliehn von Israel, der Herr streitet für sie wider die Ägypter.‹ Aber der Herr sprach zu Moses: ›Strecke deine Hand aus über das Meer, daß das Wasser wieder herfalle über die Ägypter, über ihre Wagen und Reiter.‹ Da streckte Moses seine Hand aus über das Meer, und das Meer kam wieder vor morgens in seinen Strom. Und die Ägypter flohen ihnen entgegen. Also stürzte sie der Herr mitten ins Meer, daß das Wasser wiederkam, und bedeckte Wagen und Reiter, alle Macht des Pharao, die ihnen nachgefolgt waren, ins Meer, daß nicht einer aus ihnen übrigblieb. Aber die Kinder Israels gingen trocken mitten ins Meer. Und das Wasser war ihnen für Mauern zur Rechten und zur Linken. Also half der Herr Israel an dem Tage von der Ägypter Hand. Und sie sahen die Ägypter tot am Ufer des Meeres.«

Bibelexperten haben seit vielen Jahren die Meinung vertreten, die Israeliten seien durch das Schilfmeer oder das Yam Suf gezogen, nicht aber durch das Rote Meer. In der Bibel ist vom Roten Meer auch nicht die Rede. Im Zweiten Buch Mosis, 13. Kapitel, Vers 18, wird vom »Schilfmeer« gesprochen. Schilf aber gedeiht nur an einem See oder in einer Lagune mit starkem Süßwassergehalt. Eine Inschrift, gefunden bei El Arisch, erwähnt, das Schilfmeer sei in einer Lagune nahe den Städten Romani und El Arisch östlich des Nildeltas (heute östlich des Suezkanals) gewesen. Die Lagune zieht sich auch heute entlang des Mittelmeers hin. Sie war in alter Zeit bekannt als »Meer von Serbonis« und ist auf modernen Karten als »Sebcha el Bardawil« verzeichnet. Herodot schrieb, die Grenze Ägyptens liege am Meer von Serbonis, wo der

Gigant Typhon lebte, der in der Mythologie die Rolle eines Feindes der olympischen Götter spielt. Ein Bericht von Strabo besagt, daß das Serbonismeer 200 Stadien in der Länge und an der breitesten Stelle 50 Stadien maß, das entspricht 20 beziehungsweise 5 Seemeilen; ferner, daß es vom Mittelmeer durch einen schmalen Landstreifen getrennt war. Die Lagune war mit dem Meer durch einen natürlichen Kanal verbunden, der den Namen Echrima trug. In alten Zeiten wurde es für gefährlich gehalten, die Lagune oder den Kanal zu überqueren. Theodorus von Sizilien erwähnt, daß dort viele, die sich in dieser Gegend nicht auskannten, verschwunden seien. Dies deutet entweder auf eine Unterströmung oder andere gefährliche Strömungen hin, vielleicht aber auch auf Flugsand.

Galanopoulos hat sich mit diesen geographischen Fragen eingehend beschäftigt. Er meint, die Israeliten hätten auf ihrer Flucht aus Ägypten den schmalen Landstreifen benützt, der das Serbonismeer vom Mittelmeer trennt. Er meint, sie hätten auf dem westlichen Ufer des Kanals gelagert, der zur offenen See führt. Eine oder auch mehrere der großen Flutwellen, ausgelöst durch den Einsturz von Thera, wären sehr wohl imstande gewesen, den Meeresspiegel an den Küsten des östlichen Mittelmeers und Ägyptens beträchtlich zu heben oder zu senken. Wenn der Auszug der Israeliten aus Ägypten zur Zeit der Katastrophe von Thera erfolgte, so wäre es denkbar, daß das Wasser aus dem Serbonismeer in einem solchen Ausmaß herausgesogen wurde, um etwa für 30 Minuten bis zu einer Stunde einen Durchgang zu ermöglichen. Die Israeliten hätten das andere Ufer also mehr oder weniger trockenen Fußes erreichen können. Die Zahl von 600.000 Israeliten, von denen die Bibel spricht (die einige Tage lang gebraucht hätten, um den Durchgang zu bewerkstelligen), wird von ernsten Bibelgelehrten angezweifelt. Manche meinen, man müsse eher an 600 denken.

Die zurückkehrenden Wasser mögen eine der verfolgenden ägyptischen Truppen tatsächlich ertränkt haben. In der Bibel heißt es, daß ein starker Ostwind das Wasser aus dem Kanal herausdrückte; doch es gibt gute Gründe, diese Darstellung für unglaubwürdig zu halten. Es ist höchst unwahrscheinlich, daß selbst der stärkste Sturm das Wasser in einer solchen Weise hätte verdrängen können. Außerdem sind starke Ostwinde in jenen Gegenden sehr ungewöhnlich.

Biblische Beschreibungen von Vulkanismen, Erdbeben und Überflutungen

Die Anzahl der Anspielungen auf Vulkanausbrüche, Überschwemmungen und Erdbeben in der Bibel ist groß. Solche Ereignisse scheinen die Menschen und Chronisten jener Zeit stark beeindruckt zu haben. Das Vorhandensein der Hinweise ist um so merkwürdiger, als Erdbeben in Palästina und Ägypten keineswegs häufig sind. Tatsächlich war und ist der Palästina am nächsten liegende Vulkan jener von Thera; Griechenland und die Türkei sind jene Nachbarländer, in denen sich häufig Erdbeben ereignen.

Im Zweiten Buch Mosis, Kapitel 21, 22, heißt es: »Und der Herr zog vor ihnen her, des Tages in einer Wolkensäule, daß er sie den rechten Weg führte, und des Nachts in einer Feuersäule, daß er ihnen leuchtete zu reisen Tag und Nacht. Die Wolkensäule wich nimmer von dem Volk des Tages, noch die Feuersäule des Nachts.«

Im Kapitel 19, Vers 16, wird die Erscheinung Gottes auf dem Berg Sinai beschrieben: »Als nun der dritte Tag kam und es Morgen war, erhob sich ein Donnern und Blitzen, und eine dicke Wolke auf dem Berge und ein Ton einer sehr starken Posaune. Das ganze Volk aber, das im Lager war, erschrak.«

Der 18. Vers lautet: »Der ganze Berg Sinai aber rauchte, darum daß der Herr herab den Berg fuhr mit Feuer; und sein Rauch ging auf wie ein Rauch vom Ofen, daß der ganze Berg sehr bebte.«

Im 20. Kapitel aber, Vers 18, steht: »Und alles Volk sah den Donner und Blitz und den Ton der Posaune und den Berg rauchen. Da sie aber solches sahen, flohen sie und blieben ferne.«

Der Berg, der heute als Berg Sinai bezeichnet wird, befindet sich im Süden der Halbinsel. Doch gibt es auch andere Berge, die von Bibelgelehrten als jene genannt werden, wo Gott dem Moses die Gesetzestafeln gab, und zwar in der Nähe von Elath, dem heutigen israelischen Hafen an der Nordspitze des Golfes von Akaba, sowie einen weiteren Berg nördlich von Elath.

Die Parallelen zwischen der biblischen Beschreibung und den Erscheinungen bei Ausbruch eines Vulkans scheinen zu überzeugen; nichtsdestoweniger hat es in jüngster geologischer Zeit weder auf der Halbinsel Sinai noch irgendwo sonst auf dem Weg, den die Israeliten von Ägypten nach Palästina genommen haben könnten, aktive Vulkane gegeben. Wiederum muß man darauf hinweisen, daß der nächste Vulkan jener von Thera war. In etwas weiterer Entfernung lagen die Vulkane Ätna, Vesuv und Stromboli. Im Umkreis von rund 3000 Kilometer finden sich – mit einer einzigen Ausnahme – ansonsten überhaupt keine Vulkane. Von dieser »Ausnahme« schreibt Herodot, eine alte Karawanenstraße habe quer durch die Sahara, von Libyen zum Tschadsee geführt. Etwa 1300 Kilometer südlich der großen Syrte (Libyen) und im Bereich jener Straße liegt das Gebirgsmassiv von Tibesti. Dort erhebt sich bis zu einer Höhe von 3300 Meter aus einer Wüste, die 600 Meter über dem Meeresspiegel liegt, der gewaltige Vulkankegel von Emi Koussi. Die Eingeborenen nannten laut Herodot den Gipfel »Die Säule des Himmels«; der Gipfel selbst sei jedoch nie zu sehen gewesen. Ob dies durch Wolken oder den Rauch von Eruptionen verursacht wurde, ist unbekannt. Herodot nannte diesen Vulkan »Atlas«, die Eingeborenen »Atlanter«. Es bleibt jedermann unbenommen, Spekulationen anzustellen, woher den Israeliten vulkanische Erscheinungen bekannt waren.

Andere Hinweise auf die Eruptionen von Thera und Kreta finden sich beim Propheten Amos (geschrieben wahrscheinlich im 8. Jahrhundert v. Chr.) im Kapitel 9, Vers 7: »Seid ihr Kinder Israels mir nicht gleich wie die Mohren? spricht der Herr. Habe ich nicht Israel aus der Ägypter Land geführt, und die Philister aus Kaphtor, und die Syrer aus Kir?« Da Kreta mit Kaphtor gleichgesetzt wird, haben wir hier einen der interessantesten Hinweise. Die Keramik der Philister zeigt deutliche Hinweise auf das Kreta nach der Zerstörung sowie Einflüsse des griechischen Festlandes bzw. der Mykener.

Eine weitere interessante Stelle findet sich bei Jeremia (aus dem 6. Jahrhundert v. Chr.) im Kapitel 47, Vers 1 ff.: »Dies ist das Wort des Herrn, das zum Propheten Jeremia geschah wider die Philister, ehedem Pharao Gaza schlug. So spricht der Herr: Siehe, es kommen Wasser herauf von Mitternacht, die eine Flut machen werden und das Land und was darin ist, die Städte und die, so darin wohnen, wegreißen werden, daß die Leute werden schreien. Alle Einwohner im Lande werden heulen vor dem Getümmel ihrer starken Rosse, so dahertraben, und vor dem Rasseln ihrer Wagen und Poltern ihrer Räder; daß die Väter sich nicht werden umsehen nach den Kindern, so verzagt werden sie sein vor dem Tage, so da kommt zu zerstören alle Philister und auszurotten Tyrus und Sidon samt ihren anderen Gehilfen. Denn der Herr wird die Philister, die das Übrige sind aus der Insel Kaphtor, zerstören.«

Im Kapitel 48, Vers 8, heißt es: »Und der Zerstörer wird über alle Städte kommen, daß nicht eine Stadt entrinnen wird. Es sollen beide, die Täler und die Ebenen, zerstört werden. Der Herr hat gesprochen.« Und der 32. Vers lautet: »Mehr als über Jaser muß ich über dich, du Weinstock zu Sibma weinen, dessen Reben über das Meer reichten und bis an das Meer Jaser kamen. Der Zerstörer ist in deine Ernte und deine Weinlese gefallen.« Gelehrte halten allerdings Kapitel 47 und 48, in denen sich diese eindrucksvollen Beschreibungen der Zerstörung finden, nicht für das Werk des Jeremia, sondern für das eines späteren Dichters. Diese Kapitel haben die Form von Weissagungen gegen feindliche Völker. Bemerkenswert ist aber, daß hier die Zerstörung von »Mitternacht« (d. h. als von Norden kommend) dargestellt wird und daß die Küstenstädte der Levante einschließlich der phönikischen Handelszentren Sidon und Tyrus betroffen sind. Es ist durchaus möglich, daß es sich hier um eine Erinnerung an die Zerstörungen durch die Flutwellen handelt, ausgelöst durch die Katastrophe von Thera. Bisher hat man die Philister auf Grund der Funde später als um das 15. Jahrhundert datiert. Die vorliegenden Beweise sind allerdings nicht völlig überzeugend. Solche Beschreibungen von Zerstörungen finden sich auch bei den Propheten Zephanja und Hesekiel.

Anhang C

Seismische Profile der »Chain« und Magnetometermessungen

Schallwellen pflanzen sich auch im Meer fort. Sie sind das geeignetste Mittel, um den Meeresboden zu studieren. Unterwasserschall wird in der Form eines Impulses einer einzelnen Welle, mehrerer Wellen oder auch als Wasserdruck erzeugt.

Um seismische Profile aufzeichnen zu können, muß eine große Energiemenge im Wasser erzeugt werden und sich über große Entfernungen ausbreiten. Am wirksamsten geschieht dies durch eine Serie von Impulsen, die voneinander durch ein entsprechendes Zeitintervall getrennt sind, etwa zehn Sekunden. Bei den Geräten der »Chain« werden diese Impulse durch den sogenannten »Sparker« (Funkenquelle, »Funker«) erzeugt. Sein Verbrauch an elektrischer Energie entspricht jener Energieentwicklung, die entsteht, wenn ein Auto zehn Meter tief stürzt und am Boden zerschellt. Man erzeugt den Funken, indem man zwei starke Drähte in das Wasser einführt, die, mit Ausnahme der beiden Pole, völlig isoliert sind. Zwischen diesen Polen springt der elektrische Funke über. Die Kabel werden neben dem Schiff im Wasser einhergeschleppt; sobald man sie unter Strom setzt, entsteht durch den gewaltigen Funkenüberschlag ein lauter, explosionsartiger Knall.

Schallwellen pflanzen sich um so rascher fort, je dichter das Medium ist: Also im Wasser schneller als in der Luft, noch rascher in der Erde oder in Felsschichten.

Der Impuls bewegt sich mit der Geschwindigkeit von 1,6 Kilometer pro Sekunde in die Tiefe des Meeres. Ein Teil seiner Energie wird vom Meeresboden reflektiert und sofort an die Oberfläche zurückgestrahlt. Die Zeit, die der so erzeugte Schall benötigt, um wieder an die Oberfläche zu kommen, dient zur Vermessung der Meerestiefe. Aber ein Großteil dieser Energie dringt als ein sich rasch fortbewegender Impuls tief in die Erdkruste und wird durch Ungleichmäßigkeiten in den Felsformationen der Erdkruste wieder an die Oberfläche reflektiert. Das Schiff schleppt an einem etwa 200 Meter langen Kabel ein Hydrophon nach, eine Art Meeresmikrophon, das die zurückkehrenden Schallimpulse empfängt. Diese werden dann verstärkt und an Bord des Schiffes auf einem Papierstreifen automatisch verzeichnet. Die geologischen Schichten des Meeresuntergrundes erscheinen als dunkle Linien auf diesem Aufnahmestreifen.

Die »Chain« schleppte ferner ein Magnetometer nach, ein kleines Instrument, das die Stärke des magnetischen Feldes der Erde mißt, und zwar auf Grund des Verhaltens sehr kleiner Partikel, die das Ergebnis des radioaktiven Zerfalls sind. Auf diese Weise ist die genaue Lokalisierung vulkanischer Kamine oder vulkanischer Pfropfen möglich, weil diese Art Gestein einen sehr starken Magnetismus aufweist.

Die Meßergebnisse werden im Empfangsapparat auf einem Papierstreifen eingezeichnet, wobei in der Längsachse die Zeit, in der Vertikalen die Tiefe unterhalb des Meeresbodens oder die Intensität des Magnetismus eingezeichnet werden.

Die »Chain« hielt sich 24 Stunden bei Thera auf, sieben allein innerhalb des Einsturzkessels. Danach fuhr sie, dem Uhrzeigersinn nach, rund um die Inselgruppe. Ein genaues Studium der dabei gewonnenen Magnetaufzeichnungen zeigt, daß Thera ein Komplex vieler Vulkankegel war, möglicherweise mit Inlandbuchten, die aber dann, zusammen mit dem Zentralteil, eingestürzt sind. So eindrucksvoll diese Aufzeichnungen auch sind, so geben sie doch nur Auskunft über einen Teil der geologischen Geschichte von Thera. Man muß sie im Zusammenhang mit der Geologie des noch vorhandenen Festlandes und der archäologischen Funde sehen. Dann aber sind die Einzelheiten leicht zu begreifen. Es wird deutlich, wie weit diese Ergebnisse die These von Professor Galanopoulos (Identität zwischen Thera und Atlantis) unterstützen.

Die folgende Skizze zeigt in der oberen Kurve die Stärke des Magnetfeldes, darunter die entsprechende Tiefenmessung. Der flache Beginn der Kurve zeigt den Kurs des Schiffes vor der Einfahrt in den Kessel. Er endet mit der Vollendung der Umfahrung der Insel und der Weiterfahrt des Schiffes nach Süden, nach Kreta. In der unteren Hälfte ist ein schematisches Bild der Insel und des Kurses der »Chain« gegeben, wobei

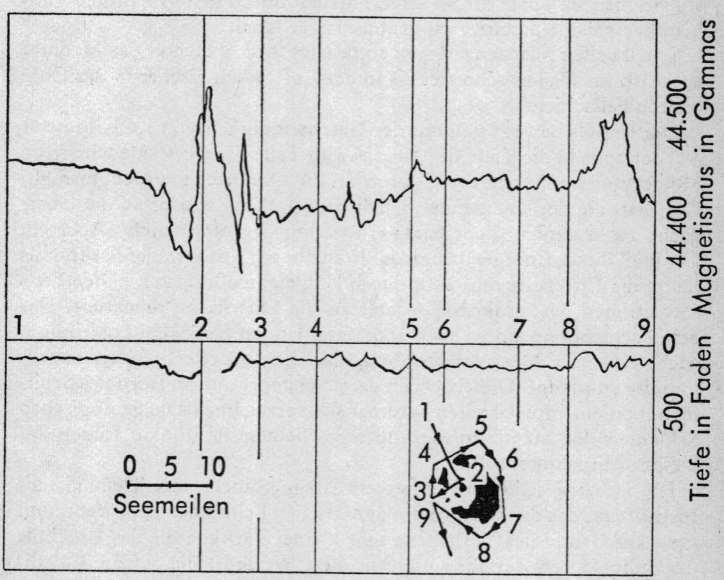

Seismisches Profil und magnetische Aufzeichnung, aufgenommen während der Fahrt der »Chain« durch den Kessel von Thera und während der Umschiffung der Insel.

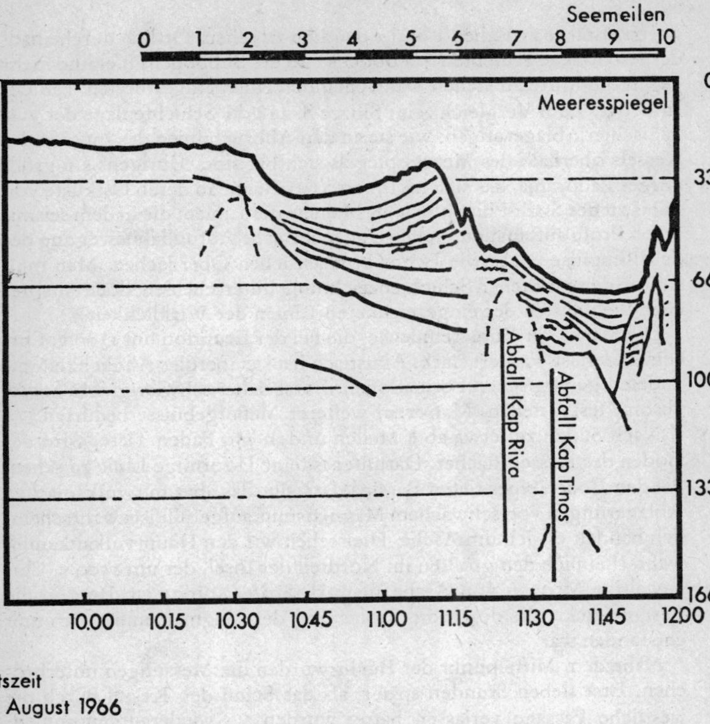

Seismisches Profil, aufgenommen während der Vermessungsfahrt im Norden und innerhalb des Kessels von Thera durch die »Chain«.

die Zahlen die jeweilige Position im Augenblick der Tiefenvermessung und der Aufnahme der magnetischen Intensität anzeigt.

Skizze oben: Ein vergrößertes Tiefenprofil und ein seismisches Profil des Untergrundes von Station 1 bis Station 2 des in der Skizze S. 276 verzeichneten Kurses beziehungsweise der Vermessungen: es zeigt die Einfahrt bis zur Mitte des Kessels von Thera. Der Meeresgrund, dargestellt in der obersten Konturlinie (vgl. das topographische Modell im Tafelteil), senkt sich bei Meile 2 plötzlich von 60 Faden auf 120 Faden ab, steigt dann langsam wieder auf 80 Faden an (bei $5^1/_2$ Meilen). Dies zeigt den Eingang zu der engen Nordpassage an. Wahrscheinlich handelt es sich hier um Zeichen einer explosiven Eruption, die sowohl nach dem Norden als auch gerade aufwärts ihre explosive Kraft entwickelte. Es könnte sich allerdings auch um einen Einbruch handeln.

Je weiter wir uns in die Bucht hineinbegeben, um so mehr sinkt der Meeresboden ab, unterbrochen nur von zwei Hügeln, postminoischen Vulkankegeln. Diese beiden Spitzen sind auch auf der Kurve der Magnetfeldstärke zwischen 1 und 2 deutlich zu sehen. Örtlich durcheinandergeschobene Schichten des Bodens und des Subbodens hier und mehr gegen die Mitte zu stellen wahrscheinlich einen eingestürzten Teil der Insel dar. Zum Vergleich zeigt Skizze S. 218 die Schichtenlage der vulkanischen Ablagerungen, wie sie an den Abbruchlinien des Inneren des Kessels oberhalb des Meeresspiegels sichtbar sind. Übrigens ein großartiges Panorama, das sich im Inneren der Bucht an deren Ostküste von Ia bis zu der Stadt Phira hinzieht. Manche der Linien, die in dem seismischen Profil auftauchen, stellen eine mehrfache Aufundabbewegung der Schallimpulse dar sowie Echos von seitlichen Oberflächen. Man muß sie von der wirklichen Schichtenzeichnung unterscheiden, doch entsprechen die meisten der eingezeichneten Linien der Wirklichkeit.

Die Stärke der Bimssteindecke, die bei der Eruption um 1500 v. Chr. entstanden ist, variiert stark. Akustisch hat sie überdies Ähnlichkeit mit anderen geologischen Formationen. Es ist daher schwierig, ihre Stärke absolut festzustellen. Man wird weiterer Meßergebnisse bedürfen.

Nach Süden zu (etwa ab 8 Meilen und in 250 Faden Tiefe) wird der Boden des Kessels flacher. Darunter ist eine U-förmige Linie zu sehen, die den Boden eines tiefen Bassins darstellt, das aber mit vulkanischen Ablagerungen von schwachem Magnetismus aufgefüllt ist; wahrscheinlich handelt es sich um Asche. Hier sehen wir den Hauptvulkankamin, wahrscheinlich den größten im Nordteil der Insel, der um 1500 v. Chr. gewaltige Mengen von Asche auswarf. Später stürzte ein Berg in die riesige Lücke, die durch die Entleerung der Magmakammer darunter entstanden war.

Nahe dem Mittelpunkt der Bucht wurden die Messungen unterbrochen. Erst sieben Stunden später, als das Schiff den Kessel durch die westliche Passage verlassen hatte, wurden sie wiederaufgenommen. Diese sehr seichte Ausfahrt war kaum tief genug, um das Magnetometer arbeiten zu lassen, denn dieses Instrument bedarf einer Wassertiefe von zwanzig Meter. Bei der Umfahrung der Insel (besser: der Inselgruppe) zeigten die Aufzeichnungen ein sehr unregelmäßiges Bodenprofil. Die magnetische Messung ergab zahlreiche Spitzen. Im Nordosten fuhr das Schiff über den versunkenen Vulkankegel von Kolumbo, der sich im Jahre 1650 n. Chr. über die Meeresoberfläche erhob, bald danach aber wieder versank und heute etwa vierzig Meter unter Wasser liegt. Auf Skizze S. 276 ist knapp nach Station 5 sowohl bei der Tiefenvermessung als auch bei der magnetischen Messung eine starke Spitze zu sehen. Erst an der Südküste (zwischen Station 8 und 9) findet sich wieder eine sehr interessante Formation, charakterisiert durch ein starkes Ansteigen der magnetischen Intensität. Aus Vergleichen mit den seismischen Meßergebnissen und der Topographie dieser Partie der Insel kann man schließen, daß hier ein gewaltiger äußerer Einsturzkessel vorhanden ist, der zur selben Zeit wie der Einsturzkessel in der Innenbucht von Thera (15. Jahrhundert v. Chr.) entstanden ist. Das topographische Modell zeigt diesen versunkenen Vulkan, der eine tiefe Senkung zurückgelassen hat, die tiefer ist als jene in der Mitte der Insel. Das Nebeneinander von Kristiana, des großen südwestlichen Kamins der zentralen Vulkankamine von Thera, von Kolumbo im Nordosten und weiter in diese Richtung von Amorgoulos sind Beweise dafür, daß Thera am Rande eines großen Sprungs in der Erdkruste liegt, der sich von Südwest nach Nordost in der Ägäis hinzieht.

Zusammenfassend läßt sich sagen, daß die Profile der »Chain« eine große Anzahl von Vulkankegeln zeigen, zu denen ein besonders großer im Nordosten der Zentralbucht gehört. Ferner geben sie Hinweise auf eine gewaltige Spalte in der Erdkruste. Es ist klar, daß der Mittelteil der früheren Insel in das Meer gestürzt ist. Daraus und aus anderen Informationen läßt sich ableiten, daß die frühere äußere Gestalt der Insel durch Buchten und Flußmündungen charakterisiert war, die Unterbrechungen der im großen und ganzen kreisförmigen Kontur darstellten.

Zusätzliche Angaben über die Geophysik von Thera und deren Ausdeutung werden von E. F. K. Zarudzki, Hartley Hoskins und J. Phillips in einer technischen Studie unter dem Titel ›Geophysikalische Studie über Santorini (Thera)‹ veröffentlicht werden. Ich zitiere hier aus einem Auszug, der von der American Geophysical Union Transactions im März 1968 veröffentlich wurde:

»Eine Reihe geophysikalischer Messungen innerhalb und rund um den vulkanischen Kessel von Santorin in der Ägäis wurden während der Kreuzfahrt Nr. 61 der ›Chain‹ aufgenommen. Angewendet wurden Präzisionsecholotungen, fortlaufende seismische Profilmessungen, Messungen des magnetischen Feldes und Beobachtungen der Schwerkraft. Die magnetischen Messungen erwiesen sich als besonders nützlich bei der Erforschung der Morphologie sowohl des Meeresbodens als auch der Tiefenstrukturen. Eine große positive Anomalität von 1000 Gamma bezieht sich auf einen der zentralen Vulkankamine, kleinere magnetische Anomalien lassen zwei äußere Kamine erkennen.«

Einsatz des Refraktionsseismographen auf Thera 1967

An drei Stellen in Thera – Akroteri, Perissa und Exomiti – konnte mit Hilfe des Seismographen die Stärke der Aschendecke gemessen werden. Der eigentliche Zweck dieser Messungen war es, minoische Mauern festzustellen. Aus Zeitmangel wurden jedoch nicht genug Meßergebnisse registriert, um dies zu erlauben. An zwei Stellen war das Material der Decke oberhalb von Höhlungen in der Asche eingebrochen. Dadurch konnte eine Beziehung zwischen den Aufzeichnungen des Seismographen und dem Vorhandensein der Höhlung hergestellt werden. Künftig könnte dadurch die Auffindung solcher Hohlräume möglich sein, die Räume minoischer Gebäude darstellen.

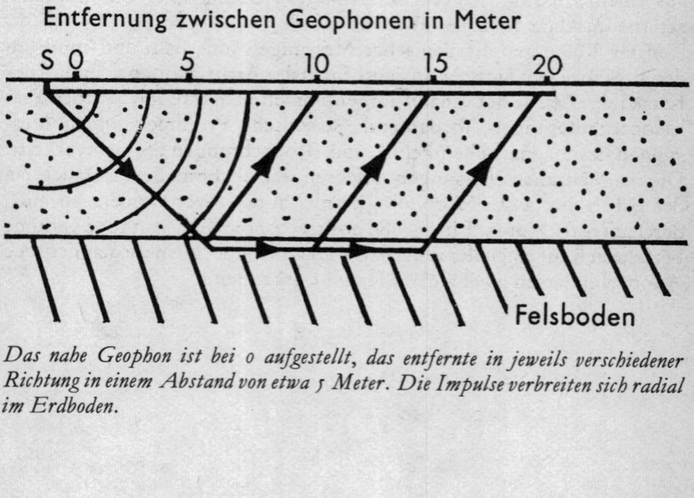

Das nahe Geophon ist bei 0 aufgestellt, das entfernte in jeweils verschiedener Richtung in einem Abstand von etwa 5 Meter. Die Impulse verbreiten sich radial im Erdboden.

Literaturverzeichnis

Atlantis

Baikie, Rev. J.: The Sea Kings of Crete. London 1910.
Bellamy, H. S.: The Atlantis Myth. London 1948.
Bennett, J. G.: New Light on Plato's Atlantis and the Exodus. Autumn Lecture, Kingston-upon-Thames, Surrey 1962. In: Systematics (1963).
Bessmertny, Alexander: Das Atlantisrätsel. Geschichte und Erklärung der Atlantishypothesen. Leipzig 1931.
Borchardt, P.: Platos Insel Atlantis. Berlin 1927.
Brandenstein, Wilhelm: Atlantis. Größe und Untergang eines geheimnisvollen Inselreiches. Wien 1951.
Donnelly, I.: Atlantis, the Antediluvian World. New York 1949.
Frost, K. T.: The Critias and Minoan Crete. Journal of Hellenic Studies, 33:189 (1939).
Galanopoulos, A. G.: Ort und Ausmaße von Atlantis (in griechischer Sprache). Praktika Akad. Ath. 35, 401–418.
Heidel, W. A.: A Suggestion Concerning Plato's Atlantis. In: Daedalus, Bd. 68, Nr. 6 (Mai 1933), pp. 189–228.
Le Cour, Paul: L'Atlantide. Origine des civilisations. Paris 1950.
Luce, J. V.: The End of Atlantis. New Light on an Old Legend. (Aus der Reihe New Aspects of Antiguity, hg. von Sir Mortimer Wheeler). London 1969.
Macaluso, Giuseppe: I dischi volanti l'Atlantide e l'Egitto. Rom 1967.
Marinatos, S.: Über den Mythos von Atlantis (in griechischer Sprache). Kretika Chronika 2, pp. 195–213 (Mai-August 1950).
Muck, Otto: Atlantis – gefunden. Kritik und Lösung des Atlantis-Problems. Stuttgart 1954.
A New View of the Atlantis Problem. Geographical Journal, Bd. LXX (Juli-Dezember 1927), p. 318.
Platon: Kritias und Timaios. In: Sämtliche Werke. Bd. 5. Hamburg 1966.
Saint Michel Léonard: Aux Sources de l'Atlantide. Etat actuel de la question atlantéene avec la traduction des textes platoniques. Bourges 1953.
Spanuth, Jürgen: Das enträtselte Atlantis. Stuttgart 1953.
Spanuth, Jürgen: ... und doch. Atlantis enträtselt. Eine Entgegnung. Stuttgart 1955.
Ternier, Pierre: Atlantis. Annual Report of the Smithsonian Institution (1915), pp. 219–234.
Von Humboldt, A.: Kosmos. Berlin 1847.
Wetzel, W.: Vom gegenwärtigen Stand des Atlantis-Problems. Meyniana, 17, pp. 111–115. Kiel 1967.

Geschichte

Alsop, J.: From the Silent Earth. New York 1962.
Bacon, E. (Hg.): Vanished Civilizations. New York 1963.
Barnett, R. D.: Illustrations of Old Testament History. London 1966.
Breasted, J. H.: Ancient Times, Boston 1935.
Brugsch, H.: The Exodus and the Egyptian Monuments. Leipzig 1875.
Bunbury, E. H.: A History of Ancient Geography. New York, Dover 1959.
Carpenter, R.: Beyond the Pillars of Heracles. New York 1966.
– Discontinuity in Greek Civilization. Cambridge University, 1966.
Caskey, J. L.: Greece, Crete, and the Aegean Islands in the Early Bronze Age. Cambridge University, 1964.
Childe, V. G.: Prehistoric Migrations in Europe. Harvard University, 1950.
– The Dawn of European Civilization. London 1957.
Clark, J. G. D.: Prehistoric Europe. London 1952.
Daniel, G. E.: The Megalith Builders of Western Europe. London 1958.
Forsdyke, J.: Greece Before Homer. Parrish 1956.
Galanopoulos, A. G.: Die ägyptischen Plagen und der Auszug Israels aus geologischer Sicht. Das Altertum, 10 (1964).
– Die Deukalionische Flut aus geologischer Sicht. Das Altertum, Band 9 (1963).
Gordon, Cyrus H.: The Phoenicians. Orientalia (April 1968).
Helck, W.: Thutmosis III. and Amenophis II. Historische Inschriften (1955).
Herodot: Historien. München 1963.
Hood, S.: The Home of the Heroes. New York 1967.
Lear, J.: The Volcano that Shaped the Western World. Saturday Review (November 1966).
Mavor, J. W. Jr.: A Mighty Bronze Age Volcanic Explosion. Oceanus, Bd. XII, Nr. 3 (April 1966).
Mavor, J. W., Jr.: Preliminary Proposal for Certain Historical, Oceanographic, and Archaeological Investigations of the Eastern Mediterranean Sea, Lands, and People. November 1966, rev. 1967 (unveröffentlichtes Manuskript).
– Volcanoes and History. Oceanus, Bd. XIII, Nr. 1 (November 1966).
McEvedy, C.: The Penguin Atlas of Ancient History. London 1967.
Pausanias: Beschreibung Griechenlands. Zürich 1967.
Mertz, B.: Temples, Tombs, and Hieroglyphs. New York 1965.
Schleiden, M. J.: The Narrows of Suez. Leipzig 1858.
Schonfeld, D.: Die Halbinsel Sinai in ihrer Bedeutung für die Erdkunde und Geschichte. Berlin 1917.
Smith, W. S.: Ancient Egypt. Boston, Museum of Fine Arts, 1960.
Velikovsky, I.: Worlds in Collision. New York 1950.
Vermeule, E.: Greece in the Bronze Age. University of Chicago, 1964.
Woolley, Sir L.: A Forgotten Kingdom. London 1953.

Ozeanographie, Geologie, Seismologie, Meteorologie

Blacktin, S. C.: Dust. London 1934.

Eisma, D.: Beach Ridges near Selcuk, Turkey. Tijdschrift van het Koninklijk Nederlandsch Aardrijkskundig Genootschad. Deel LXXIX, Nr. 3 (1962).

Emery, K. O., und Bentor, Y. K.: The Continental Shelf of Israel. Geological Survey Bulletin. 26, State of Israel (Januar 1960).

Emery, K. O., und Cox, D. C.: Beachrock in the Hawaiian Islands. Pacific Science (Oktober 1956).

Emery, K. O., Heezen, B. C., und Allan, T. D.: Bathymetry of the Eastern Mediterranean Sea. Deep-Sea Research, Bd. 13 (1966).

Emery, K. O., und Neev, D.: Mediterranean Beaches of Israel. Sea Fisheries Research Station Bulletin 28, State of Israel (Januar 1960).

Galanopoulos, A. G.: On Mapping of Seismic Activity in Greece. Annali di Geofisica, Bd. XVI, Nr. 1 (1963).

– Tsunamis Observed on the Coasts of Greece from Antiquity to the Present Time. Annali di Geofisica, Bd. XIII, p. 3–4 (1960).

Higgins, C. G.: Greece – A Sketch for Geologists. Geotimes, Bd. 10, Nr. 5 (Dezember 1965, Januar 1966).

Hutchinson, G. E.: The Enchanted Voyage: A Study of the Effects of the Ocean on Some Aspects of Human Culture. Journ. of Mar. Res. 1955.

Loring, E.: A Fossilized Bronze Age Beach in the Aegean (unveröffentlichtes Manuskript), 1966.

Mariolopoulos, E. G.: Überblick über das Klima Griechenlands. Athen, Meteorologisches Institut Athen, 1961.

Mavor, J. W., Jr.: The Plain of Perissa (unveröffentlichtes Manuskript), 1967.

Mellis, O.: Volcanic Ash-Horizons in Deep-Sea Sediments from the Eastern Mediterranean. Deep-Sea Research, Bd. 2 (1954).

Miller, D.: The Alaska Earthquake of July 10, 1958: Giant Wave in Lituya Bay. Bulletin of the Seismological Society of America, 50, 265 (1960).

Neev, D., und Emery, K. O.: The Dead Sea. Science Journal (Dezember 1966).

Olausson, E.: Description of Sediment Cores from the Mediterranean and Red Sea. Report of Swedish Deep Sea Expedition, Bd. 8 (1960), pp. 286–391.

– Studies of Deep-Sea Cores. Report of Swedish Deep Sea Expedition, 1947–48, Bd. 8, Nr. 4 (1961), pp. 335–391.

Pfannenstiel, M.: Reports of the Bathymetric Charts of the Eastern Mediterranean. Bulletin de l'Institut Océanographique, 1192, 18 (1960).

Powers, H. A., und Wilcox, R. E.: Volcanic Ash from Mount Mazama (Crater Lake) and from Glacier Peak. Science (Juni 1964).

Shepard, F. P.: The Earth Beneath the Sea. New York 1963.

Sohlberg, R. G., und Allstrom, F. C.: Chain Cruise, Nr. 61 – North Atlantic, Mediterranean and Red Seas-Summary Cruise Report Prepared by Chief Scientists July 11 to December 17, 1966. Report of Woods Hole Oceanographic Institution (1967).
Zarudzki, E. F. K., Hoskins, H., und Phillips, J.: Geophysical Study of Santorini. (In Vorbereitung.)

Archäologie (Thera)

Fouqué, F.: Une Pompei Antéhistorique. Revue des Deux Mondes, 39 (1869).
Hiller von Gaertringen, F.: Thera. Bd. III (1904).
Knidlberger, L.: Santorin, Insel zwischen Traum und Tag. 1965.
Lenormant: Revue Archaelogique, Neue Folge, Bd. XIV.
Mamet: Die Insula Thera. 1874.
Perrot, G., und Chipiez, C.: Histoire de l'Art, Bd. VI., Paris 1894.
Renaudin, L.: Vases Préhelléniques de Thera. Bull. Correspond. Hellénique 46 (1922).

Archäologie und Philologie (allgemein)

Archaeological Institute of America, Archaeological Discoveries in the Holy Land. New York 1967.
Brice, W. C.: Inscriptions in the Minoan Linear Script A. London, Oxford 1961.
Ceram, C. W.: Götter, Gräber und Gelehrte. Hamburg 1964.
Chadwick, J.: The Decipherment of Linear B. New York 1958.
Diringer, D.: Writing. New York 1962.
Evans, Sir A. J.: The Palace of Minos. 1922.
Gordon, C.: Ugarit and Minoan Crete. New York 1966.
Graham, J. W.: The Palaces of Crete, Princeton University, 1962.
Hutchinson, R. W.: Prehistoric Crete. London 1962.
Kenna, V. E. G.: Cretan Seals. London, Oxford 1960.
Loring, E.: A Protocycladic Community on Christiana Island (unveröffentlichtes Manuskript), 1966.
Marinatos, S.: Amnisos, The Port of Minos. Research & Progress, 10 (1934), pp. 341–343.
– Crete and Mycenae. New York 1960.
– The Volcanic Destruction of Minoan Crete. Antiquity (1939).
Matz, F.: The Art of Crete and Early Greece. New York 1962.

Palmer, L. R.: Mycenaeans and Minoans. New York 1962.
Palmer, L. R., und Boardman, J.: Date of the Knossos Tablets. London, Oxford 1963.
– On the Knossos Tablets. London, Oxford 1963.
Pendlebury, J. D. S.: The Archaeology of Crete. New York 1965.
Platon, N.: Crete. Cleveland 1966.

Vulkanismus (Thera)

Fouqué, F.: Archives des Missions, 2. Ser., Bd. IV.
– Santorin et ses Eruptions. Paris 1879.
Galanopoulos, A. G.: Zur Bestimmung des Alters der Santorin-Kaldera. Annales Géologiques des pays Helléniques, 9 (1958).
Leychester, Lt.: Some Account of the Volcanic Group of Santorin or Thera. Journal of Royal Geographic Society (1848).
Ninkovitch, D., und Heezen, B.: Santorini Tephra. 1965.
Pègues, l'Abbé: Histoire de Santorin ou Thera. Paris 1842.
Reck, H.: Santorin, der Werdegang eines Inselvulkans und sein Ausbruch, Bd. I, II, III. Berlin 1936.

Vulkanismus (allgemein)

Blanchard, D. C.: From Raindrops to Volcanoes. New York 1967.
Furneaux: Krakatoa. Englewood Cliffs, N. J., Prentice-Hall.
Katalog aller aktiven Vulkane der Welt – Internationale Gesellschaft für Vulkanforschung, per Adresse Prof. Ing. F. Penta, Istituto di Geologia Applicata, Via Eudossiana 18, Roma.
Teil I. Indonesien, von Van Padang, M. N.
Teil IV. Afrika und das Rote Meer, von Richard, J. J., und Van Padang, M. N.
Teil XII. Griechenland, von Georgalas, G. C.
Teil XVI. Arabien und der Indische Ozean, von Van Padang, M. N.
Teil XVII. Türkei, von Blumenthal, M. M., und van der Kaaden, G.
Teil XVIII. Iran, von Gasser, A.
Rigg, G. B., und Gould, H. R.: Age of Glacier Peak Eruption and Chronology of Post-Glacial Peat Deposits in Washington and Surrounding Areas. American Journal of Science, Bd. 255 (Mai 1957).
Symons, G. J.: The Eruption of Krakatoa and Subsequent Phenomena. Report of Royal Society (1888).
Thorarinsson, S.: Surtsey. New York, 1964.
Verbeek, R. D. M.: Krakatoa. 1886.

Technik der Archäologie

Applied Science Center for Archaeology, University of Pennsylvania, MASCA Newsletter, Bd. 2, Nr. 1 (September 1966).
Bass, G.: Archaeology Underwater. New York 1966.
Karius, R.: Stereo-mapping of Underwater Terrain from a Submarine. Science and Engineering (Juni 1965).
Lawrence, L. G.: Electronics in Oceanography. Indianapolis 1967.
Mavor, J. W., Jr.: Ten Months with Alvin. Geo-Marine Technology, Bd. 2, Nr. 2 (Februar 1966).
– u. a. Alvin, 6000-Foot Submergence Research Vehicle. SNAME transactions (1966).
Pollack: Collection of Samples for RC 14 Dating and Interpretation of Results. Australian Institute of Aboriginal Studies (1966).
Rainey, F., und Ralph, E. K.: Archaeology and Its New Technology. Science, Bd. 153, Nr. 3743 (September 1966).

Unterwasserarchäologie

Frost, H.: Under the Mediterranean. 1963.
Throckmorton, P.: The Antykithera Ship. Transactions American Philosophical Society, Bd. 55, 3 (Juni 1965).
– Wrecks at Methone. Mariners Mirror, Bd. 51, 1 (1965).
Ward-Perkins, J. B., und Throckmorton, P.: The San Pietro Wreck. Archaeology, Bd. 18, 3 (1965).

Mythologie, alte Schriften

Bulfinch, T.: The Age of Fable. 1894.
Daniel, G. E. u. a.: Myth or Legend. New York 1968.
Glueck, N.: Deities and Dolphins. New York 1965.
Grimal, P.: (Hg.) Larousse World Mythology. New York 1965.
Heilige Schrift (Altes Testament).
Homer: Ilias. Stuttgart 1962.
Rieu, E. V.: Apollonius of Rhodes: The Voyage of Argo. London 1959.
Sandars, N. K.: The Epic of Gilgamesh. London 1960.
Warner, R.: Hippolytus of Euripides. New York 1958.

Danksagung

Es war der Traum von Atlantis, der dieses Buch entstehen ließ. Es ist aber auch zugleich Zeugnis für die Zusammenarbeit einer großen Zahl von Menschen.

Außer jenen, die ich in meinem Bericht erwähnt habe, möchte ich meiner Frau Mary Dank sagen, die einen großen Teil der Nachforschungen, deren Ergebnis dieses Buch ist, anstellte. Ohne ihre Geduld und ohne ihr Verständnis hätte dieses Werk nicht verfaßt werden können.

Edward B. Garsides Hilfe bei dem Zustandekommen des Buches war unschätzbar. Ich bin auch meinen Kollegen von der Woods Hole Oceanographic Institution, Edward F. Zarudzki und Dr. Hartley Hoskins, für die Erlaubnis zu Dank verpflichtet, Ergebnisse ihrer wissenschaftlichen Arbeit zu veröffentlichen, ferner für ihre Mitarbeit an der Abfassung des Anhangs C. Die Kriegsmarine der Vereinigten Staaten hat die Erlaubnis zur Veröffentlichung der seismischen und magnetischen Aufzeichnungen von Kreuzfahrt Nr. 61 der »Chain« gegeben.

Robert Kane hat freundlicherweise die Benützung seiner topographischen Zeichnungen des Gebietes von Akroteri gestattet.

Dr. Paul M. Fye, Direktor der Woods Hole Oceanographic Institution, hat meinem Projekt von Anfang an persönliche und moralische Unterstützung gegeben.

Frances Williams, ebenfalls von der Woods Hole Oceanographic Institution, hat nach meinen Entwürfen die meisten der wiedergegebenen Skizzen und Karten gezeichnet.

Ich bin ferner Dr. Christos G. Stergis zu Dank verpflichtet, der zahlreiche Übersetzungen aus dem Griechischen anfertigte, sowie Barrie Dale, dem Mikropaläontologen der Woods Hole Oceanographic Institution. Er analysierte Bodenproben von Thera und zeigte – obwohl er nicht in der Lage war, mit uns zu reisen – stets lebhaftes Interesse an Thera. Mein Dank gilt Dr. Harold Edgerton, dessen Mitarbeit, Rat und Ermutigung für mich von außerordentlich großem Wert waren. Ferner danke ich auch William Wetmore, der mich bei den ersten Entwürfen des Manuskripts sehr unterstützte. Dank gebührt ferner meinem Verlag, im besonderen Arthur C. Fields und Stephen Frimmer für deren Hilfe bei der Abfassung des Buches.

Mit Dank vermerke ich hier ferner jene Verlage oder Institutionen, die die Verwendung von Zitaten gestatteten: A. C. Black Ltd. für ›The Sea Kings of Crete‹ von James Baikie, 1910; W. W. Norton C. Inc. für ›The Archaeology of Crete‹ von J. D. S. Pendlebury, 1965; Penguin Books Ltd. für ›Prehistoric Crete‹ von R. W. Hutchinson, 1962, ›The Voyage of the Argo‹, übersetzt von E. V. Rieu, 1939, und ›The Odyssey‹, übersetzt von E. V. Rieu, 1946; The New American Library of World Literature Inc. für ›Three Great Plays of Euripides‹, übersetzt von Rex Warner, 1958; Cambridge University Press für

›Discontinuity in Greek Civilisation‹ von R. Carpenter, 1966; G. P. Putnam's Sons für ›Larousse World Mythology‹, herausgegeben von Pierre Grimal, 1965.

Ich danke ferner der Archäologischen Gesellschaft von Athen und Dr. Spyridon Marinatos für die Erlaubnis, die Ergebnisse der Ausgrabungen von 1967 auf Thera zu veröffentlichen. Mein Dank gebührt auch Charles Innis und Mimi Head von der Graphic Arts Group, WHOI; Claudine Marquet übersetzte die Arbeiten von Fouqué, die für das Unternehmen von großer Bedeutung waren. Die Beschriftung der Illustrationen besorgte meine Frau Mary. Auch Mrs. Judy Ashmore bin ich zu Dank verpflichtet: sie schrieb das Manuskript. Dank schulde ich ferner Prof. Galanopoulos, der die Wiedergabe von Skizzen aus seinen veröffentlichten Arbeiten erlaubte.

Register

In das Register wurde nur der Textteil, nicht aber der Anhang aufgenommen. Ferner wurde auf die Aufnahme der folgenden, im Text durchgehend aufscheinenden Schlagwörter verzichtet: Thera (Santorin), Atlantis, Prof. James Mavor.